高等专科学校机电一体化专业系列教材

机械工业出版社精品教材

机电一体化技术与系统

主　编　梁景凯
副主编　曹　凤
参　编　李焕峰　盖玉先　丁又青　唐唤清
主　审　程崇恭

机 械 工 业 出 版 社

本书比较系统地介绍了机电一体化技术与系统。内容包括：机电一体化的机械传动与支承技术、伺服传动技术、计算机控制技术、可靠性和抗干扰技术、简单机电一体化系统、工业机器人、柔性制造系统（FMS）和计算机集成制造系统（CIMS）等。

本书可用作高等工程专科学校机电工程、机械制造及相关专业的教材，也可供夜大、函大、职大及技术培训班等成人教育相关专业使用，还可供从事机电一体化设计制造的工程技术人员参考。

本教材配有电子课件，可登陆机械工业出版社教材服务网www.cmpedu.com下载，或发送电子邮件至cmpgaozhi@sina.com索取。咨询电话：010-88379375

图书在版编目（CIP）数据

机电一体化技术与系统/梁景凯主编. —北京：机械工业出版社，1999.9（2022.1重印）
高等专科学校机电一体化专业系列教材
ISBN 978-7-111-05369-9

Ⅰ. 机… Ⅱ. 梁… Ⅲ. 机电一体化-高等学校-教材 Ⅳ. TH

中国版本图书馆 CIP 数据核字（1999）第 39835 号

机械工业出版社（北京市百万庄大街 22 号 邮政编码 100037）
责任编辑：王海峰 王世刚 高文龙 版式设计：张世琴
责任校对：刘志文 责任印制：张 博
涿州市京南印刷厂印刷
2022 年 1 月第 1 版 • 第 33 次印刷
184mm×260mm • 13.75 印张 • 334 千字
标准书号：ISBN 978-7-111-05369-9
定价：39.00 元

凡购本书，如有缺页、倒页、脱页，由本社发行部调换

电话服务
服务咨询热线：010-88379833
读者购书热线：010-88379649

网络服务
机 工 官 网：www.cmpbook.com
机 工 官 博：weibo.com/cmp1952
教育服务网：www.cmpedu.com
金 书 网：www.golden-book.com

序

随着微处理器和微型计算机的问世，电子计算机已深深介入机械制造的各个领域，诞生了一系列机、电、计算机一体化的新产品。为适应这个变化，迫切需要高等工程专科学校培养制造、调试、使用、维修机电一体化产品的技术人才。有鉴于此，不少高等工程专科学校在多年探索机械制造专业改造并取得经验的基础上正在创办机电工程（机电一体化）专业，以满足社会的需要。但各校对新开专业缺乏经验，缺少教材和师资，在此形势下，1995 年 3 月机械工业部教材编辑室在全国机械制造专业教材编审委员会和全国高等工程专科学校机械制造专业协会的协助下于南京召开了高等工程专科学校机电一体化教学与教材研讨会，研讨了机械行业技术发展的大趋势，认为办好机、电、计算机紧密结合的新机电工程专业，培养制造、调试、使用、维修机电一体化产品的机电一体化人才是非常必要的。为给机电一体化专业奠定物质基础，会议决定立即组织第一批急需的机电一体化专业系列教材，初步确定了各教材的主编、协编和主审人员。1995 年 4 月机械工业部教材编辑室又在长沙召开了各课程编写大纲协调会，并进一步调整、落实了编审班子。会后各参编教师立即行动、认真撰写，在 1995 年 9 月威海召开的审稿会的基础上，历经了一年左右时间，这一套统编教材终于陆续交稿出版。

这批教材的出版是对机电工程（机电一体化）专业教学的一种尝试，希望它能满足各校的教学所需，这套教材在组织编写过程中得到了众多学校和老师的热心帮助，在这里特向吴善元、盛善权、黄鹤汀、易泓可等诸位老师表示衷心的感谢。

机械工业部教材编辑室

前　言

本书是高等专科学校机电一体化专业系列教材之一。它是以 1995 年 4 月在长沙召开的机电一体化系列教材编写大纲会议制定的编写大纲编写的。

机电一体化作为一门新兴学科，近年来发展迅速，从理论到实践日趋成熟。本书共分八章，前五章主要介绍机电一体化相关技术，内容包括：机械传动与支承技术、伺服传动技术、计算机控制技术、可靠性与抗干扰技术等；后三章主要介绍典型的机电一体化系统，内容包括：简单机电一体化系统、工业机器人、柔性制造系统（FMS）和计算机集成制造系统（CIMS）等。检测传感技术和可编程序控制器（PLC）是机电一体化技术的重要组成部分，本应进行认真的探讨，鉴于各校本专业大部分设有“检测技术”和“电气控制与 PLC”课程，为了避免重复，本书不再涉及。

本书可用作高等专科学校机电一体化专业、机械制造专业及相关专业的教材，也可供夜大、函大、职大及技术培训班等成人教育相关专业使用，还可供从事机电一体化设计制造的工程技术人员参考。

本书由哈尔滨工业大学威海分校梁景凯主编，成都电子高等专科学校曹凤任副主编。第一、第四章梁景凯编写，第二、第五章曹凤编写，第三章梁景凯、唐唤清编写，第六章丁又青、李焕峰编写，第七章盖玉先、丁又青编写，第八章李焕峰编写，全书由梁景凯统稿。

长沙大学程崇恭教授任本书主审，南京机械高等专科学校马铭驰教授和华北航天工业学院王文生教授参加了本书的审稿会。他们对本书作了严谨认真的审阅，并提出了许多宝贵的意见。谨在此向他们表示衷心的谢意，同时向本书所引主要参考文献的作者致意。

由于编者水平有限，加之时间仓促，书中定有不少疏漏和错误之处，恳切希望诸位读者给予批评和指正。

编　者

目录

目录

第一章 绪 论

第一节 机电一体化的产生和发展

人类将进入一个新的世纪——21世纪。回顾即将过去的20世纪，人类的经济和科学技术发展成果超过了过去所有世纪的总和。传统的学科正在脱胎换骨，新的学科不断问世，技术的融合程度比任何一次技术革命都高。机电一体化技术产生于这一背景之下，自然符合科技发展的规律，也是机械学科发展的必然结果。它使古老的机械工业焕发青春，也对社会的发展产生着极为深刻的影响。

机电一体化一词（メカトロニクス（Mechatronics））最早（70年代初）起源于日本。它取英语Mechanics（机械学）的前半部和Electronics（电子学）的后半部拼合而成，字面上表示机械学与电子学两个学科的综合，我国通常称为机电一体化或机械电子学。但是，“机电一体化”并非是机械技术与电子技术的简单叠加，而是有着自身体系的新型学科。

目前，人们对“机电一体化”存在着各种不同的认识，随着生产和科学技术的发展“机电一体化”本身的涵义也还在被赋予新的内容。因此，“机电一体化”这一术语尚无统一的定义，不过其基本概念和涵义可概括为：机电一体化是从系统的观点出发，将机械技术、微电子技术、信息技术、控制技术等在系统工程的基础上有机地加以综合，实现整个机械系统最佳化而建立起来的一门新的科学技术。

机电一体化的产生与迅速发展的根本原因在于社会的发展和科学技术的进步。系统工程、控制论和信息论是机电一体化的理论基础，也是机电一体化技术的方法论。微电子技术的发展，半导体大规模集成电路制造技术的进步，则为机电一体化技术奠定了物质基础。1947年诞生了第一只晶体管。1959年出现了集成电路。70年代开发出微处理器芯片后，微电子技术获得了惊人的发展。1971年英特尔公司开发出第一片微处理器芯片（Intel 4004），当时集成度约2000器件/片，时钟频率1MHz，字长4位。经过7次技术换代之后，1995年英特尔公司生产的Pentium（中文名“奔腾”，也称为80586）微处理器芯片，集成度约310万器件/片，时钟频率可达133MHz。1995年11月下一代微处理器已研制出来，并命名为Pentium Pro（中文名“高能奔腾”，也称为P6或80686），集成度约550万器件/片，时钟频率可达300MHz。其功能比Pentium又翻了一番。与此同时，为实现各种功能的专用大规模集成电路芯片如雨后春笋不断涌现，可以说，现在几乎每天都有许多新型芯片问世。微电子技术的飞速发展，使大规模集成电路具有高集成度、高性能、高可靠性和低价格等优点。这无疑促进了机电一体化技术的发展。与此同时，机电一体化技术的发展也促进了微电子技术的发展。比如，大规模集成电路芯片的制造有赖于超精密机械加工，而超精加工设备本身又是一种计算机控制的自动化设备，即典型机电一体化系统。由此可见，机电一体化技术的产生即是机械技术与微电子技术发展的结果，又是系统工程、控制论和信息论付诸实践的结果。

机电一体化的发展有一个从自发状况向自为方向发展的过程。以汽车工业为例。60年代开始研究在汽车产品中应用电子技术，70年代前后实现了充电机电压调整器和点火装置的集成电路化和电子控制的燃料喷射装置，70年代后期，由于计算机的发展，使汽车产品的机电一体化进入实用阶段。从汽车发动机系统看，安装在汽车上的微型计算机，可通过各个传感器检测出曲轴位置、气缸负压、冷却水温度和发动机转速、吸入空气量、排气中的氧浓度等参量，然后计算出最佳控制信号，控制执行机构调整发动机燃油与空气的混合比例、点火时间等，使发动机获得最佳技术经济性能。电子控制是汽车工业的产品技术改造的重要领域，电子技术和产品将会越来越广泛地应用到汽车发动机、悬架、转向、制动等各个部位，新型机电一体化的现代汽车在高速、安全可靠、操作方便舒适、低油耗和少污染以及易于维修等方面，将大幅度提高其性能，这被称为是汽车的一次革命性飞跃。

汽车工业的变革，一方面是汽车产品的机电一体化革命，另一方面，汽车的制造技术和装备也发生了巨大的变化。现代汽车生产大量使用数控机床、工业机器人、计算机控制系统等先进手段，以提高生产的自动化装备水平，使生产的产品真正与消费者所期望的优质、廉价、个性化等要求相一致。以工业机器人的使用为例，1961年，美国研究出第一台机器人。自日本人最先把它应用到汽车生产上以来，机器人在汽车生产线上，从加工、焊接、喷漆、工序间的运搬、部件装配和整车组装，以至仓储管理等，可谓无处不在。机器人的使用大大提高了生产效率和产品质量，同时也节约了劳动力，降低了成本。早在1980年，日本拥有的机器人就有10万台。1989年，日本汽车工业界拥有的机器人已达到27.5万台。80年代以来，世界各国的汽车制造业正处于从传统的“大批量、少品种”的生产方式，向着“多品种、中小批量”的生产方式转变，以适应现代社会对产品品种规格越来越多样化的要求。为满足市场的需要，制造厂家必须不断增加产品的品种、提高产品的质量和降低制造成本。为此，在汽车工业中开始使用柔性制造系统（FMS，Flexible Manufacturing System），并和CAD/CAPP/CAM及生产管理经营决策系统进行集成，把管理信息和制造活动借助计算机技术和网络技术有机联系起来，向计算机集成制造系统（CIMS，Computer Integrated Manufacturing System）发展。实现“精益生产方式”，以谋求实现整个企业生产管理的现代化。总之，机电一体化的制造系统已经在现代制造产业中占据极为重要的地位。

现在，机电一体化产品和系统已经渗透到国民经济、社会生活的各个领域。诸如家用电器、办公自动化设备、机械制造工艺设备、汽车、石油化工设备、冶金设备、现代化武器、航天器……，机电一体化几乎达到“无孔不入”的地步。它促进了经济转型和社会的发展，同时也引起了各国为发展机电一体化技术的激烈竞争，从而反过来在全世界范围内更进一步推动机电一体化技术与系统向前迅速发展。

机电一体化的发展趋势可概括为以下三个方面：性能上，向高精度、高效率、高性能、智能化的方向发展；功能上，向小型化、轻型化、多功能方向发展；层次上，向系统化、复合集成化的方向发展。机电一体化的优势，在于它吸收了各相关学科之长，且综合利用各学科并加以整体优化。因此在机电一体化技术的研究与生产应用过程中，要特别强调技术融合、学科交叉的作用。机电一体化依赖于相关技术的发展，机电一体化的发展也促进了相关技术的发展。机电一体化必将以崭新的姿态进入21世纪并继续发展。

第二节　机电一体化的相关技术

机电一体化是各种技术相互渗透的结果，其主要的相关技术可以归纳为六个方面：机械技术、检测传感技术、信息处理技术、自动控制技术、伺服传动技术、系统总体技术。

1. 机械技术

机械技术是机电一体化的基础。机电一体化的机械产品与传统机械产品间的区别在于：机械结构更简单；机械功能更强和性能更优越。现代机械要求具有更新颖的结构、更小的体积、更轻的重量，还要求精度更高、刚度更大、动态性能更好。为了满足这些要求，在设计和制造机械系统时，除了考虑静态、动态的刚度及热变形的问题外，还应考虑采用新型复合材料和新型结构以及新型的制造工艺和工艺装置。

从机械产品设计来讲，开展可靠性设计及普及该项技术的应用，加强对机电产品基础元器件的失效分析研究；并在提高元器件可靠性水平的同时，开展对整机系统可靠性的研究。机电一体化产品的设计从静强度设计到动强度设计，也可采用损伤容限设计、动力优化设计、摩擦学设计、防蚀设计、低噪声设计等等。

2. 检测传感技术

检测传感装置是机电一体化系统的感觉器官，即从待测对象那里获取能反映待测对象特征与状态的信号。检测传感技术的内容，一是研究如何将各种物理量（如位置、位移、速度、加速度、力、温度、压力、流量、成分等等）转换成与之成比例的电量。二是研究对转换的电信号的加工处理，如放大、补偿、标度变换等等。

机电一体化系统要求检测传感装置能快速、精确、可靠地获取信息，并价格低廉。但是，目前检测传感技术的发展还难以满足控制系统的要求。不少机电一体化系统不能达到满意的效果或无法达到设计要求的关键原因在于没有合适的传感器。因此检测传感技术是机电一体化的关键技术。

3. 信息处理技术

信息处理技术包括信息的变换、存取、运算、判断和决策，信息处理大都是依靠计算机来进行的，因此计算机技术与信息处理技术是密切相关的。

计算机技术包括计算机的软件技术、硬件技术和网络与通信技术等。机电一体化系统中主要采用工业控制机（包括可编程序控制器，单、多回路调节器，单片微控制器，总线式工业控制机，分布式计算机测控系统等等）进行信息处理。计算机技术的迅速发展已成为促进机电一体化系统技术发展和变革的最活跃因素。提高信息处理的速度，提高可靠性，加强智能化都是信息处理技术今后发展的方向。

4. 自动控制技术

自动控制技术的目的在于实现机电一体化系统的目标最佳化。自动控制所依据的理论和基础是自动控制原理，它可分为经典控制理论和现代控制理论。经典控制理论主要研究单输入—单输出、线性定常系统的分析和设计问题。现代控制理论主要研究具有高性能、高精度的多变量系统的最优控制问题。自动控制技术还包括在控制理论指导下，对具体控制系统的设计、控制系统的仿真和现场调试等等。由于控制对象种类繁多，所以自动控制技术的内容极其丰富。机电一体化系统中自动控制技术主要包括位置控制、速度控制、最优控制、模糊控制、自适应控制……。

5. 伺服传动技术

“伺服”（Serve）即“伺候服侍”的意思，就是在控制指令的指挥下，控制驱动元件，使机械的运动部件按照指令的要求进行运动，并具有良好的动态性能。伺服传动系统中所采用的驱动技术与所使用的执行元件有关。伺服传动系统按执行元件不同可分为液压伺服系统和电气伺服系统两类。液压伺服系统工作稳定、响应速度快、输出力矩大，特别是在低速运行时的性能更具有突出的优点。但液压系统需要增加液压动力源，设备复杂、体积大、维修费用大，还存在污染环境等缺点。因此，液压伺服系统仅用在一些大型设备和有特殊需要的场合。而在大部分场合都采用电气伺服系统。电气伺服系统采用电动机作为伺服驱动元件，具有控制灵活、费用较小、可靠性高等优点，缺点是低速时输出力矩不够大。近年来随着电机技术和电力电子技术的进步，促进了电气伺服系统的发展。

6. 系统总体技术

系统总体技术是以整体的概念，组织应用各种相关技术的应用技术。即从全局角度和系统目标出发，将系统分解成若干功能子系统，对于每个子系统的技术方案都首先从实现整个系统技术协调的观点来考虑，对于子系统与子系统之间的矛盾或子系统和系统整体之间的矛盾都要从总体协调的需要来选择解决方案。机电一体化系统是一个技术综合体，利用系统总体技术将各种有关技术协调配合、综合运用而达到整体系统的最佳化。

第三节　典型机电一体化系统

一、机电一体化系统的基本功能要素

机电一体化系统的形式多种多样，其功能也各不相同。但一般一个较完善的机电一体化系统应包括以下几个基本要素（子系统）：机械本体、动力部分、检测部分、执行机构、控制器、接口。这些要素的关系及功能如图 1-1 所示。

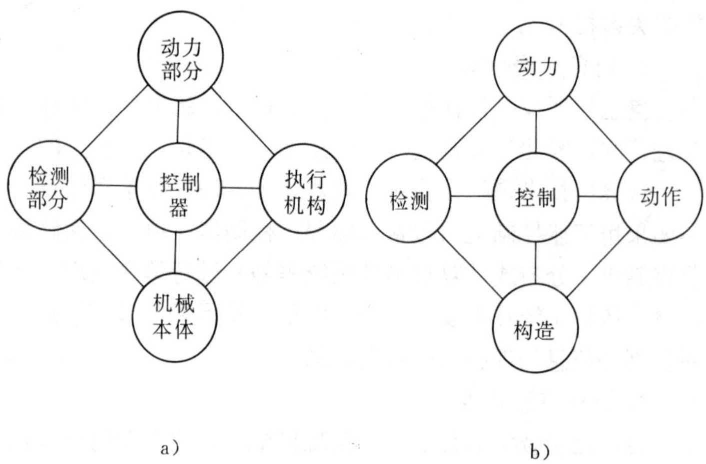

图 1-1　机电一体化系统的要素及功能
a）机电一体化系统的要素　b）机电一体化系统的功能

1. 机械本体

机械本体包括机械传动装置和机械结构装置。机械子系统的主要功能是使构造系统的各子系统、零部件按照一定的空间和时间关系安置在一定的位置上，并保持特定的关系。为了充分发挥机电一体化的优点，必须使机械本体部分具有高精度、轻量化和高可靠性。过去的机械均以钢铁为基础材料，要实现机械本体的高性能，除了采用钢铁材料以外，还必须采用复合材料或非金属材料。要求机械传动装置有高刚度、低惯量、较高的谐振频率和适当的阻尼性能，从而对机械系统的结构形式、制造材料、零件形状等方面都相应提出了特定的要求。机械结构是机电一体化系统的机体。各组成要素（子系统）均以机体为骨架进行合理布局，有机结合成一整体，这不仅是系统内部结构的设计问题，而且也包括外部造型的设计问题。要求机电一体化的系统整体布局合理，使用、操作方便，造型美观，色调协调。

2. 动力部分

动力部分的功能应是按照机电一体化系统的要求为系统提供能量和动力使系统正常运行。用尽可能小的动力输入获得尽可能大的输出，是机电一体化系统的显著特征。

3. 检测部分

检测部分的功能是把系统运行过程中所需要的本身和外界环境的各种参数及状态进行检测，变成可识别信号，送往控制装置，经过信息处理后产生相应的控制信息。

4. 执行机构

执行机构的功能应是根据控制信息和指令完成所要求的动作。执行机构是运动部件，它将输入的各种形式的能量转换为机械能。常用的执行机构可分两类：一是电气式执行部件，按运动方式的不同又可分为旋转运动元件和直线运动元件，旋转运动元件主要指各种电动机，直线运动元件有电磁铁、压电驱动器等等。二是液压式执行部件，主要包括液压缸和液压马达等执行元件。

5. 控制器

控制器是机电一体化系统的核心部分。它根据系统的状态信息和系统的目标，进行信息处理，按照一定的程序发出相应的控制信号，通过输出接口送往执行机构，控制整个系统有目的地运行，并达到预期的性能。控制器通常是由电子电路或计算机组成。

6. 接口

机电一体化系统由许多要素或子系统构成，各子系统之间必须能顺利进行物质、能量和信息的传递与交换，为此各要素或各子系统相接处必须具备一定的联系部件，这个部件就可称为接口，其基本功能主要有三个。一是交换，需要进行信息交换和传输的环节之间，由于信号的模式不同（如数字量与模拟量、串行码与并行码、连续脉冲与序列脉冲等等），无法直接实现信息或能量的交流，通过接口完成信号或能量的统一。二是放大，在两个信号强度相差悬殊的环节间，经接口放大，达到能量的匹配。三是传递，变换和放大后的信号在环节间能可靠、快速、准确地交换，必须遵循协调一致的时序、信号格式和逻辑规范。接口具有保证信息传递的逻辑控制功能，使信息按规定模式进行传递。

接口的作用使各要素或子系统联接成为一个有机整体，使各个功能环节有目的地协调一致运动，从而形成了机电一体化的系统工程。

二、典型机电一体化控制系统

机电一体化系统种类繁多，从控制的角度机电一体化系统可分为开环控制和闭环控制。开环控制系统是没有输出反馈的控制系统，如图 1-2a 所示，这种系统的输入直接送给控制器，并通过控制器对受控对象产生控制作用。几乎所有的家用电器，如洗衣机、电烤箱、微波炉、洗碗机等都是开环控制系统。开环控制系统的主要优点是简单、经济、容易维修，它的主要缺点是精度低，对环境变化和干扰十分敏感。在一些要求较高的应用领域，绝大多数控制系统的基本结构方案是由反馈原理组成

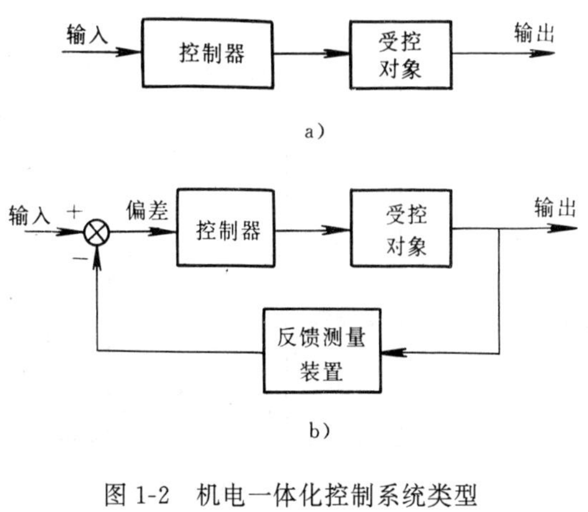

图 1-2　机电一体化控制系统类型

的，如图 1-2b 所示。其输出的全部或部分被反馈到输入端。注意，这里的反馈信号是反抗或退化输入作用的，这种反馈称为负反馈。输入与反馈信号比较后的偏差信号送给控制器，控制器对信号进行处理后产生控制信号，再控制被控对象的输出，从而形成了闭环回路。因此，称为闭环控制系统或反馈控制系统。闭环控制系统比较开环控制系统，具有精度高、动态性能好、抗干扰能力强等优点。它的缺点是结构比较复杂、价值比较昂贵、不容易维修等。

根据系统传递信号的性质，控制系统又可以分为连续控制系统和离散控制系统。信号在时间上是连续变化的系统称为连续控制系统。系统中某处或多处的信号为脉冲序列或数码形式，信号在时间上是离散的，此类系统称为离散控制系统。采用计算机作为控制器的控制系统即为离散控制系统，又称为计算机控制系统。在实际中选用何种控制系统取决于许多因素，如可靠性、精度、简单性、以及经济性等。

在机械工程领域中，大量的机电一体化系统以机械装置或机器为控制对象，以电子装置或计算机为控制器。这类系统的受控物理量通常是机械运动，如位移、速度、加速度、力（或力矩）、运动轨迹以及机器操作和加工过程等等。这些系统从控制的角度可划分为伺服传动系统、数字控制（NC）系统、顺序控制系统和过程控制系统等等。

1. 伺服传动系统

伺服传动系统（简称伺服系统）是基本的机电一体化控制系统。系统的输出量（被控制量）是机械位置和位移变化率。伺服传动系统主要用于机械设备的位置和速度的动态控制，在数控机床、工业机器人、坐标测量机以及自动导引车等自动化设备的制造、装配及检测设备中，已经获得非常广泛的应用。

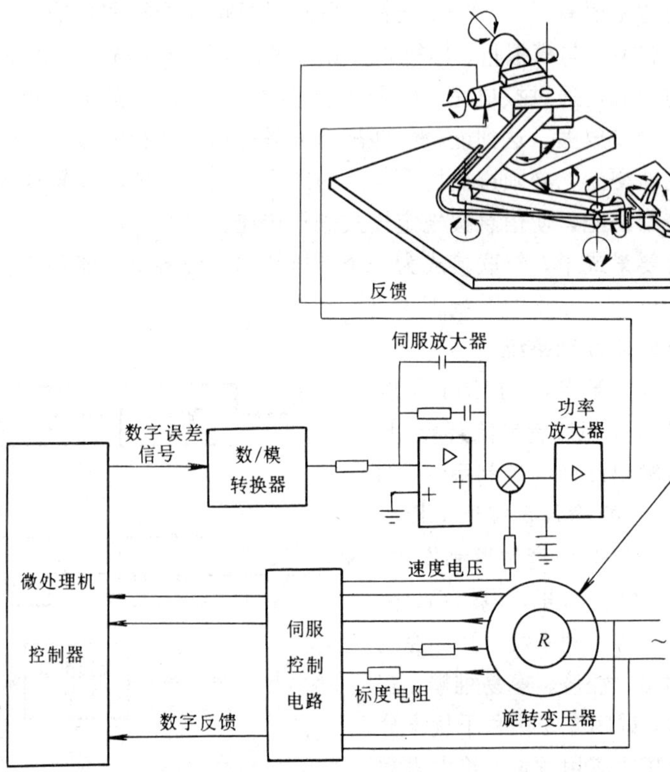

图 1-3　工业机器人的关节伺服传动系统

图 1-3 表示了工业机器人的一个关节伺服传动系统。主控计算机发出的关节运动参考信号是伺服传动系统的输入指令信号，系统控制目标是使关节的位置始终跟随关节运动参考信号而变化。

2. 数字控制系统

待加工零件的工艺过程、工艺参数以及机械运动要求等，以某种指令形式通过穿孔纸带、磁盘等记忆装置加以记录，然后输入到数控装置，再由数控装置生成数字形式的指令驱动机器运动，这种控制系统称为数字控制系统，简记为 NC（Numerical Control）系统。当数控装置由计算机实现时又称为计算机数控系统，简记为 CNC（Computer Numerical Control）。CNC 系统的优点是高度柔性，凡采用 CNC 系统的机床或其它制造设备，都是可编程序的。只要改变程序，便可制造不同的工件。

图 1-4 表示了一种计算机数控机床的示意图。首先根据待加工零件的需要，应用数控语言编制加工程序，通过输入设备如穿孔纸带或键盘将程序输入，经过计算机处理后，区分为工艺数据和几何数据。工艺数据用于控制、工具选择以及切削液等有关工艺参数。几何数据经过插补计算，生成工具运动的指令信号，保证加工零件最终的几何尺寸。

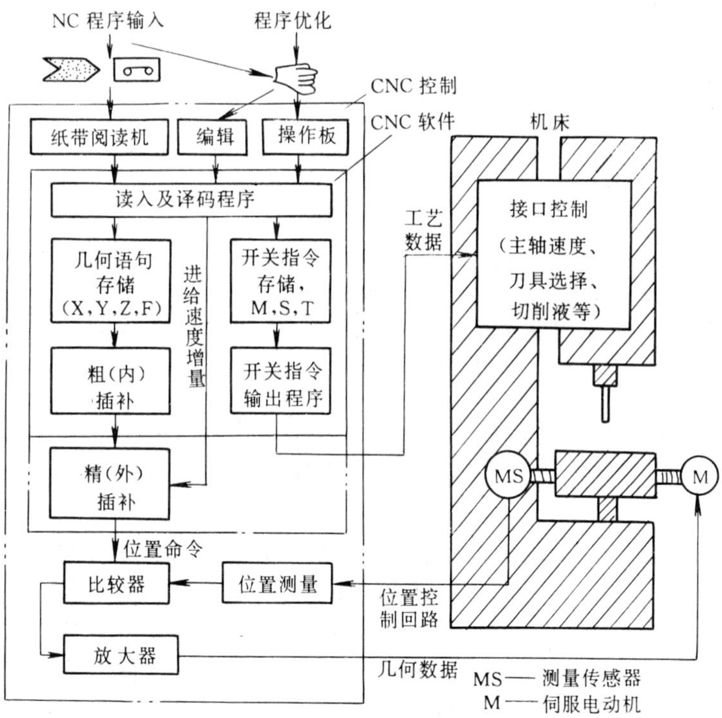

图 1-4　计算机数控机床

3. 顺序控制系统

使生产机械或生产过程按规定的时序而顺序动作，或在现场输入信号作用下按预定规律而顺序动作的控制系统称为顺序控制系统。简言之，按时序或事序规定工作的控制系统称为顺序控制系统。

图 1-5 表示了一个简单的自动化制造单元。它由供料和卸料传送带、上料和下料机器人、加工机床、自动装配机以及编码转台等组成，这些设备之间是按顺序控制工作的。顺序控制装置根据各输入信号的状态，通过逻辑运算，决定各输出状态的变化，使相应设备启停，实现制造过程自动化。实现顺序控制功能可有多种手段，如继电器逻辑、固态集成电路、通用微型计算机等。当前，普遍应用的是用可编程序控制器（Programable Logic Controller，简记为 PLC）作为顺序控制器。

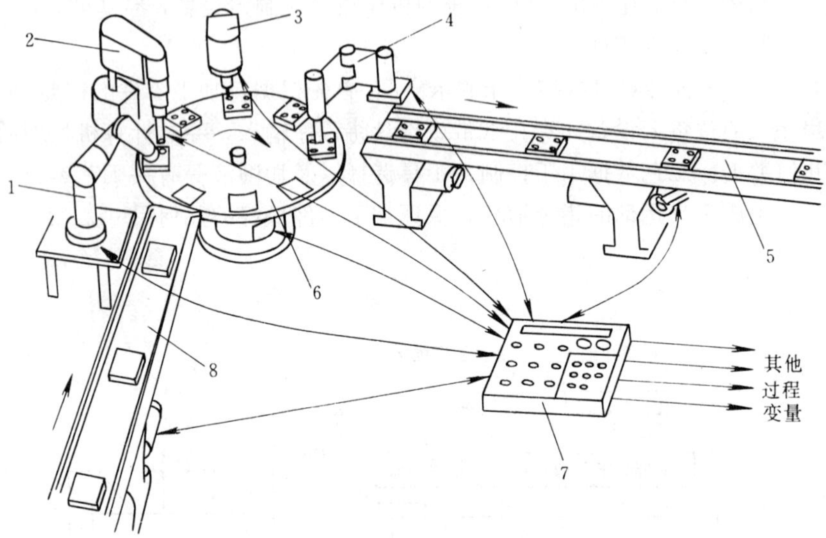

图 1-5 自动加工过程的顺序控制

1—装料机器人 2—加工机床 3—自动装配机 4—下料机器人 5—卸料传送带 6—编码转台 7—可编程控制器 8—供料传送带

4. 过程控制系统

在机械、冶金、化工、电力、建材等生产过程中所采用的工业控制系统称为过程控制系统。柔性制造系统（FMS）、计算机集成制造系统（CIMS）等自动化制造系统是典型的机械制造过程控制系统。

图 1-6 是一个柔性制造系统的示意图。该系统由两台数控机床、两台机器人、三辆自动导引车、一个刀具库以及一个装卸站等组成，并且由一台单元控制计算机统一控制生产过程和物流。单元控制计算机与各个设备之间通过局部网络（LAN）进行联系。它不但能实现信息流、物料流和加工过程的自动化，还能在一定范围内完成由一种零件加工到另一种零件加工的自动转换。简言之，FMS 是一种用计算机网络控制的机械加工自动线。所谓柔性，就是一种没有固定加工顺序和生产节拍，能在不停机调整的情况下，自动完成不同工件加工任务的功能特性。

三、机电一体化产品和系统的分类

机电一体化产品和系统种类繁多。随着科学技术的蓬勃发展，新的机电一体化产品和系统不断涌现出来。目前机电一体化产品和系统的分类如图 1-7 所示。

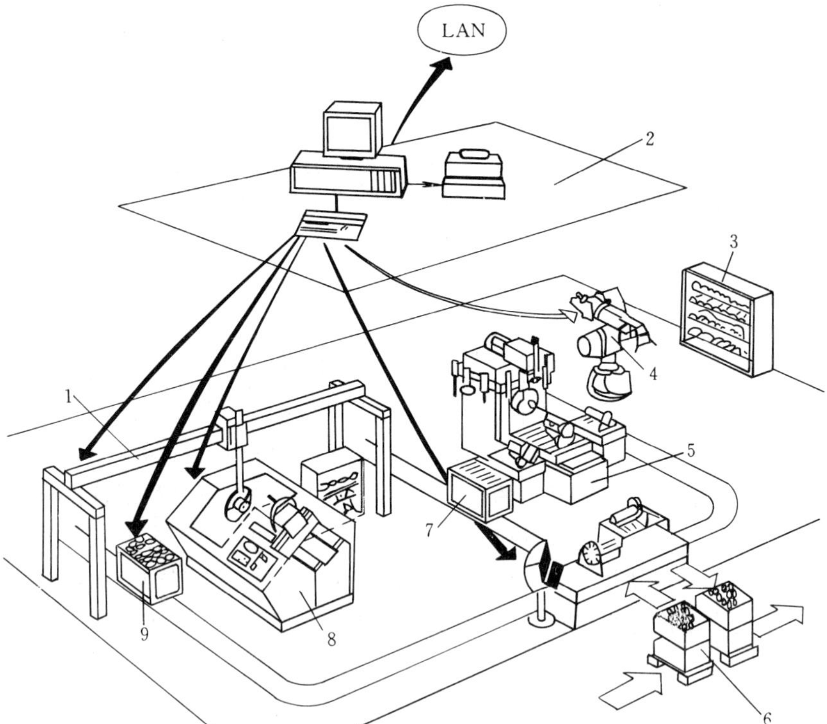

图 1-6 柔性制造系统

1—门吊式机器人 2—单元控制器 3—刀具库 4—机器人

5—NC 加工中心 6—装卸站 7、9—自动小车 8—NC 车床

- 机电一体化产品和系统
  - 生产用机电一体化产品和系统
    - 数控机床、机器人、自动生产设备
    - 柔性生产单元、自动组合生产单元
    - FMS、无人化工厂、CIMS
  - 运输、包装及工程用机电一体化产品
    - 微机控制汽车、机车等交通运输机具
    - 数控包装机械及系统
    - 数控运输机械及工程机械设备
  - 贮存销售用机电一体化产品
    - 自动仓库
    - 自动空调与制冷系统及设备
    - 自动称量、分选、销售及现金处理系统
  - 社会服务性机电一体化产品
    - 自动化办公机械
    - 动力、医疗、环保及公共服务自动化设施
    - 文教、体育、娱乐用机电一体化产品
  - 家庭用机电一体化产品
    - 微机或数控型耐用消费品
    - 炊事自动化机械
    - 家庭用信息、服务设备
  - 科研及过程控制用机电一体化产品
    - 测试设备
    - 控制设备
    - 信息处理系统
  - 农、林、牧、渔及其它民用机电一体化产品
  - 航空、航天、国防用武器装备等机电一体化产品

图 1-7 机电一体化产品和系统分类

第四节　机电一体化系统设计简介

机电一体化的优势，在于它吸收了各相关学科之长，综合利用而取得整体优化效果，因此在机电一体化系统（产品）的设计过程中，要特别强调技术融合，学科交叉的作用。机电一体化系统设计是一项多级别、多单元组成的系统工程。把系统的各单元有机的结合成系统后，各单元的功能不仅相互叠加，而且相互辅助、相互促进与提高，使整体的功能大于各单元功能的简单的和，即“整体大于部分的和”。当然，如果设计不当，由于各单元的差异性，在组成系统后会导致单元间的矛盾和摩擦，出现内耗，内耗过大，则可能出现整体小于部分之和的情况，从而失去了一体化的优势。因此，在设计过程中，自觉地运用系统工程的观念和方法，把握好系统的组成和作用规律，是机电一体化系统设计关键之一。机电一体化系统设计过程也是一个反馈的过程，如图 1-8 所示。对系统的分析，是为了使我们的目的能够最好地实现，为如何构成系统提供必要的信息。在分析过程中，可以利用各种分析方法对系统进行模拟和计算，从而获得系统设计所必须的信息。所谓的系统综合，就是根据分析与评价的结果确定系统的构成和动作方式，作出系统的设计。设计要有多种方案，然后按评价标准从不同观点和角度反复进行综合评价，选出最优的设计。

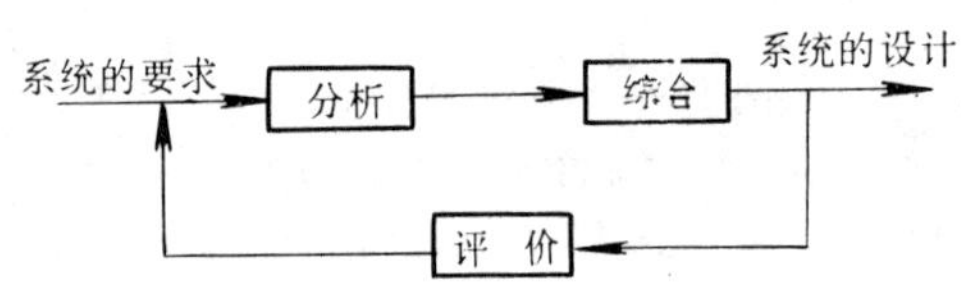

图 1-8　机电一体化系统设计

一、拟定机电一体化系统设计方案的常用方法

拟定机电一体化系统设计方案的方法通常有取代法、整体设计法和组合法。

1. 取代法

这种方法就是用电气控制取代原系统中机械控制机构。这种方法是改造旧产品开发新产品或对原系统进行技术改造常用的方法。如用电气调速控制系统取代机械式变速机构，用可编程序控制器取代机械凸轮控制机构、插销板、步进开关、继电器等。这不但可以大大简化机械结构，而且提高了系统的性能。这种方法的缺点是跳不出原系统的框架，不利于开拓思路，尤其在开发全新的产品时更有局限性。

2. 整体设计法

这种方法主要用于新系统（或产品）设计。在设计时完全从系统的整体目标考虑各子系统的设计，所以接口很简单，甚至可能互融一体。例如，某些机床的主轴就是将电动机转子与主轴合为一体；直线式伺服电动机的定子绕组埋藏在机床导轨之中；把电动机与传感器做成一体的产品等等。

3. 组合法

就是选用各种标准功能模块组合设计成机电一体化系统。例如，设计一台数控机床，可以从系统整体的角度选择工业系列产品，诸如数控单元、伺服传动单元、位置传感检测单元、主轴调速单元以及各种机械标准件或单元等等，然后进行接口设计，将各单元有机的结合起来融为一体。此方法开发设计机电一体化系统（产品），具有设计研制周期短、质量可靠、节约工装设备费用，有利于生产管理、使用和维修。

二、机电一体化系统（产品）设计的类型

机电一体化系统（产品）设计大致可分为开发性设计、适应性设计和变参数设计。

1. 开发性设计

在没有参考样板的情况下进行设计，根据抽象的设计原理和要求，设计出质量和性能方面满足目的要求的系统。最初的录像机、电视机的设计就属于开发性设计。

2. 适应性设计

在原理方案基本保持不变的情况下，对现有系统功能及结构进行重新设计，提高系统的性能和质量。例如，电子式照相机采用电子快门、自动曝光代替手动调整，使其小型化、智能化；汽车的电子式汽油喷射装置代替原来的机械控制汽油喷射装置等。

3. 变参数设计

在设计方案和结构不变的情况下，仅改变部分结构尺寸，使之适应于量的方面有所变更的要求。例如，由于传递扭矩或速比发生变化而需从新设计传动系统和结构尺寸的设计，就属于变参数设计。

三、机电一体化系统设计

所谓的系统设计，就是用系统思想综合运用各有关学科的知识、技术和经验，在系统分析的基础上，通过总体研究和详细设计等环节，落实到具体的项目上，以创造满足设计目标的人造系统。系统设计的基本原则是使设计工作获得更大效果。在保证目的功能要求与适当使用寿命的前提下不断降低成本。

系统设计的过程就是 目标—功能—结构—效果的多次分析与综合的过程。综合可理解为各种解决问题要素的拼合的模型化过程，这是一种高度的创造行为。分析是综合的反行为，也是提高综合水平的必要手段。分析也是分解与剖析，对综合后解决方案提出质疑、论证和改革。通过分析，排除不合适的方案或方案中不合适的部分，为改善、提高和评价作准备。综合与分析是相互作用的。当一种基本设想（方案）产生后，接着就要分析它，找出改进方向。这个过程一直继续进行，直到一个方案基本定型或被否定为止。

随着工业高度发展、人民生活水平的提高，迫切要求大幅度地提高机电一体化系统设计工作的质量和速度，因此在机电一体化系统设计中推广和运用现代设计方法，提高设计水平，是机电一体化系统设计发展的必然趋势。现代设计方法与用经验公式、图表和手册为设计依据的传统的设计方法不同，它是以计算机为手段，其设计步骤通常如下：技术预测→信号分析→科学类比→系统分析设计→创造设计→因时制宜地选择各种具体的现代设计方法（如相似设计法、模拟设计法、有限元法、而可靠性设计法、动态分析法、优化设计法、模糊设计法等）→机电一体化系统设计质量的综合评价。现代设计方法还在不断发展，它必将为机电一体化系统设计提供了新颖而广阔的思路与视野。

四、机电一体化系统（产品）开发的工程路线

各种机电一体化系统（产品）开发和产品化过程也各自有其具体特点，归纳其基本规律，机电一体化系统开发的工程路线如图 1-9 所示。

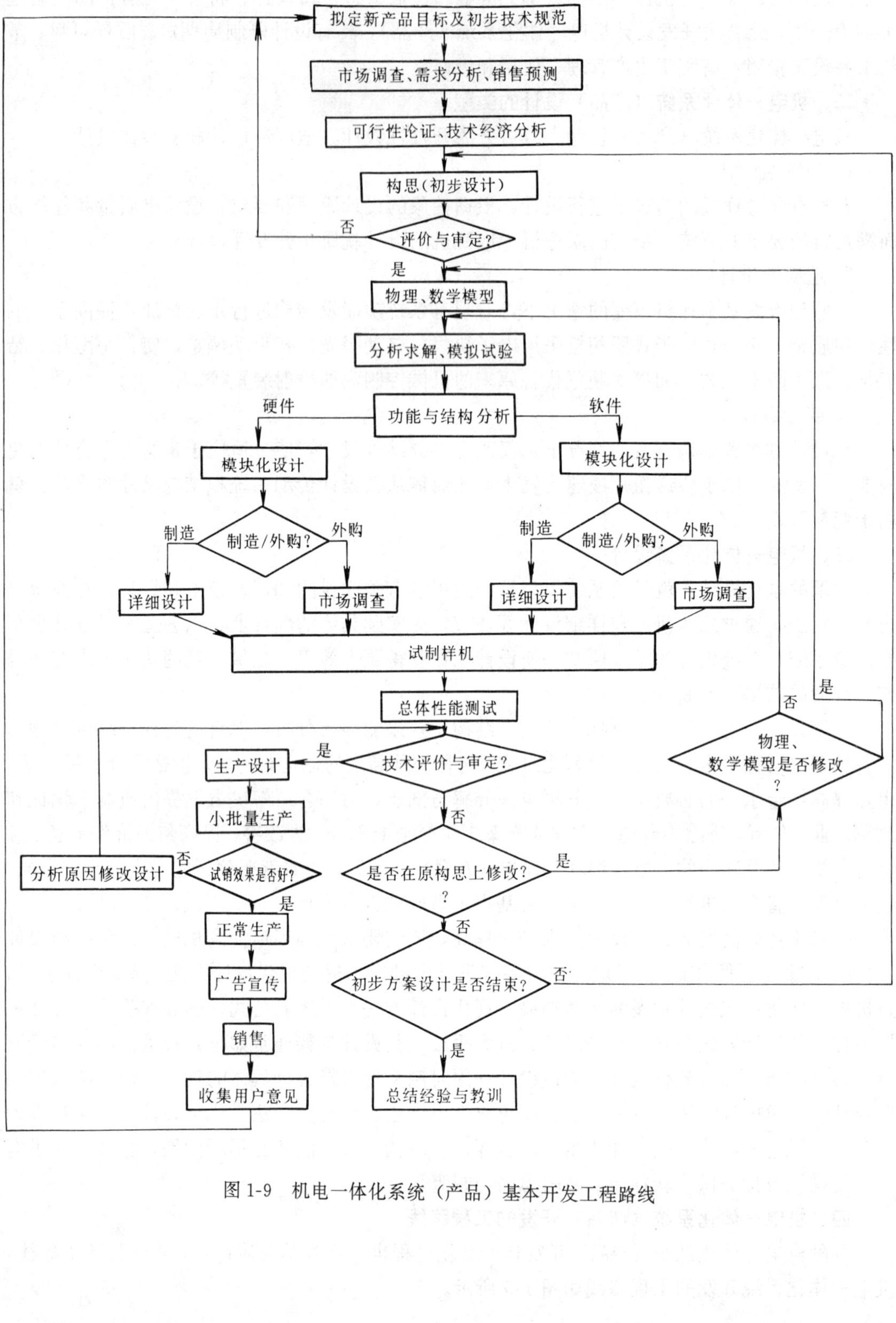

图 1-9　机电一体化系统（产品）基本开发工程路线

第二章　机械传动与支承技术

在机电一体化系统中，机械结构主要用于执行机构、传动机构和支承部件，用以完成规定的动作；传递功率、运动和信息；起支承连接作用等。通常，它们是微机控制伺服系统的有机组成部分。因此，在机械系统设计时，除考虑一般机械设计要求外，还必须考虑机械结构因素与整个伺服系统的性能参数、电气参数的匹配，以获得良好的伺服性能。

本章首先介绍机械传动系统数学模型的建立；然后分析机械结构因素对伺服系统性能的影响；最后介绍机电一体化系统中常用的新型机械传动装置和支承部件。

第一节　机械传动系统数学模型的建立

本节以数控机床进给传动系统为例说明机械传动系统建模的方法。在图 2-1 所示的数控机床进给传动系统中，电动机通过两级减速齿轮 z_1、z_2、z_3、z_4 及丝杠螺母副驱动工作台作直线运动。

图 2-1 中 J_1 为轴Ⅰ部件和电动机转子构成的转动惯量；J_2、J_3 为轴Ⅱ、Ⅲ部件构成的转动惯量；K_1、K_2、K_3 分别为轴Ⅰ、Ⅱ、Ⅲ的扭转刚度系数；K 为丝杠螺母副及螺母底座部分的轴向刚度系数；m 为工作台质量；C 为工作台导轨粘性阻尼系数；T_1、T_2、T_3 分别为轴Ⅰ、Ⅱ、Ⅲ的输入转矩。

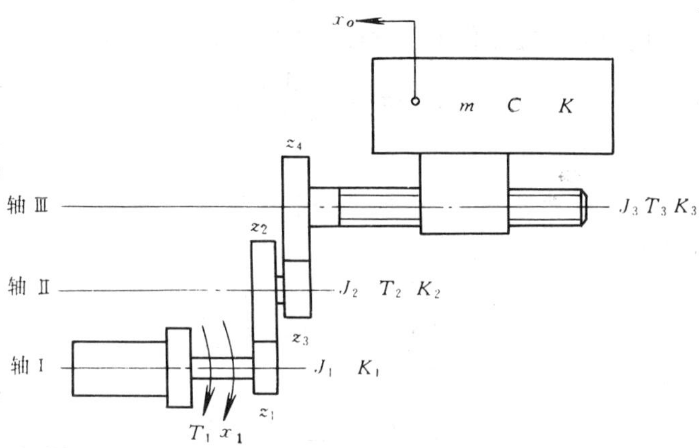

图 2-1　数控机床进给系统

建模一般分两步进行。首先把机械系统中各基本物理量折算到传动链中的某个元件上（本例折算到轴Ⅰ上）；然后，再根据输入量和输出量的关系建立它的数学模型。

一、基本物理量的折算

1. 转动惯量的折算

把轴Ⅰ、Ⅱ、Ⅲ上的转动惯量和工作台的质量都折算到轴Ⅰ上，作为系统总转动惯量。设

T_1'、T_2'、T_3'分别为轴Ⅰ、Ⅱ、Ⅲ的负载转矩，ω_1、ω_2、ω_3分别为轴Ⅰ、Ⅱ、Ⅲ的角速度；v为工作台位移时的线速度。

（1）轴Ⅰ、Ⅱ、Ⅲ转动惯量的折算　根据动力平衡原理，对于轴Ⅰ有，

$$T_1 = J_1 \frac{d\omega_1}{dt} + T_1' \tag{2-1}$$

对轴Ⅱ有

$$T_2 = J_2 \frac{d\omega_2}{dt} + T_2'$$

因为轴Ⅱ的输入转矩T_2是由轴Ⅰ上的负载转矩获得，且与它们的转速成反比，所以

$$T_2 = \frac{z_2}{z_1} T_1'$$

又根据传动关系有

$$\omega_2 = \frac{z_1}{z_2}\omega_1$$

把T_2和ω_2值代入上式，整理得

$$T_1' = J_2\left(\frac{z_1}{z_2}\right)^2 \frac{d\omega_1}{dt} + \left(\frac{z_1}{z_2}\right) T_2' \tag{2-2}$$

对轴Ⅲ有

$$T_3 = J_3 \frac{d\omega_3}{dt} + T_3'$$

根据力学原理和传动关系，整理得

$$T_2' = J_3\left(\frac{z_1}{z_2}\right)\left(\frac{z_3}{z_4}\right)^2 \frac{d\omega_1}{dt} + \left(\frac{z_3}{z_4}\right) T_3' \tag{2-3}$$

（2）工作台质量的折算　在工作台与丝杠间根据动力平衡关系有

$$T_3' 2\pi = m\left(\frac{dv}{dt}\right) L$$

式中　L——丝杠导程。

即丝杠转动一周所做的功等于工作台前进一个导程时其惯性力所做的功。

又根据传动关系有

$$v = \frac{L}{2\pi}\omega_3 = \frac{L}{2\pi}\left(\frac{z_1}{z_2}\frac{z_3}{z_4}\right)\omega_1$$

把v值代入上式整理后得

$$T_3' = \left(\frac{L}{2\pi}\right)^2\left(\frac{z_1}{z_2}\frac{z_3}{z_4}\right) m \frac{d\omega_1}{dt} \tag{2-4}$$

（3）折算到轴Ⅰ上的总转动惯量　把式（2-4）、（2-3）、（2-2）代入式（2-1）并整理得

$$\begin{aligned} T_1 &= \left[J_1 + J_2\left(\frac{z_1}{z_2}\right)^2 + J_3\left(\frac{z_1}{z_2}\frac{z_3}{z_4}\right)^2 + m\left(\frac{z_1}{z_2}\frac{z_3}{z_4}\right)^2\left(\frac{L}{2\pi}\right)^2\right]\frac{d\omega_1}{dt} \\ &= J_\Sigma \frac{d\omega_1}{dt} \end{aligned} \tag{2-5}$$

式中

$$J_\Sigma = J_1 + J_2\left(\frac{z_1}{z_2}\right)^2 + J_3\left(\frac{z_1}{z_2}\frac{z_3}{z_4}\right)^2 + m\left(\frac{z_1}{z_2}\frac{z_3}{z_4}\right)^2\left(\frac{L}{2\pi}\right)^2 \tag{2-6}$$

J_Σ 为系统折算到轴 Ⅰ 上的总转动惯量。其中 $J_2(z_1/z_2)^2$ 为轴 Ⅱ 折算到轴 Ⅰ 上的转动惯量；$J_3\left(\frac{z_1}{z_2}\frac{z_3}{z_4}\right)^2$ 为轴 Ⅲ 折算到轴 Ⅰ 上的转动惯量；$m\left(\frac{z_1}{z_2}\frac{z_3}{z_4}\right)^2\left(\frac{L}{2\pi}\right)^2$ 为工作台质量折算到轴 Ⅰ 上的转动惯量。

2. 粘性阻尼系数的折算

机械系统工作过程中，相互运动的元件间存在着阻力，并以不同的形式表现出来，如摩擦阻力、流体阻力以及负载阻力等，这些阻力在建模时需要折算成与速度有关的粘滞阻尼力。再利用摩擦阻力与粘滞阻尼力所消耗的功相等这一原则求取粘性阻尼系数。

考虑到其它各环节的摩擦损失比工作台导轨的摩擦损失小得多，故只计工作台导轨的粘性阻尼系数 C。

当只考虑阻尼力时，根据工作台与丝杠之间的动力平衡关系有

$$T_3 2\pi = CvL$$

即丝杠转一周所作的功，等于工作台前进一个导程时其阻尼力所作的功。

根据力学原理和传动关系有

$$T_3 = \left(\frac{z_2}{z_1}\frac{z_4}{z_3}\right)T_1, v = \left(\frac{z_1}{z_2}\frac{z_3}{z_4}\right)\omega_1\frac{L}{2\pi}$$

将 T_3 和 v 值代入上式，整理后得：

$$T_1 = \left(\frac{z_1}{z_2}\frac{z_3}{z_4}\right)^2\left(\frac{L}{2\pi}\right)^2 C\omega_1 = C'\omega_1 \tag{2-7}$$

式中　C'——工作台导轨折算到轴 Ⅰ 上的粘性阻力系数

$$C' = \left(\frac{z_1}{z_2}\frac{z_3}{z_4}\right)^2\left(\frac{L}{2\pi}\right)^2 C \tag{2-8}$$

3. 弹性变形系数的折算

机械系统中各元件在工作时受力或力矩的作用，将产生轴向伸长、压缩或扭转等弹性变形，这些变形将影响到整个系统的精度和动态特性。建模时要将其折算成相应的扭转刚度系数或轴向刚度系数。

本例中，应先将各轴的扭转角都折算到轴 Ⅰ 上来，丝杠与工作台之间的轴向弹性变形会使轴 Ⅲ 产生一个附加扭转角，也应折算到轴 Ⅰ 上，然后求出轴 Ⅰ 的总扭转刚度系数。

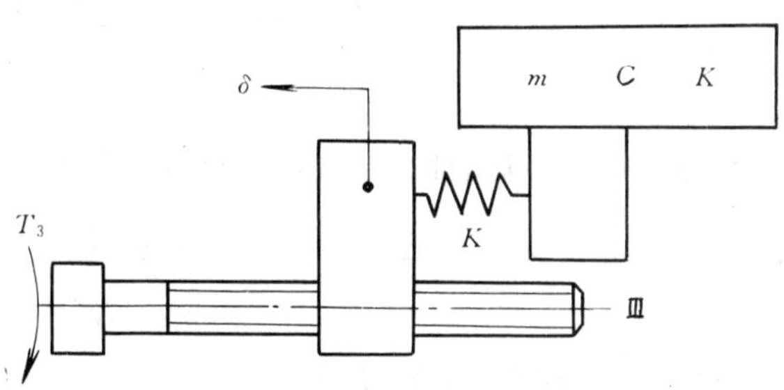

图 2-2　弹性变形等效作用图

（1）轴向刚度的折算　当系统承担负载后，丝杠螺母副和螺母座都会产生轴向弹性变形，图 2-2 是它的等效作用图。在丝杠左端输入转矩 T_3 的作用下，丝杠和工作台之间的弹性变形为 δ，对应的丝杠附加扭转角为 $\Delta\theta_3$。根据动力平衡原理和传动关系，在丝杠轴 Ⅲ 上有

$$T_3 2\pi = K\delta L$$

$$\delta = \frac{\Delta\theta_3}{2\pi}L$$

所以 $$T_3=\left(\frac{1}{2\pi}\right)^2 K\Delta\theta_3=K'\Delta\theta_3 \qquad 即\ \Delta\theta_3=\frac{T_3}{K'}$$

式中 K'——附加扭转刚度系数

$$K'=\left(\frac{1}{2\pi}\right)^2 K \tag{2-9}$$

（2）扭转刚度系数的折算　设 θ_1、θ_2、θ_3 分别为轴Ⅰ、Ⅱ、Ⅲ在输入转矩 T_1、T_2、T_3 的作用下产生的扭转角。根据动力平衡原理和传动关系有

$$\theta_1=\frac{T_1}{K_1}$$

$$\theta_2=\frac{T_2}{K_2}=\left(\frac{z_2}{z_1}\right)\frac{T_1}{K_2}$$

$$\theta_3=\frac{T_3}{K_3}=\left(\frac{z_2}{z_1}\frac{z_4}{z_3}\right)\frac{T_1}{K_3}$$

由于丝杠和工作台之间轴向弹性变形使轴Ⅲ附加了一个扭转角 $\Delta\theta_3$，因此轴Ⅲ上的实际扭转角 θ_{III} 为：$\theta_{\mathrm{III}}=\theta_3+\Delta\theta_3$

将 θ_3、$\Delta\theta_3$ 值代入，则有

$$\theta_{\mathrm{III}}=\frac{T_3}{K_3}+\frac{T_3}{K'}=\left(\frac{z_2}{z_1}\frac{z_4}{z_3}\right)\left(\frac{1}{K_3}+\frac{1}{K'}\right)T_1$$

将各轴的扭转角折算到轴Ⅰ上得轴Ⅰ的总扭转角

$$\theta=\theta_1+\left(\frac{z_2}{z_1}\right)\theta_2+\left(\frac{z_2}{z_1}\frac{z_4}{z_3}\right)\theta_{\mathrm{III}}$$

将 θ_1、θ_2、θ_{III} 值代入上式有：

$$\begin{aligned}\theta&=\frac{T_1}{K_1}+\left(\frac{z_2}{z_1}\right)^2\frac{T_1}{K_2}+\left(\frac{z_2}{z_1}\frac{z_4}{z_3}\right)^2\left(\frac{1}{K_3}+\frac{1}{K'}\right)T_1\\&=\left[\frac{1}{K_1}+\left(\frac{z_2}{z_1}\right)^2\frac{1}{K_2}+\left(\frac{z_2}{z_1}\frac{z_4}{z_3}\right)^2\left(\frac{1}{K_3}+\frac{1}{K'}\right)\right]T_1\\&=\frac{T_1}{K_\Sigma}\end{aligned} \tag{2-10}$$

式中 K_Σ——折算到轴Ⅰ上的总扭转刚度系数

$$K_\Sigma=\frac{1}{\dfrac{1}{K_1}+\left(\dfrac{z_2}{z_1}\right)^2\dfrac{1}{K_2}+\left(\dfrac{z_2}{z_1}\dfrac{z_4}{z_3}\right)^2\left(\dfrac{1}{K_3}+\dfrac{1}{K'}\right)} \tag{2-11}$$

二、建立系统的数学模型

把各种物理量都折算到电动机轴Ⅰ上后，就可以建立数学模型了。设输入量为轴Ⅰ的输入转角 X_i；输出量为工作台的线位移 X_o。根据传动原理，把 X_o 折算成轴Ⅰ的输出角位移 Φ

$$\Phi=\left(\frac{2\pi}{L}\right)\left(\frac{z_2}{z_1}\frac{z_4}{z_3}\right)X_o \tag{2-12}$$

在轴Ⅰ上根据动力平衡原理有

$$J_\Sigma\frac{\mathrm{d}^2\Phi}{\mathrm{d}t^2}+C'\frac{\mathrm{d}\Phi}{\mathrm{d}t}+K_\Sigma\Phi=K_\Sigma X_i \tag{2-13}$$

把式（2-12）代入式（2-13），整理后得

$$J_{\Sigma}\frac{\mathrm{d}^2X_o}{\mathrm{d}t^2}+C'\frac{\mathrm{d}X_0}{\mathrm{d}t}+K_{\Sigma}X_o=\left(\frac{z_1}{z_2}\frac{z_3}{z_4}\right)\left(\frac{L}{2\pi}\right)K_{\Sigma}X_i \tag{2-14}$$

这就是机床进给系统的数学模型，它是一个二阶线性微分方程。其中 J_{Σ}、C'、K_{Σ} 均为常数。

传递函数为

$$G(s)=\frac{X_o(s)}{X_i(s)}=\frac{\left(\frac{z_1}{z_2}\frac{z_3}{z_4}\right)\left(\frac{L}{2\pi}\right)K_{\Sigma}}{J_{\Sigma}s^2+C's+K_{\Sigma}}=\left(\frac{z_1}{z_2}\frac{z_3}{z_4}\right)\frac{L}{2\pi}\frac{\omega_n^2}{s^2+2\xi\omega_ns+\omega_n^2} \tag{2-15}$$

式中　ω_n——系统的固有频率，　$\omega_n=\sqrt{K_{\Sigma}/J_{\Sigma}}$　(2-16)

ξ——系统的阻尼比，　$\xi=C'/(2\sqrt{J_{\Sigma}K_{\Sigma}})$　(2-17)

ω_n 和 ξ 是二阶系统的两个特征参量，对于不同的系统，ω_n 和 ξ 可由不同的物理量组成，但对于机械系统而言，它们是由惯量（质量）、摩擦阻力系数、弹性变形系数等结构参数决定的。

第二节　机械结构因素对伺服系统性能的影响

机电一体化系统中的伺服系统，主要是以机械量（位置、速度、加速度、力等）为控制对象的一种自动控制系统。它在工作时，要求系统的输出能平稳地、快速地、准确地跟随输入指令动作。通过上节的分析可知，机械传动系统的性能与系统本身的阻尼比 ξ、固有频率 ω_n 有关。ξ、ω_n 又与机械系统的结构参数密切相关。因此，机械系统的结构参数对伺服系统性能有很大影响。此外，机械结构中许多非线性因素，如传动件的非线性摩擦、传动间隙、机械零部件的非弹性变形等，对伺服系统性能也有较大影响。下面就机械结构因素对伺服系统性能的影响进行分析讨论，以便在进行机械设计和选型时合理的考虑这些因素。

一、阻尼的影响

阻尼的影响可以由二阶系统单位阶跃响应曲线来说明（因为大多数机械系统均可简化为二阶系统），如图 2-3 所示。由图可知，阻尼比 ξ 不同的系统，其时间响应特性也不同。

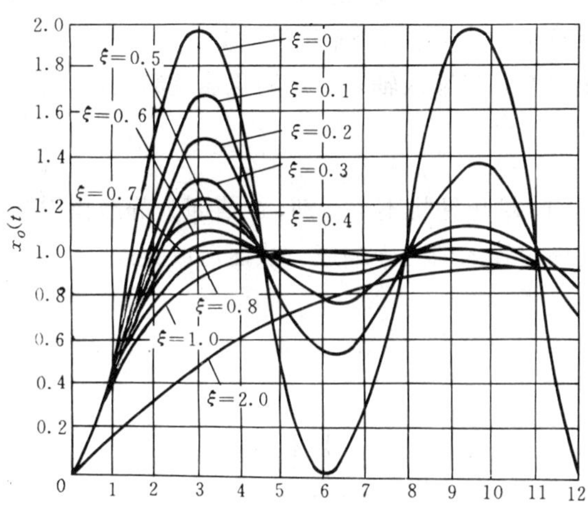

图 2-3　二阶系统单位阶跃响应曲线

1）当阻尼比 $\xi=0$ 时，系统处于等幅持续振荡状态，因此系统不能无阻尼。

2）当 $\xi\geqslant1$ 时，系统为临界阻尼或过阻尼系统。此时，过渡过程无振荡，但响应时间较长。

3）当 $0<\xi<1$ 时，系统为欠阻尼系统，此时，系统在过渡过程中外于减幅振荡状态，其幅值衰减的快慢，取决于衰减系数 $\xi\omega_n$。在 ω_n 确定以后，ξ 愈小，其振荡愈剧烈，过渡过程越长。相反，ξ 越大，则振荡越小，过渡过程越平稳，系统稳定性越好，但响应时间较长，系统灵敏度降低。

因此，在系统设计时，应综合考其性能指标，一般取 $0.4<\xi<0.8$ 的欠阻尼系统，既能保证振荡在一定的范围内，过渡过程较平稳，过渡过程时间较短，又具有较高的灵敏度。

二、摩擦的影响

当两物体产生相对运动或有运动趋势时，其接触面要产生摩擦。摩擦力可分为粘性摩擦力、库仑摩擦力和静摩擦力三种，方向均与运动方向相反。

图 2-4 反应了三种摩擦力与物体运动速度之间的关系。当负载处于静止状态时，摩擦力为静摩擦力 F_s，其最大值发生在运动开始前的一瞬间；当运动一开始，静摩擦力即消失，此时摩擦力立即下降为动摩擦（库仑摩擦）力 F_c，库仑摩擦力是接触面对运动物体的阻力，大小为一常数；随着运动速度的增加，摩擦力成线性增加，此时摩擦力为粘性摩擦力 F_v，由此可见，只有物体运动后的粘性摩擦才是线性的，而当物体静止时和刚开始运动时，其摩擦是非线性的。

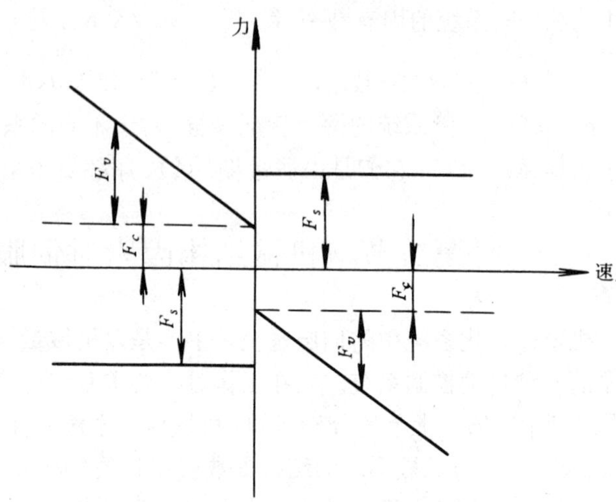

图 2-4　理想摩擦力—速度特性曲线

摩擦对伺服系统的影响主要有：引起动态滞后，降低系统的响应速度，导致系统误差和低速爬行。

1. 摩擦引起动态滞后和系统误差

在图 2-5 所示机械系统中，设系统的弹簧刚度为 K。如果系统开始处于静止状态，当输入轴以一定的角速度转动时，由于静摩擦力矩 T_s 的作用，在

$$\theta_i \leqslant \left|\frac{T_s}{K}\right| \tag{2-18}$$

的范围内，输出轴将不会运动，θ_i 值即为静摩擦引起的传动死区。在传动死区内，系统将在一段时间内对输入信号无响应，从而造成误差。

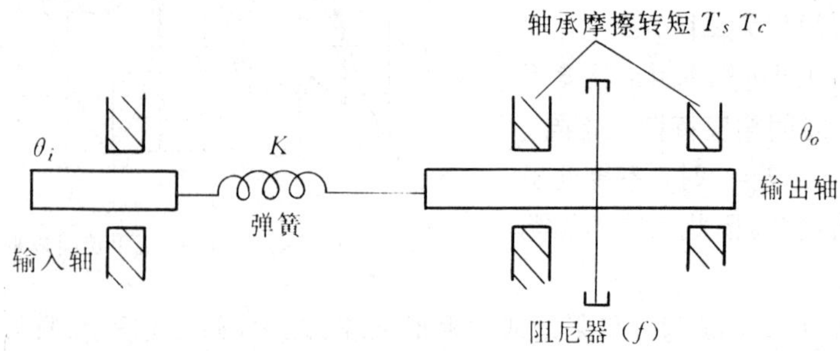

图 2-5　简单机械系统

当输入轴以恒速 Ω 继续运动，在 $\theta_i>|T_s/K|$ 后，输出轴也以恒速 Ω 运动，但始终滞后输入轴一个角度 θ_{ss}，若粘滞摩擦系数为 f，则有：

$$\theta_{ss}=\frac{f\Omega}{K}+\frac{T_c}{K} \tag{2-19}$$

式中　$f\Omega/K$ 和 T_c/K——粘滞摩擦和库仑摩擦所引起的动态滞后，此转角 θ_{ss} 即为系统的稳态误差。

2. 摩擦引起的低速爬行

由于非线性摩擦的存在，机械系统在低速运行时，常常会出现爬行现象，导致系统运行不稳定。爬行一般出现在某个临界转速以下，而在高速运行时并不出现。产生爬行的临界速度可由下式求得

$$\Omega_c=\frac{2(T_s-T_c)}{(f_m+f)\left(1+\frac{1-\xi^2}{\xi}\tan\phi_c\right)} \tag{2-20}$$

式中　f_m、f——电动机电磁、机械系统粘滞摩擦系数；

ξ——系统阻尼比，$\xi=\frac{f_m+f}{2\sqrt{JK}}$；

ϕ_c——出现爬行时系统的临界初始相位，由图 2-6 求出。

例　某数控机床位置控制系统的参数如下：$K=35\text{N}\cdot\text{m/rad}$；$f_m=8\text{s}\cdot\text{N}\cdot\text{m}$；$f=12\text{s}\cdot\text{N}\cdot\text{m}$；$J=21\text{kg}\cdot\text{m}^2$；$T_s-T_c=1.5\text{N}\cdot\text{m}$，求其临界转速 Ω_c。

解　根据 $\xi=\frac{f_m+f}{2\sqrt{JK}}$　　求得 $\xi=0.369$

查图 2-6，得 $\phi_c\approx79°$

则
$$\Omega_c=\frac{2(T_s-T_c)}{(f_m+f)\left(1+\frac{1-\xi^2}{\xi}\tan\phi_c\right)}$$
$$=\frac{2\times1.5}{(8+12)\left(1+\frac{1-0.369^2}{0.369}\tan79°\right)}\text{rad/s}=0.0115\text{rad/s}$$

由上分析可以看出，设计机械系统时，应尽量减少静摩擦和降低动、静摩擦之差值，以提高系统的精度、稳定性和快速响应性。因此，机电一体化系统中，常常采用摩擦性能良好的塑料—金属滑动导轨、滚动导轨、滚珠丝杠、静、动压导轨；静、动压轴承、磁轴承等新型传动件和支承件，并进行良好的润滑。

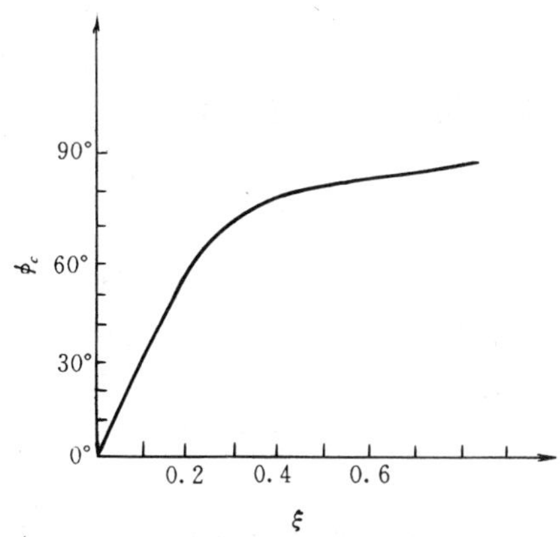

图 2-6　ϕ_c-ξ 关系曲线

此外，适当的增加系统的惯量 J 和粘性摩擦系数 f 也有利于改善低速爬行现象，但惯量增加将引起伺服系统响应性能的降低；增加 f 也会增加系统的稳态误差，故设计时必须权衡利弊，妥善处理。

三、结构弹性变形

稳定性是系统正常工作的首要条件。当伺服电动机带动机械负载按指令运动时，机械系统所有的元件都会因受力而产生程度不同的弹性变形。由式（2-17）、（2-16）知，其固有频率与系统的阻尼、惯量、摩擦、弹性变形等结构因素有关。当机械系统的固有频率接近或落入伺服系统带宽之中时，系统将产生谐振而无法工作。随着机电一体化系

统对伺服性能要求的提高，机械系统弹性变形与谐振分析成为机械设计的一个重要问题。

根据伺服控制理论，为避免机械系统由于弹性变形而使整个伺服系统发生结构谐振，该机械系统的锁定转子固有频率 ω_t（即电动机转子固定时的固有频率）应大于伺服系统带宽 ω_b 的 5 倍，即：

$$\omega_t > 5\omega_b \tag{2-21}$$

伺服系统带宽与系统精度、响应速度之间的关系可以由下列经验公式表示：

$$\omega_b = 60\sqrt{\frac{\varepsilon_{l\max}}{e}} \tag{2-22}$$

式中 $\varepsilon_{l\max}$——负载最大角加速度（$°/s^2$）；

e——伺服精度（$''$）。

例如有一机械传动系统，其负载最大角加速度为 $0.4°/s^2$，伺服精度为 $19''$，按式（2-22）则

$$\omega_b = 60\sqrt{\frac{\varepsilon_{l\max}}{e}} = 60\sqrt{\frac{0.4}{19}}\text{rad/s} = 8.706\text{rad/s}$$

根据式（2-21） $\omega_t \geqslant 5\omega_b = 43.53\text{rad/s}$

即传动系统的固有频率必须大于 43.53rad/s。

通常采取提高系统刚度、增加阻尼、调整机械构件质量和自振频率等方法来提高系统抗振性，防止谐振的发生。

采用弹性模量高的材料，合理选择零件的截面形状和尺寸、对轴承、丝杠等支承件施加预加载荷等方法均可以提高零件的刚度。在多级齿轮传动中，增大末级减速比可以有效的提高末级输出轴的折算刚度。

在不改变机械结构固有频率的情况下，通过增大阻尼也可以有效地抑制谐振。因此，许多机电一体化系统设有阻尼器以使振荡迅速衰减。

四、惯量的影响

转动惯量对伺服系统的精度、稳定性、动态响应都有影响。惯量大，系统的机械常数大，响应慢。由式（2-17）可以看出，惯量大，ξ 值将减小，从而使系统的振荡增强，稳定性下降；由式（2-16）可知，惯量大，会使系统的固有频率下降，容易产生谐振，因而限制了伺服带宽，影响了伺服精度和响应速度。惯量的适当增大只有在改善低速爬行时有利。因此，机械设计时在不影响系统刚度的条件下，应尽量减小惯量。

五、间隙的影响

机械系统中存在着许多间隙，如齿轮传动间隙，螺旋传动间隙等。这些间隙对伺服系统性能有很大影响，下面以齿轮间隙为例进行分析。

图 2-7 所示为一典型旋转工作台伺服系统框图。图中所用齿轮根据不同要求有不同的用途，有的用于传递数据（G_1、G_3），有的用于传递动力（G_2），有的在系统闭环之内（G_2、G_3），有的在系统闭环之外（G_1、G_4）。由于它们在系统中的位置不同，其齿隙的影响也不同。

1）闭环之外数据传递的齿轮（G_1、G_4）齿隙，对系统稳定性无影响，但影响伺服精度。由于齿隙的存在，在传动装置逆运行时造成回程误差，使输出轴与输入轴之间呈非线性关系，输出滞后于输入，影响系统的精度。

2）闭环之内传递动力的齿轮（G_2）齿隙，对系统静态精度无影响，这是因为控制系统有

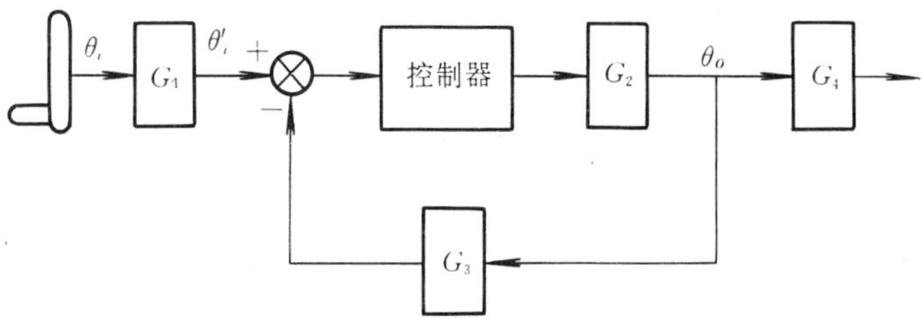

图 2-7 典型转台伺服系统框图

自动校正作用。又由于齿轮副的啮合间隙会造成传动死区，若闭环系统的稳定裕度较小，则会使系统产生自激振荡，因此闭环之内动力传递齿轮的齿隙对系统的稳定性有影响。

3）反馈回路上数据传递齿轮（G_3）齿隙既影响稳定性，又影响精度。

因此，应尽量减小或消除间隙，目前在机电一体化系统中，广泛采取各种机械消隙机构来消除齿轮副、螺旋副等传动副的间隙。例如用双齿轮错齿法、偏心套调整法等消除齿轮的传动间隙；采用垫片式调隙法、齿差式调隙法等消除滚珠螺旋副的间隙。

第三节 机 械 传 动

一、机电一体化系统对机械传动的要求

传统的机械传动是一种把动力机产生的运动和动力传递给执行机构的中间装置，是一种扭矩和转速的变换器，其目的是使驱动电动机与负载之间在扭矩和转速上得到合理的匹配。

在机电一体化系统中，普遍采用计算机控制和具有动力、变速与执行等多重功能的伺服电动机。伺服电动机的伺服变速功能在很大程度上代替了机械传动中的变速机构，大大减化了传动链。因此机电一体化系统中的机械传动装置也不再仅仅是转矩和转速的变换器，已成为伺服系统的组成部分，必需根据伺服控制的要求进行选择和设计。例如，在数控机床的设计中，把机械传动部分放在电动机调速系统中统一考虑，以提高整个系统的动态特性。

机电一体化机械系统应具有良好的伺服性能，要求机械传动部件转动惯量小、摩擦小、阻尼合理、刚度大、抗振性好、间隙小，并满足小型、轻量、高速、低噪声和高可靠性等要求。

二、总传动比的确定

根据负载特性和工作条件不同，可有不同的最佳传动比选择方案，例如“负载峰值力矩最小”的最佳传动比方案、“负载均方根力矩最小”的最佳传动比方案、“转矩储备最大”的最佳传动比方案等。在伺服系统中，通常采用负载角加速度最大原则选择总传动比，以提高伺服系统的响应速度。

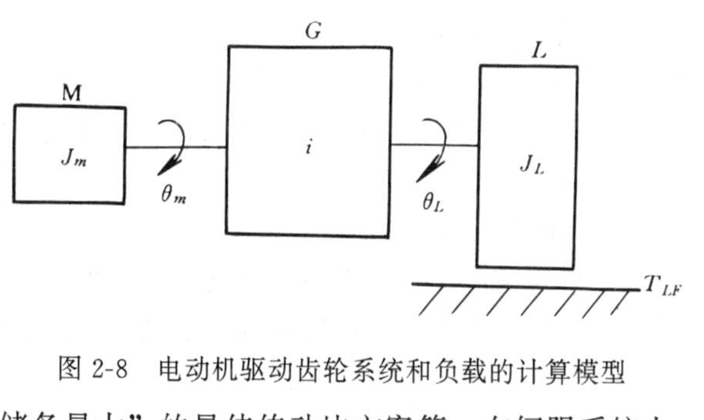

图 2-8 电动机驱动齿轮系统和负载的计算模型

如图 2-8 所示的传动模型

图中 J_m——电动机 M 转子的转动惯量；

θ_m——电动机 M 的角位移；

J_L——负载 L 的转动惯量；

T_{LF}——摩擦阻转矩；

i——齿轮系 G 的总传动比。

根据传动关系有

$$i = \theta_m/\theta_L = \dot{\theta}_m/\dot{\theta}_L = \ddot{\theta}_m/\ddot{\theta}_L \tag{2-23}$$

式中 θ_m、$\dot{\theta}_m$、$\ddot{\theta}_m$——电动机的角位移、角速度、角加速度；

θ_L、$\dot{\theta}_L$、$\ddot{\theta}_L$——负载的角位移、角速度、角加速度。

T_{LF}换算到电动机轴上的阻抗转矩为 T_{LF}/i；J_L 换算到电动机轴上的转动惯量为 J_L/i^2。设 T_m 为电动机电动转矩，根据旋转运动方程，电动机轴上的合转矩 T_a 为

$$T_a = T_m - T_{LF}/i = (J_m + J_L/i^2)\ddot{\theta}_m = (J_m + J_L/i^2)i\ddot{\theta}_L \tag{2-24}$$

则 $$\ddot{\theta}_L = (T_m i - T_{LF})/(J_m i^2 + J_L) = iT_a/(J_m i^2 + J_L)$$

根据负载角加速度最大的原则，令 $\mathrm{d}\ddot{\theta}_L/\mathrm{d}i=0$

解得 $$i = T_{LF}/T_m + \sqrt{(T_{LF}/T_m)^2 + J_L/J_m}$$

若不计摩擦，即 $T_{LF}=0$

则 $$i = \sqrt{J_L/J_m} \quad 或 \quad T_L/i^2 = T_m \tag{2-25}$$

上式表明，齿轮系传动比的最佳值就是 J_L 换算到电动机轴上的转动惯量正好等于电动机转子的转动惯量 J_m，此时，电动机的输出转矩一半用于加速负载，一半用于加速电动机转子，达到了惯性负载和转矩的最佳匹配。

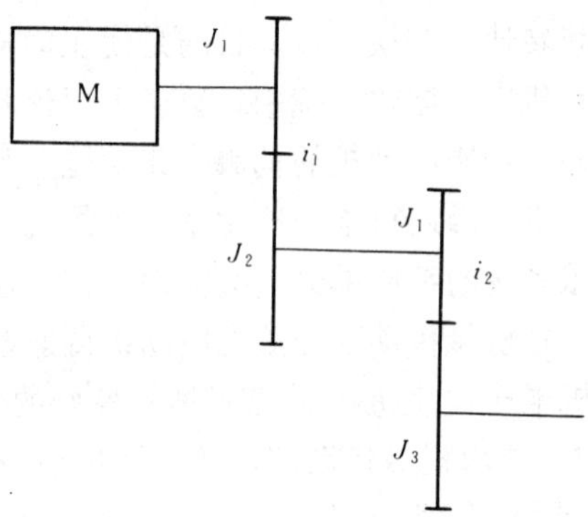

图 2-9 电动机驱动的两级齿轮系

三、传动链的级数和各级传动比的分配

机电一体化传动系统中，为即满足总传动比要求，又使结构紧凑，常采用多级齿轮副或其它传动机构组成传动链。下面以齿轮传动链为例，介绍级数和各级传动比的分配原则，这些原则对其它形式的传动链也有指导意义。

（一）等效转动惯量最小原则

齿轮系传递的功率不同，其传动比的分配也有所不同。

1. 小功率传动装置

电动机驱动的二级齿轮传动系统如图 2-9 所示。假定各主动轮具有相同的转动惯量 J_1；轴与轴承转动惯量不计；各齿轮均为实心圆柱体，且齿宽 b 和材料均相同；效率不计。

则 $$i_2 \approx i_1^2/\sqrt{2}$$

或 $$i_1 = (\sqrt{2}\,i)^{1/3} \tag{2-26}$$

式中 i_1、i_2——齿轮系中第一、第二级齿轮副的传动比；

i——齿轮系总传动比，$i=i_1 i_2$。

同理，对于 n 级齿轮系

$$i_1 = 2^{\frac{2^n-n-1}{2(2^n-1)}} i^{\frac{1}{2^n-1}} \tag{2-27}$$

$$i_k = \sqrt{2}\left(\frac{i}{2^{n/2}}\right)^{\frac{2^{(k-1)}}{2^n-1}} \tag{2-28}$$

由此可见，各级传动比分配的结果应遵循“前小后大”的原则。

例 1 设 $i=80$，传动级数 $n=4$ 的小功率传动，试按等效转动惯量最小原则分配传动比。

解：

$$i_1 = 2^{\frac{2^4-4-1}{2(2^4-1)}} \times 80^{\frac{1}{2^4-1}} = 1.7268$$

$$i_2 = \sqrt{2}\left(\frac{80}{2^{4/2}}\right)^{\frac{2^{(2-1)}}{2^4-1}} = 2.1085$$

$$i_3 = \sqrt{2}\left(\frac{80}{2^2}\right)^{\frac{4}{15}} = 3.1438$$

$$i_4 = \sqrt{2}\left(\frac{80}{2^2}\right)^{\frac{8}{15}} = 6.9887$$

验算 $i=i_1 i_2 i_3 i_4 \approx 80$

若以传动级数为参变量，齿轮系中折算到电动机轴上的等效转动惯量 J_e 与第一级主动齿轮的转动惯量 J_1 之比为 J_e/J_1，其变化与总传动比 i 的关系如图 2-10 所示。

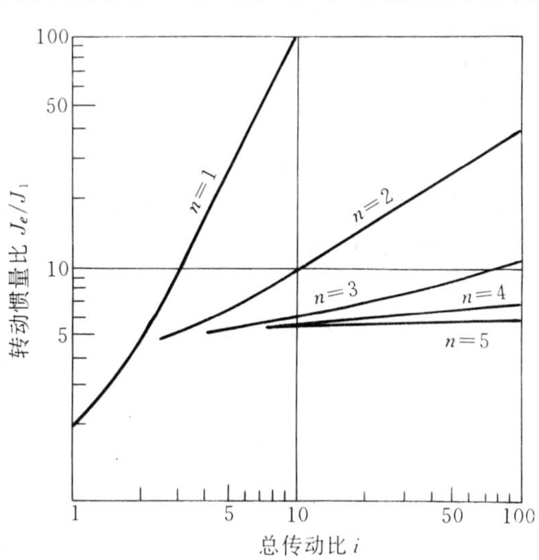

图 2-10 用于小功率传动装置确定传动级数的曲线

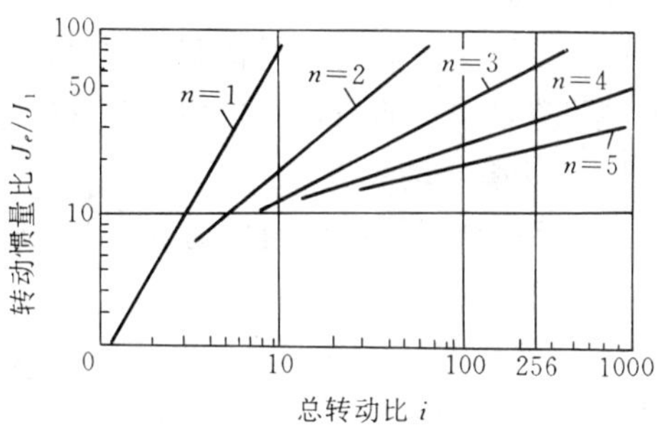

图 2-11 用于大功率传动确定传动级数的曲线

2. 大功率传动装置

大功率传动装置传递的扭矩大，各级齿轮副的模数、齿宽、直径等参数逐级增加。这时，小功率传动的假定不适用。可用图 2-11、图 2-12、图 2-13 来确定传动级数及各级传动比。传动比分配的基本原则仍应为“前小后大”。

例 2 设有 $i=256$ 的大功率传动装置，试按等效转动惯量最小原则分配传动比。

解：查图 2-11，得 $n=3$，$J_e/J_1=70$；$n=4$，$J_e/J_1=35$；$n=5$，$J_e/J_1=26$。为兼顾到 $J_e/$

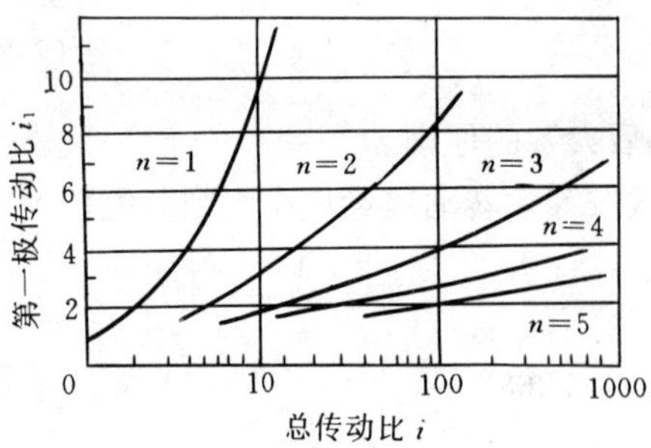

图 2-12　用于大功率传动确定第一级传动比的曲线

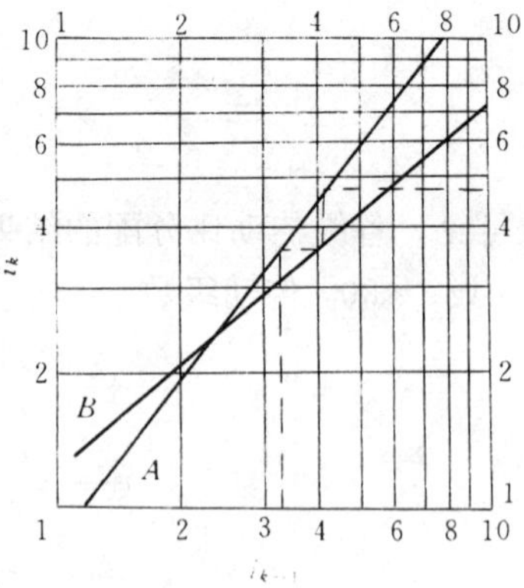

图 2-13　用于大功率传动确定第一级齿轮副以后各级传动比的曲线

J_1 值的大小和传动装置结构紧凑，选 $n=4$。查图 2-12，得 $i_1=3.3$。查图 2-13，在横坐标 i_{k-1} 上 3.3 处作垂直线与 A 线交于第一点，在纵坐标 i_k 轴上查得 $i_2=3.7$。通过该点作水平线与 B 曲线相交得第二点 $i_3=4.24$。由第二点作垂线与 A 曲线相交得第三点 $i_4=4.95$。验算 $i=i_1i_2i_3i_4=256.26$。可用。

由上述分析可知，无论传递的功率大小如何，按“转动惯量最小”原则来分配，从高速级到低速级，各级传动比总是逐级增加的，而且级数越多，总等效惯量越小。但级数增加到一定数量后，总等效惯量的减少并不明显，而从结构紧凑、传动精度和经济性等方面考虑，级数不能太多。

（二）质量最小原则

质量方面的限制常常是伺服系统设计应考虑的重要问题，特别是用于航空、航天设备上的传动装置，按“质量最小”的原则来确定各级传动比就显得十分必要。

1. 小功率传动装置

以图 2-9 所示两级齿轮传动系为例，假设条件不变，对于两级齿轮传动，各齿轮的质量之和为

$$m = m_1 + m_2 + m_3 + m_4 = \pi\rho b[(D_1/2)^2 + (D_2/2)^2 + (D_3/2)^2 + (D_4/2)^2]$$

式中　ρ——密度；

b——齿轮的宽度；

D——齿轮直径。

根据假设条件有　$D_1=D_3$，而 $i=i_1i_2$

则
$$m = \pi\rho b D_1^2(2 + i_1^2 + i^2/i_1^2)/4$$

令
$$\mathrm{d}m/\mathrm{d}i_1=0$$

可得
$$i_1 - i^2/i_1^3 = 0$$

即
$$i = i_1^2$$

因此
$$i_1 = i_2$$

同理，对于 n 级传动，可得如下结果

$$i_1 = i_2 = i_3 = \cdots = i_n \tag{2-29}$$

由此可见，对于小功率传动装置，按“质量最小”原则来确定传动比时，其各级传动比是相等的。在假设各主动小齿轮的模数、齿数均相等这样的特殊条件下，各大齿轮的分圆度直径均相等，因而每级齿轮副的中心距也相等。这样便可设计成如图 2-14 所示的回曲式齿轮传动链，其总传动比 $i=39000$。显然，这种结构十分紧凑。

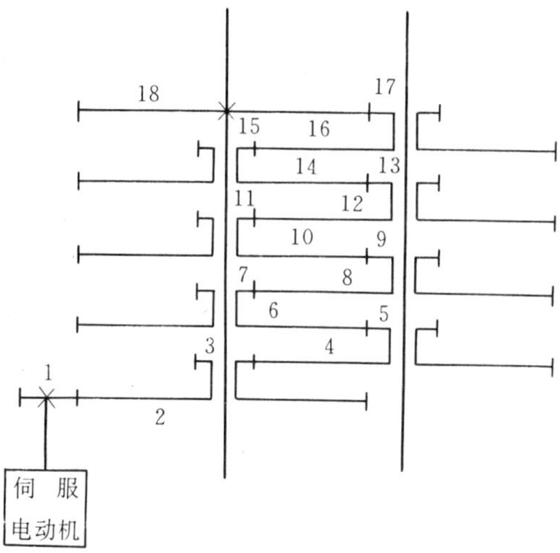

图 2-14　回曲式齿轮传动链

2. 大功率传动装置

以图 2-9 所示二级齿轮传动为例。假定各主动小齿轮的模数 m_1、m_3、分度圆直径 D_1、D_3、齿宽 b_1、b_3 都与所在轴上的转矩 T_1、T_3 的三次方根成正比，即

$$m_3/m_1=D_3/D_1=b_3/b_1=\sqrt[3]{T_3/T_1}=\sqrt[3]{i_1} \quad (2\text{-}30)$$

另设每对齿轮的齿宽相等，即 $b_1=b_2$、$b_3=b_4$

则
$$i=i_1\sqrt{2i_1+1}$$
$$i_2=\sqrt{2i_1+1}$$

同理，对三级齿轮传动，假设 $b_1=b_2$、$b_3=b_4$、$b_5=b_6$

则
$$i_2=\sqrt{2i_1+1}$$
$$i_3=\sqrt{2i_2+1}=(2\sqrt{2i_1+1}+1)^{1/2}$$
$$i=i_1\sqrt{2i_2+1}(2\sqrt{2i_1+1}+1)^{1/2}$$

根据上面的公式可得图 2-15 和图 2-16。

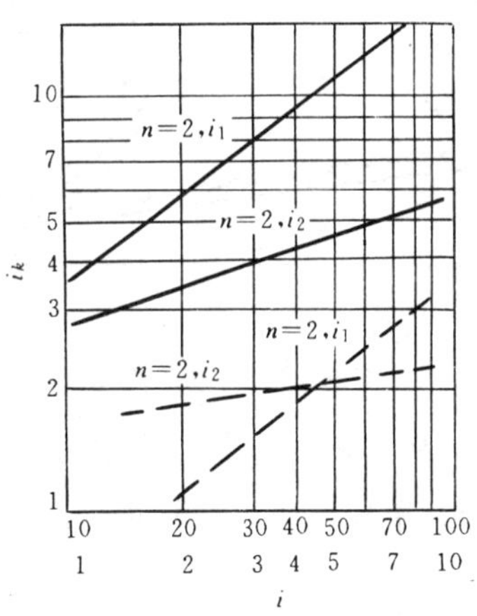

图 2-15　二级传动比分配线图
（$i<10$ 时，查图中的虚线）

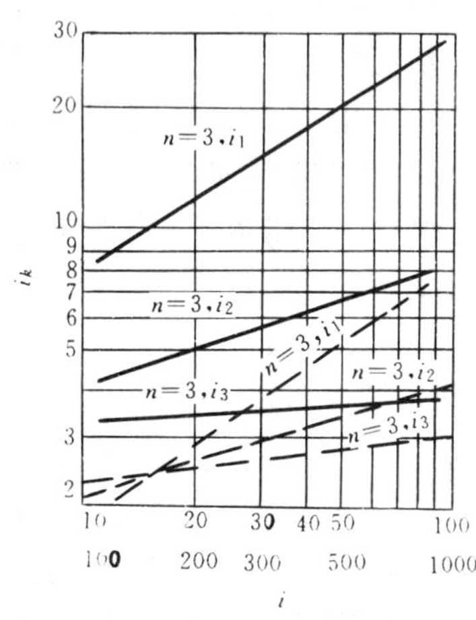

图 2-16　三级传动比分配线图
（$i<100$ 时，查图中的虚线）

例 1　设 $n=2$，$i=40$，求各级传动比。

解 查图 2-15 可得 $i_1 \approx 9.1$，$i_2 \approx 4.4$

例 2 设 $n=3$，$i=202$，求各级传动比。

解 查图 2-16，可得 $i_1 \approx 12$，$i_2 \approx 5$、$i_3 \approx 3.4$

由此可知，大功率传动装置按“质量最小原则”确定的各级传动比是逐级递减的，即“前大后小”。

（三）输出轴转角误差最小原则

以图 2-17 所示四级齿轮减速传动链为例。四级传动比分别为 i_1、i_2、i_3、i_4，齿轮 1～8 的转角误差依次为 $\Delta\Phi_1 \sim \Delta\Phi_8$。该传动链输出轴的总转动角误差 $\Delta\Phi_{max}$ 为：

$$\Delta\Phi_{max} = \Delta\Phi_1/(i_1 i_2 i_3 i_4) + (\Delta\Phi_2 + \Delta\Phi_3)/(i_2 i_3 i_4) + (\Delta\Phi_4 + \Delta\Phi_5)/(i_3 i_4) + (\Delta\Phi_6 + \Delta\Phi_7)/i_4 + \Delta\Phi_8 \tag{2-31}$$

由上式可以看出，如果从输入端到输出端的各级传动比按“前小后大”原则排列，则总转角误差较小。而且低速级的误差在总误差中占的比重很大。因此，要提高传动精度，就应减少传动级数。并使末级齿轮的传动比尽可能大，制造精度尽量高。

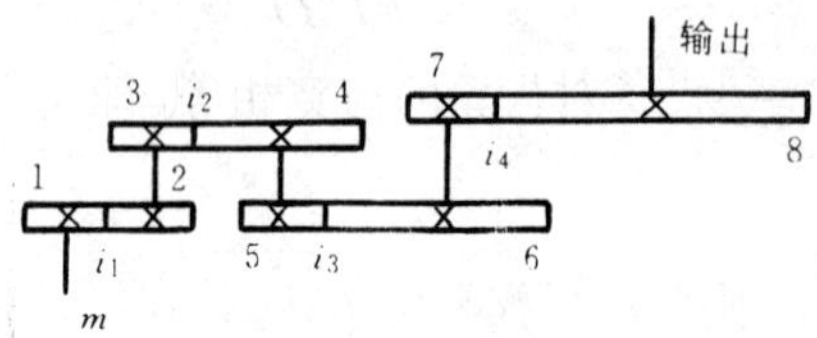

图 2-17 四级降速齿轮传动链

（四）三种原则的选择

在设计齿轮传动装置时，上述三条原则应根据具体工作条件综合考虑。

1）对于传动精度要求高的降速齿轮传动链，可按输出轴转角误差最小的原则设计。若为增速传动，则应在开始几级就增速。

2）对于要求运转平稳、启停频繁和动态性能好的降速传动链，可按等效转动惯量最小原则和输出轴转角误差最小的原则设计。对于负载变化的齿轮传动装置，各级传动比最好采用不可约的比数，避免同时啮合，使磨损均衡。

3）对于要求质量尽可能小的降速传动链，可按质量最小原则设计。

四、机械传动装置

机电一体化系统常用的机械传动有：齿轮传动、带传动、螺旋传动、链传动、键传动等。下面主要介绍同步带传动、谐波齿轮传动、滚珠花键传动等。

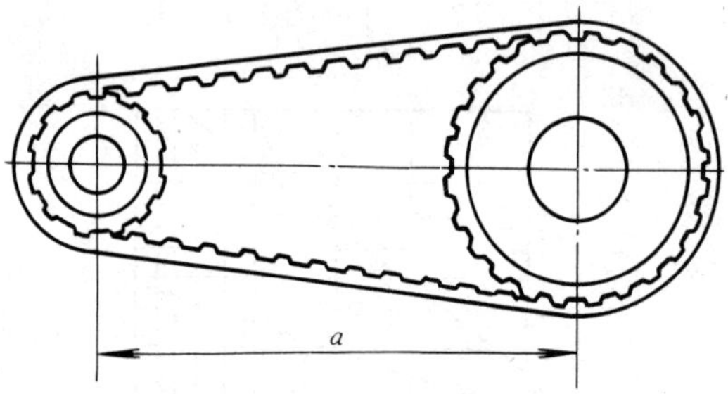

图 2-18 同步带传动

（一）同步带传动

1. 同步带传动的特点

同步带传动是综合了带传动、齿轮传动和链传动特点的一种新型传动。如图 2-18 所示，带的工作表面制有带齿，它与制有相应齿形的带轮相啮合，用来传递运动和动力。与一般带传动相比较，同步带传动具有如下特点：

1）传动比准确，传动效率高；

2）工作平稳，能吸收振动；

3）不需润滑，耐油、水、耐高温，耐腐蚀，维护保养方便；

4）中心距要求严格，安装精度要求高；

5）制造工艺复杂，成本高。

2. 同步带的分类及应用

同步带的分类及应用见表 2-1。本节主要介绍梯型齿同步带传动。

3. 同步带的结构、主要参数和尺寸规格

（1）结构和材料　同步齿形带一般由带背、承载绳、带齿组成。在以氯丁橡胶为基体的同步带上，其齿面还覆盖了一层尼龙包布，如图 2-19 所示。

承载绳传递动力，同时保证带的节距不变。因此承载绳应有较高的强度和较小的伸长率。目前常用的材料有：钢丝、玻璃纤维、芳香族聚酰胺纤维（简称芳纶）。

表 2-1　同步带的分类及应用

分类方法	种类		应用	标准
按用途分	一般工业用同步带传动（梯形齿同步带传动）		主要用于中、小功率的同步带传动，如各种仪器、计算机、轻工机械等	ISO 标准、各国国家标准、GB 标准
	大转矩同步带传动（圆弧齿同步带传动）		主要用于重型机械的传动中，如运输机械（飞机、汽车），石油机械和机床、发电机等	尚无 ISO 标准和各国家标准，仅限于各国企业标准
	特种规格的同步带传动		根据某种机器特殊需要而采用的特殊规格同步带传动。如工业缝纫机用、汽车发动机用等	汽车同步带有 ISO 标准和各国标准。日本有缝纫机同步带标准
	特殊用途的同步带	1）耐油性同步带	用于经常粘油或浸在油中传动的同步带	尚无标准
		2）耐热性同步带	用于环境温度在 90～120℃以上高温下使用	
		3）高电阻同步带	用于要求胶带电阻大于 6MΩ 以上	
		4）低噪声同步带	用于大功率、高速但要求低噪声的地方	
按规格制度分	模数制：同步带主要参数是模数 m，根据模数来确定同步带的型号及结构参数		60 年代用于日、意、前苏联等国，后逐渐被节距制取代，目前仅俄罗斯及东欧各国使用	各国国家标准
	节距制：同步带主要参数是带齿节距 p_b，按节距大小，相应带、轮有不同尺寸		世界各国广泛采用的一种规格制度	ISO 标准、各国国家标准、GB 标准

带齿是直接与钢制带轮啮合并传递扭矩的。因此不仅要求有高的抗剪强度和耐磨性，而且要求有高的耐油性和耐热性。用于连接、包覆承载绳的带背，在运转过程中要承受弯曲应力，因此要求带背有良好的韧性和耐弯曲疲劳的能力，以及与承载绳良好的粘结性能。带背和带齿一般采用相同材料制成，常用的有聚氨酯橡胶和氯丁橡胶两种材料。

包布层仅用于以氯丁橡胶为基体的同步带，它可以增加带齿的耐磨性，提高带的抗拉强度，一般用尼龙或绵纶丝织成。

(2) 主要参数和规格　同步带的主要参数是带齿的节距 p_b，如图 2-20 所示。由于承载绳在工作时长度不变，因此承载绳的中心线被规定为同步带的节线，并以节线长度 L_p 作为其公称长度。同步带上相邻两齿对应点沿节线度量的距离称为带的节距 p_b。

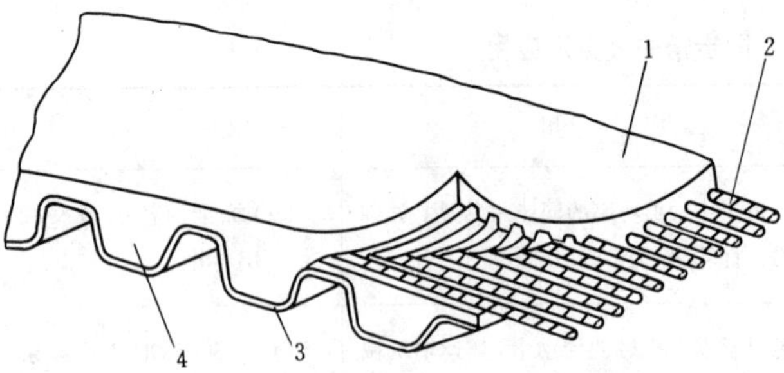

图 2-19　梯形齿同步带构造
1—带背　2—承载绳　3—包布层　4—带齿

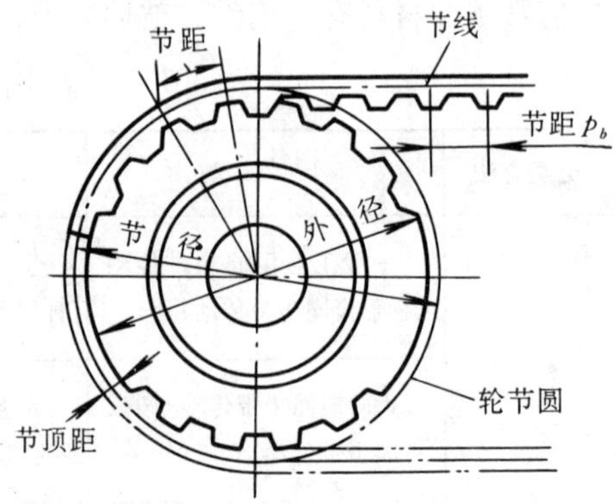

图 2-20　同步带主要参数

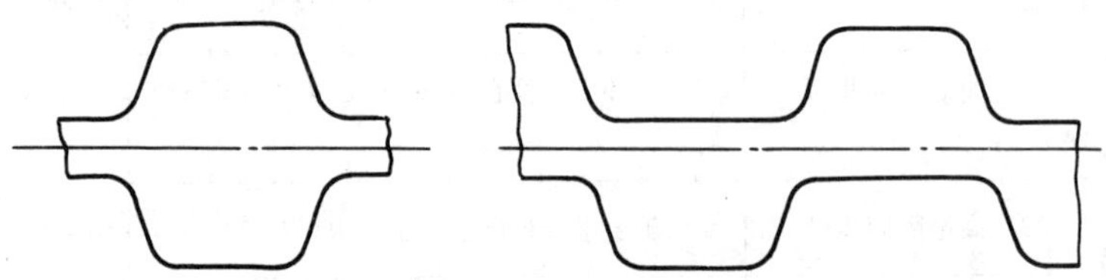

a)　　b)

图 2-21　双面齿类型
a) DⅠ型　b) DⅡ型

国家标准 GB11616—89，对同步带型号、尺寸作了规定。同步带有单面齿（仅一面有齿）和双面齿（两面都有齿）两种型式。双面齿又按齿排列的不同，分为 DⅠ型（对称齿形）和 DⅡ型（交错齿形），如图 2-21 所示。两种形式的同步带均按节距不同分为七种规格，见表 2-2。

表 2-2　同步带的型号和节距

型　号	MXL	XXL	XL	L	H	XH	XXH
节距 p_b (mm)	2.032	3.175	5.080	9.525	12.700	22.225	31.75

(3) 同步带的标记　带的标记包括长度代号、型号、宽度代号。双面齿同步带还应再加上符合 DⅠ或 DⅡ。

例 1 420 L 050

- 宽度代号(带宽 12.7mm)
- 型号(节距 9.525mm)
- 长度代号(节线长度 1066.80mm)

例 2 800 DI H 300

- 宽度代号(带宽 76.2mm)
- 型号(节距 12.700mm)
- 双面齿带型代号(对称齿形)
- 长度代号(节线长度 2032mm)

4. 同步带轮

(1) 带轮的结构、材料　带轮结构如图 2-22 所示。为防止工作带脱落，一般在小带轮两侧装有挡圈。

带轮材料一般采用铸铁或钢。高速、小功率时可采用塑料或轻合金。

(2) 带轮的参数及尺寸规格

1) 齿形　与梯形齿同步带相匹配的带轮，其齿形有直线形和渐开线形两种。直线齿形在啮合过程中，与带齿工作侧面有较大的接触面积，齿侧载荷分布较均匀，从而提高了带的承载能力和使用寿命。渐开线齿形，其齿槽形状随带轮齿数而变化。齿数多时，齿廓近似于直线。这种齿形优点是有利于带齿的啮入，其缺点是齿形角变化较大，在齿数少时，易影响带齿的正常啮合。

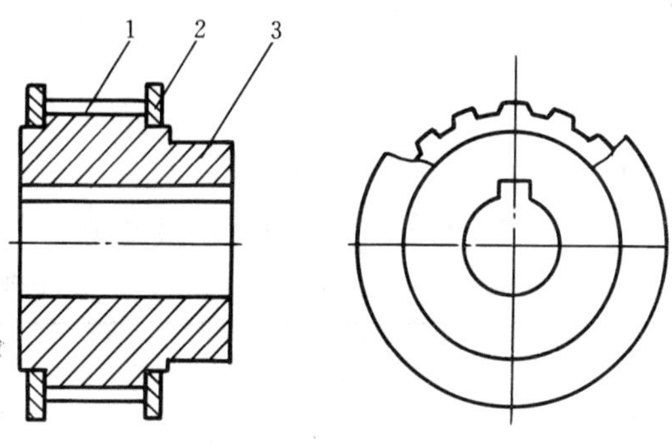

图 2-22　同步带轮

1—齿圈　2—挡圈　3—轮毂

2) 齿数 z　在传动比一定的情况下，带轮齿数越少，传动结构越紧凑，但齿数过少，使工作时同时啮合的齿数减少，易造成带齿承载过大而被剪断。此外，还会因带轮直径减小，使与之啮合的带产生弯曲疲劳破坏。国标标准 GB11361—89 规定的小带轮最少齿数见表 2-3。

表 2-3　小带轮许用最少齿数

小带轮转速 (r/min)	带型号						
	MXL (2.032)	XXL (3.175)	XL (5.080)	L (9.525)	H (12.700)	XH (22.225)	XXH (31.750)
900 以下	10	10	10	12	14	22	22
900～1200 以下	12	12	10	12	16	24	24
1200～1800 以下	14	14	12	14	18	26	26
1800～3600 以下	16	16	12	16	20	30	—
3600～4800 以下	18	18	15	18	22	—	—

3）带轮的标记　国家标准 GB11361—89 同步带轮标准与 GB11616—89 同步带标准相配套，对带轮的尺寸及规格等作了规定。与带一样有：MXL、XXL、XL、L、H、XH、XXH 七种。

带轮的标记由带轮齿数、带的型号和轮宽代号表示。

例　30　L　075

——带宽(19.05mm)

——带型号(节距 9.525mm)

——带轮齿数 30

5. 同步带传动的设计计算

同步带传动的主要失效形式有三种：同步带的承载绳疲劳拉断；同步带的打滑和跳齿；同步带齿的磨损。

因此，同步带传动设计准则是在同步带不打滑的情况下，具有较高的抗拉强度，即保证承载绳不被拉断。此外，在灰尘、杂质较多的工作条件下还应对带齿进行耐磨性计算。

设计时，所提供的已知条件通常为同步带传动需传递的名义功率 P_m；主、从动轮转速 n_1、n_2 或传动比 i；传动装置的用途，工作条件和安装位置等。

设计的任务是确定带的型号、节距、节线长度、带宽、中心距及带轮的齿数、直径等结构参数。设计步骤如下：

（1）确定带传动的设计功率 P_d

$$P_d = K_A P_m \tag{2-32}$$

式中　P_m——传递的名义功率；

K_A——载荷的修正系数，可由表 2-4 查出。

表 2-4　同步带传动的工况系数 K_A

载荷性质		每天工作小时数（h）		
变化情况	瞬时峰值载荷/额定工作载荷	≤10	10～16	>16
平稳		1.20	1.40	1.50
小	～150%	1.40	1.60	1.70
较大	≥150～250%	1.60	1.70	1.85
很大	≥250～400%	1.70	1.85	2.00
大而频繁	≥250	1.85	2.00	2.05

注：1. 经常正反转或使用张紧轮时，K_A 应乘 1.1；间断性工作，K_A 应乘以 0.9。

2. 增速传动时，K_A 应乘以下列系数：

增速比	系数
1.25～1.74	1.05
1.75～2.49	1.10
2.50～3.49	1.18
≥3.50	1.25

（2）选择带的型号和节距 p_b　带的型号和节距由图 2-23 同步带选型图选出。

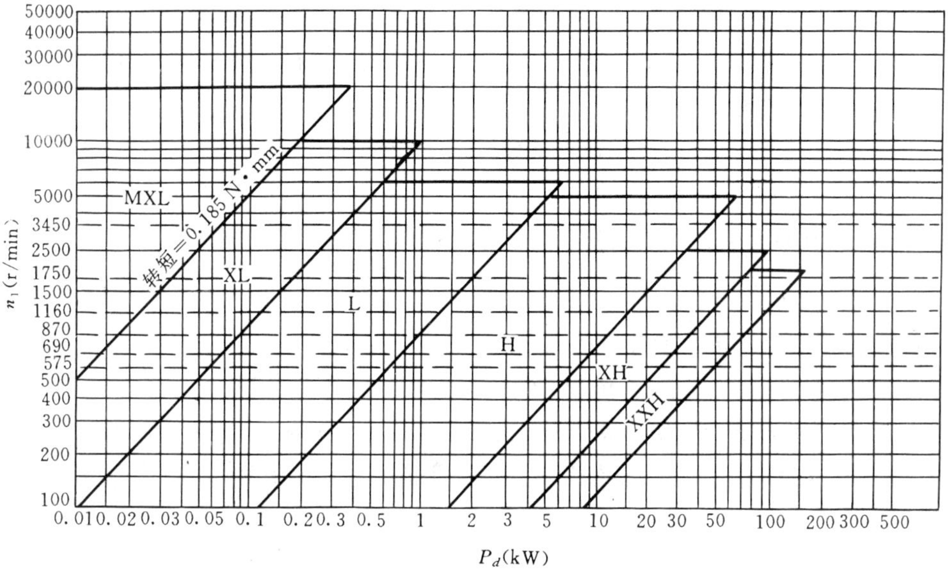

图 2-23　同步带选型图

图中横坐标为设计功率 P_d，纵坐标为小带轮转速 n_1。选择时，如在图中所得交点位于两种节距的分界线上，则可选两种方案计算比较。一般情况下尽可能选用小节距。

（3）带轮齿数 z_1、z_2　如前所述，在传动布置和带速许可情况下，小带轮齿数宜取大些。各种型号同步带带轮许用的最小齿数可由表 2-3 中查出，然后可根据传动比确定大带轮齿数。

$$z_2 = z_1 i \qquad (2\text{-}33)$$

（4）带轮的节圆直径 d_1、d_2

小带轮节圆直径：

$$d_1 = p_b z_1/\pi \quad (\text{mm}) \qquad (2\text{-}34)$$

大带轮节圆直径：

$$d_2 = d_1 i \quad (\text{mm}) \qquad (2\text{-}35)$$

（5）验算带速 v　同步带传动速度

$$v = \pi d_1 n_1/(60 \times 1000) \quad (\text{m/s}) \qquad (2\text{-}36)$$

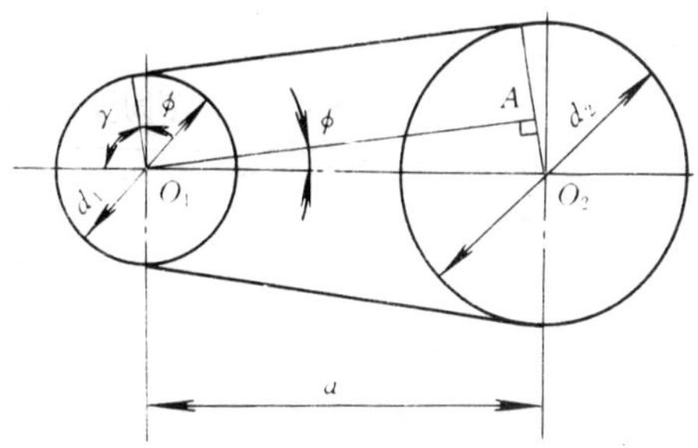

图 2-24　同步带传动示意图

带速 v 过大，会使带运转时所受离心力增加，且单位时间内绕过带轮次数增加，易造成带的疲劳损坏。因此对 v 应加以限制。通常对 MXL、XL、L 型号同步带，取 $v_{max}=40\text{m/s}\sim50\text{m/s}$。对 H 型同步带，取 $v_{max}=35\text{m/s}\sim40\text{m/s}$。对 XH XXH 型同步带，取 $v_{max}=25\text{m/s}\sim30\text{m/s}$。

（6）同步带节线长度 L_p　如图 2-24 所示。同步带节线长度可由图中几何关系得出。

$$L_p = 2a\cos\phi + \pi(d_2 + d_1)/2 + \pi\phi(d_2 - d_1)/180° \qquad (2\text{-}37)$$

式中　a——传动中心距，如 a 未定，可以按下列范围选取

$$0.7(d_1 + d_2) < a < 2(d_1 + d_2)$$

$$\phi = \arcsin[(d_2 - d_1)/2a] \quad (°) \qquad (2\text{-}38)$$

按上式计算出的 L_p，应按国家标准圆整为标准节线长度。

（7）计算同步带齿数 z_b

$$z_b = L_p / p_b \tag{2-39}$$

（8）确定传动的中心距　中心距的变化将影响带与带轮的正常啮合，因此，需进一步精确计算。由图 2-24 可推得

$$a = p_b(z_2 - z_1)/2\pi\cos\gamma \tag{2-40}$$

式中　$\mathrm{inv}\gamma=\pi\cdot(z_b-z_2)\ /\ (z_2-z_1)$

当 z_2/z_1 之值接近于 1 时，应按下式近似计算

$$a = [2L_p - \pi(d_2 + d_1) + \sqrt{[2L_p - \pi(d_2 + d_1)]^2 - 8(d_2 - d_1)^2}]/8 \tag{2-41}$$

（9）校验小带轮与带的啮合齿数 z_m

$$z_m = \mathrm{ent}[z_1/2 - p_b z_1(z_2 - z_1)/(2\pi^2 a)] \tag{2-42}$$

z_m 过少，会引起带齿剪切、磨损，严重时还会打滑、跳齿。所以，一般 $z_m \geqslant 6$。如计算出的 $z_m<6$，则可通过增大中心距或在带轮直径不变情况下采用小节距，增加小带轮齿数 z_1，使 $z_m \geqslant 6$。

（10）确定同步带宽 b_s

$$b_s \geqslant b_{s0}\left(\frac{P_d}{K_z P_0}\right)^{1/1.14} \tag{2-43}$$

式中　b_{s0}——带的基准宽度，可由表 2-5 查得；

K_z——啮合系数，当 $z_m \geqslant 6$ 时，$K_z=1$，当 $z_m<6$ 时，$K_z=1-0.2\ (6-z_m)$；

P_0——同步带基准额定功率。

$$P_0 = (F_n - mv^2)v/10^3 \quad (\mathrm{kW}) \tag{2-44}$$

式中　F_n、m 可由表 2-5 查得。

表 2-5　节距制同步带的基准宽度下的许用圆周力和单位质量

带　型　号	基准宽度 b_{s0}（mm）	许用圆周力 F_n（N）	单位长度质量 m（kg/m）
MXL	6.4	27	0.007
XL	9.5	50.17	0.022
L	25.4	244.46	0.095
H	76.2	2100.85	0.448
XH	101.6	4048.90	1.484
XXH	127.0	6398.03	2.473

（11）带的工作能力验算　在求出同步带传动各参数数值后，应用下式验算：

$$P = (K_z K_W F_n - b_s m v^2/b_{s0})v \times 10^3 \geqslant P_d \tag{2-45}$$

式中　K_W——齿宽系数，$K_W=\ (b_s/b_{s0})^{1.14}$。

6. 同步带传动设计举例

例　已知额定功率为 0.4kW，转速为 1500r/min 的电动机，驱动某医用设备中转速为 500r/min 的机械工作。该设备每天 8h 满载运转，采用同步带传动，两轮中心距要求 350mm 左右，不使用张紧轮，试设计此设备用同步带传动。

解　1）计算设计功率

由表 2-4 查得载荷修正系数 $K_A=1.2$

由式（2-32）计算设计功率为

$$P_d = K_A P_m = 1.2 \times 0.4\text{kW} = 0.48\text{kW}$$

2）选择带型，确定节距

根据 $P_d=0.48\text{kW}$，$n_1=1500\text{r/min}$，由图 2-23 查得带型为 L 型，并从表 2-2 查得对应节距 $p_b=9.525\text{mm}$；

3）确定带轮齿数和节径

对于 L 型带，小带轮转速 $n_1=1500\text{r/min}$，由表 2-3 查得带轮最少许用齿数 $z_{\min}=14$，取 $z_1=16$，由已知条件知传动比 $i=1500/500=3$，则大带轮齿数 $z_2=z_1 i=16\times3=48$

小带轮节径和大带轮节径分别为

$$d_1 = p_b z_1/\pi = 9.525 \times 16/3.1416\text{mm} = 48.51\text{mm}$$

$$d_2 = p_b z_2/\pi = 9.525 \times 48/3.1416\text{mm} = 145.53\text{mm}$$

4）验算带速 v

$$\begin{aligned} v &= \pi d_1 n_1/(60 \times 1000) = 3.1416 \times 48.51 \times 1500/60 \times 1000\text{m/s} \\ &= 3.81\text{m/s} \end{aligned}$$

对 L 型同步带 $v_{\max}=40\sim50$，所以合格

5）计算带节线长

$$L_p = 2a\cos\phi + \pi(d_1 + d_2)/2 + \pi(d_2 - d_1)/180$$

根据已知条件初定中心距 $a=350\text{mm}$

$$\Phi = \arcsin[(d_2 - d_1)/2a] = \arcsin\left(\frac{145.53 - 48.5}{2 \times 350}\right) \approx 7.967°$$

所以

$$\begin{aligned} L_p &= 2 \times 350 \times \cos 7.967 + \frac{3.1416(145.53 - 48.51)}{2} \\ &\quad + \frac{3.1416 \times 7.967(145.53 - 48.51)}{180}\text{mm} \approx 1011.53\text{mm} \end{aligned}$$

按国标 GB11616—89 标准化，取带长（即节线长）$L=990.6\text{mm}$，标准长度上的齿数 $z_b=L_p/p_b=104$

6）实际中心距

$$\text{inv}\gamma = \pi\frac{z_b - z_2}{z_2 - z_1} = 3.1416 \times \frac{104 - 48}{48 - 16} = 5.4978$$

查渐开线函数表，$\gamma=81.7832°$

实际中心距　$a=\dfrac{p_b\ (z_2-z_1)}{2\pi\cos\gamma}=\dfrac{9.525\ (48-16)}{2\times3.1416\times\cos81.7832}\text{mm}=339.43\text{mm}$

7）验算啮合齿数

$$z_m = \text{ent}\left[\frac{z_1}{2} - \frac{p_b z_1}{2\pi^2 a}(z_2 - z_1)\right] = \text{ent}\left[\frac{16}{2} - \frac{9.525 \times 16(48 - 16)}{2 \times 3.1416 \times 339.427}\right] = 7$$

$z_m>6$ 故合格

8）选择带宽

根据式（2-43）计算所需带宽

$$b_s \geqslant b_{s0}\left(\frac{P_d}{K_z P_o}\right)^{\frac{1}{1.14}}$$

式中　$K_z=1$；由表 2-5 查得 $F_n=244.46\text{N}$；$m=0.095\text{kg/m}$；$b_{s0}=25.4\text{mm}$

基准功率 $P_o=\dfrac{(F_n-mv^2)\ v}{1000}=\dfrac{(244.46-0.095\times3.81^2)\ \times3.81}{1000}\text{kW}=0.93\text{kW}$

故
$$b_s=25.4\left(\frac{0.48}{1\times0.93}\right)^{\frac{1}{1.14}}\text{mm}=14.219\text{mm}$$

按国标 GB11616—89 标准化，取带宽 $b_s=19.1\text{mm}$

9）验算工作能力

$$P=\left(K_z K_w T_n-\frac{b_s}{b_{s0}}mv^2\right)v\times10^{-3}$$

式中　$K_w=\ (b_s/b_{s0})^{1.14}$

故　$P=\left[1\times\left(\dfrac{19.1}{25.4}\right)^{1.14}\times244.46-\dfrac{19.1}{25.4}\times0.095\times(3.81)^2\right]\times3.81\times10^{-3}\text{kW}$

$=0.669\text{kW}$

$P>P_d$

所设计同步带符合要求。

（二）谐波齿轮传动

谐波齿轮传动是一种新型传动，其原理是依靠柔性齿轮所产生的可控制弹性变形波，引起齿间的相对位移来传递动力和运动的。柔轮的变形是一个基本对称的和谐波，故称为谐波传动。

1. 谐波齿轮传动的工作原理

如图 2-25 所示，谐波齿轮传动主要由波形发生器 H、柔轮 1 和刚轮 2 组成。柔轮具有外齿，刚轮具有内齿，它们的齿形为三角形或渐开线型。其齿距 p 相等，但齿数不同。刚轮的齿数 z_g 比柔轮齿数 z_r 多。柔轮的轮缘极薄，刚度很小，在未装配前，柔轮是圆形的。由于波形发生器的直径比柔轮内圆的直径略大，所以当波形发生器装入柔轮的内圆时，就迫使柔轮变形，呈椭圆形。在椭圆长轴的两端（图中 A 点、B 点），刚轮与柔轮的轮齿完全啮合；而在椭圆短轴的两端（图中 C 点、D 点），两轮的轮齿完全分离；长短轴之间的齿，则处于半啮合状态，即一部分正在啮入，一部分正在脱出。

图 2-25 所示的波发生器有两个触头，称双波发生器。其刚轮与柔轮的齿数相差为 2，周长相差 2 个齿距的弧长。若采用三波时，齿数差为 3。

当波发生器转动时，迫使柔轮的长短轴的方向随之发生变化，柔轮与刚轮上的齿依次进入啮合。柔轮和刚轮在节圆处的啮合过程，如同两个纯滚动的圆环一样，它们在任一瞬间转过的弧长都必须相等。对于双波传动，由于柔轮比刚轮的节圆周长短了两个齿距弧长，因此柔轮在啮入和啮出的一转中，就必然相对于刚轮在圆周方向错过两个齿距弧长，这样柔轮就相对于刚轮沿着波发生器相反的方向转动。当波发生器沿逆时针旋转 45°时，将迫使柔轮和刚轮相对移动 1/4 个齿距；当波发生器转过 180°时，两者相对位移 1 个齿距。当波发生器连续运转时，柔轮上任何一点的径向变形量 Δ 是随转角 ϕ 变化的变量。其展开图为一正弦波，如图 2-26 所示。

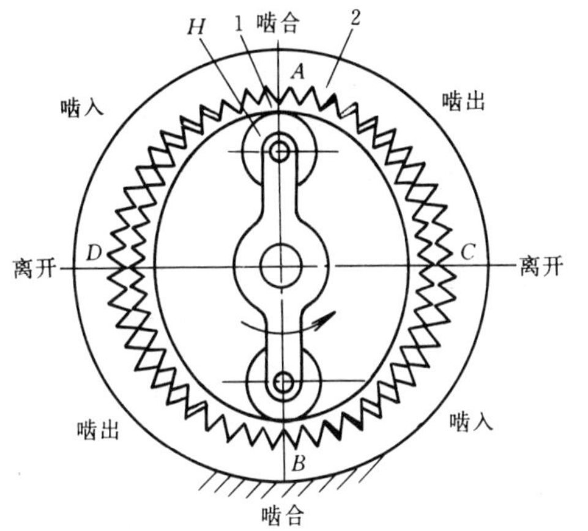

图 2-25 谐波齿轮传动

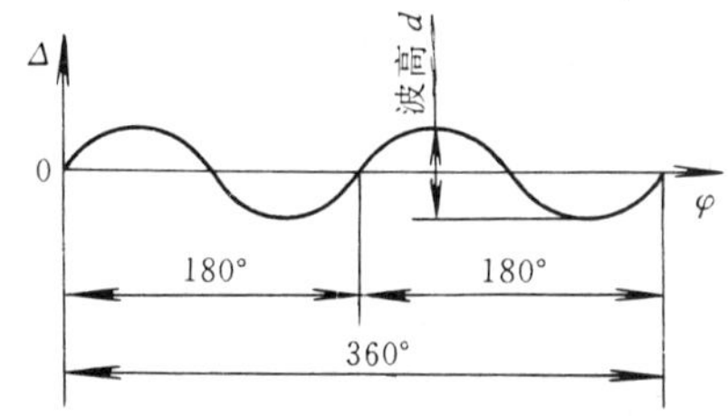

图 2-26 柔轮（双波）变形波波形

谐波齿轮传动正是借助于柔轮的这种弹性变形波来实现轮齿间的啮合和相对运动的。

波发生器旋转一周中，柔轮每一点变形的次数称为波数，以 n 表示。波数等于刚轮与柔轮的齿数差，$n=z_g-z_r$。

2. 谐波齿轮传动的特点

与一般齿轮传动相比，谐波齿轮传动具有如下优点：

1）传动比大　单级谐波齿轮的传动比为 50～500。多级和复式传动的传动比更大，可达 30000 以上。不仅用于减速，还可用于增速。

2）承载能力大　谐波齿轮传动同时啮合的齿数多，可达柔轮或刚轮齿数的 30%～40%，因此能承受大的载荷。

3）传动精度高　由于啮合齿数较多，因而误差得到均化。同时，通过调整，齿侧间隙较小，回差较小，因而传动精度高。

4）可以向密封空间传递运动或动力　当柔轮被固定后，它既可以作为密封传动装置的壳体，又可以产生弹性变形，即完成错齿运动，从而达到传递运动或动力的目的。因此，它可以用来驱动在高真空、有原子辐射或其它有害介质的空间工作的传动机构。这一特点是现有其它传动机构所无法比拟的。

5）传动平稳　基本上无冲击振动。这是由于齿的啮入与啮出按正弦规律变化，无突变载荷和冲击，磨损小，无噪声。

6）传动效率较高　单级传动的效率一般在 69%～96%的范围内。

7）结构简单、体积小、质量小。

谐波齿轮传动的缺点：

1）柔轮和波发生器制造复杂，需专门设备，成本较高；

2）传动比下限值较高；

3）不能做成交叉轴和相交轴的结构。

由于谐波齿轮传动的上述优点，所以在机电一体化系统中得到了广泛的应用。如用于机器人、无线电天线伸缩器、手摇式谐波传动增速发电机、雷达、射电望远镜、卫星通信地面站天线的方位和俯仰传动机构、电子仪器、仪表、精密分度机构、小侧隙和零侧隙传动机构等。

3. 谐波齿轮的传动比计算

谐波齿轮传动中，刚轮、柔轮和波发生器这三个基本构件，其中任何一个都可作为主动件，其余两个，一个作为从动件，一个为固定件。因此，单级谐波齿轮传动的传动比可按表2-6计算。

表 2-6　单级谐波齿轮传动的传动比

构件			传动比计算式	功能	输入与输出运动的方向关系
固定	输入	输出			
刚轮 2	波发生器 H	柔轮 1	$i_{H1}^{2}=z_r/(z_g-z_r)$	减速	异向
刚轮 2	柔轮 1	波发生器 H	$i_{1H}^{2}=(z_g-z_r)/z_r$	增速	异向
柔轮 1	波发生器 H	刚轮 2	$i_{H2}^{1}=z_g/(z_g-z_r)$	减速	同向
柔轮 1	刚轮 2	波发生器 H	$i_{2H}^{1}=(z_g-z_r)/z_g$	增速	同向

4. 谐波齿轮传动的齿形参数及几何尺寸计算

(1) 齿形　谐波齿轮传动是以滑移的面接触来传递运动的，因此合理的齿形对谐波传动

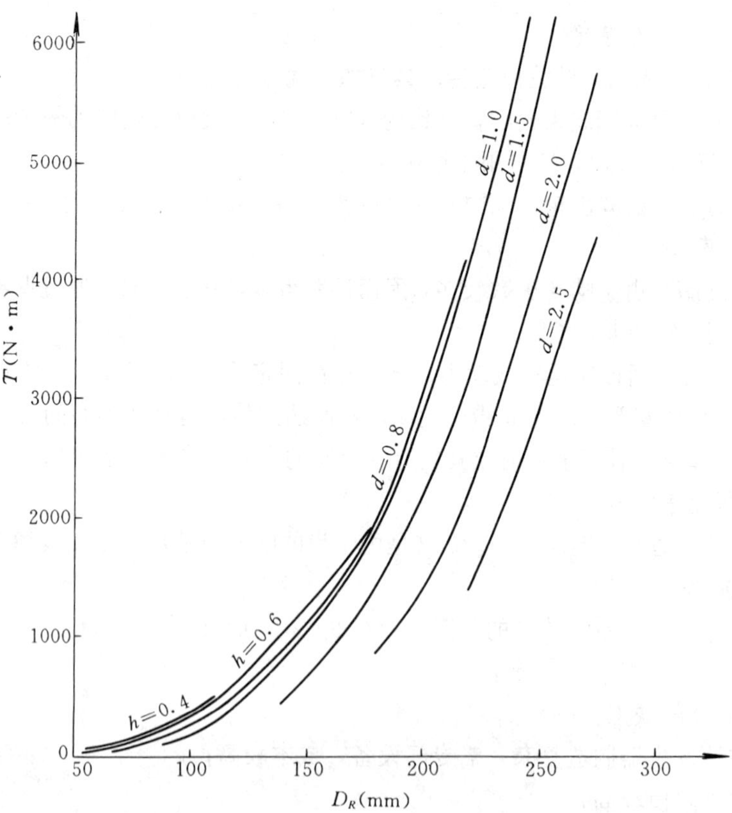

图 2-27　谐波齿轮传动承载能力图

T—谐波减速器输出转矩　D_R—柔轮分度圆直径　d—波高

的性能有着很大的影响。实验和计算的结果表明，采用直线齿廓的三角齿形是比较合理的。但三角齿形较难加工。而当齿数较多时，渐开线齿形近似于直线，因此实际上常用渐开线齿形。

(2) 齿形角　为了避免由于柔轮的变形而引起两轮轮齿相互卡死的现象，应使柔轮轮齿的齿形角 α_r 略大于刚轮的齿形角 α_g。

(3) 齿数　谐波齿轮传动的最少齿数 z_{min} 主要取决于齿的加工、体积和柔轮工作时的最大应力。通常 $n=2$ 时，推荐 $z_{min}=150$；$n=3$ 时，推荐 $z_{min}=225$。

(4) 谐波高度 d　指柔轮的变形量。该参数与传动的力矩和柔轮的直径有关。设计时可根据图 2-27 来选择柔轮的分度圆直径与谐波高度。下面举例说明该图的用法。

例　求满足传动比 $i=100$、输出转矩 $T=500\text{N}\cdot\text{m}$ 时的柔轮分度圆直径与波高。

解　1) 由图 2-27 的纵轴查到 500N·m，作水平线与 $d=0.4$，0.6，0.8，1.0，1.5 各曲线相交。

2) 由交点作横轴的垂线，得 $D_R=109.5\text{mm}$，112mm，118mm，123mm 及 142mm。

3) 由公式 $i=D_R/d$ 求得 $i_{0.4}=109.5/0.4=273.8>100$，$i_{0.6}=112.0/0.6=186.7>100$，$i_{0.8}=118.0/0.8=147.5>100$，$i_{1.0}=123.0/1.0=123>100$，$i_{1.5}=142.0/1.5=94.7<100$。

4) 将柔轮直径 D_R 增至 150mm 时，$i=150/1.5=100$，符合设计要求。因此，选择波高 $d=1.5$ 及柔轮分度圆 $D_R=150\text{mm}$ 可满足设计要求。

5) 谐波齿轮传动的几何尺寸计算

图 2-28 为谐波齿轮传动的几何参数计算图，其计算公式见表 2-7。

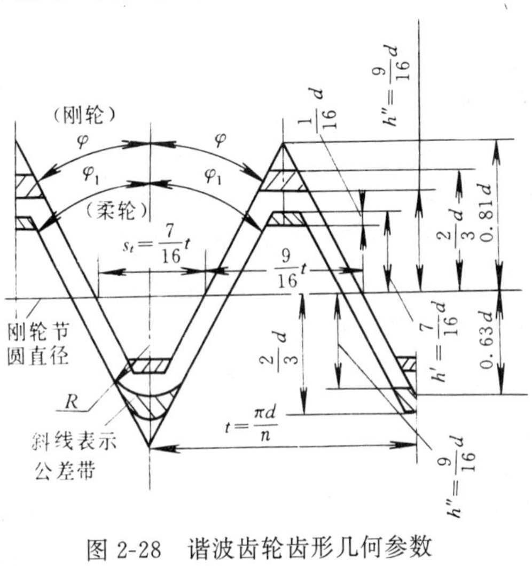

图 2-28　谐波齿轮齿形几何参数

表 2-7　谐波齿轮齿形几何参数计算公式

名　称	代　号	计　算　公　式	备　注
波　数	n		双波时 $n=2$
波　高	d		d 值由图 2-27 求取
模　数	m	$m=d/2$	
齿　距	p	$p=\pi m$	
柔轮齿数	z_r	刚轮固定：$z_r=2i$ 柔轮固定：$z_r=z_g-2$	传动比 i 由表 2-6 求取

（续）

名　称	代　号	计　算　公　式	备　　注
刚轮齿数	z_g	刚轮固定：$z_g=z_r+2$ 柔轮固定：$z_g=2i$	
齿顶高	h'	$h'=7/16d=0.4375d$	
齿根高	h''	$h''=\frac{9}{16}d=0.5625d$	
径向间隙	s	$s=\frac{1}{8}d=0.125d$	
分度圆上齿厚	s_t	$s_t=\frac{7}{16}t=0.4375t$	
刚轮分度圆直径	D_G	$D_G=\frac{z_g d}{n}$	
刚轮齿顶圆直径	D_{Gi}	$D_{Gi}=D_G-\frac{7}{8}d$	
刚轮齿压力角	ϕ	$\phi=\arctan\frac{1.09}{n}$	双波时 $\phi=28.6°$
柔轮分度圆直径	D_R	$D_R=\frac{z_r d}{n}$	
柔轮齿顶圆直径	D_{R0}	$D_{R0}=D_R+\frac{7}{8}d$	
柔轮齿压力角	ϕ_1	$\phi_1=\phi+\arctan\frac{0.458dn}{r}$	双波时 $\phi_1=29.2°$
刚轮齿根圆直径	D_{G0}	$D_{G0}=D_G+\frac{9}{8}d$	
柔轮齿根圆直径	D_{Ri}	$D_{Ri}=D_R-\frac{9}{8}d$	

5. 谐波齿轮传动各构件的结构和材料

（1）柔轮　应用最多的杯形柔轮结构如图 2-29 所示。柔轮处在反复弹性变形的状态下工作，需选用强度和耐疲劳性能好的合金结构钢来制造。如轴承钢、铬钢、铬锰硅钢、铬锰钛钢、铬钼钒钢等。目前较普通的有 35CrMoSiA，60SiZ，50CrMn，40Cr 等。对小功率的传动装置，有时也可选用尼龙 1010，尼龙 6 和含氟塑料等材料。

（2）刚轮　带凸缘环状刚轮应用较多，其结构如图 2-30 所示。钢轮材料可用 45 钢、40Cr 或用高强度铸铁、球墨铸铁等，与钢制柔轮组成减摩运动副。

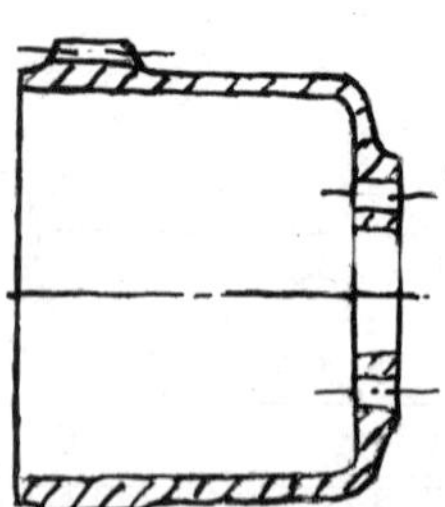

图 2-29　杯形柔轮

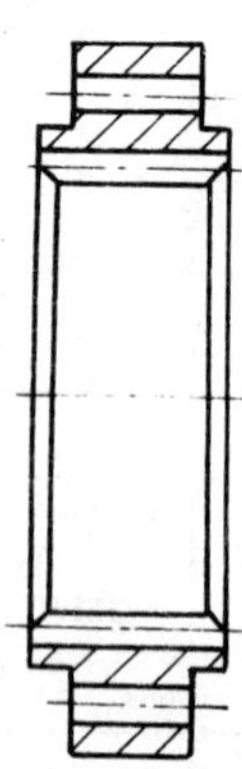

图 2-30　带凸缘环状刚轮

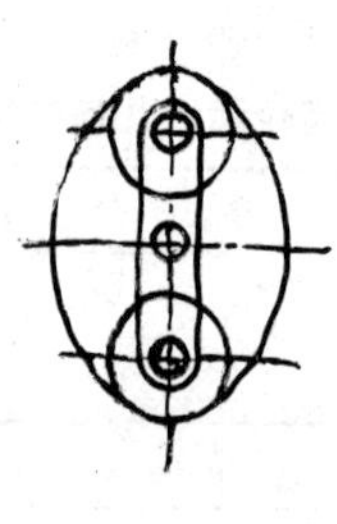

图 2-31　双滚轮式波发生器

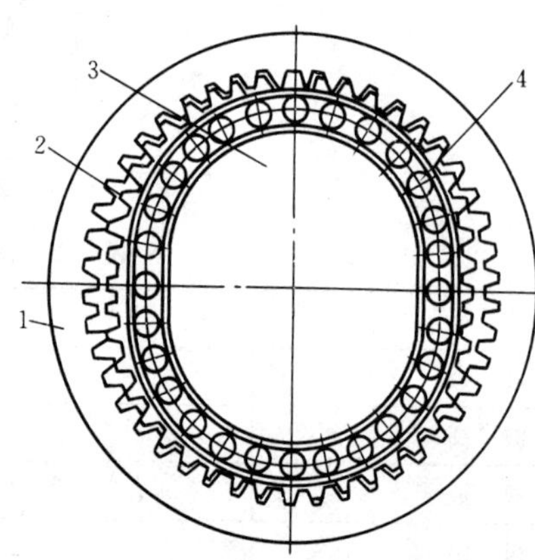

图 2-32　柔性轴承凸轮式波发生器
1—刚轮　2—柔轮　3—凸轮　4—柔性轴承

(3) 波发生器　常用的波发生器为双滚轮式和柔性轴承凸轮式。

双滚轮式波发生器结构如图 2-32 所式。其结构简单，制造方便，效率高。但对柔轮的变形不能安全控制，承载能力较低，因此只适用于低速轻载的传动中。

柔性轴承凸轮式波发生器如图 2-31 所示。由凸轮 3、柔性轴承 4 组成。这种波发生器完全控制了柔轮的变形，承载能力大，刚性好，精度也较高，因而应用广泛。

6. 谐波齿轮减速器

如图 2-33 所示为单级谐波齿轮减速器。高速轴 1 带动波发生器凸轮 3，经柔性轴承 4 使柔轮 2 的齿产生弹性变形，柔轮 2 的齿与刚轮 5 的齿相互作用，实现减速功能。

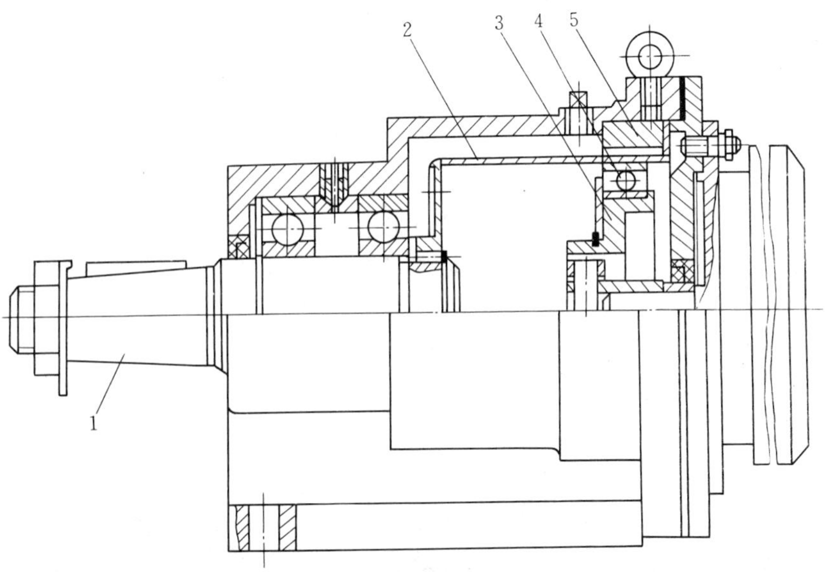

图 2-33　谐波齿轮减速器

1—轴　2—柔轮　3—波发生器凸轮　4—柔性轴承　5—刚轮

单级谐波齿轮减速器的型号由产品代号、规格代号和精度等级三部分组成。例如：

XBD　100-125-250-Ⅱ

- Ⅱ—精度等级，Ⅰ 级为精密级，Ⅱ 级为普通级
- 250—输出转矩为 250N·m
- 125—传动比为 125(每种机型有 3 ～ 5 种传动比)
- 100—柔轮内径为 100mm
- XBD—产品代号。表示卧式双轴伸型谐波减速器(电子工业部标准)

各种规格的谐波齿轮减速器的有关参数和技术指标可参见标准 SJ2604—85。

(三) 滚珠花键传动

滚珠花键传动装置由花键轴、花键套、循环装置及滚珠等组成，如图 2-34 所示。在花键轴 8 的外圆上，配置有等分的三条凸缘。凸缘的两侧，就是花键轴的滚道。同样，花键套上也有相对应的六条滚道。滚珠就位于花键轴和花键套的滚道之间。于是滚动花键副内就形成

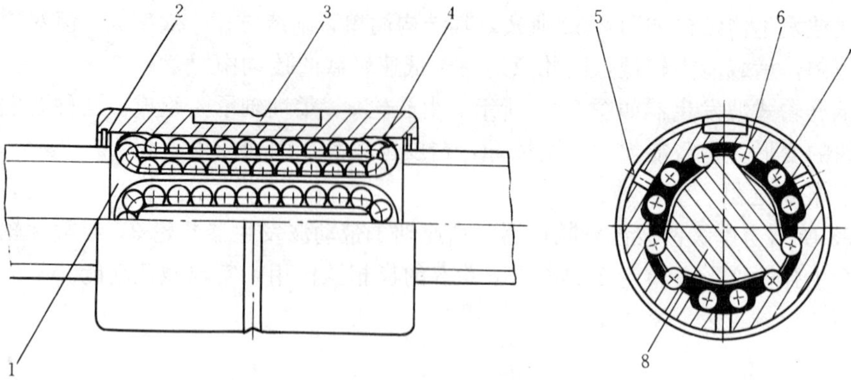

图 2-34 滚珠花键传动

1—保持架 2—橡皮密封圈 3—键槽 4—外筒 5—油孔 6—负荷滚珠列 7—退出滚珠列 8—花键轴

了六列负荷滚珠，每三列传递一个方向的力矩。当花键轴 8 与花键套 4 作相对转动或相对直线运动时，滚珠就在滚道和保持架 1 内的通道中循环运动。因此，花键套与花键轴之间，既可作灵敏、轻便的相对直线运动，也可以轴带套或以套带轴作回转运动。所以滚动花键副既是一种传动装置，又是一种新颖的直线运动支承。

花键套开有键槽以备联接其它传动件。保持架使滚珠互不摩擦，且拆卸时不会脱落。用橡皮密封垫防尘，以提高使用寿命。通过油孔润滑以减少摩擦。

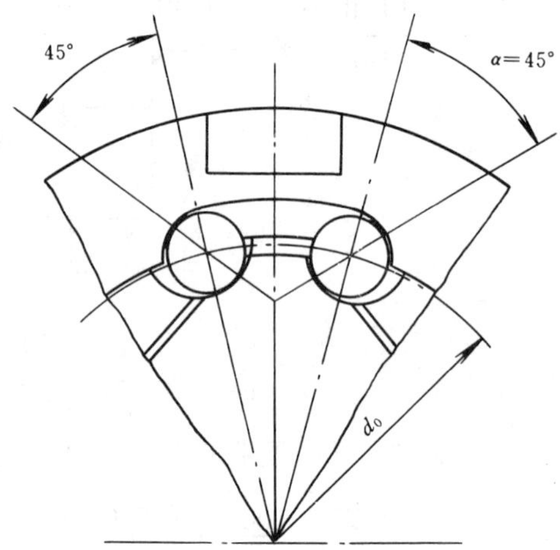

图 2-35 滚珠花键

如图 2-35 所示，滚珠中心圆为 d_0。滚珠与花键套和花键轴滚道的接触角为 $\alpha=45°$。因此既能受径向载荷，又能传递力矩。滚道的曲率半径 $r=(0.52\sim0.54)D_b$，(D_b 为滚珠直径)，所以承载能力较大。通过选配滚珠的直径，使滚珠花键副内产生过盈（即预加载荷），可以提高接触刚度、运动精度和抗冲击的能力。滚珠花键传动主要用于高速场合，运动速度可达 60m/min。

滚珠花键传动目前广泛地用于镗床、钻床、组合机床等机床的主轴部件；各类测量仪器、自动绘图仪中的精密导向机构；压力机、自动搬运机等机械的导向轴；各类变速装置及刀架的精密分度轴以及各类工业机器人的执行机构等。

第四节 支 承 部 件

一、机电一体化系统对支承部件的要求

机电一体化系统中的支承部件是一种非常重要的部件，它不仅要支承、固定和联接系统中的其它零部件，还要保证这些零部件之间的相互位置要求和相对运动的精度要求，而且还是伺服系统的组成部分。因此，应按伺服系统的具体要求来设计和选择支承部件。

常用的支承部件主要有轴承、导轨和机身（或基座）等。它们的精度、刚度、抗振性、热稳定性等因素直接影响伺服系统的精度、动态特性和可靠性。因此，机电一体化系统对支承部件的要求是：精度高、刚度大、热变形小、抗振性好、可靠性高，并且有良好的摩擦特性和结构工艺性。

二、回转运动支承

（一）概述

回转运动支承主要指滚动轴承、动、静压轴承、磁轴承等各种轴承。它的作用是支承作回转运动的轴或丝杠。随着刀具材料和加工自动化的发展，主轴的转速越来越高，变速范围也越来越大。如中型数控机床和加工中心的主轴最高转速可达到5000r/min～6000r/min，甚至更高，调速范围达300～400。内圆磨床为了达到足够的磨削速度，磨削小孔的砂轮主轴转速已高达240000r/min。因此，对轴承的精度、承载能力、刚度、抗振性、寿命、转速等提出了更高的要求。也逐渐出现了许多新型结构的轴承。

机电一体化系统常用轴承及其特点见表2-8。

表2-8　机电一体化系统中常见的轴承及其特点

种类 性能	滚动轴承		静压轴承	动压轴承	磁轴承
	一般滚动轴承	陶瓷轴承			
精度	一般，在预紧无间隙时较高 1μm～1.5μm	同滚动轴承。1μm	高，液体静压轴承可达0.1μm，气体静压轴承可达0.02μm～0.12μm 精度保持性好	较高，单油楔0.5μm，双油楔可达0.08μm	一般 1.5μm～3μm
刚度	一般，预紧后较高，并取决于所用轴承形式	不及一般滚动轴承	液体静压轴承高，气体静压轴承较差	液体动压轴承较高	不及一般滚动轴承
抗振性	较差，阻尼比 ξ=0.02～0.04	回滚动轴承	好	较好	较好
速度性能	用于低中速，特殊轴承可用于较高速	用于中高速，热传导率低，不易发热	液体静压轴承可用于各种速度，气体静压轴承用于超高速 80000r/min～160000r/min	用于高速	用于高速 30000r/min～50000r/min
摩擦耗损	较小 μ=0.002～0.008	同滚动轴承	小	起动时，摩擦较大	很小
寿命	疲劳强度较低	较长	长	长	长
制造难易	轴承生产专业化标准化	比滚动轴承难	自制，工艺要求高。需供油或供气系统	自制，工艺要求高	较复杂
使用维修	简单，用油脂润滑	较难	液体静压轴承供油系统清洁较难。气体静压轴承供气系统清洁度高，但使用维修容易	比较简单	较难
成本	低	较高	较高	较高	高

（二）滚动轴承

1．标准滚动轴承

标准滚动轴承的尺寸规格已标准化、系列化，由专门生产厂大量生产。使用时，主要根据刚度和转速来选择。如有要求，则还应考虑其它因素，如承载能力、抗振性和噪声等。

近年来，为适应各种不同的要求，还开发了不少新型轴承用于机电一体化系统。下面仅介绍其中的两种。

（1）空心圆锥滚子轴承（Gamet 轴承） 图 2-36 所示是双列和单列空心圆锥滚子轴承。一般将双列（图 2-36a）的用于前支承，单列（图 2-36b）的用于后支承，配套使用。

这种轴承与一般圆锥滚子轴承不同之处在于：滚子是中空的，保持架则是整体加工的，它与滚子之间没有间隙，工作时润滑油的大部分将被迫通过滚子中间的小孔，以便冷却最不易散热的滚子，润滑油的另一部分则在滚子与滚道之间通过，起润滑作用。此外，中空的滚子还具有一定的弹性变形能力，可吸收一部分振动。双列轴承的两列滚子数目相差一个，使两列的刚度变化频率不同，以抑制振动。单列轴承外圈上的弹簧用作预紧。这两种轴承的外圈较宽，因此与箱体孔的配合可以松一些。箱体孔的圆度和圆柱度误差对外圈滚道的影响较小。这种轴承用油润滑，故常用于卧式主轴。如图 2-37 所示，其中螺母 2 用于调整轴承间隙。

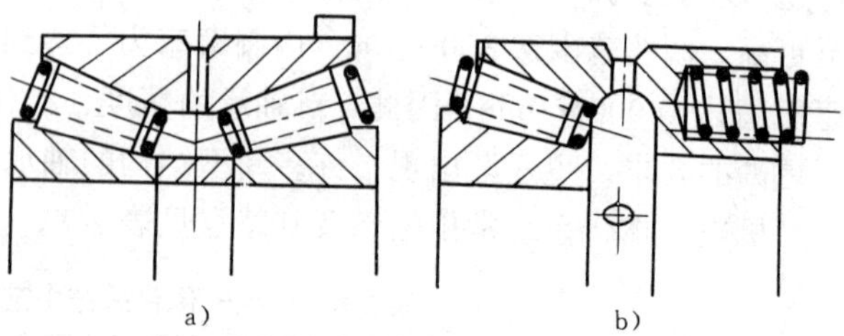

图 2-36 空心圆锥滚子轴承

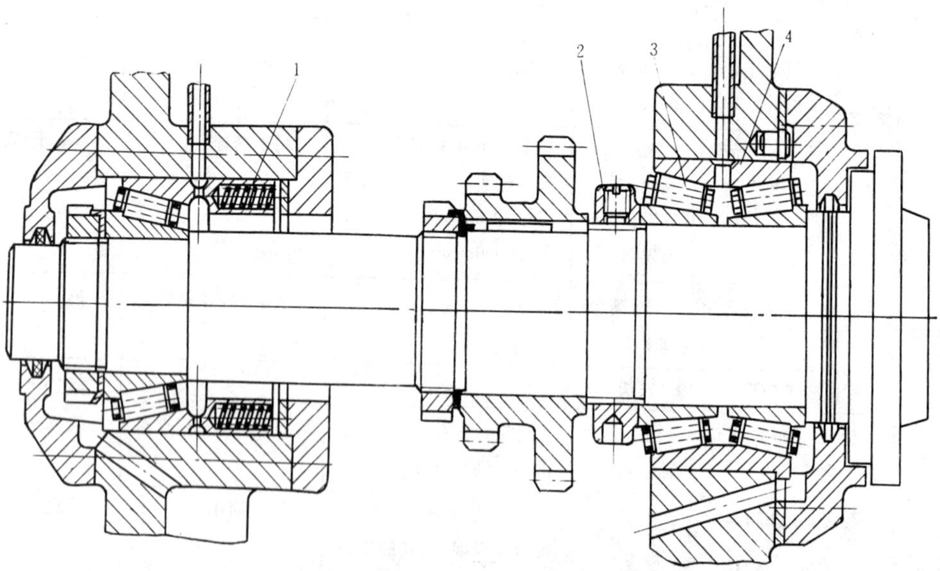

图 2-37 空心圆锥滚子轴承的主轴系统

1—弹簧 2—螺母 3—滚子 4—外圈

（2）陶瓷滚动轴承 陶瓷滚动轴承的结构与一般滚动轴承相同。目前常用的陶瓷材料为

Si_3N_4。陶瓷轴承与钢轴承材料的特性见表 2-9。由于陶瓷热传导率低、不易发热、硬度高、耐磨，在采用油脂润滑的情况下，轴承内径为 25mm～100mm 时，主轴转速可达 8000r/min～15000r/min；在油雾润滑的情况下，轴承内径在 65mm～100mm 时，主轴转速可达 15000r/min～20500r/min，在轴承内径为 40mm～60mm 时，主轴转速可达 20000～30000r/min。陶瓷滚动轴承主要用于中、高速运动主轴的支承。

表 2-9　陶瓷轴承材料特性

项　目	单　位	陶瓷（Si_3N_4）	钢　球	比　值
密度	g/cm^3	3.21	7.85	0.41
线膨胀系数	1/℃	3.2×10^{-6}	12.5×10^{-6}	0.26
纵弹性系数	MPa	3.2×10^4（3.14×10^4）	2.1×10^4（2.06×10^4）	1.52
泊松比		0.26	0.30	0.37
热传导率	W/m. K	20～35	41.87	
硬度（常温）	HBW	1800～2000	700～800	
耐热温度	℃	800	120	
耐蚀性		大	小	
磁性		非磁性	磁性	

2. 非标准滚动轴承

当对轴承有特殊要求而又不可能采用标准滚动轴承时，就需根据使用要求自行设计非标准滚动轴承。

（1）微型滚动轴承　如图 2-38 所示的微型向心推力轴承，具有杯形外圈，尺寸 $D\geqslant$ 1.1mm，但没有内环，锥形轴颈直接与滚珠接触，由弹簧或螺母调整轴承间隙。

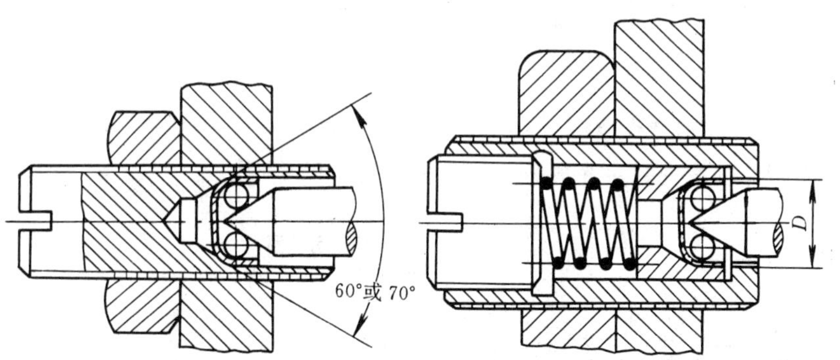

图 2-38　微型滚动轴承

当尺寸 $D>4$mm 时，可有内环，如图 2-39a 所示，采用碟形垫圈来消除轴承间隙。图 2-39b 所示的轴承内环可以与轴一起从外环和滚珠中取出，装拆比较方便。

（2）密珠轴承　密珠轴承是一种新型的滚动摩擦支承。它由内、外圈和密集于二者间并具有过盈配合的钢珠组成。它有两种形式，如图 2-40 所示，即径向轴承（图 2-40a）和推力轴承（图 2-40b）。密珠轴承的内外滚道和止推面分别是形状简单的外圆柱面、内圆柱面和平面，在滚道间密集地安装有滚珠。滚珠在其尼龙保持架的空隙中以近似于多头螺旋线的形式排列，如图 2-40c、d 所示。每个滚珠公转时均沿着自己的滚道滚动而互不干扰，以减少滚道的磨损。滚珠的密集还有助于减小滚珠几何误差对主轴轴线位置的影响，具有误差平均效应，有利于提高主轴精度。滚珠与内、外圈之间保持有 0.005～0.012mm 的预加过盈量，以消除间隙，增加刚度，提高轴的回转精度。

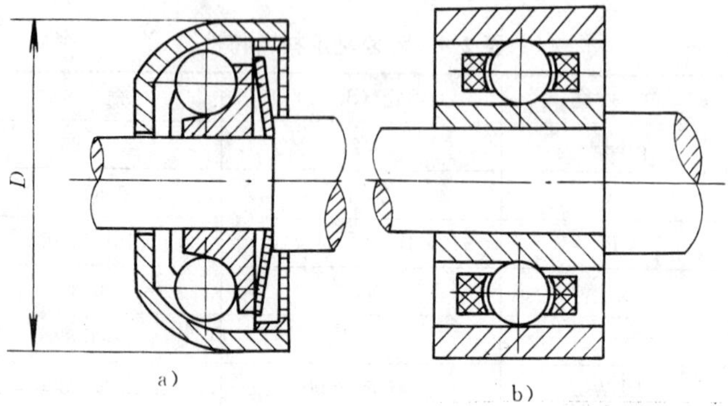

图 2-39　微型滚动轴承

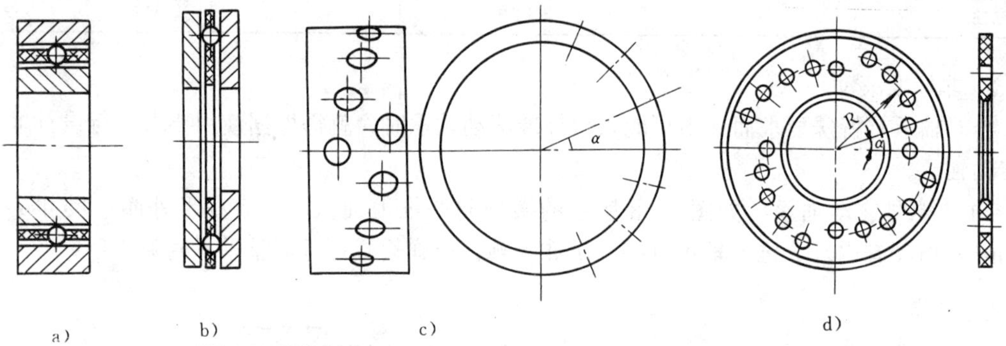

图 2-40　密珠轴承

a) 径向轴承　b) 推力轴承　c) 径向轴承保持架　d) 推力轴承保持架

图 2-41 为密珠轴承在数字光栅分度头主轴部件中的应用。

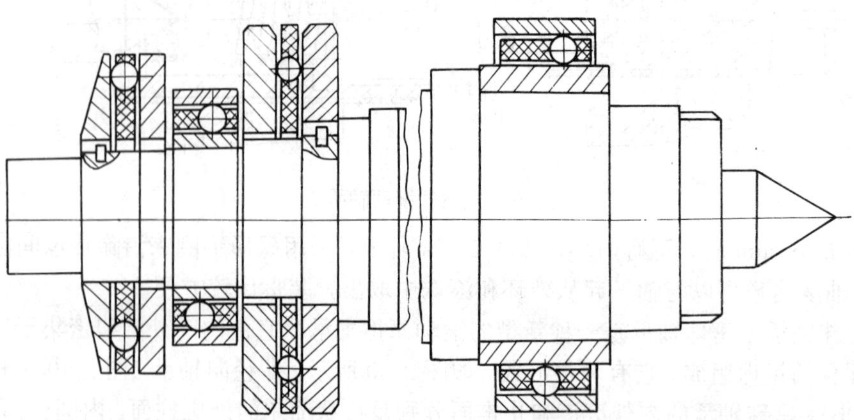

图 2-41　数字式光栅分度头主轴部件

（三）静压轴承

静压轴承是流体摩擦支承的基本类型之一，它是在轴颈与轴承之间充有一定压力的液体或气体，将转轴浮起并承受负荷的一种轴承。

按支承承受负荷方向的不同，静压轴承常可分为向心轴承、推力轴承和向心推力轴承三种形式。

1. 液体静压轴承

液体静压系统由静压支承、节流器和供油装置三部分组成（见图 2-42）。

液体静压向心轴承的工作原理如图 2-43a 所示，在图 2-43b 所示轴承的内圆柱面上，对称地开有四个矩形油腔 2，油腔与油腔之间开有回油槽 3，油腔与回油槽之间的圆弧面 4 称为周向封油面，轴承两端面和油腔之间的圆弧面 1 称为轴向封油面。轴装入轴承后，轴承封油面与轴颈之间有适量间隙。

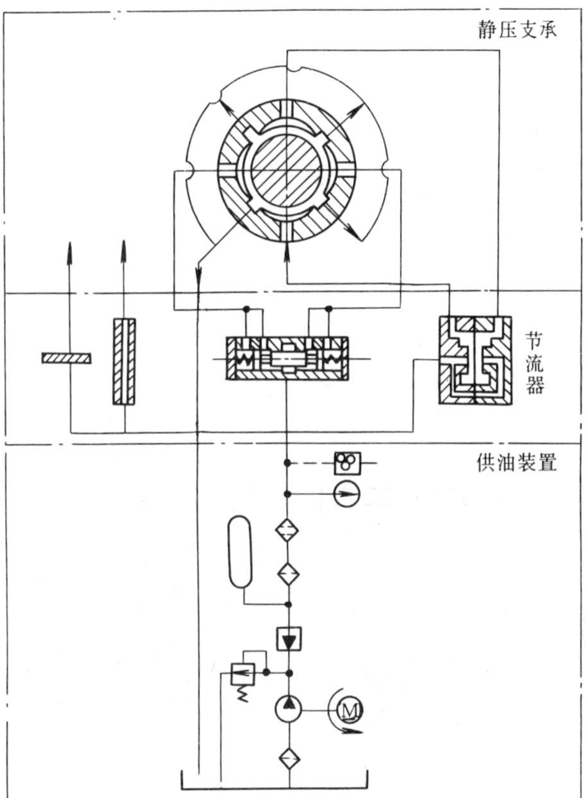

图 2-42　静压支承系统的组成

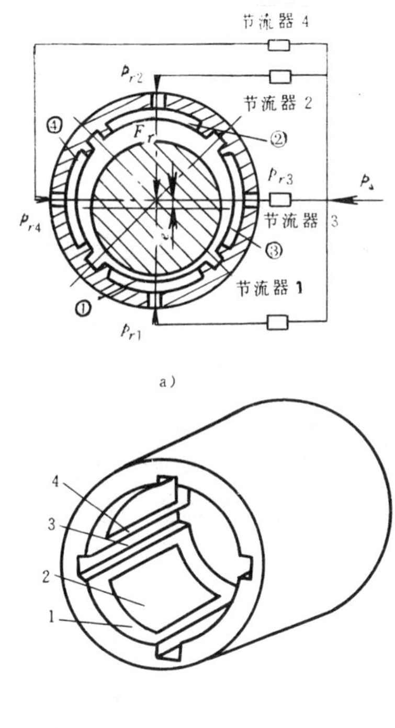

图 2-43　液体静压向心轴承的工作原理
1—轴向封油面　2—油腔　3—回油槽
4—周向封油面

液压泵输出的压力油通过四个节流器后，油压降至 p_r 并分别流进各节流器所对应的油腔，在油腔内形成静压，从而使轴颈和轴承表面被油膜分开。然后经封油面上的间隙和回油槽流回油池。

空载时，由于各油腔与轴颈间的间隙 h_0 相同，四个油腔的压力均为 p_{r0}，此时，转轴受到各油腔的油压作用而处于平衡状态，轴颈与轴承同心（忽略转轴部件的自重）。

当支承受到外负荷 F_r 作用时，轴颈沿负荷方向产生微量位移 e。于是，油腔①的间隙减少为（h_0-e），油流阻力增大，由于节流器的调压作用，油腔①的压力从 p_{r0} 升高到 p_{r1}；油腔②的间隙则增大到（h_0+e），油流阻力减小，同样由于节流器的调压作用，油腔②的压力从 p_{r0} 降至 p_{r2}。因此，油腔①②的压力不等而形成压力差 $\Delta p=p_{r1}-p_{r2}$，该压力差作用在轴颈上，与外负荷 F_r 相平衡（即 $F_r=(p_{r1}-p_{r2})A_e$，A_e 为油腔有效承载面积），使轴颈稳定在偏心量 e 的位置上。转轴轴线的位移量 e 的大小与支承和节流器参数选择有关，若选择合适，可使转轴的位移很小。

图 2-44 所示为立式低速轴系。主轴是由两对球轴承支承，每对轴承有 8 个油腔。具有一定压力的油液经过 8 个小孔节流器进入轴承油腔。主轴由下端的力矩电动机驱动并按装有高灵敏度的测速发电机。当凸球圆度为 0.05μm、供油压力为 1MPa 时，主轴径向和轴向回转精度为 0.01μm；轴向刚度为 160N/μm，径向刚度为 100N/μm。

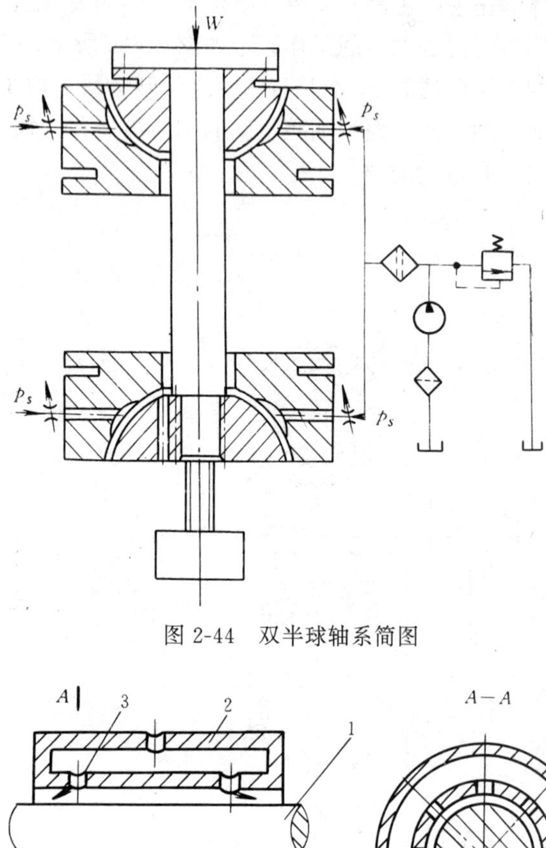

图 2-44 双半球轴系简图

液体静压轴承与普通滑动和滚动轴承相比较，有以下特点：摩擦阻力小、传动效率高、使用寿命长、转速范围广、刚度大、抗振性好、回转精度高；能适应不同负荷、不同转速的大型或中小型机械设备的要求，但需有一套可靠的供油装置，增大了设备的空间和重量。

2. 气体静压轴承

图 2-45 为气体静压向心轴承简图。由专门的供气装置输出的压缩气体进入轴承 2 的圆柱容腔，并通过沿轴承圆周均匀分布、与端面有一定距离的两排进气孔 3（又称节流孔），进入轴 1 和轴承 2 之间的间隙，然后沿轴向流至轴承端部，并由此排入大气。气体静压轴承的工作原理与上述液体静压轴承相同。

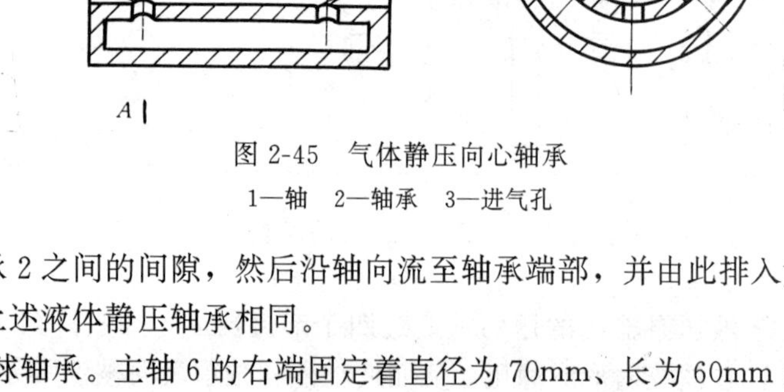

图 2-45 气体静压向心轴承
1—轴 2—轴承 3—进气孔

图 2-46 所示为美国超精车床球轴承。主轴 6 的右端固定着直径为 70mm、长为 60mm 的凸球 9。具有一定压力的气体从两个凹球 10、11 的 12 个小孔节流器（直径为 0.3mm）进入球轴承间隙（12μm）；使主轴浮起，并承受一定的轴向和径向载荷。主轴左端是长 27mm、直径为 22mm 的圆柱径向轴承，气体同样通过 12 个小孔节流器进入轴承间隙（18μm）。当主轴转速为

200r/min 时，主轴径向振摆为 0.03μm、轴向窜动为 0.01μm，径向刚度为 25N/μm、轴向刚度为 80N/μm。当用金刚石刀具加工铝和铜件时，可获得 R_a0.01μm～0.02μm 的无划痕镜面。

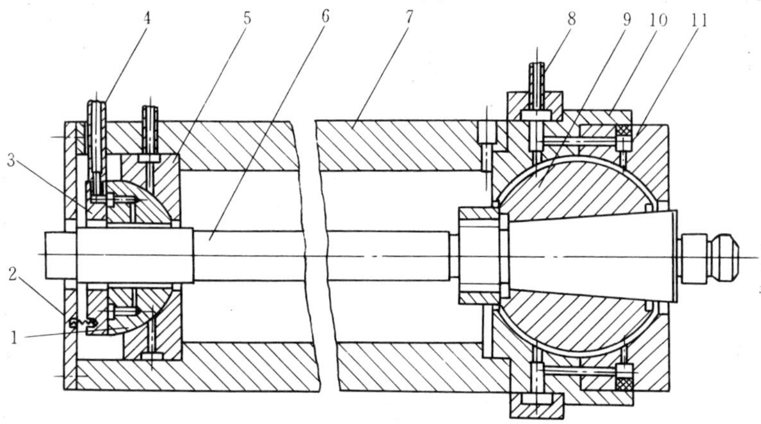

图 2-46　美国超精车床球轴承

1—圆柱径向轴套　2—弹簧　3—支承板　4、8—进气口　5、10、11—凹球　6—主轴　7—体壳　9—凸球

与液体静压轴承相比较，气体静压轴承的主要优点是：气体的内摩擦很小、粘度极低，故摩擦损失极小，不易发热。因此，适用于要求转速极高和灵敏度要求高的场合；又由于气体理化性高度稳定，因而可在支承材料许可的高温、深冷、放射性等恶劣环境中正常工作；若采用空气静压轴承，则空气来源十分方便，对环境无污染；循环系统较液体静压轴承简单。它的主要缺点是：负荷能力低；支承的加工精度和平衡精度要求高，所供气体清洁度要求较高，需严格过滤。

（四）磁轴承

磁轴承主要由两部分组成：轴承本身及其电器控制系统。磁轴承分向心轴承和推力轴承两类，它们都由转子和定子组成，其工作原理相同。

图 2-47 为向心磁轴承原理图。

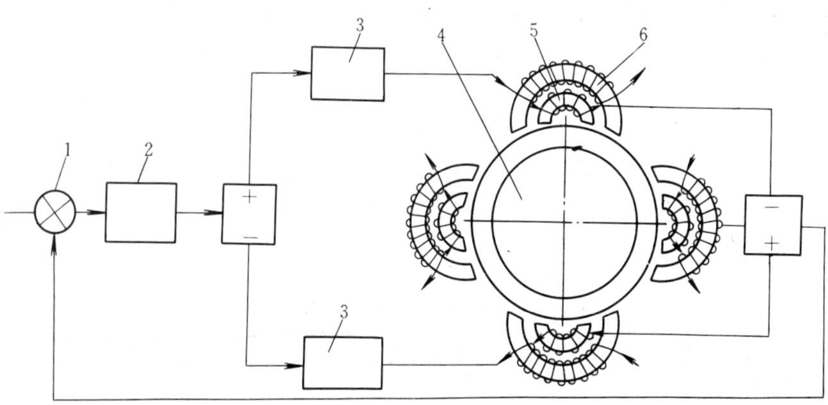

图 2-47　磁力轴承

1—比较元件　2—调节器　3—功率放大器　4—转子　5—位移传感器　6—电磁铁

定子上安装有电磁铁6，转子4的支承轴颈处装有铁磁环，定子电磁铁产生的磁场使转子悬浮在磁场中，转子与定子无任何接触，气隙约为0.3mm～1mm。转子转动时，由位移传感器5检测转子的偏心，并通过反馈与基准信号（转子理想位置）在比较元件1进行比较，调节器2根据偏差信号进行调节，并把调节信号送到功率放大器3以改变磁铁（定子）的电流，从而改变对转子的吸引力，使转子始终保持在理想的位置。

磁轴承是一种高速轴承，其最高速度可达60000r/min。由于采用电磁和电子控制，无机械接触部分，不磨损，也无需润滑和密封，因而转速高、功耗小、可靠性远高于普通轴承。但在低速时，轴与轴承存在电磁关系，会使轴承座振动。在高转速时，磁力结合的动刚度较差。磁力轴承常用于机器人、精密仪器、陀螺仪、火箭发动机等地方。

三、直线运动支承

（一）概述

直线运动支承主要指直线运动导轨副，它的作用是保证所支承的各部件（如工作台、尾座等）的相对位置和运动精度。因此，对导轨副的基本要求是：导向精度高、刚度大、耐磨、运动灵活和平稳。

机电一体化系统中常用的导轨有滑动导轨、滚动导轨和静压导轨。它们的特点见表2-10。

表2-10　常用导轨及其特点

导轨种类 性能	一般滑动导轨	塑料导轨	滚动导轨	静压导轨	
				液体静压	气体静压
定位精度	一般。位移误差为10μm～20μm，用防爬油或液压卸荷时为2μm～5μm	较高。用聚四氟乙烯时、位移可达2μm	高，传动刚度大于30N/μm～40N/μm时位移误差为0.1μm～0.3μm	较高。位移误差可达2μm	高。位移误差可达0.125μm
摩擦特性	摩擦系数较大，变化范围也大	摩擦系数较小。动、静摩擦系数基本相同	摩擦系数很小，且与速度呈线性关系，动、静摩擦擦系数基本相同	起动摩擦系数很小(0.0005)且与速度呈线性关系	摩擦系数小于液体静压导轨
承载能力 N/mm²	中等。铸铁与铸铁约为1.5，钢与铸铁、钢与钢约为2.0	聚四氟乙烯连续使用时<0.35；间断使用时<1.75	滚珠导轨较小 滚柱导轨较大	可以很高	承载能力小于液体静压导轨
刚度	接触刚度高	刚度较高	无预加载荷时刚度较低；有预加载荷的滚动导轨可略高于滑动轴承	间隙小时刚度高，但不及滑动导轨	刚度低
运动 平稳性	速度在$(1.67\times10^{-5}\sim10^{-3})$m/s时容易出现爬行	无爬行现象	仅在预加载荷过大和制造质量过低时出现爬行现象	运动平稳，低速无爬行	
抗振性	一般	吸振	抗振性和抵抗冲击载荷的能力较差	吸振性好	
寿命	非淬火铸铁低淬火或耐磨铸铁中等，淬火钢高	高	防护很好时高	很高	
速度	中、高	中等	任意	低、中等	

金属对金属型滑动导轨目前在数控机床等机电一体化产品中使用较少。因为这些导轨的静摩擦系数大，动静摩擦系数的差值也大，容易出现低速爬行，因而不能满足伺服系统的快速响应性、运动精度和运动平稳性等要求。

（二）塑料导轨

塑料导轨是在滑动导轨上镶装塑料而成的。这种导轨除上表所述特点外，其化学稳定性高、工艺性好、使用维护方便，因而得到了越来越广泛的应用。但它的耐热性差，且易蠕变，使用中必须注意散热。

常用的塑料导轨材料有以下三种：

1. 塑料导轨软带

国产 TSF 塑料导轨软带是以聚四氟乙烯为基材，添加合金粉和氧化物等所构成的高分子复合材料。将其粘贴在金属导轨上所形成的导轨又称为贴塑导轨。

软带粘贴形式如图 2-48 所示。图 a 为平面式，多用于设备的导轨维修；图 b 为埋头式，即粘贴软带的导轨加工有带挡边的凹槽，多用于新产品。

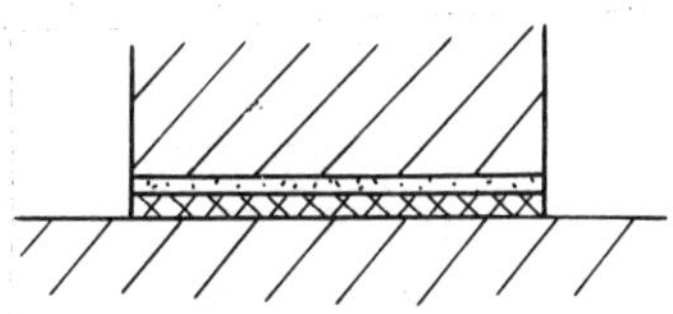
a）

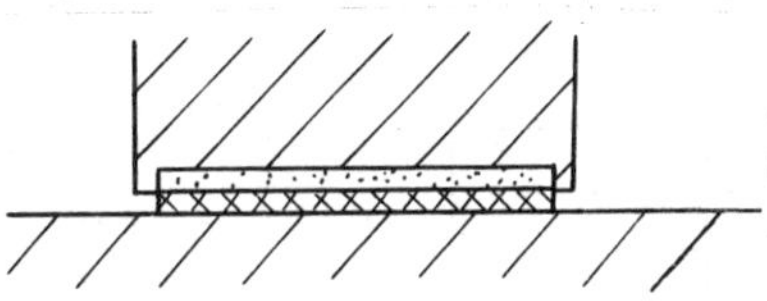
b）

图 2-48　导轨软带粘接形式

a）平面式　b）埋头式

这种软带可与铸铁或钢组成滑动摩擦副，也可以与滚动导轨组成滚动摩擦副。

2. 金属塑料复合导轨板

导轨板分三层，如图 2-49 所示。内层为钢带以保证导轨板的机械强度和承载能力。钢带上镀烧结成球状的青铜粉或青铜丝网形成多孔中间层，再浸渍聚四氟乙烯等塑料填料。中间层可以提高导轨的导热性，避免浸渍进入孔或网中的氟塑料产生冷流和蠕变。当青铜与配合面摩擦而发热时，热胀系数远大于金属的塑料从中间层的孔隙中挤出，向摩擦表面转移，形成厚约 0.01mm～0.05mm 的表面自润滑塑料层。这种导轨板一般用胶粘贴在金属导轨上，成本比聚四氟乙烯软带高。图 2-50 为某铣床燕尾导轨镶条上安装复合导轨板的示意图。

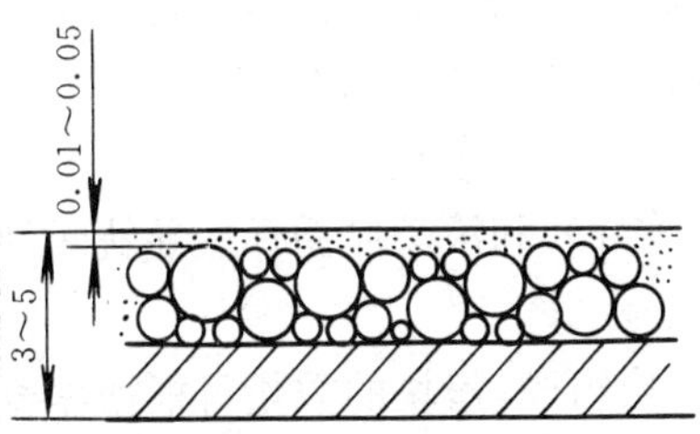

图 2-49　金属塑料复合导轨板

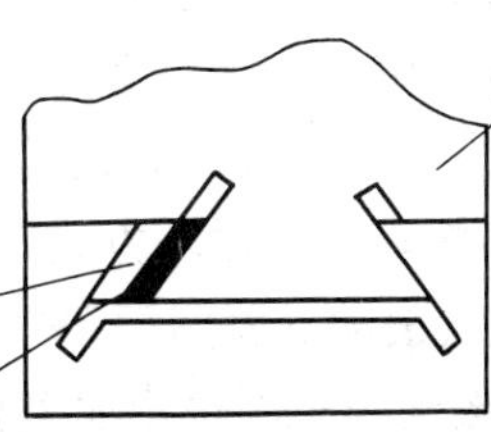

图 2-50　复合导轨板的应用

3. 塑料涂层

导轨副中，若只有一面磨损严重，则可以把磨损部分切除，涂敷配制好的胶状塑料涂层，利用模具或另一摩擦面使涂层成形，固化后的塑料涂层即成为摩擦副中的配对面之一，与另一金属配对面形成新的摩擦副。目前常用的塑料涂层材料有环氧涂料和含氟涂料。它们都是以环氧树脂为基体，但所用牌号和加入的成分有所不同。环氧涂料的优点是摩擦系数小且稳定，防爬性能好，有自润滑作用。缺点是不易存放，且粘度逐渐变大。含氟涂料则克服了上述缺点。

这种方法主要用于导轨的维修和设备的改造，也可用于新产品设计。

（三）滚动导轨

滚动导轨是在作相对运动的两导轨面之间加入滚动体，变滑动摩擦为滚动摩擦的一种直线运动支承。

1. 分类

1）按滚动体形状不同，可分为滚珠导轨、滚柱导轨、滚针导轨三种，如图 2-51 所示。

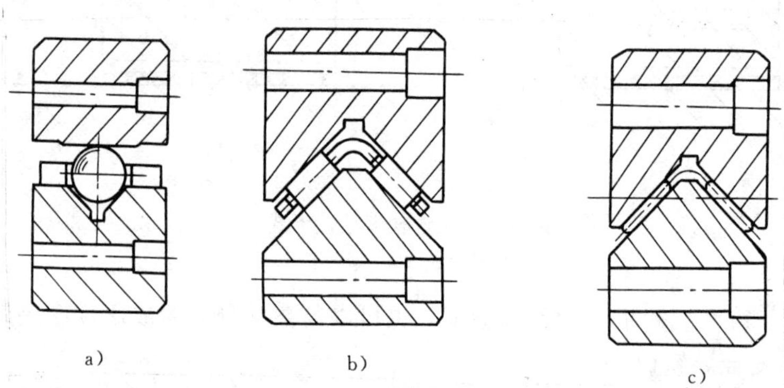

图 2-51　滚动导轨结构形式

a）滚珠导轨　b）滚柱导轨　c）滚针导轨

图中 a 为滚珠导轨，点接触、摩擦小、灵敏度高，但承载能力小、刚度低。适用于载荷不大、行程较小，而运动灵敏度要求较高的场合。图 b 为滚柱导轨，线接触、承载能力和刚度都比滚珠导轨大，适用于载荷较大的场合，但制造安装要求高。滚柱结构有实心和空心两种。空心滚柱在载荷作用下有微小变形，可减小导轨局部误差和滚柱尺寸对运动部件导向精度的影响。图 c 为滚针导轨，尺寸小、结构紧凑、排列密集、承载能力大，但摩擦相应增加，精度较低。适用于载荷大，导轨尺寸受限制的场合。

2）按滚动体的循环方式，又可分为滚动体不循环式导轨和滚动体循环式导轨两种。

2. 直线滚动导轨副

直线滚动导轨副结构如图 2-52 所示。它由导轨和滑块组成。滑块的数量可根据需要而定。当滑块移动时，滚珠在滚道内循环运动。国内常用的两种直线滚动导轨副的结构及特点见表 2-11。

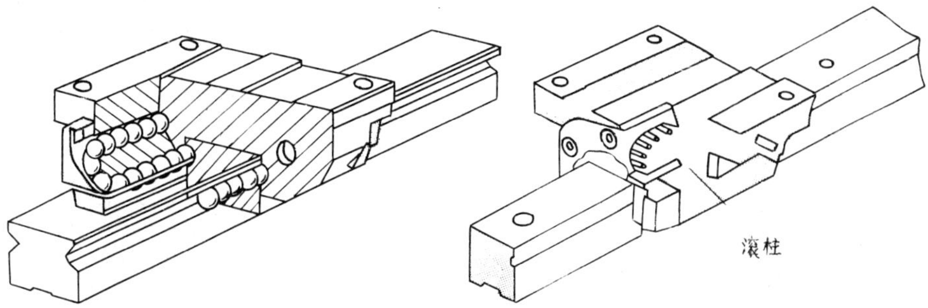

a)　　　　　　　　b)

图 2-52　直线滚动导轨副

a）滚珠式　b）滚柱式

表 2-11　直线滚动导轨副的结构及特点

导轨截面形状	梯　　形	矩　　形
滚珠接触的结构形式	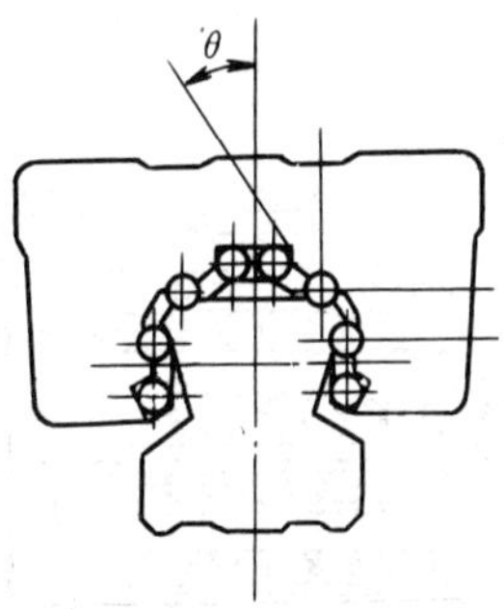	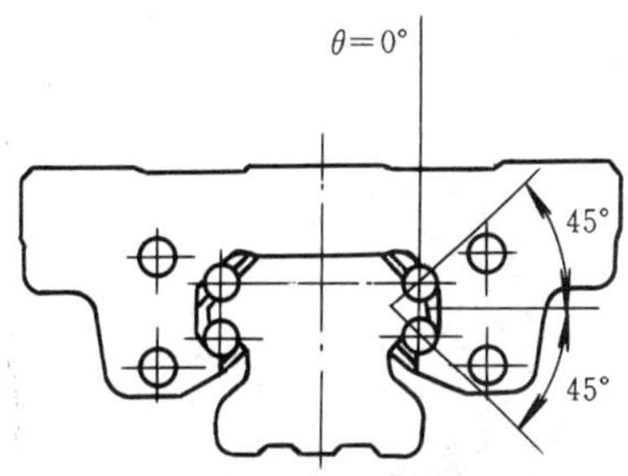
能承受的载荷的方向、大小	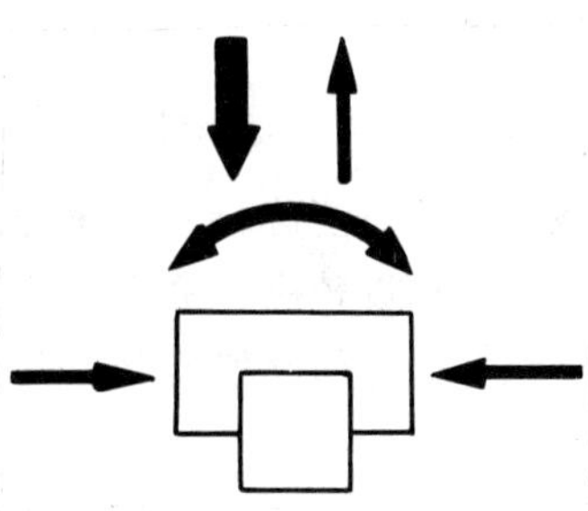	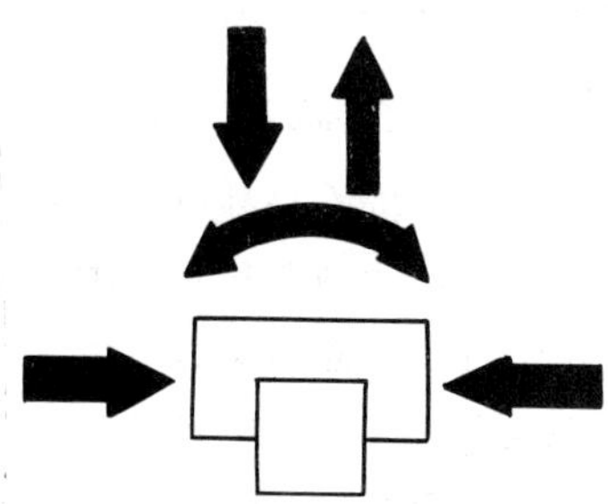
特性	1）能承受较大的垂直向下载荷 2）对垂直向下载荷的精度稳定性好 3）运行噪声小	1）上、下、左、右四方均能承受较大的载荷 2）刚度高
用途	电加工机床、各种检测仪器、$X—Y$ 工作台等	加工中心、数控机床、机器人等

3. 滚动导轨块

滚动导轨块（又称滚子导轨块）结构如图 2-53 所示。滚子在导轨块内作周而复始的循环滚动。工作时，低于安装平面“A”为回路滚子；高于平面“B”的为承载滚子，承载滚子与机床导轨面作滚动接触。这种结构的导轨块承载能力大，刚度高，行程不受限制，但滚子容易侧向偏移，装配比较困难。

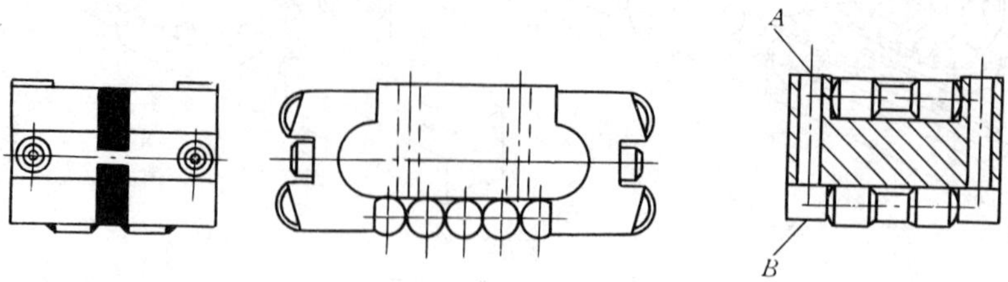

图 2-53 滚动导轨块

4．直线运动球轴承及其导轨副

对于圆形导轨，常用如图 2-54 所示的直线运动球轴承。当直线运动球轴承与导轨轴 6 作轴向相对直线运动时，滚珠在保持架的长圆形通道内循环滚动。保持架靠轴承两端的挡圈固定在外套筒上，以使诸零件联结为一个整体，拆装极方便。

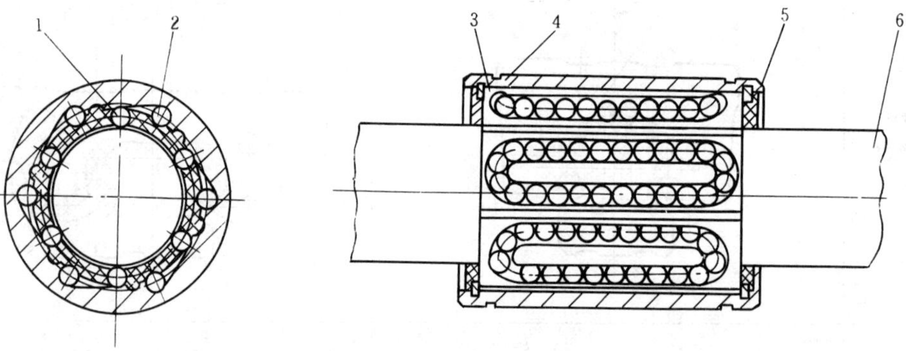

图 2-54 直线运动球轴承结构

1—负载滚珠 2—回珠 3—保持架 4—外套筒 5—挡圈和橡胶密封垫 6—导轨轴

这种轴承只能在导轨轴上作轴向直线往复运动，而不能旋转。滚珠与导轨轴外圆柱面为点接触，因而许用载荷较小，但它运动轻便、灵活、精度较高、价格较低、维护方便。因而广泛应用于机床、测量装置、电子仪器、输送机械、医疗诊断仪器等轻载设备和装置。

直线运动球轴承有三种结构形式，如图 2-55 所示。

标准型（ZX）：如图 2-55a 所示，是常用型，轴承与导轨轴间的间隙不可调，它与导轨的安装方式如图 2-56a 所示。

调整型（ZX-t）：如图 2-55b 所示，在轴承外套筒和挡圈上开有轴向切口，能任意调

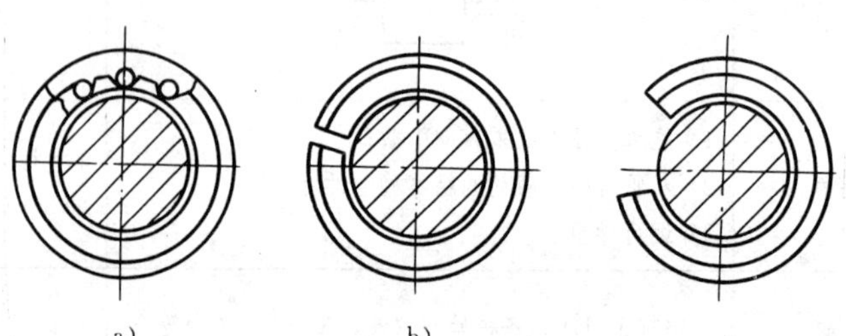

图 2-55 直线运动球轴承结构形式

a）ZX 型 b）ZX-T 型 c）ZX-K 型

整它与导轨轴之间的间隙，与导轨的安装方式如图 2-56b 所示。

开放型（ZX-K）：如图 2-55c 所示，在轴承外套筒和挡圈上开有轴向扇形切口，轴承与导轨的间隙可调，与导轨的安装方式如图 2-56c 所示。

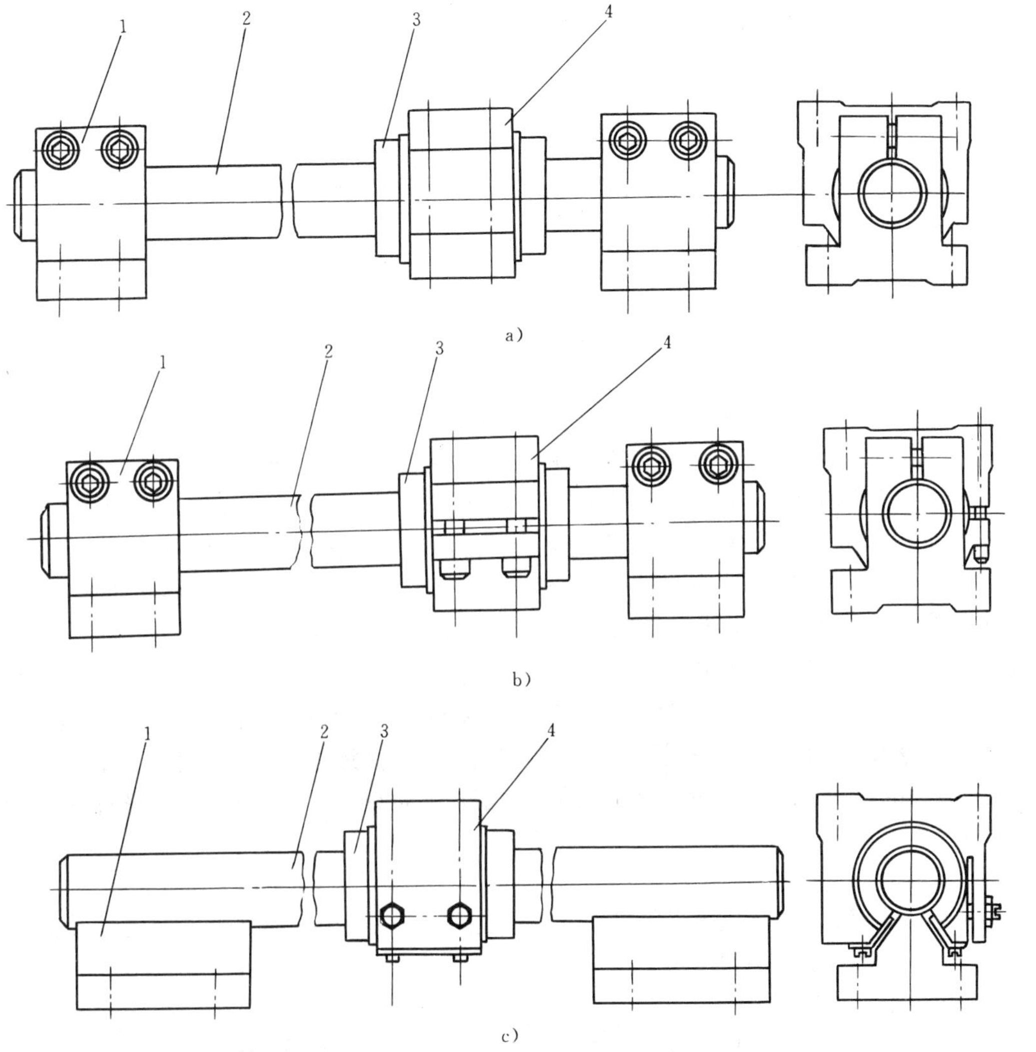

图 2-56　直线运动球轴承

1—导轨轴支承座　2—导轨轴　3—直线运动球轴承　4—直线运动球轴承支承座

前两者不能配用两个以上的导轨轴承支座，如果支承跨距过大，则导轨轴挠曲严重。适用于短行程或对运动轨迹的精度要求不高的场合。开放型可以配两个以上的支承座，有利于减小跨距，提高运动精度，故适用于长行程的场合。

（四）静压导轨

静压导轨的工作原理与静压轴承类似。在两导轨面之间通入具有压力的液体或气体介质，

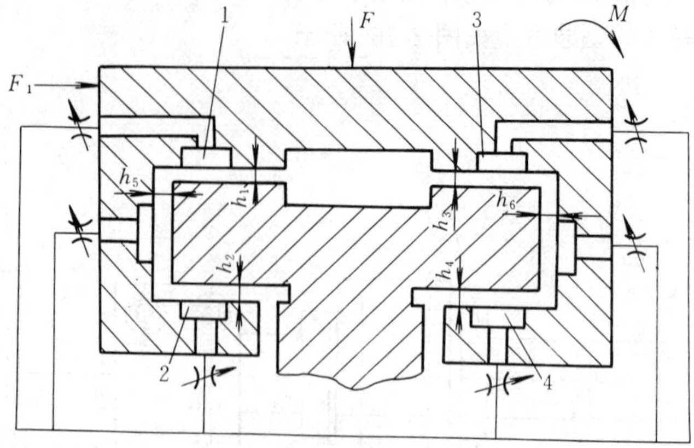

图 2-57　液体静压导轨工作原理
1、2、3、4—节流器

使两导轨面脱离接触。动导轨悬浮在压力油或气体之上运动，摩擦力极小。当受外载作用后，介质压力会反馈升高，从而承受外载荷。静压导轨有开式和闭式两种。图 2-57 所示为闭式液体静压导轨的工作原理图。如工作台受力 F 作用而下降，使间隙 $h2$、$h4$ 增大，$h1$、$h3$ 减小，则流经节流器 2，4 的流量减小，压力降也减小，使油腔压力 $p2$、$p4$ 升高。流经节流器 1、3 的流量增大，$p1$、$p3$ 则降低。四个油腔产生向上的支承合力，使工作台稳定在新的平衡位置。若工作台受颠覆力矩 M 作用使 $h1$、$h4$ 增大，$h2$、$h3$ 减小，则四个油腔产生反力矩。若工作台受水平力 F_1 的作用，则 $h5$ 减小，$h6$ 增大，左右油腔产生与 F_1 相反的支承反力。这些都使工作台受载后稳定在新的平衡位置。若只有 1、3，则成为开式静压导轨，不能承受颠覆力矩。

在使用静压导轨时，必须保持油液或空气清洁，并且注意防止机床使用处温度的剧烈变化，以免引起液体静压导轨油液粘度变化和气体静压导轨空气压力变化。静压导轨还应有良好的防护措施。

四、机身

机身包括床身、立柱、底基（基座）、支架、工作台等支承件。它的特点是尺寸较大，结构复杂，常有较多的加工面和加工孔。它的作用是支承和连接一定的零部件，使这些零部件之间保持规定的尺寸和形位公差要求。

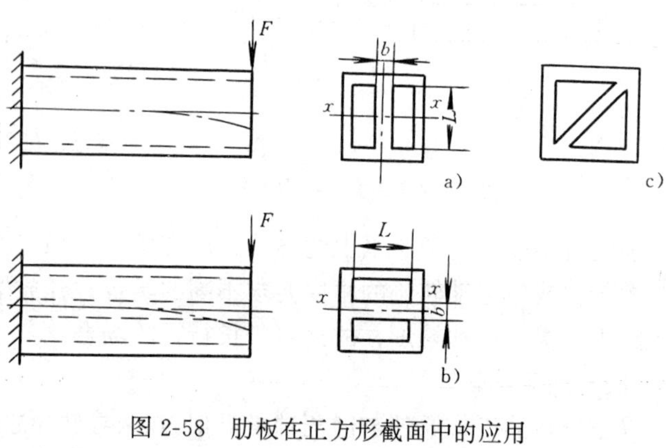

图 2-58　肋板在正方形截面中的应用

（一）机身结构设计

机身结构设计主要从以下几个方面考虑。

1．保证刚度

为避免床身等支承件在工作时因受力而产生压缩、拉伸、弯曲和扭曲等变形，必须保证其有足够的刚度。在设计时，可从通过合理布置肋板和加强肋来提高刚度。其效果较之增加壁厚更为显著。肋板按布置形式可分为纵向肋板、横向肋板和斜置肋板三种。

（1）纵向肋板　应布置在弯曲平面内，如图 2-58a 所示，对提高弯曲刚度有明显效果。

（2）横向肋板　当构件受扭转载荷时，横向肋板能有效地阻止零件翘曲和畸变，从而提高扭转刚度（图 2-58b）。

（3）斜置肋板　可以提高弯曲和扭转刚度，如图 2-58c。

各种肋板的布置形式，如图 2-59 所示。图 a、b、c 都是方格式纵横肋板，其中图 c 比图 b 的铸造性能好，因肋条交叉处金属聚集较少，分布均匀；图 f 六角（蜂窝）形肋弯曲、扭转刚度较好，铸件均匀收缩，内应力小，不易断裂，但其铸造泥芯很多；图 g、h 形肋铸造工艺也较复杂，但刚度很好；图 d、e 三角形和菱形肋较图 f、g、h 形结构简单，但刚性要差些。有时在导轨附近还布置一些肋条，以增加其刚性，肋条可采用直肋或人字形肋，如图 2-59 图 i、j。

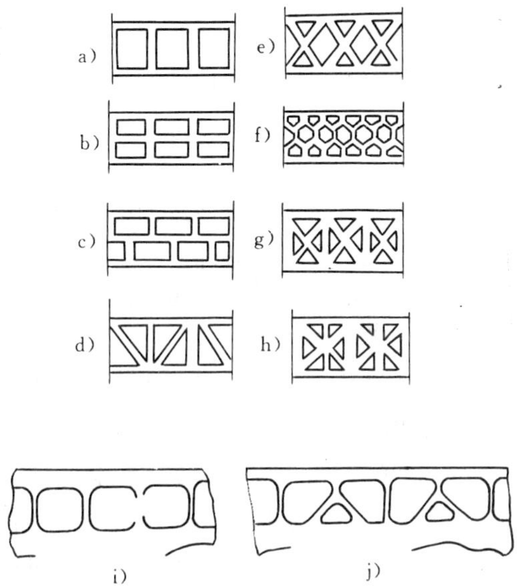

图 2-59　肋板布置形式

此外，对悬臂较长的梁等设置中间支承也是提高弯曲刚度的有效措施。

2. 减少热变形

可以采取以下措施来减少热变形

（1）减少发热　系统内部发热是产生热变形的主要热源，应当尽量地将热源从主机中分离出去。目前大多数数控机床的电动机、变速箱、液压装置以及油箱等都已外置。对不能与主机分离的热源，如主轴轴承、丝杠螺母副等，则必须改善其摩擦特性和润滑条件，以减少机床内部发热。

机床加工时所产生的切屑也是一个不可忽视的热源，对于产生大量切屑的数控机床必须有良好的排屑装置，以便将热量尽快带走，也可在工作台或导轨上装设隔热板，将热量隔离在机床之外。

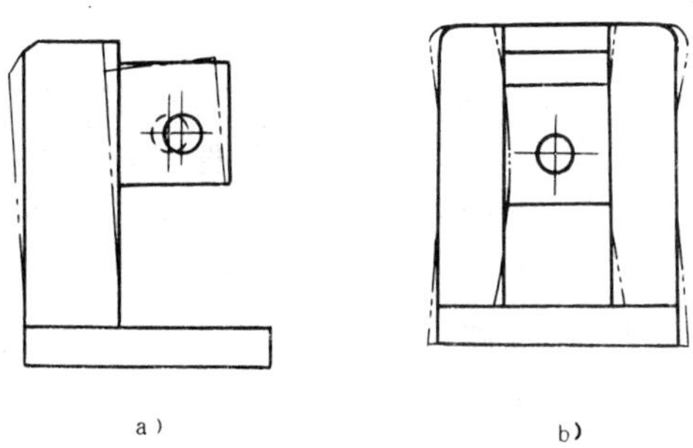

图 2-60　机床立柱的热变形
a）单立柱　b）双立柱

（2）控制温升　在采取一系列减少热源的措施之后，热变形的情况有所改善，但要完全消除内外热源是十分困难的，所以必须通过良好的散热和冷却来控制温升。其中比较有效的方法是在机床的发热部位进行强制冷却，如采用冷冻机对润滑油强制冷却等。

除采用强制冷却外，也可以在机床低温部分通过加热的方法，使机床各点的温度趋于一致，这样可以减少由于温差而造成的翘曲变形。某些数控机床设有加热器，在加工前通过加热来缩短机床预热的时间，提高生产率。

(3) 选择热变形小的结构形式　在同样发热的条件下，结构对热变形有很大影响。目前，根据热对称原则设计的数控机床，取得了较好的效果。数控机床过去采用的单立柱结构有可能被双立柱结构所代替。例如，单立柱卧式镗床，由于主轴箱发热使立柱前后产生温差而发生变形，影响主轴的定位精度，如图 2-60 所示。双立柱结构由于左右对称，受热后主轴除产生垂直方向的平移外，其它方向的变形很小，而垂直方向的轴线移动可以方便地用一个坐标的修正量加以补偿。

3. 提高抗振性

提高抗振性的措施主要有：提高系统的静刚度、增大阻尼以及调整构件的质量和自振频率。试验表明，提高阻尼系数是改善抗振性的有效方法。钢板的焊接结构可以增加静刚度，减轻结构重量，又可以增加构件本身的阻尼。因此，近年来在一些数控机床等机电一体化设备中采用了钢板焊接结构的床身、立柱、横梁和工作台。封砂铸铁也有利于振动的衰减，对提高抗振性有较好的效果。

在结构设计时，可以通过调整质量来改变系统的自振频率，使它远离工作范围内所存在的强迫振动源的频率。此外，系统中的旋转部件应尽可能进行良好的动平衡，以减少强迫振动源；或者用弹性材料将振源隔离。

4. 良好的结构工艺性

支承件结构设计时，应同时考虑机械加工工艺性和装配工艺性。

5. 结构造型

外观造型新颖、比例协调、色彩和谐美观大方的产品将给人以美的享受。对机身造型而言，首先应具有稳定感，如采用对称设计和扩大支承面等，同时辅以整体及局部形状和色彩的配合，如下部用深色等。其次，总体和各部件之间应有适当的比例，造型力求精美。

（二）材料和热处理

机身的材料，应具有较高的强度、刚度、吸振性和耐磨性，并具有良好的铸造或焊接工艺性，还希望成本较低。铸铁、合金铸铁、钢板、花岗石等为机身的常用材料。

1. 铸铁

铸铁熔点低、铸造性能好，易成型为各种复杂形状。它吸振性和耐磨性好，成本较低，是一种应用最为广泛的材料。铸件需进行时效处理以消除内应力。常用的铸铁材料有：HT200，弯压强度应力较大，但流动性较差，适用于结构简单的支承件；HT150 流动性能好，适用于外形结构复杂的支承件，但力学性能较差；高磷铸铁、钒钛铸铁和铜磷钛铸铁等合金铸铁，其耐磨性比普通铸铁高 2～3 倍，价值较贵，适用于中大型精密机械设备床身等支承件。

2. 低碳钢板

由低碳钢板焊接接成的构件，其弹性模量比铸铁件大，在承受同样的载荷时，壁厚可以比铸件薄，因而质量小。此外焊接制造周期短，节省原材料，劳动条件也较铸造好。

钢板支承件焊成后，也需进行时效处理以消除焊接应力。

焊接支承件不仅用于单件小批生产，在有些国家已用于一定批量的中型和大型机床。如美国 Kearney&Trecker 公司生产的 MM200 型加工中心机床，其床身、立柱、刀库、辅助装置等大件均采用焊接结构。焊接结构支承件使用前景广阔。

3. 花岗石

近年来，国内外采用花岗石制造基座、支承件以及各种梁日益广泛。花岗石具有许多优点：稳定性好、经过百万年的天然时效处理，内应力早已消除，几乎不会变形，能长期保持稳定的精度；加工简便；通过研磨、抛光，容易得到很高的精度和非常光滑的表面；对温度不敏感，导热系数和膨胀系数均很小；吸振性好，内阻尼系数比钢大15倍；耐磨性比铸铁高5～15倍；不导电、抗磁、抗氧化；保养简便，价格便宜。主要缺点是脆性大，抗冲击性能差，油和水易渗入晶体中，引起变形。

花岗石已广泛用于精密机床、精密测量仪器、天文、航天等机电一体化设备上。如三坐标测量机的工作台、金刚石车床的床身等。一些工厂已研制成功多种高精度的花岗石平板、导轨、底座、横梁、立柱等。

第三章　伺服传动技术

第一节　概　　述

伺服传动技术指执行系统和机构中的一些技术问题。伺服（Servo）的意思即“伺候服侍”，就是在控制指令的指挥下，控制驱动元件，使机械系统的运动部件按照指令要求进行运动。伺服系统主要用于机械设备位置和速度的动态控制，在数控机床、工业机器人、坐标测量机以及自动导引车等自动化制造、装配及测量设备中，已经获得非常广泛的应用。

一、伺服系统的结构组成及分类

伺服系统的结构类型繁多，其组成和工作状况也是不尽相同。一般来说，其基本组成可包含控制器、功率放大器、执行机构和检测装置等四大部分，如图 3-1 所示。

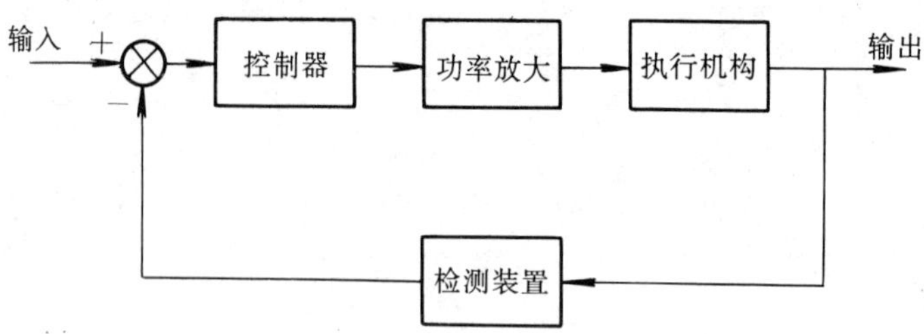

图 3-1　伺服系统的组成

1. 控制器

控制器的主要任务是根据输入信号和反馈信号决定控制策略。常用的控制算法有 PID（比例、积分、微分）控制和最优控制等。控制器通常由电子线路或计算机组成。

2. 功率放大器

伺服系统中的功率放大器的作用是将信号进行放大，并用来驱动执行机构完成某种操作。在现代机电一体化系统中的功率放大装置，主要采用各种电力电子器件组成。

3. 执行机构

执行机构主要由伺服电动机或液压伺服机构和机械传动装置等组成。目前，采用电动机作为驱动元件的执行机构占据较大的比例。伺服电动机包括步进电动机、直流伺服电动机、交流伺服电动机等。

4. 检测装置

检测装置的任务是测量被控制量（即输出量），实现反馈控制。伺服传动系统中，用来检测位置量的检测装置有：自整角机、旋转变压器、光电码盘等；用来检测速度信号的检测装置有：测速发电机、光电码盘等。应当指出，检测装置的精度是至关重要的，无论采用何种控制方案，系统的控制精度总是低于检测装置的精度。对检测装置的要求除了精度高之外，还要求线性度好、可靠性高、响应快等等。

伺服系统的种类很多，按其驱动元件性质划分，可分为液压（或气动）伺服系统和电气伺服系统。电气伺服系统又包括直流伺服系统、交流伺服系统和步进伺服系统。按控制方式划分，可分为开环伺服系统和闭环伺服系统。

开环伺服系统结构上较为简单，技术容易掌握，调试、维护方便，工作可靠，成本低。缺点是精度低、抗干扰能力差。一般用于精度、速度要求不高、成本要求低的机电一体化系统。闭环伺服系统采用反馈控制原理组成系统，它具有精度高、调速范围宽、动态性能好等优点。缺点是系统结构复杂、成本高等。一般用于要求高精度、高速度的机电一体化系统。

二、伺服电动机

伺服电动机是电气伺服系统的执行元件，其作用是把电信号转换为机械运动。各种伺服电动机，各有其特点，适用于不同性能的伺服系统。电气伺服系统的调速性能、动态特性、运动精度等均为与该系统的伺服电动机的性能有着直接的关系。通常伺服电动机应符合如下基本要求：

1）具有宽广而平滑的调速范围。

2）具有较硬的机械特性和良好的调节特性。

3）具有快速响应特性。

4）空载始动电压小。

以下仅对目前常用的直流伺服电动机、交流伺服电动机、步进电动机的结构特点及应用范围等作一基本的介绍。

1. 直流伺服电动机

直流伺服电动机分为永磁直流伺服电动机、无槽电枢直流伺服电动机、空心杯电枢直流伺服电动机、印制绕组直流伺服电动机等等。

（1）永磁直流伺服电动机　永磁直流伺服电动机系指以永磁材料获得磁场的一类直流电动机。永磁直流伺服电动机的结构同一般直流电动机相似，但电枢铁心长度对直径的比大些，气隙较小。永磁直流伺服电动机具有体积小、转矩大、力矩和电流成比例、伺服性能好、反应迅速、功率体积比大、功率重量比大、稳定性好等优点。目前广泛应用于办公自动化、工厂自动化、国防工业、家用电器、仪表等领域，是机电一体化系统中重要的执行元件。

(2)无槽电枢直流伺服电动机　无槽电枢直流伺服电动机的励磁方式为电磁式或永磁式，其电枢铁心为光滑圆柱体，电枢绕组是用耐热环氧树脂固定在圆柱铁心表面，气隙大。无槽电枢直流伺服电动机除具有一般直流伺服电动机特点外，其转动惯量小、机电时间常数小、换向良好，一般用于需要快速动作、功率较大的伺服系统。

(3)空心杯电枢直流伺服电动机　空心杯电枢直流伺服电动机的励磁方式采用永磁式，其电枢绕组用环氧树脂浇注成杯形，空心杯电枢内外两侧均有铁心构成磁路。空心杯电枢直流伺服电动机除具有一般直流伺服电动机特点外，其转动惯量小、机电时间常数小、换向好、低速运转平滑、能快速响应、寿命长、效率高。空心杯电枢直流伺服电动机用于快速动作的伺服系统，如在机器人的腕、臂关节及其它高精度伺服系统。

（4）印刷绕组直流伺服电动机　印刷绕组直流伺服电动机的励磁方式采用永磁式，在圆形绝缘薄板上，印刷裸露的绕组构成电枢，磁极轴向安装，具有扇面形极靴。印刷绕组直流伺服电动机换向好、旋转平稳、机电时间常数小、具有快速响应特性、低速运转性能好、能承受频繁的可逆运转，适用于低速和起动、反转频繁的伺服系统，如机器人关节控制。

2. 交流伺服电动机

交流伺服电动机由于克服了直流伺服电动机存在的电刷和机械换向器而带来的各种限制。特别适用于一般直流伺服电动机不能胜任的工作环境。随着电力电子技术、计算机技术和控制理论的发展，交流伺服系统控制困难问题得到了解决。因此，在机电一体化系统中获得了广泛的应用。交流伺服电动机主要有异步型交流伺服电动机和同步型交流伺服电动机。

（1）永磁同步伺服电动机　同步伺服电动机主要由转子和定子两大部分组成。在转子上装有特殊形状高性能的永磁体，用以产生恒定磁场，无需励磁绕组和励磁电流。在电动机的定子铁心上绕有三相电枢绕组，接在可控的变频电源上。为了使电动机产生稳定的转矩，电枢电流磁动势必须与磁极同步旋转，因此在结构上还必须装有转子永磁铁的磁极位置检测器，随时检测出磁极的位置，并以此为依据使电枢电流实现正交控制。这就是说，同步伺服电动机实际上包括定子绕组、转子磁极及磁极位置传感器三大部分。为了检测电动机的实际运行速度，或者进行位置控制，通常在电动机轴的非负载端安装速度传感器和位置传感器，如测速发动机、光电码盘等。永磁同步伺服电动机目前在数控机床、工业机器人等小功率场合，获得了较为广泛的应用。

（2）两相异步交流伺服电动机　两相异步交流伺服电动机的结构分为两大部分，即定子部分和转子部分。在定子铁心中安放着空间成90°电角度的两相定子绕组，其中一相为励磁绕组，始终通以交流电压；另一相为控制绕组，输入同频率的控制电压，改变控制电压的幅值或相位可实现调速。转子的结构通常为笼形。两相异步交流伺服电动机主要用于小功率控制系统中。

3. 步进电动机

步进电动机是一种将脉冲信号转换成角位移的执行元件。对这种电动机施加一个电脉冲后，其转轴就转过一个角度，称为一步；脉冲数增加，角位移随之增加；脉冲频率高，则电动机旋转速度就高，反之则慢；分配脉冲的相序改变后，电动机便反转。这种电动机的运动状态与通常均匀旋转的电动机有一定的差别，是步进形式运动，故称其为步进电动机。步进电动机的种类很多，这里就工业广泛应用的三种步进电动机的结构特点作一简单介绍。

（1）反应式步进电动机　反应式步进电动机亦称磁阻式（VR）步进电动机，其基本结构主要由定子和转子两部分组成。其定子和转子磁路均由软磁制成，定子有若干对磁极，磁极上有多相励磁绕组，在转子的圆柱面上有均匀分布的小齿。利用磁阻的变化产生转矩。励磁绕组的相数一般为三、四、五、六相等。反应式步进电动机有如下特点：

1）气隙小　为了提高反应式步进电机输出转矩，气隙都取得很小。

2）步距角小　因反应式步进电动机定、转子是采用软磁材料制成的，依靠磁阻变化产生转矩，在机械加工所能允许的最小齿距情况下，转子的齿距数可以做得很多。

3）励磁电流较大　要求驱动电源功率较大。

4）电机的内部阻尼较小　当相数较小时，单步运行振荡时间较长。

5）断电时没有定位转矩。

（2）永磁式步进电动机　永磁式步进电动机是转子或定子的某一方为永磁体，另一方由软磁材料和励磁绕组制成，绕组轮流通电，建立的磁场与永磁体的恒定磁场相互作用，产生转矩。励磁绕组一般做成两相或四相控制绕组。永磁步进电动机的特点是：

1）步距角大　一般为15°、22.5°、30°、45°、90°等。这是因为在一个圆周上受到极弧尺寸的限制，磁极数不能太多。

2）控制功率较小，效率高。

3）电动机的内部阻尼较大 单步运行振荡时间短。

4）断电时有一定的定位转矩。

（3）永磁感应式步进电动机 这种电动机在转子上有永磁体，可以看作是永磁式步进电动机；但从定子的导磁体来看，又和反应式步进电动机相似，因而它即具有反应式步进电动机步距角小、响应频率高的优点，又具有永磁式步进电动机励磁功率小、效率高的优点。它是反应式和永磁式步进电动机的结合，因此又称为混合式步进电动机。

三、电力电子技术简介

电气控制系统中的功率放大器的实质是实现对电能的变换和控制，故也称为变流器，它包括电压、电流、频率、波形和相数等的变换。在各种功率放大器中按其功能可分成下列几种类型：

1）AC/DC 变流器——把交流变换成固定的或可调的直流电（也称为整流器）；

2）DC/AC 变流器——把固定的直流电变成固定或可调的交流电（也称为逆变器）；

3）AC/AC 变流器——把固定的交流电变成可调的交流电（包括改变频率或电压）；

4）DC/DC 变流器——把固定的直流电变成可调的直流电（也称为斩波器）；

功率放大器是由开关器件、电感、电容以及保护电路和驱动电路组成。开关器件性能的优劣在很大程度上决定功率放大器的技术经济指标。目前常用的电力电子器件有：晶闸管 SCR、功率晶体管 GTR、功率场效应晶体管 MOSFET、绝缘栅双极晶体管 IGBT、MOS 栅控晶闸管 MCT 以及智能功率集成电路。下面就 SCR、GTR 和 IGBT 等器件及线路做简单介绍。

1. 晶闸管 SCR

晶闸管是三端四层器件，如图 3-2a 所示，其电路符号表示在图 3-2c 上，A 为阳极、K 为阴极，G 为门极。若把晶闸管看成由两个晶体管（$P_1N_1P_2$、$N_1P_2N_2$）构成的，如图 3-2b 所示，则其等效电路可表示为图 3-2d 那样。

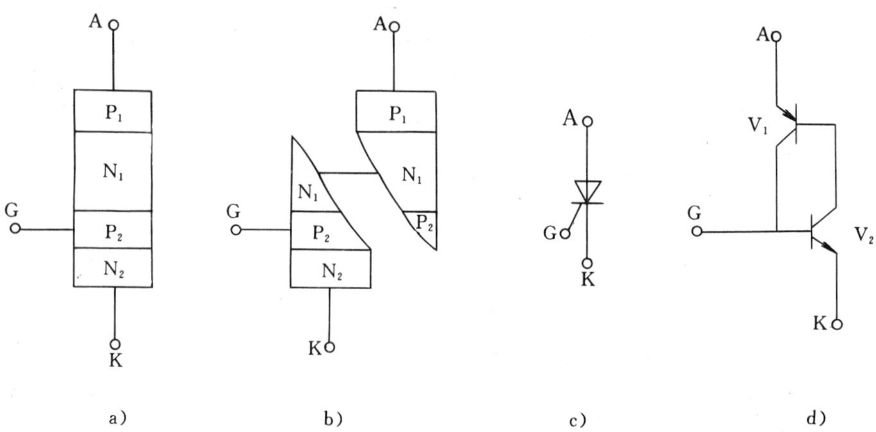

图 3-2 晶闸管结构、等值电路及符号

晶闸管的开关特性如下：

1）起始时若控制极 G 不加电压，则不论阳极 A 加正向还是反向电压，晶闸管均不导通，这说明晶闸管具有正、反向阻断能力。

2）晶闸管的阳极 A 和控制极 G 同时加正向电压时晶闸管才能导通，这是晶闸管导通必须同时具备的两个条件。

3）在晶闸管导通之后，其控制极 G 就失去了控制作用。欲使晶闸管恢复阻断状态，必须把阳极电流降低到一定值（小于维持电流）。

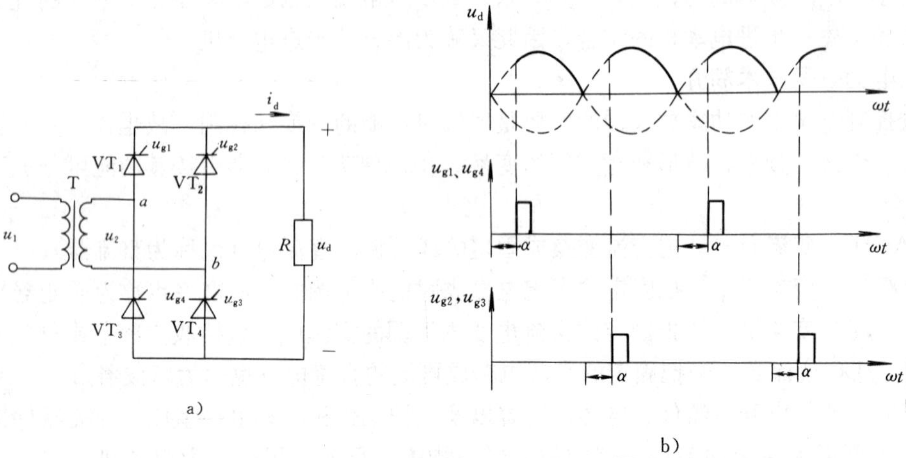

图 3-3 单相桥式全控整流电路及电阻性负载下波形图

图 3-3a、b 所示为单相桥式全控整流电路及电阻性负载下波形图。当变压器 T 二次电压 u_2 处于正半周时（即 a 端正，b 端负），在控制角为 α 的瞬间给 VT_1 和 VT_4 加上触发脉冲。VT_1 和 VT_4 即导通，这时电流从电源 a 端经 VT_1、R、VT_4 流回电源。这期间 VT_2 和 VT_3 均承受反向电压而截止。当电源电压过零，电流也降到零，VT_1 和 VT_4 即关断。

当电源电压为负半周期时，如仍相应地在控制角为 α 时去触发晶闸管 VT_2 和 VT_3，则 VT_2 和 VT_3 导通。电流从电源 b 端经 VT_2、R、VT_3 流回电源的 a 端。至一周期完毕，电压过零时，电流亦降到零。在负半周期，VT_1 和 VT_4 均承受反向电压而截止。很显然，两组触发脉冲在相位上应相差 180°。以后又使 VT_1 和 VT_4 导通，如此循环工作下去。通过改变触发控制角 α 就可获取负载所需的不同大小的整流电压。所以整流电路的控制实际上就是触发控制角 α 的控制。

晶闸管整流器还有许多形式，如三相半波、三相全控桥式等等。

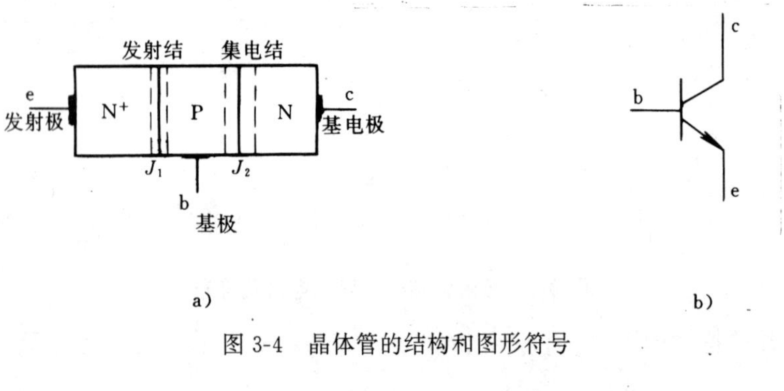

图 3-4 晶体管的结构和图形符号

负载按其性质则有电阻性、电容性、电感性、反电动势以及混合性等等。

2. 功率晶体管 GTR

GTR 指的是双极型功率晶体管，它由三层半导体（组成两个 PN 结）构成的，有 PNP 型和 NPN 型两种，图 3-4a、b 所示为 NPN 型功率晶体管的基本结构和图形符号。N^+P 构成发射结，PN 构成集电结；N^+ 为发射区，e 为发射极；c 为集电极；P 为基区，b 为基极。功率晶体管的工作原理与普通晶体管相同，此处不再赘述。

为了扩大晶体管容量和简化驱动电路，常常将晶体管做成模块结构形式，用集成电路工艺将达林顿功率晶体管、续流二极管、加速二极管等集成在同一芯片上而做成模块，如图 3-5 所示。

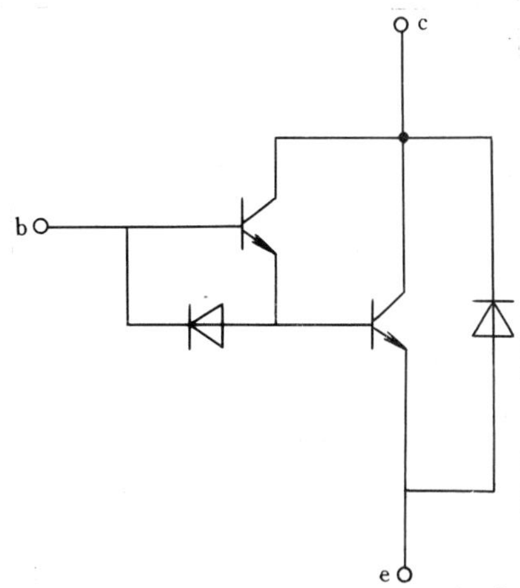

图 3-5 晶体管模块

晶体管可以工作在截止、有源放大和饱和三种工作状态。在变流技术应用中，晶体管只作为开关使用，工作于截止和饱和状态。在状态转换过程中，为了使晶体管快速地通过有源放大区、功率损耗最低而又安全可靠，必须合理地设计基极驱动电路。理想的基极驱动电路应满足如下条件：开通时要过驱动；正常导通时要浅饱和；关断时要反偏。基极驱动电路依据被驱动的晶体管或模块的要求而有所不同。图 3-6 所示为一种基极驱动电路和波形图。目前已经开发出混合集成驱动电路模块，并已形成系列化产品。

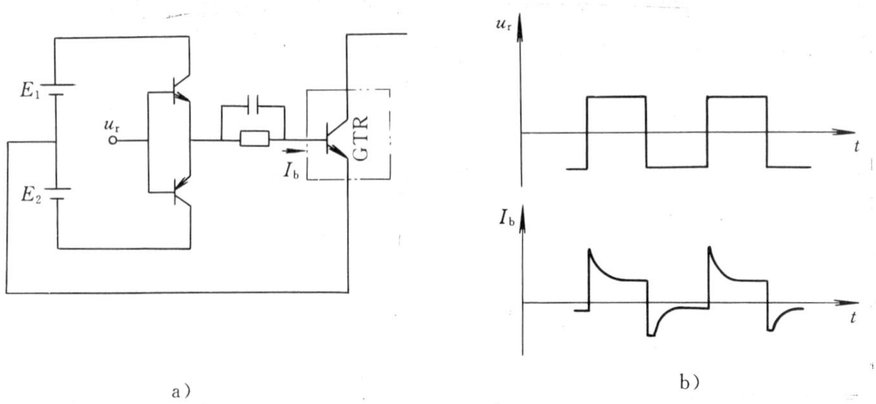

图 3-6 基极驱动电路

3. 绝缘栅双极晶体管 IGBT

IGBT 是一种即具有 GTR 的高电流密度、低饱和电压，又具有 MOSFET 的高输入阻抗、高速特性的一种新型复合功率开关器件。

IGBT 的基本结构是在 N 沟道 MOSFET 的漏极（N^+基板）加一层 P^+基板（IGBT 的集电

极）形成由 PNP-NPN 晶体管互补联接的四层结构，见图 3-7 所示。这种结构恰似 P-N-P-N 晶闸管的等效电路。但在制造时，NPN 晶体管的基极和发射极由铝电极短路，尽可能使 NPN 不起作用。因此，IGBT 的工作基本与 NPN 晶体管无关，可以认为是将 N 沟道 MOSFET 做输入级。

PNP 晶体管作为输出级的单向达林顿晶体管。

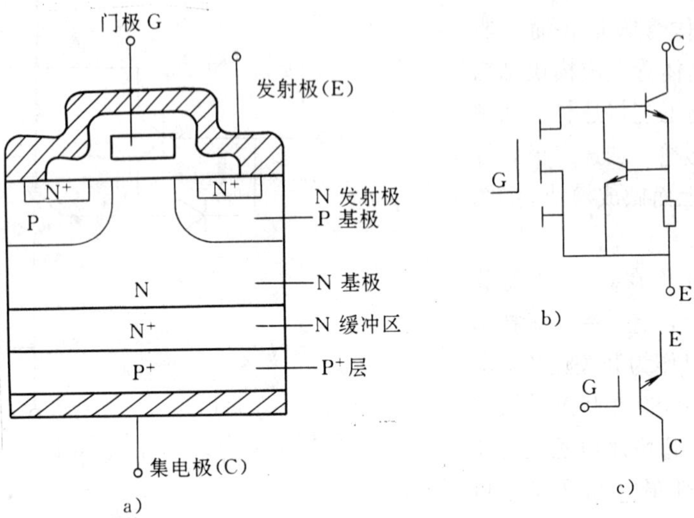

图 3-7　IGBT 基本结构、等效电路和图形符号

a）基本结构　b）等效电路　c）图形符号

IGBT 的开关作用是通过加正向门电压形成沟道，给 PNP 晶体管提供基极电流，使 IGBT 导通。反之，加反向门极电压消除沟道，流过反向基极电流，使 IGBT 关断。

IGBT 的驱动电路的方式有很多种，图 3-8 列出了一种驱动电路。

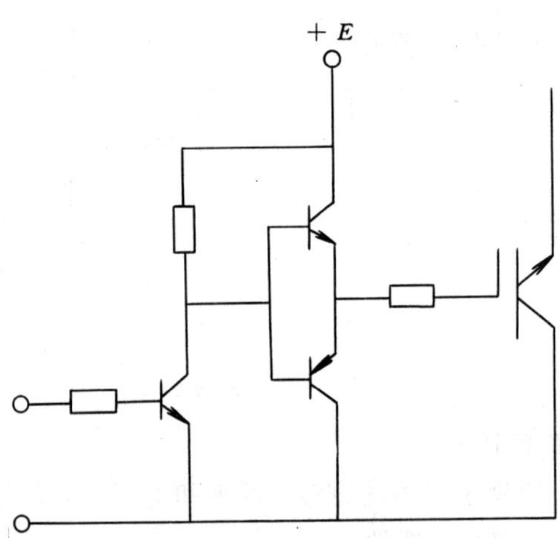

图 3-8　IGBT 驱动电路

第二节　直流伺服系统

采用直流伺服电动机作为执行元件的伺服系统，称为直流伺服系统。直流伺服系统种类繁多，按伺服电动机、功率放大器、检测元件、控制器的种类以及反馈信号与指令比较方式等可分为不同类型的直流伺服系统。本节以鉴幅型位置直流伺服系统为例，介绍其工作原理和静态、动态分析。

一、直流伺服系统结构和原理

图 3-9 所示为鉴幅型直流伺服系统的原理框图。现将图中各环节的工作原理介绍如下。

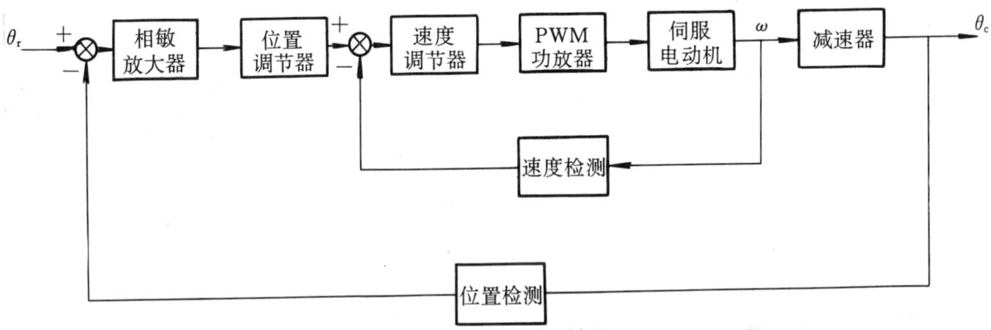

图 3-9　鉴幅型直流伺服系统的原理框图

1．位置检测与信号综合环节

（1）旋转变压器　旋转变压器是一种输出电压随转角变化的角位移测量装置。它的结构通常做成两极电机的形式，其定子、转子均由硅钢片迭压而成，定子和转子上各有两套在空间上完全正交的绕组。旋转变压器的工作原理与普通变压器相似。由于普通变压器的输入、输出两个绕组的位置是固定的，所以输出电压与输入电压之比为一个常数。而旋转变压器由于其输入、输出绕组分别固定在定子和转子上，所以输出电压大小与转子位置有关。图 3-10 所示为旋转变压器原理图。当定子绕组 s_1 和 s_2 分别由两个幅值相等、相位相差 90°的正弦交流电压 u_{s1}、u_{s2}励磁，即

$$u_{s1} = u_m \sin\omega t \tag{3-1}$$

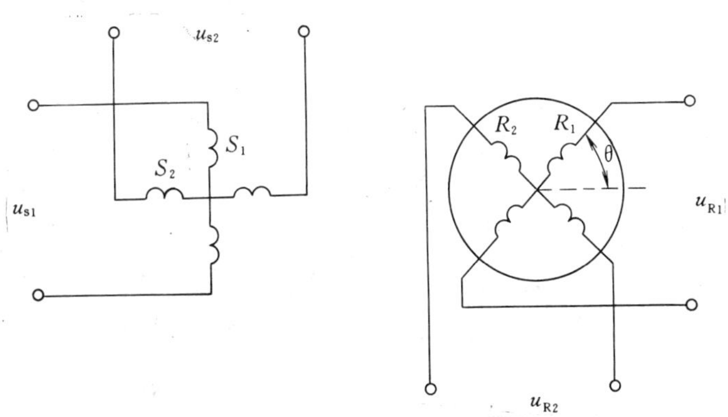

图 3-10　旋转变压器原理图

$$u_{s2} = u_m \cos\omega t \tag{3-2}$$

在气隙中产生图形旋转磁场。转子绕组 R_1 和 R_2 中分别产生感应电压为

$$u_{R1} = m(u_{s1}\cos\theta + u_{s1}\sin\theta) \tag{3-3}$$

$$u_{R2} = m(u_{s2}\cos\theta + u_{s2}\sin\theta) \tag{3-4}$$

式中　m——旋转变压器变压比；

θ——旋转变压器转子相对定子的转角。

上式是正余弦旋转变压器的基本运算关系。采用旋转变压器测量转角有多种方案，通常有相位工作方式和幅值工作方式。随着大规模集成电路的发展，已有专用集成电路，可把旋转变压器的转角直接转成数字量输出，可以方便地输入到计算机中。

下面介绍用一对旋转变压器检测给定轴（系统的输入轴）与执行轴（系统的输出轴）角差的原理。原理如图 3-11 所示。旋转变压器 BRT 的转子与给定轴联接，其转角为 θ_r（即系统的输入量），旋转变压器 BRR 的转子与执行轴联接，其转角为 θ_c（即系统的输出量）。在 BRT 定子绕组加一交流励磁电压 u_f，其运算关系如下：

$$\begin{aligned} u_f &= U_m \sin\omega t \\ u_{RT1} &= u_{RR1} = m u_f \sin\theta_r \\ u_{RT2} &= u_{RR2} = m u_f \cos\theta_r \\ u_B &= \frac{1}{m} u_{RR1}\cos\theta_c - \frac{1}{m} u_{RR2}\sin\theta_c \\ &= u_f \sin(\theta_r - \theta_c) \end{aligned} \tag{3-5}$$

当（$\theta_r-\theta_c$）较小时，sin（$\theta_r-\theta_c$）≈（$\theta_r-\theta_c$）

$$u_B \approx u_f K_B(\theta_r - \theta_c) = U_m K_B \Delta\theta \sin\omega t \tag{3-6}$$

式中　K_B——比例系数，由 $\Delta\theta$ 单位决定。若 $\Delta\theta$ 的单位取 deg，$K_B=1/57.3$，K_B 的单位为 V/（°）。

$\Delta\theta$——称为角差。

从上式可见，输出电压 u_B 的幅值正比于角差 $\Delta\theta$。当 $\theta_r<\theta_c$ 时，u_B 反相位，即 $u_B=U_m|\Delta\theta|\sin(\omega t+\pi)$。

上述检测角差方式中，其输入信号 θ_r 必须是机械量（转角）。但是，许多情况下输入信号 θ_r 的形式是电信号。例如，工业机器人或数控机床伺服系统的输入信号是上一级计算机或电子控制装置送来的电信号（如数码或电压信号）。此时，可采用电子线路来实现图 3-12 中旋转变

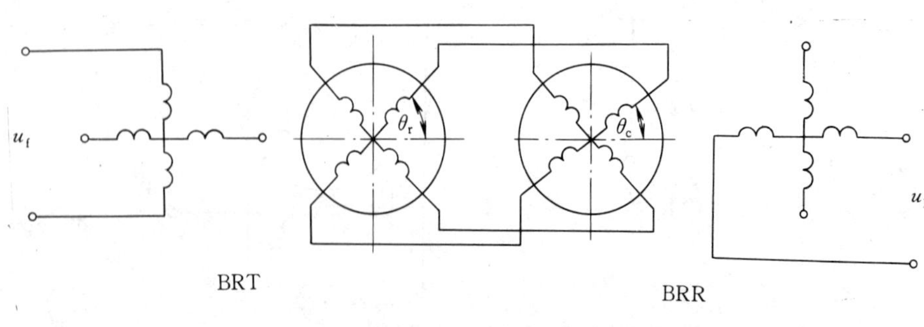

图 3-11　旋转变压器角差测量原理图

压器 BRT 的运算功能，原理如图 3-11 所示。

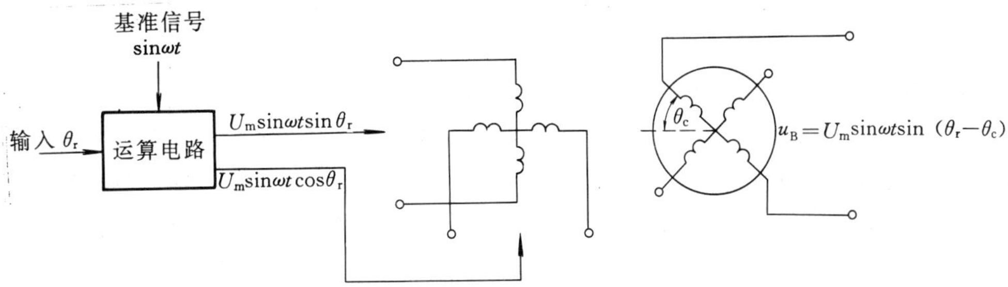

图 3-12　由电子线路和旋转变压器构成的角差测量原理图

两极旋转变压器测角精度可达几角分，对于高精度的要求，可选用多极旋转变压器，其最高精度可达 3″～7″。

(2) 相敏放大器　相敏放大器也称为鉴幅器。它的功能是将交流电压转换为与之成正比的直流电压，并使它的极性与输入的交流电压的相位相适应。相敏放大器种类很多，现以图 3-13a 所示相敏放大器为例进行分析。图中输入信号 u_1 来自旋转变压器的输出并经过功率放大的信号，经变压器 T_1 耦合，其二次电压为 u_{21}、u_{22}，辅助电源电压 u_s 与旋转变压器的励磁电压 u_f 是同频率、同相位的交流电压。当 u_1 与 u_s 的相位相同时（即 $\Delta\theta>0$ 的情况），u_s 为正半周时 V_1 管导通，u_s 为负半周时 V_2 管导通。相敏放大器的输出电压 u'_b 为正极性的直流电压，u'_b 的平均值与 u_1 的幅值成正比，波形图如图 3-13b 中实线部分所示。若 u_1 与 u_s 的相位相差 π 时（即 $\Delta\theta<0$ 的情况），则相敏放大器的输出 u'_b 为负极性的直流电压，波形图如图 3-13b 中虚线部分所示。

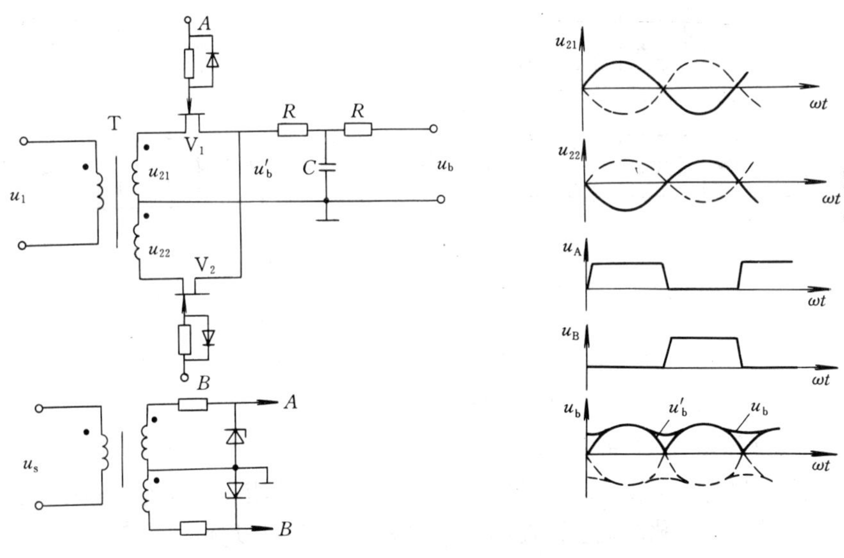

a)　　b)

图 3-13　相敏放大器原理图及波形图

a) 电路图　b) 波形图

总之，相敏放大器的任务是：

1）将输入交流电压变换成直流电压；

2）当输入交流电压相位变成相差π时，输出的直流电压极性亦随之改变。或者说输出直流电压的极性反映了输入交流电压的相位；

3）输出直流电压的数值与输入交流电压的幅值成正比。

相敏放大器输出是脉动的直流电压，必须采用滤波器，将其变成平滑的直流电压 u_b。应当指出，滤波器的时间常数不能太大，否则将影响系统的快速性。旋转变压器的励磁电源通常采用中频交流电源供电，频率范围在 400～1000Hz，也可更高。这一点有利于减小滤波时间常数。本例中采用 RC 电路组成的一阶滤波器。

(3) 位置检测与信号综合环节　位置检测与信号综合环节的原理框图如图 3-14a 所示。旋转变压器组完成了位置检测和信号综合功能。放大器和相敏放大器承担了信号变换任务。其传递函数为

$$\Delta\theta(s) = \theta_r(s) - \theta_c(s) \tag{3-7}$$

$$G_b(s) = \frac{U_b(s)}{\Delta\theta(s)} = \frac{K_b}{T_b s + 1} \tag{3-8}$$

式中　$K_b = K_B K_a K_p$，K_b 单位为 V/（°）；

K_B——旋转变压器组的比例系数；

K_a——放大器的放大系数；

K_p——相敏放大器比例系数；

T_b——滤波时间常数，$T_b = RC$（s）。

位置检测与信号综合环节框图如图 3-14b 所示。

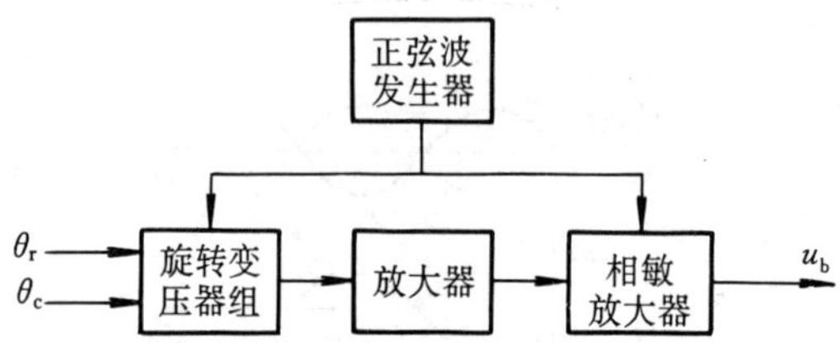

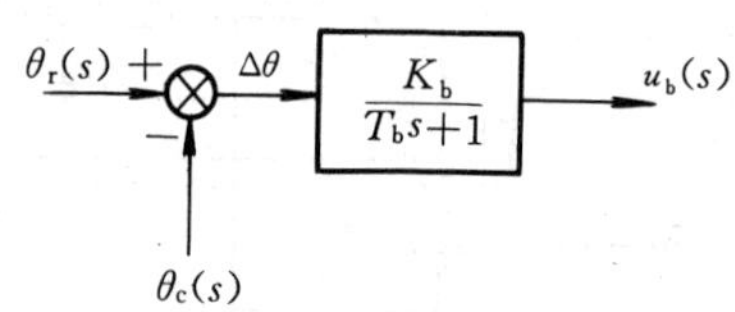

图 3-14　相敏放大器原理框图和方框图

a）原理框图　b）框图

2. 脉宽调制型（PWM）功率放大

PWM 功率放大器的基本原理是：利用大功率器件的开关作用，将直流电压转换成一定频率的方波电压，通过对方波脉冲宽度的控制，改变输出电压的平均值。

(1) PWM 变换器　图 3-15 是利用 PWM 调速的原理示意图，将图 3-15a 中的开关 S 周期性地开关，在一个周期 T 内闭合的时间为 τ，则一个外加的固定直流电压 U 被按一定的频率开闭的开关 S 加到电动机的电枢上，电枢上的电压波形将是一列方波信号，其高度为 U，宽

度为 τ，如图 3-15b 所示。电枢两端的平均电压为：

$$U_{\mathrm{d}}=\frac{1}{T}\int_{0}^{T}U\mathrm{d}t=\frac{\tau}{T}U=\rho U$$

式中 $\rho=\tau/T=U_{\mathrm{d}}/U$，称为导通率，或称占空比（$0<\rho<1$）。当 T 不变时，只要改变导通时间 τ，就可以改变电枢两端的平均电压 U_{d}。当 τ 从 $0\sim T$ 改变时，U_{d} 由零连续增大到 U。实际的 PWM 电路用自关断电力电子器件来实现上述的开关作用，如 GTR、MOSFET、IGBT 等器件。

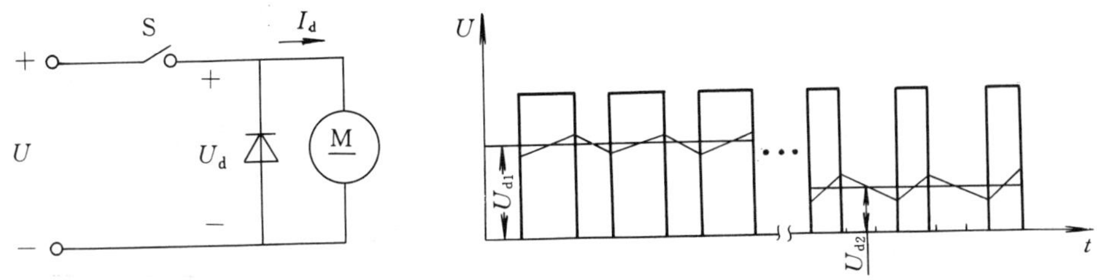

图 3-15　脉宽调速示意图

图 3-15 中的二极管是续流二极管，当 S 断开时，由于电枢电感 L 的存在，电动机的电枢电流可通过它形成续流回路。

可逆 PWM 变换器，广泛采用双极式 H 型功率变换电路。图 3-16 所示为采用 GTR 的双极式 H 型可逆 PWM 变换器的电路原理图。四个功率晶体管的基极驱动电压分为两组：VT_1 和 VT_4 同时导通和关断，其驱动电压 $U_{b1}=U_{b4}$，VT_2 和 VT_3 同时动作，其驱动电压 $U_{b1}=U_{b3}$。它们的波形如图 3-17 所示。

在一个开关周期内，当 $0\leqslant t\leqslant t_{on}$ 时，U_{b1} 和 U_{b4} 为正，晶体管 VT_1 和 VT_4 饱和导通，而 U_{b2} 和 U_{b3} 为负，VT_2 和 VT_3 截止。这时（$+U_s$）加在电枢 A、B 两端，$U_{AB}=U_s$，电枢电流 i_d 沿回路 1 流通。当 $t_{on}\leqslant t\leqslant T$ 时，U_{b1} 和 U_{b4} 变负，VT_1 和 VT_4 截止；U_{b2}、U_{b3} 变正，但 VT_2 和 VT_3 并不能立即导通，因为电枢电感释放储能形成的电流 i_d 沿回路 2 经 VD_2、VD_3 续流。VD_2、VD_3 两端的压降，正好使 VT_2 和 VT_3 的 c-e 极承受反压，这时 $U_{AB}=-U_s$。在一个周期内，U_{AB} 正负相间，这就是双极 PWM 变换器的特征。其电压电流波形见图 3-17 所示。

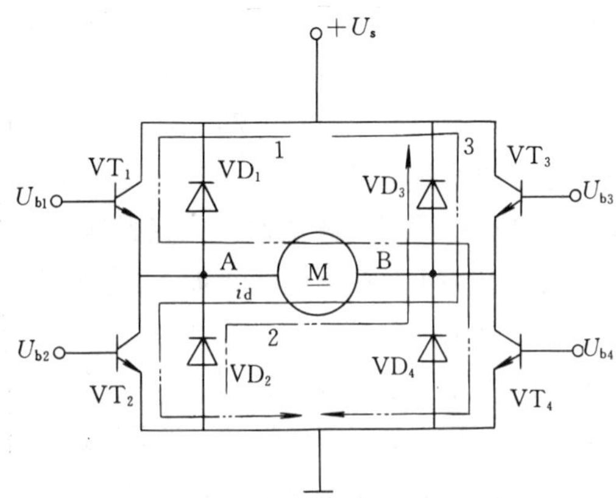

图 3-16　双极式 H 型可逆 PWM 变换器电路

由于电压 U_{AB} 的正负变化，使电机电流的波形根据负载轻重的不同分为两种情况：图 3-17 中的 i_{d1} 表示电机负载较重的情况，这时平均负载电流大，在续流阶段（$t_{on}\leqslant t\leqslant T$），电流仍维持正方向，电动机始终工作在第一象限的电动状态（即正向电动状态）。i_{d2} 表示电动机在轻载的情况，平均电流小，在续流阶段，电流很快衰减到零。于是 VT_2、VT_3 的 c-e 极反压消失，在负的电源电压（$-U_s$）和电枢反电动势的合成作用下，VT_2、VT_3 导通，电枢电流反向，沿回路 3 流通，电动机处于制动状态。同样可以分析，在 $0\leqslant t\leqslant t_{on}$ 期间，负载轻时，电流也有一次倒向。

双极 PWM 变换器的特征就是在一个周期内，电压从（$+U_s$）变为（$-U_s$）。那么如何来控制电动机的正转和反转呢？这只要控制正、负脉冲的宽窄。当正脉冲较宽时，$t_{on}>2/T$，则电枢两端的平均电压为正，电动机正转（见图 3-17 的波形）。当正脉冲较窄时，$t_{on}<2/T$，平均电压为负，电动机反转。如果正负脉冲宽度相等，$t_{on}=2/T$，平均电压为零，则电动机不转。

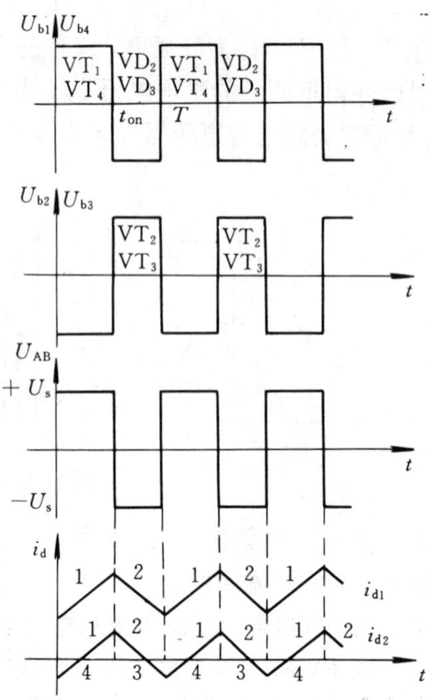

图 3-17　双极式 PWM 变换器电压和电流波形

根据图 3-17 很容易导出双极式可逆 PWM 变换器电枢平均两端电压的表达式

$$U_d=\frac{t_{on}}{T}U_s-\frac{T-t_{on}}{T}U_s$$

$$=\left(\frac{2t_{on}}{T}-1\right)U_s$$

仍定义占空比 $\rho=U_d/U_s$，则 ρ 与 t_{on}的关系为

$$\rho=\frac{2t_{on}}{T}-1$$

调速时，ρ 值的变化范围变成 $-1\leqslant\rho\leqslant1$。当 ρ 为正时，电动机正转；ρ 为负值时，电动机反转；$\rho=0$ 时，电动机停止。

需要注意的是：$\rho=0$ 时电动机的停止与四个晶体管都不导通时的电动机的停止是有区别的。四个晶体管均不导通时电动机是真正的停止；而 $\rho=0$ 时，虽然电动机不动，但电枢两端的瞬时电压和瞬时电流都不是零，而是交变的，这个电流的平均值为零，产生的平均力矩也为零，但电动机带有高频微振，能克服静摩擦阻力，消除正、反向时的静摩擦死区。

双极式 PWM 变换器的优点如下：①电流连续；②可使电动机在四个象限中运行；③电动机停止时，有微振电流，能消除摩擦死区；④低速时，每个晶体管的驱动脉冲仍较宽，有利于晶体管的可靠导通；⑤低速时平稳性好，调速范围宽。

双极式 PWM 变换器的缺点：在工作过程中，四个功率晶体管都处于开关状态，开关损耗大，且容易发生上、下两管直通的事故。为了防止上、下两管同时导通，在一管关断和另一管导通的驱动脉冲之间，应设置逻辑延时。

（2）PWM 的控制电路　PWM 的控制电路主要包括脉冲调制器，逻辑延时环节和晶体管基极驱动器等。其中最关键的部件是脉冲调制器。

1）脉冲调制器　脉冲调制器是一个电压—脉宽变换器装置，输入的是电压量 U_c，输出则是宽度受 U_c 控制的脉冲量。

脉冲调制器有许多种类，下面以锯齿波脉宽调制器为例说明脉宽调制原理。原理图如图 3-18 所示，运算放大器工作在开环状态，输出值总是在负饱和值与正饱和值之间跳变。

加在运算放大器反相输入端的三个输入信号，一个输入信号是锯齿波调制信号，由锯齿波发生器提供，其频率是主电路所需的开关调制频率。另一个是控制电压 U_c，其极性和大小可变。U_c 和 U_{sa} 相减，从而在运算放大器的输出端得到周期不变，脉冲宽度可变的调制输出电压 U_{PW}。对于不同控制方式的 PWM 变换器，对调制脉冲电压 U_{PW} 的要求是不一样的。对于双极式可逆变换器，要求当输出平均电压 $U_d=0$ 时，U_{PW} 的正负脉宽度相等，这就要求控制电压 U_c 也恰好为零。为此，在运算放大器的输入端引入第三个输入信号——负偏移电压 U_b，其值为

$$U_b=-\frac{1}{2}U_{samax}$$

这时 U_{PW} 的波形如图 3-19 所示。

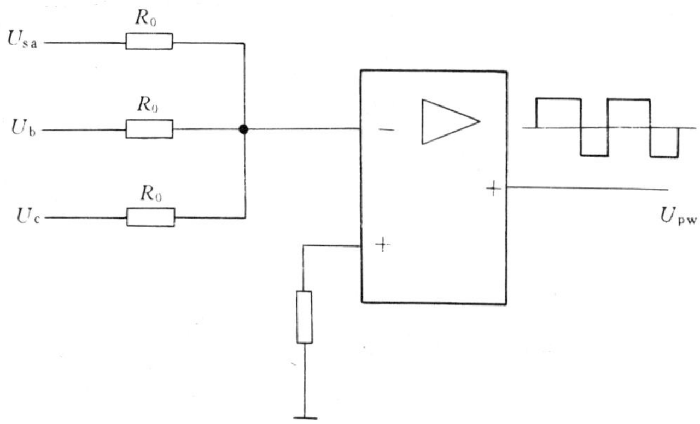

图 3-18　锯齿波脉宽调制器

当 $U_c>0$ 时，$+U_c$ 的作用和 $-U_b$ 相减（即与 U_{sa} 相加），则在运算放大器输入端的三个信号合成，电压为正，宽度变大，经运算放大器倒相后，输出脉冲电压 U_{PW} 的正半波变窄，如图 3-19b 所示。

当 $U_c<0$ 时，$-U_c$ 和 $-U_b$ 的作用相加，则情况相反，输出的正半 U_{PW} 的正半波增宽，如图 3-19c 所示。这样，改变控制电压 U_c 的极性也就改变了双极式 PWM 变换器输出平均电压的极性，因而改变了电动机的转向。改变 U_c 的大小，则调节输入脉冲的宽度，从而调节电动机转速的高低。只要锯齿波的线性度足够好，输出脉冲的宽度是和控制电压 U_c 的大小成正比。

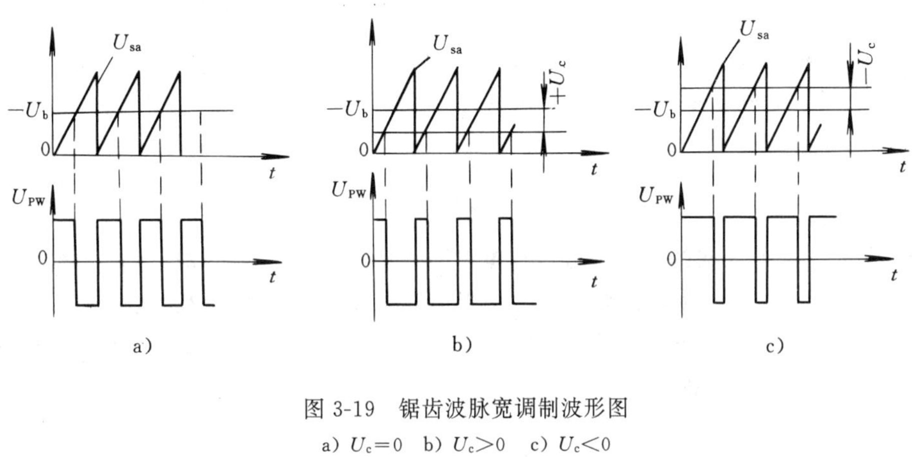

图 3-19　锯齿波脉宽调制波形图

a) $U_c=0$　b) $U_c>0$　c) $U_c<0$

2) 逻辑延时环节　在可逆 PWM 变换器中，跨接在电源两端的上、下两个晶体管经常交替导通和截止。由于晶体管的关断过程中有一段关断时间 t_{off}，在这段时间内晶体管并未完全关断，如果在此期间，另一个晶体管已经导通，则将造成上、下两管直通，从而使电源正负极短路。为了避免发生这种情况，设置了逻辑延时环节 DLD，保证在对一个管子发出关闭脉冲后（如图 3-20 中的 U_{b1}），延时 t_{id} 后再发出对一个管子的开通脉冲（如 U_{b2}）。

3) 基极驱动器　基极驱动器的任务是将控制电路的输出信号进行功率放大，使之具有足

够的功率去驱动可逆变换器的GTR，确保GTR在开通时能迅速达到饱和导通；关断时能迅速截止。因此，凡能达到这个目的的电路均可选用。

需要注意的是，在PWM可逆线路中，各个功率晶体管没有公共的接地端，因此，每只功率晶体管都须有自己的独立驱动器。而控制电路是公共的，因而通常采用光电耦合器来实现控制电路和主电路之间信号的传递和电气隔离。图3-21便是一种采用光电耦合器控制的具有反偏压的驱动电路。图中A点接受来自逻辑延时环节的脉冲宽度调制信号，经光电耦合器GD和功率放大器VT_1～VT_5加到功率开关晶体管VT_6的基极回路，实现开关功能。

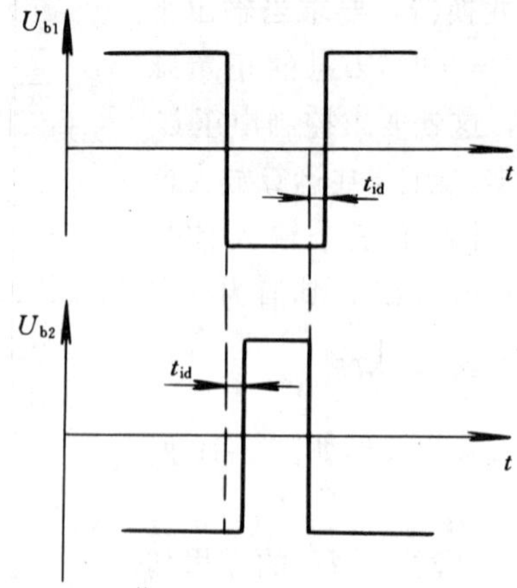

图3-20 考虑开通延时的基极脉冲电压信号

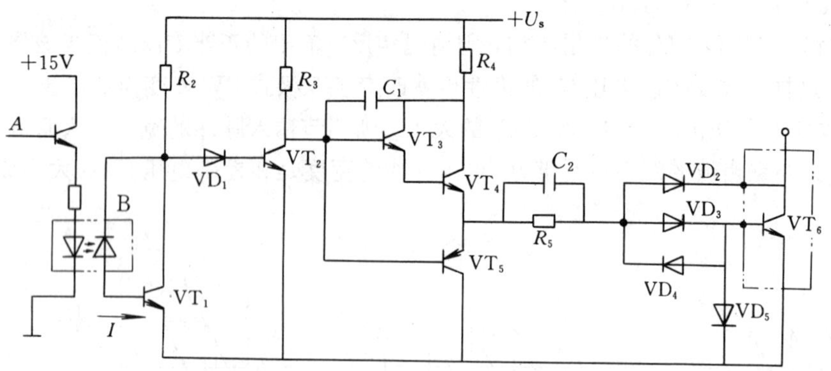

A

图3-21 具有反偏压的基极驱动电路

(3) PWM功率放大器的传递函数　根据PWM功率放大器的工作原理，当控制电压U_c改变时，PWM变换器的输出电压要到下一个周期方能改变。因此，PWM变换器是一个滞后环节，它的延时最大不超过一个开关周期T，一般T较小时（小于1ms），当整个系统开环频率特性截止频率ω_c满足下式时

$$\omega_c \leqslant \frac{1}{3T} \tag{3-9}$$

可将滞后环节看成一阶惯性环节。因此，PWM功率放大器的传递函数可近似看成

$$G_G(s) = \frac{U_d(s)}{U_c(s)} = \frac{K_s}{T_s s + 1} \tag{3-10}$$

式中　T_s——近似后惯性环节时间常数，可取$T_s=T$；

$K_s=U_d/U_c$——PWM功率放大器的比例系数。

3. 直流伺服电动机和减速器的传递函数

直流伺服电动机与一般直流电动机的基本原理是完全相同的，当直流电动机电枢绕组加电压 U_d 时，绕组中有电流 i_d 流过（如图 3-22 所示），从而使转子受到电磁转矩 T 作用，即

$$T = k_m i_d \tag{3-11}$$

式中 k_m——电动机的转矩系数（$k_m = C_m\Phi$）。

电枢转动后，因导体切割磁力线而产生反电动势 E_a 其值为

$$E_a = C_e\Phi n = k_e\omega \tag{3-12}$$

式中 n——电动机的转速（r/min）；

ω——电动机的角速度（rad/s）；

k_e——电动势系数 $k_e = C_e\Phi\dfrac{2\pi}{60}$。

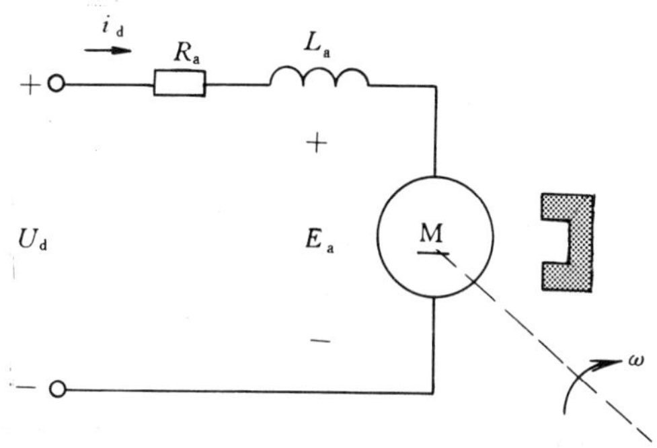

图 3-22　直流电动机原理图

由图 3-22 所示，电枢回路电压平衡方程为

$$U_d = E_a + R_a i_d + L_a\frac{\mathrm{d}i_d}{\mathrm{d}t} \tag{3-13}$$

式中 R_a——电枢回路总电阻；

L_a——电枢回路总电感。

电动机轴上的转矩和角速度服从运动方程式

$$T - T_L = J\frac{\mathrm{d}\omega}{\mathrm{d}t} \tag{3-14}$$

式中 J——电动机本身和所带负载、传动链折算到电动机轴上的转动惯量；

T_L——负载转矩（包括电动机本身的空载转矩）。

若以电枢电压 U_d 为输入量，负载转矩 T_L 为扰动输入量，电动机角速度 ω 为输出量，根据式（3-11）、（3-12）、（3-13）和（3-14），消去中间变量可得电动机的微分方程

$$\frac{L_aJ}{k_ek_m}\frac{\mathrm{d}^2\omega}{\mathrm{d}t^2} + \frac{R_aJ}{k_ek_m}\frac{\mathrm{d}\omega}{\mathrm{d}t} + \omega = \frac{1}{k_e}U_d - \frac{L_a}{k_ek_m}\frac{\mathrm{d}T_L}{\mathrm{d}t} - \frac{R_a}{k_ek_m}T_L$$

或

$$T_aT_m\frac{\mathrm{d}^2\omega}{\mathrm{d}t^2} + T_m\frac{\mathrm{d}\omega}{\mathrm{d}t} + \omega = \frac{1}{k_e}U_d - \frac{T_aT_m}{J}\frac{\mathrm{d}T_L}{\mathrm{d}t} - \frac{T_m}{J}T_L \tag{3-15}$$

式中 $T_a = \dfrac{L_a}{R_a}$——电动机的电磁时间常数；

$T_m = \dfrac{R_aJ}{k_ek_m}$——电动机的机电时间常数。

在零初始条件下，取等式两侧的拉氏变换，得

$$(T_aT_ms^2 + T_ms + 1)\omega(s) = \frac{1}{k_e}U_d(s) - \left(\frac{T_aT_m}{J}s + \frac{T_m}{J}\right)T_L(s)$$

或

$$\omega(s) = \frac{1/k_e}{T_aT_ms^2 + T_ms + 1}U_d(s) - \frac{\dfrac{T_m}{J}(T_as + 1)}{T_aT_ms^2 + T_ms + 1}T_L(s) \tag{3-16}$$

当 T_L（s）$=0$ 时，电动机的传递函数为

$$G_M(s) = \frac{\omega(s)}{U_d(s)} = \frac{1/k_e}{T_aT_ms^2 + T_ms + 1} \tag{3-17}$$

直流电动机的方框图如图 3-23a、b 所示。

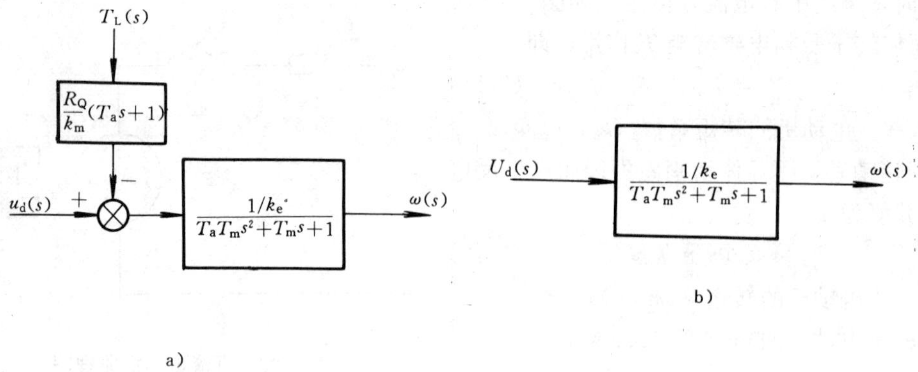

图 3-23 直流电动机的方框图

a) $T_L \neq 0$ b) $T_L = 0$

减速器的任务是实现电动机与负载之间的匹配。减速器的种类及传动比之间的选择原则，第二章已述及。

以电动机的角速度 ω 为输入，以执行轴的转角 θ_c 为输出，则

$$\theta_c = \int \frac{1}{i}\omega \mathrm{d}t$$

在零初始条件下，取上式拉氏变换，

$$\theta_c(s) = \frac{1}{i}\frac{1}{s}\omega(s)$$

所以减速器的传递函数可表示为

$$G_i(s) = \frac{\theta_c(s)}{\omega(s)} = \frac{1}{is} = \frac{K_i}{s} \tag{3-18}$$

式中 $K_i = 1/i$——减速器的比例系数。

二、直流伺服系统的稳态误差分析

在位置伺服系统的稳态运行时，总是希望其输出量尽量复现输入量，即要求系统必须具有一定的稳态精度，产生的位置误差越小越好。不同的控制对象对系统的精度要求也不同，因而对位置伺服系统进行稳态误差分析就显得十分重要。

影响伺服系统的稳态精度，导致系统产生稳态误差的因素有以下几个方面：由检测元件引起的检测误差；由系统的结构和输入信号引起的原理误差；负载扰动引起的扰动误差。

1. 检测误差

检测误差取决于检测元件本身的精度，在位置伺服系统中，经常用的位置检测元件（如本例中所用的旋转变压器）都有一定的精度等级。检测误差是系统稳态误差的主要部分，这是系统无法克服的。

2. 原理误差 原理误差是由系统自身结构形成、系统特征参数和输入信号形式决定的。根据控制系统的开环传递函数中含有积分环节的数目，把系统分成不同类型，开环传递函数中不含积分环节称为 0 型系统，含一个积分环节称为 I 型系统，含二个积分环节称为 Ⅱ 型系统，以此类推。对于常见的三种典型输入信号控制信号系统的稳态误差终值见表 3-1。

表 3-1　稳态误差

系统类型 \ 输入信号	阶跃信号 $R1(t)$	斜坡信号 Rt	抛物线信号 $\frac{R}{2}t^2$
0 型系统	$\frac{R}{1+K}$	∞	∞
Ⅰ型系统	0	$\frac{R}{K}$	∞
Ⅱ型系统	0	0	$\frac{R}{K}$

注：表中 K 是系统的开环放大系数

由表 3-1 可看出，欲减小由输入信号引起的稳态误差，应增加系统开环传递函数中积分环节数目和提高开环放大系数，但二者的增加不利于系统的稳定。

3. 扰动误差　在分析原理误差时，仅仅考虑了给定输入信号的影响，实际上伺服系统所承受的各种扰动作用都会影响到系统的跟踪精度。常见的扰动有负载扰动、电网波动引起的扰动和噪声干扰等。若伺服系统如图 3-24 所示，图中 $M(s)$ 为扰动信号。由控制理论分析可知，欲减少由扰动引起的稳态误差，必须增加扰动作用点之前传递函数 $G_1(s)$ 中积分环节的数目和放大系数，而增加扰动作用点之后传递函数 $G_2(s)$ 中积分环节和放大系数是没有效果的。通常在设计伺服系统时，从减少系统扰动稳态误差的角度，调节器的传递函数中最好包含有积分环节。

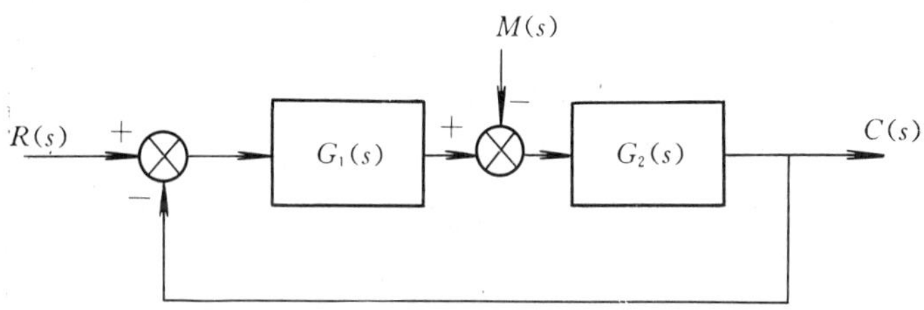

图 3-24　负载扰动时系统框图

三、直流伺服系统的动态校正

前面讨论了系统各环节的原理和传递函数，若暂不考虑负载转矩的影响（设 $T_L=0$），可以得到位置伺服系统的动态框图，如图 3-25 所示。为了提高系统的动态性能，采用双闭环结构。内环是速度环，由测速发电机实现角速度 ω 的检测，并形成反馈回路，图中 α 为速度反馈系数。设计多环控制系统的一般原则是：以内环开始，一环一环地逐步向外扩展。在这里

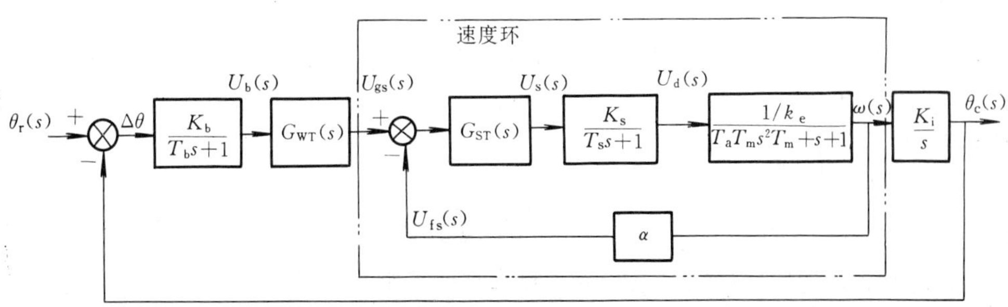

图 3-25　位置伺服系统动态框图

是：先从速度环入手，首先设计好速度调节器（其传递函数为 $G_{sT}(s)$），然后把整个速度环看做是位置控制系统中的一个环节，再设计位置调节器（其传递函数为 $G_{WT}(s)$）。

经典控制理论校正系统的方法，通常有综合法和分析法两种。

综合法又称预期特性法。它以闭环系统性能与开环系统特性有关这一概念出发，根据性能指标要求确定预期开环特性的形状，然后将预期特性与原有部分特性进行比较，从而确定节调器的结构和参数。这种方法设计调节器的传递函数可能具有相当复杂的形式，必须在一定条件下进行简化，否则不便于物理实现。

分析法又称试探法。设计者采用这种方法时，首先根据经验确定校正的方式，选择一种调节器，然后根据性能指标要求和原有部分的特性选择调节器的参数，最后验算性能指标是否满足要求。如果不能满足，则应改变调节的参数和结构，直到校正后的系统全部满足给定的性能指标为止。所以，分析法实质上是一种试探法。不过，只要设计者具有一定的实践经验，毋需多次试探，就能设计出较高性能指标的控制系统。

值得指出，不论是综合法还是分析法，都带有经验的成分，所得结果往往不一定是最优的。另外，能够满足性能指标的校正方案不是唯一的，在最终确定校正方案时应根据技术和经济两方面以及其它一些附加限制综合考虑。

1. 速度调节器的设计

图 3-25 双点划线框内就是速度环的方框图。图中 $G_{sT}(s)$ 是速度调节传递函数。控制对象传递函数为

$$G_{sg}(\mathrm{s}) = \frac{k_{sg}}{(T_s s + 1)(T_a T_m s^2 + T_m s + 1)} \tag{3-19}$$

式中 $K_{sg}=k_s/k_e$——控制对象的总放大系数。

由于在伺服系统中，电枢回路的电感较小，因此，系统的电磁时间常数 T_a 一般很小，甚至可近似认为 $T_a \approx 0$。这时可将直流伺服电动机的传递函数简化为

$$\frac{1/k_e}{T_a T_m s^2 + T_m s + 1} \approx \frac{1/k_e}{T_a T_m s^2 + (T_a + T_m)s + 1}$$

$$= \frac{1/k_e}{(T_m s + 1)(T_a s + 1)}$$

近似条件为 $T_a \leqslant (1/10)\,T_m$。

式 (3-19) 中 T_s 和 T_a 都是小时间常数。当两环节的交接频率 $1/T_s$ 和 $1/T_a$ 远离系统开环频率特性的截止频率 ω_{cs} 时，由 T_s 和 T_a 所决定小惯性环节的相频特性，在截止频率 ω_{cs} 下所引起的相移很小，对系统的相角稳定裕度影响较小，所以可将其简化。近似处理的办法是

$$\frac{1}{(T_s s + 1)(T_a s + 1)} \approx \frac{1}{T_\mu s + 1} \tag{3-20}$$

式中 $T_\mu = T_s + T_a$。

近似条件为

$$\omega_{cs} \leqslant \frac{1}{3}\sqrt{\frac{1}{T_a T_s}} \tag{3-21}$$

经上述近似处理后，控制对象的传递函数改写成如下形式

$$G_{sg}(s) = \frac{K_{sg}}{(T_\mu s + 1)(T_m s + 1)} \tag{3-22}$$

简化后速度环框图如图 3-26 所示。对于这样一个控制对象，速度调节器可以选用比例—积分（PI）调节器，其传递函数为

$$G_{sT}(s)=\frac{K_{sT}(T_{sT}s+1)}{s} \tag{3-23}$$

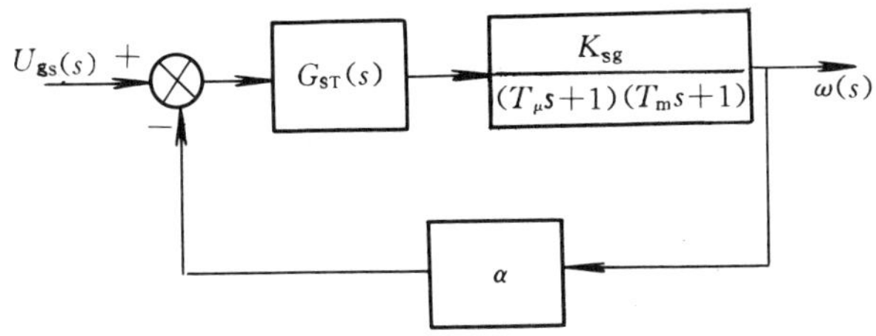

图 3-26　简化后速度环框图

从式（3-23）可以看出，G_{sT}（s）中包含一个积分环节。从而提高了系统的无差度，降低了稳态误差。另外，在速度环内，负载转矩 T_L 是主要的扰动信号，采用 PI 调节器也有利于减小扰动引起的稳态误差，设计时利用 G_{sT}(s)中的零点作用来抵消控制对象中大惯性的极点，把系统校正成 I 型系统，校正后系统的开环传递函数为

$$G_{so}(s)=\frac{K_{sT}(T_{sT}s+1)}{s}\frac{K_{sg}}{(T_\mu s+1)(T_m s+1)}\alpha \tag{3-24}$$

取

$$T_{sT}=T_m \tag{3-25}$$

则有

$$G_{so}(s)=\frac{K_{so}}{s(T_\mu s+1)} \tag{3-26}$$

式中　$K_{so}=K_{sT}K_{sg}\alpha$——速度环的开环放大系数。

于是，速度环的闭环传递函数 Φ_s（s）为

$$\begin{aligned}\Phi_s(s)&=\frac{\omega(s)}{U_{gs}(s)}=\frac{G_{so}(s)}{1+G_{so}(s)}\frac{1}{\alpha}\\&=\frac{1/\alpha}{\frac{T_\mu}{K_{so}}s^2+\frac{1}{K_{so}}s+1}\end{aligned} \tag{3-27}$$

上式为二阶系统。二阶系统的标准形式为

$$\frac{K}{T^2s^2+2\xi Ts+1}=\frac{K\omega_n^2}{s^2+2\xi\omega_n s+\omega_n^2} \tag{3-28}$$

式中　$T=1/\omega_n$——二阶系统的时间常数；

ξ——二阶系统的阻尼比（阻尼系数）。

当取 $\xi=1/\sqrt{2}=0.707$ 时，称为最佳阻尼比。此时二阶系统也称为工程二阶最佳系统。

由式（3-27）和式（3-28）可得

$$T=\sqrt{\frac{T_\mu}{K_{so}}}$$

$$\xi=\frac{1}{2T}\frac{1}{K_{so}}=\frac{1}{2\sqrt{T_\mu K_{so}}}=\frac{1}{\sqrt{2}}$$

则有
$$K_{so}=\frac{1}{2T_\mu}$$

于是，闭环传递函数为

$$\Phi_s(s)=\frac{1/\alpha}{2T_\mu^2s^2+2T_\mu s+1} \tag{3-29}$$

开环传递函数为

$$G_{so}(s)=\frac{\frac{1}{2T_\mu}}{s(T_\mu s+1)} \tag{3-30}$$

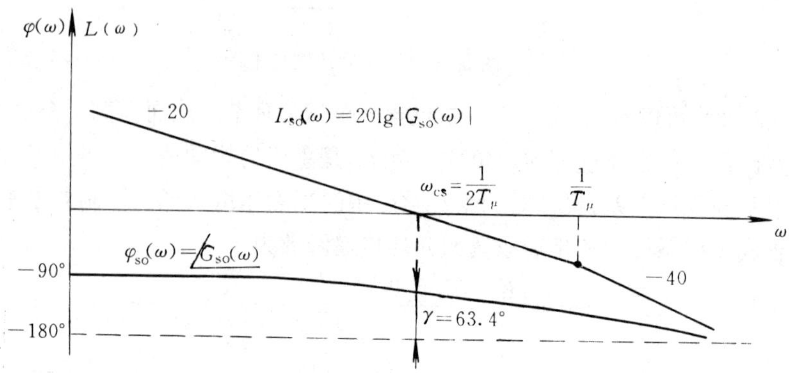

图 3-27 速度环开环对数频率特性

速度环开环对数频率特性绘于图 3-27。开环截止频率 $\omega_{cs}=1/(2T_\mu)$，相角稳定裕度 $\gamma=63.4°$，系统阶跃响应的超调量 $M_p=4.3\%$，过渡过程时间 $t_s=6T_\mu$。

速度调节器的参数为

$$K_{sT}=\frac{1}{2T_\mu K_{sg}\alpha}$$
$$T_{sT}=T_m$$

采用运算放大器组成的 PI 型速度调节器如图 3-28 所示，PI 调节器的传递函数为

$$G_{PI}(s)=\frac{R_1C_1s+1}{R_0C_1s}$$

取 $T_{sT}=R_1C_1$，$K_{sT}=1/(R_0C_1)$。

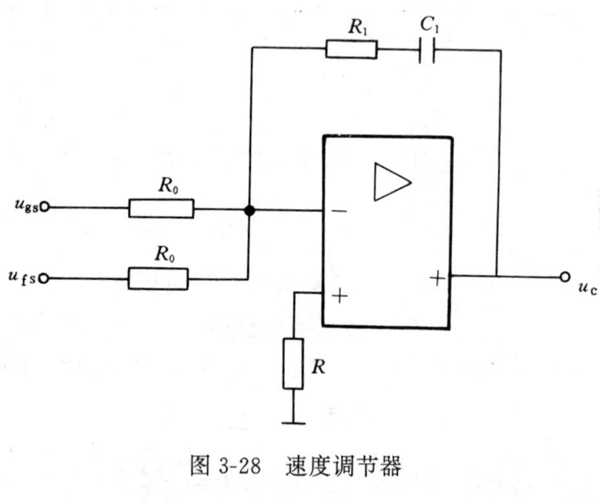

图 3-28 速度调节器

2. 位置调节器的设计

在设计位置调节器时，可把已设计好的速度环看成位置调节器系统中的一个环节，为此，须求出速度环的等效传递函数。当 $\Phi_s(s)$ 的交点频率 $1/(\sqrt{2}T_\mu)$ 远离位置环的开环截止频率 ω_{CW}时，速度环的等效传递函数可简化为

$$\Phi_s(s) = \frac{1/\alpha}{2T_\mu^2 s^2 + 2T_\mu s + 1} \approx \frac{1/\alpha}{2T_\mu s + 1} \tag{3-31}$$

近似条件为

$$\omega_{CW} \leqslant \frac{1}{5T_\mu} \tag{3-32}$$

位置环原有部分的传递函数为

$$G_{wg}(s) = \frac{K_{wg}}{s(T_b s + 1)(2T_\mu s + 1)} \tag{3-33}$$

式中　$K_{wg}=K_b K_i/\alpha$。

若 $\omega_{cw} \leqslant \dfrac{1}{3\sqrt{2T_b T_\mu}}$，则式（3-33）中两个惯性环节可按小惯性来处理，即

$$G_{wg}(s) \approx \frac{K_{wg}}{s(T_\Sigma s + 1)} \tag{3-34}$$

式中　$T_\Sigma = T_b + 2T_\mu$。

由此得到位置环的方框图如图 3-29 所示。若仍按典型 I 型系统校正位置环，并按二阶最佳参数整定系统。则位置调节器为比例调节器，其传递函数为

$$G_{wT}(s) = K_{wT} = \frac{1}{2T_\Sigma K_{wg}} \tag{3-35}$$

校正后位置环的开环传递函数为

$$G_{wo(s)} = \frac{\frac{1}{2T_\Sigma}}{s(T_\Sigma s + 1)} \tag{3-36}$$

校正后位置环的性能与速度环类似，此处不再重复。

校正位置伺服系统的方法很多，这里仅简单地介绍了其中的一种。但各种方法的思路大致相同，如果要进一步了解伺服系统的校正，请参看有关文献。

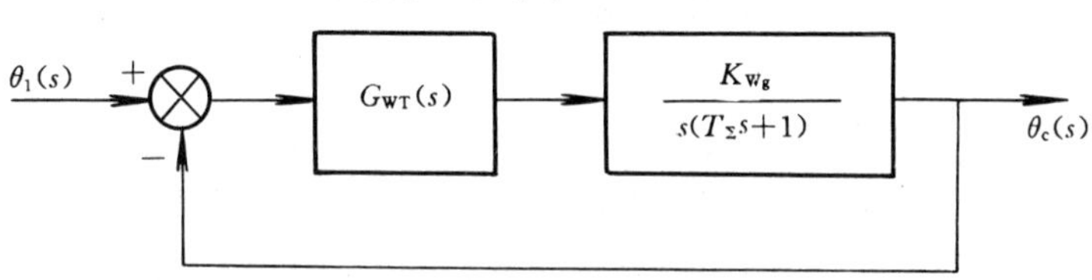

图 3-29　位置环方框图

第三节　交流伺服系统

采用交流伺服电动机作为执行元件的伺服系统，称为交流伺服系统。目前常将交流伺服系统按其选用不同的电动机而分为两大类:同步型交流伺服电动机和异步型交流伺服电动机。采用同步型交流伺服电动机的伺服系统，多用于机床进给传动控制、工业机器人关节传动和其它需要运动和位置控制的场合。异步型交流伺服电动机的伺服系统，多用于机床主轴转速和其它调速系统。本节主要介绍异步型交流电动机的变频调速系统。

一、异步型交流电动机的变频调速的基本原理及特性

异步电动机的转速方程为

$$n = \frac{60f_1}{p}(1 - s) = n_1(1 - s) \tag{3-37}$$

式中 n——电动机转速；

n_1——定子转速磁场的同步转速；

f_1——定子供电频率；

s——转差率；

p——极对数。

由上式可见，改变异步电动机的供电频率 f_1，可以改变其同步转速 n_1，实现调速运行，也称为变频调速。

对异步电动机进行变频调速控制时，希望电动机的每极磁通保持额定值不变。若磁通太弱，则铁心利用不够充分，在同样的转子电流下，电磁转矩小，电动机的负载能力下降。若磁通太强，又会使铁心饱和，使励磁电流过大，严重时会因绕组过热而损坏电动机。异步电动机的磁通是定子和转子磁动势合成产生的，下面说明怎样才能使磁通保持恒定。

由电机理论知道，三相异步电动机定子每相电动势的有效值 E_1 为

$$E_1 = 4.44 f_1 N_1 \Phi_m$$

式中 Φ_m——每极气隙磁通；

N_1——定子相绕组有效匝数。

由上式可见，Φ_m 的值是由 E_1 和 f_1 共同决定的，对 E_1 和 f_1 进行适当的控制，就可以使气隙磁通 Φ_m 保持额定值不变。下面分两种情况说明：

1．基频以下的恒磁通变频调速

这是考虑从基频（电动机额定频率 f_{1n}）向下调速的情况。为了保持电动机的负载能力，应保持气隙磁通 Φ_m 不变，这就要求降低供电频率的同时降低感应电动机，保持 E_1/f_1＝常数，即保持电动势与频率之比为常数进行控制。这种控制又称为恒磁通变频调速，属于恒转矩调速方式。

但是，E_1 难于直接检测和直接控制。当 E_1 和 f_1 的值较高时，定子的漏阻抗压降相对比较小，如忽略不计，则可近似地保持定子相电压 U_1 和频率 f_1 的比值为常数，即认为 $U_1 \approx E_1$，保持 U_1/f_1＝常数即可。这就是恒压频比控制方式，是近似的恒磁通控制。

当频率较低时，U_1 和 E_1 都变小，定子漏阻抗压降（主要是定子电阻压降）不能忽略。在这种情况下，可以适当提高定子电压以补偿定子电阻压降的影响，使气隙磁通基本保持不变。如图 3-30 所示，其中曲线 a 为 U_1/f_1＝常数时电压、频率关系，曲线 b 为有电压补偿时近似的（E_1/f_1＝常数）的电压、频率关系。

2．基频以上的弱磁通变频调速

这是考虑由基频开始向上调速的情况。频率由额定值 f_{1n}向上增大，但电压 U_1 受额定电压 U_{1n}的限制不能再升高，只能保持 $U_1 = U_{1n}$不变。必然会使磁通随着 f_1 的上升而减小，这属于近似的恒功率调速方式。

上述两种情况综合起来，异步电动机变频调速的基本控制方式如图 3-31 所示。

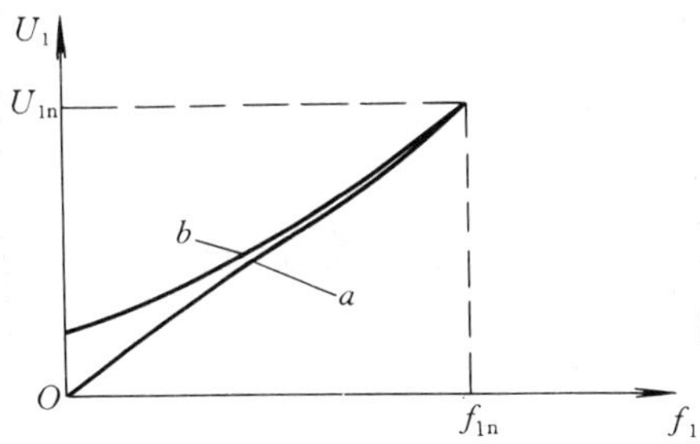

图 3-30　恒压频比控制特性

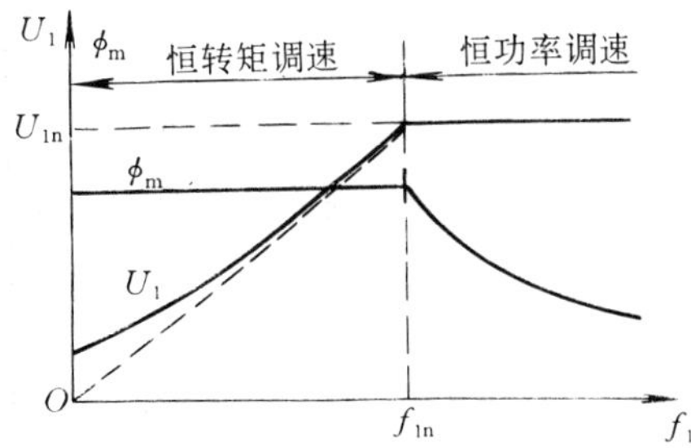

图 3-31　异步电动机变频调速控制特性

二、异步电动机变频调速系统

以正弦波脉宽调制（SPWM）型 U/f 控制变频调速系统为例，介绍系统结构和工作原理。

1. SPWM 变频器

图 3-32 所示为 SPWM 变频器主电路原理图。图中 $VT_1 \sim VT_6$ 是变频器的六个功率开关器件（如 GTR），各由一个续流二极管反并联接，整个逆变器由三相整流器提供的恒值直流电

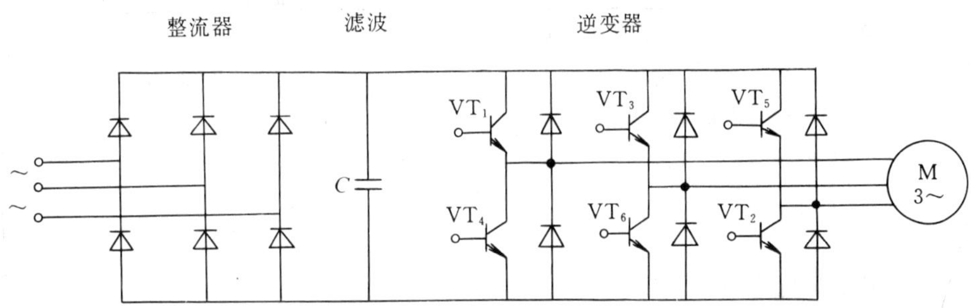

a）

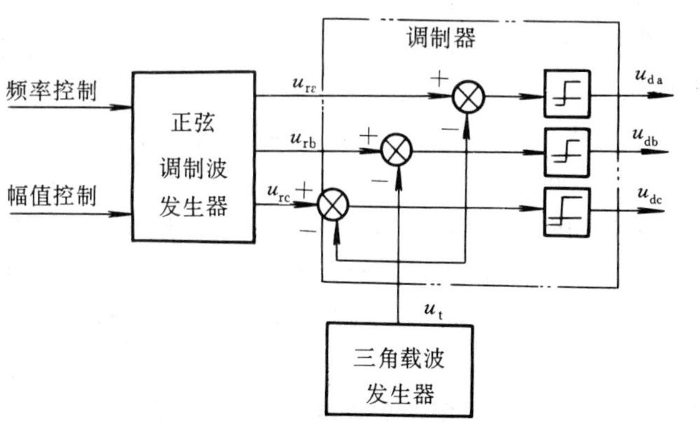

b）

图 3-32　SPWM 变频器

a）主电路　b）控制电路框图

压 U_s 供电，控制六个功率开关器件，可使电动机获得频率与电压可变的交流电。

脉宽调制技术中，以所期望的波形作为调制波，而受它调制的信号称为载波。在 SPWM 中常用等腰三角波作为载波，因为等腰三角波是上下宽度线性对称变化的波形，它与光滑的正弦曲线相比较，得到一组等幅而脉冲宽度随时间按正弦规律变化的矩形脉冲。用三相正弦信号调制，便获得三相 SPWM 波形。图 3-33 绘出了三相 SPWM 逆变器工作在双极式控制方式的输出电压波形。输出基波电压的大小和频率可以通过改变正弦调制信号的幅值和频率而改变。双极式控制时逆变器同一桥臂上下两个开关器件交替通断，处于互补的工作方式。例如图中 u_{AO} 波形，横轴以上对应于 VT_1 导通，横轴以下对应于 VT_4 导通。实现上述控制的电路如图 3-32b 所示。三相正弦波发生器产生一组三相对称的正弦调制波，其频率与幅值均由输入信号控制。三角波载波信号是共用的，分别与每相调制波比较后，获得 SPWM 波形。

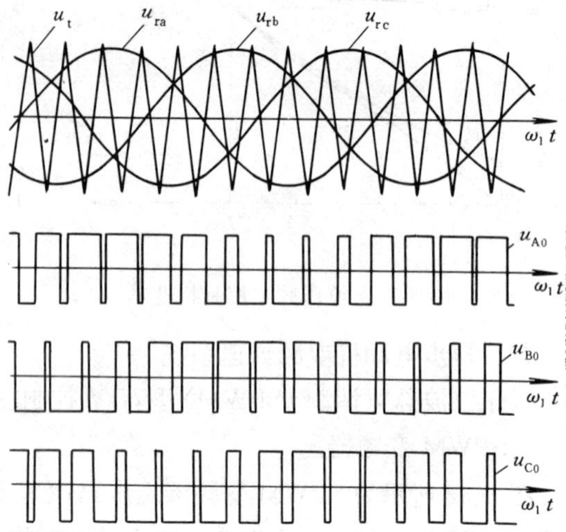

图 3-33 双极式逆变器三相输出波形

2. SPWM 逆变器的同步调制与异步调制

SPWM 逆变器的性能与载频比 N 有密切关系，载频比 N 定义为

$$N=\frac{f_c}{f}$$

式中 f——正弦调制波的频率；

f_c——三角载波的频率。

在调速过程中，视载波比 N 是否改变，可以分为同步调制和异步调制两种方式。

（1）同步调制　在改变 f 的同时成正比的改变 f_c，使 N 保持不变，则称为同步调制。采用同步调制的优点是可以保证输出波形对称性。对于三相系统，为保持三相之间对称，互差 120°相位角，N 应取 3 的整数倍；为保证双极性调制时每相波形的正负半波对称，则该倍数应取奇数。由于波形的对称性，不会出现偶次谐波问题。但是，当输出频率很低时，若仍保持 N 值不变，会导致谐波含量变大，使电动机产生较大的脉动转矩。

（2）异步调制　在改变 f 的同时，f_c 的值保持不变，使 N 值不断变化，则称为异步调制。采用异步调制的优点是可以使逆变器低频运行时 N 加大。相应地减小谐波含量，以减轻电动机的谐波损耗和转矩脉动。但是，异步调制可能使 N 值出现非整数，相位可能连续飘移且正、负半波不对称。当 N 值不能足够大时（N 值的上限由逆变器功率开关器件的允许开关频率决定），引起电动机工作的不平稳。

（3）分段同步调制　实用的 GTR 逆变器常采用分段同步调制的方案。图 3-34 是一个实例，恒转矩区，低速段采用异步调制，高速段分段同步化，N 值逐级改变。到了恒功率区，取 $N=1$，保持输出电压不变。这样，开关频率限制在一定的范围内，并且 f_c 相对变小后，在 N 为各个确定值的范围内，可以克服异步调制的缺点，保证输出波形对称。

3. SPWM 变频调速系统

采用恒压频比控制 SPWM 变频调速系统的原理框图如图 3-35 所示。此系统是转速开环控制系统。图内各框的简单作用原理如下。

（1）绝对值运算器　根据电动机正转、反转的要求，给定电位器输出的正值或负值电压。但在系统调频过程中，改变逆变器输出电压和频率仅需要单一极性的控制电压。因而设置了绝对值运算器。绝对值运算器输出单一极性的电压，输出电压的数值与输入相同。

（2）函数发生器　函数发生器用来实现调速过程中电压 U_1 和频率 f_1 的协调关系，既实现图 3-34 控制特性。函数发生器的输入是正比于频率 f_1 的电压信号，输出是正比于 U_1 的电压信号。

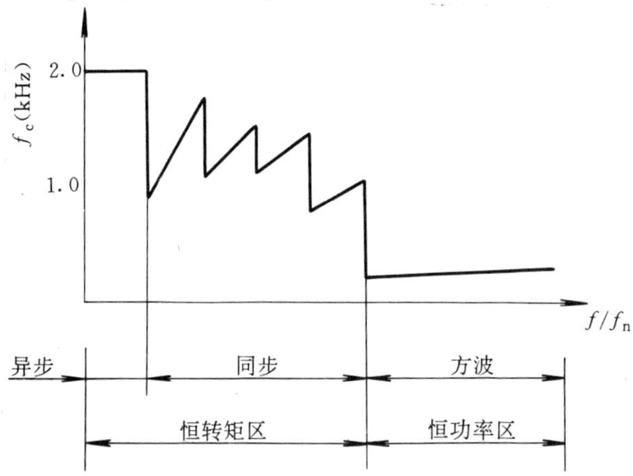

图 3-34　分段调制 f_c 与 f 的关系曲线

（3）逻辑控制器　根据给定电位器送来的正值电压、零值电压或负电压，经过逻辑开关，使控制系统的 SPWM 波输出按正相序、停发或逆相序送到逆变器，以实现电动机的正转、停止或反转。另外，逻辑控制器还要完成各种保护控制。

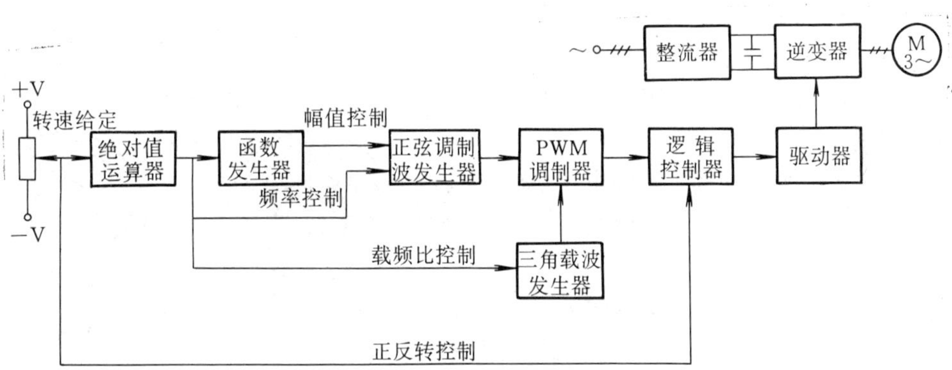

图 3-35　恒压频比控制 SPWM 变频调速系统的原理框图

载频比控制主要作用是实现图 3-34 的控制。图中其它环节前面已述，此处不再重复。

实际中，上述系统的控制部分可以用计算机或专用集成电路来实现，其性能更好，控制更灵活。

第四节　步进电动机控制系统

步进电动机控制系统有开环和闭环两种控制方式。由于开环控制系统使用位置、速度检测及反馈，没有闭环系统的稳定性问题，因此，具有结构简单、使用维护方便、可靠性高、制造成本低等优点。另外，步进电动机是受控于脉冲量，它比直流电动机或交流电动机组成的开环控制系统精度高，适用于精度要求不太高的机电一体化伺服传动系统。目前，一般数控机械和普通机床的微机改造中大多数均采用开环步进电动机控制系统。

图 3-36 所示为开环步进电动机控制系统框图，主要由环形分配器、功率驱动器、步进电动机等组成。

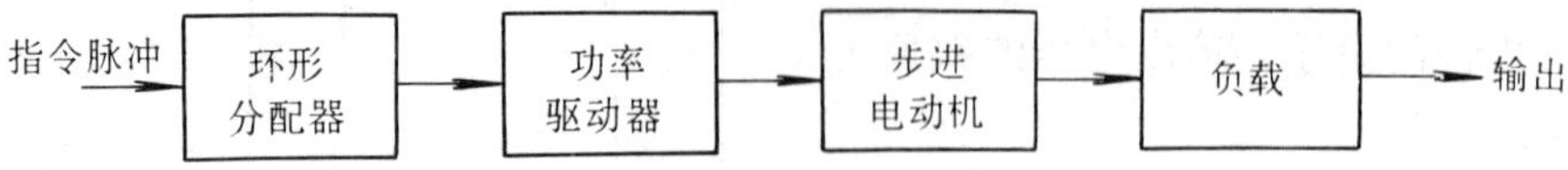

图 3-36　开环步进电动机控制系统框图

一、步进电动机

1. 步进电动机的结构与工作原理

步进电动机按其工作原理分，主要有磁电式和反应式两大类，这里只介绍常用的反应式步进电动机的工作原理，根据图 3-37　步进电动机简化图来加以说明。

在步进电动机定子上有 U、V、W 三对磁极，磁极上有绕组，分别称之为 U 相、V 相和 W 相，而转子则是一个带槽的铁心，这种步进电动机称之为三相步进电动机。如果在绕组中通以直流电，就会产生磁场，当 U、V、W 三个磁极的绕组依次轮流通电，则 U、V、W 三对磁极就会依次产生磁场吸引转子转动。

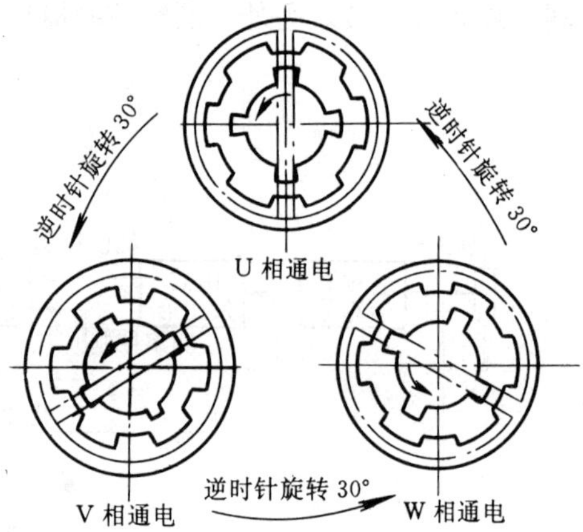

图 3-37　步进电动机简化图

首先有一相绕组（设为 U）通电，则转子 1、3 两齿被磁极 U 吸住，转子就停留在 U 相通电的位置上。

然后 U 相断电，V 相通电，则磁极 U 的磁场消失，磁极 V 产生了磁场，磁极 V 的磁场把离它最近的 2、4 两齿吸引过去，停止在 V 相通电的位置上，这时转子逆时针转了 30°。

再接下去 V 相断电，W 相通电，根据同样的道理，转子又逆时针转了 30°，停止在 W 相通电的位置上。

若再 U 相通电，W 相断电，那么转子再逆转 30°，使磁极 U 的磁场把 2、4 两齿吸引住。定子各相轮流通电一次，转子转一个齿。

这样按 U→V→W→U→V→W→U…次序轮流通电，步进电动机就一步步地按逆时针方向旋转。通电绕组每转换一次，步进电动机旋转 30°，步进电动机每步转过的角度称之为步距角。

如果把步进电动机通电绕组转换的次序倒过来换成 U→W→V→U→W→V→U…的顺

序，则步进电动机将按顺时针方向旋转。

对于一个真实的步进电动机，为了减少每通电一次的转角，在转子和定子上开有很多定分的小齿，定子上开的齿有意错开一个角度，当U相定子齿对正转子小齿时，V相和W相定子上的齿则处于错开状态，如图3-38所示。

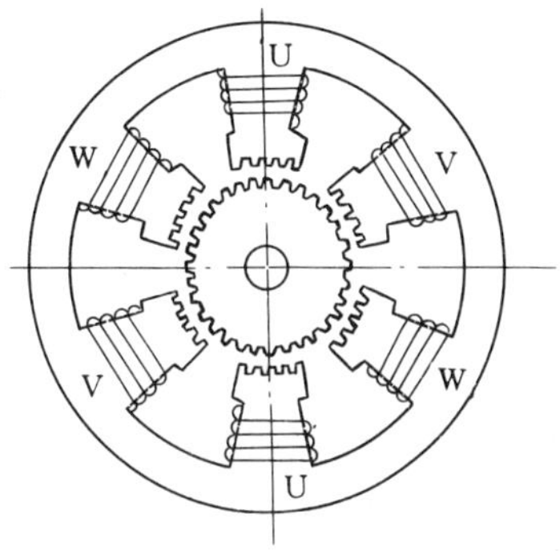

图3-38　三相反应式步进电动机原理图

2. 步进电动机的使用特性

（1）步距误差　步距误差直接影响执行部件的定位精度。步进电动机单相通电时，步距误差决定于定子和转子的分齿精度和各项定子错位角度的精度。多相通电时，步距角不仅和加工装配精度有关，还和各相电流的大小、磁路性能等因素有关。国产步进电动机的步距误差一般为±10′～±15′，功率步进电动机的步距误差一般为±20′～±25′。

（2）最高启动频率和最高工作效率　空载时，步进电动机由静止突然启动，并不失步地进入稳速运行，所允许的启动频率的最高值称为最高启动频率。启动频率大于此值时步进电动机便不能正常运行。最高启动频率 f_g 与步进电动机的负载惯性 J 有关，J 增大则 f_g 将下降。国产步进电动机 f_g 最大为1000Hz～2000Hz，功率步进电动机的 f_g 一般为500～800Hz。步进电动机连续运行时所能接受的最高频率称为最高工作频率，它与步距角一起决定执行部件的最大运行速度，也和 f_g 一样决定于负载惯量 J，还与定子相数、通电方式、控制电路的功率驱动器等因素有关。

（3）输出的转矩—频率特性　步进电动机的定子绕组本身就是一个电感性负载，输入频率越高，励磁电流就越小。另外，频率越高，由于磁通量的变化加剧，以至与铁芯的涡流损失加大。因此，输入频率增高后，输出力矩 T_d 要降低。功率步进电动机最高工作频率（f_{max}）的输出转矩（T_d）只能达到低频转矩的40%～50%，应根据负载要求参照高频输出转矩来选用步进电动机的规格。

二、环形分配器

步进电动机在一个脉冲的作用下，转过一个相应的步距角，因而只要控制一定的脉冲数，即可精确控制步进电动机转过的相应的角度。但步进电动机的各绕组必须按一定的顺序通电才能正确工作，这种使电动机绕组的通电顺序按输入脉冲的控制而循环变化的装置称为脉冲分配器，又称为环形分配器。

步进电动机在运行中的通电顺序称为一个拍，若干个拍组成一个循环，但是即使是同一种步进电动机也能有不同的通电规律。例如，三相步进电动机就有三种通电规律，也即三种分配方式，这三种分配方式为：三相三拍、三相六拍和双三拍。

如果三相步进电动机绕组为U、V、W，则三相三拍的通电顺序为

正转：　→U→V→W→（循环）

反转：　←U←V←W←（循环）

三相六拍的通电顺序为

正转：→U→UV→V→VW→W→WU→

反转：←U←UV←V←VW←W←WU←

双三拍的通电顺序为

正转：→UV→VW→WU→

反转：←UV←VW←WU←

实现环形分配的方法有三种。一种是采用计算机软件分配，采用查表或计算的方法来产生相应的通电顺序。这种方法能充分利用计算机软件资源，以减少硬件成本，尤其是多相电动机的脉冲分配更显示出它的优点。但由于软件分配会占用计算机的运行时间，因而会使插补一次的总时间增加，从而影响步进电动机的运行速度。

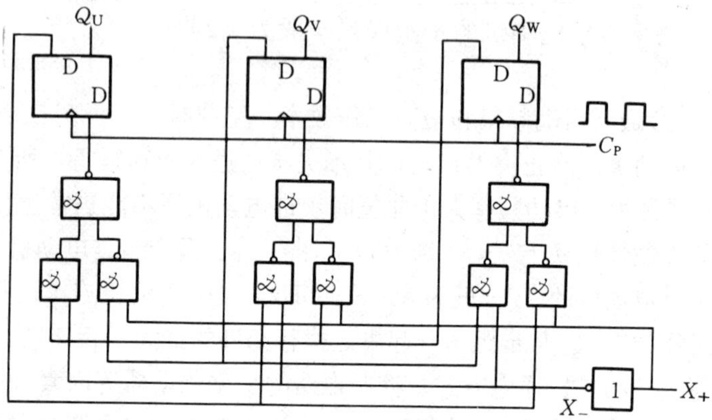

图 3-39　双三拍环形分配器的原理图

另一种是采用小规模集成电路搭接一个硬件分配器，如图 3-39 所示即为双三拍环形分配器的原理图。采用小规模集成电路搭接的环形分配器灵活性很大，可搭成任意相任意通电顺序的环形分配器，同时在工作时不占用计算机的工作时间，使插补的速度有所加快。

第三种即采用专用的环形分配器。目前市面上仅有三相步进电动机的环形分配器，如 CMOS 电路 CH250 即为一专用环形分配器，它的引脚功能图及三相六拍线路图如图 3-40 所示，其真值表如表 3-2 所示。这种方法的优点是使用方便，接口简单。但仅适合于三相步进电

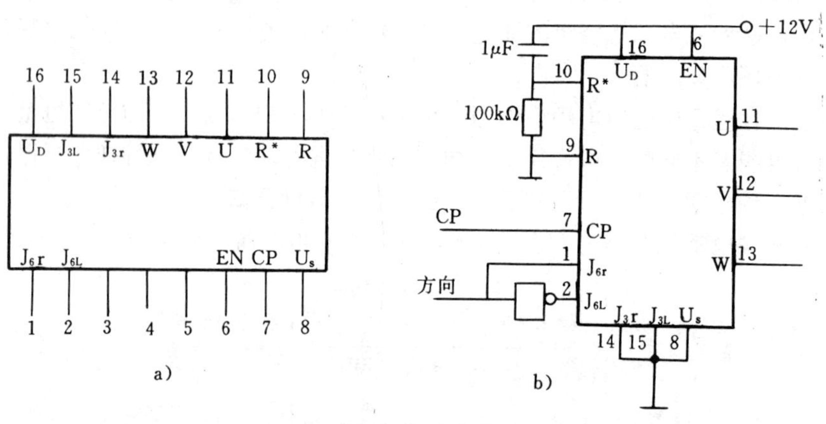

图 3-40　CH250 引脚功能图及三相六拍线路图

动机，三相以上的步进电动机就不可能采用这种方法。

表 3-2 CH250 真值表

CP	EN	J_{3r}	J_{3L}	J_{6r}	J_{6L}	功 能
	1	1	0	0	0	双三拍正转
	1	0	1	0	0	双三拍反转
	1	0	0	1	0	单六拍正转
	1	0	0	0	1	单六拍反转
0		1	0	0	0	双三拍正转
0		0	1	0	0	双三拍反转
0		0	0	1	0	单六拍正转
0		0	0	0	1	单六拍反转
	1	φ	φ	φ	φ	不变
φ	0	φ	φ	φ	φ	不变
0		φ	φ	φ	φ	不变
1	φ	φ	φ	φ	φ	不变

三、功率驱动器

功率驱动器实际上是一个功率开关电路，其功能是将环形分配器的输出信号进行功率放大，得到步进电动机控制绕组所需要的脉冲电流（对于伺服步进电动机，励磁电流为几安培，而功率步进电动机的励磁电流可达十几安培）及所需要的脉冲波形。步进电动机的工作特性在很大程度上取决于功率驱动器的性能，对每一相绕组来说，理想的功率驱动器应使通过绕组的电流脉冲尽量接近矩形波。但由于步进电动机绕组有很大的电感，要做到这一点是有困难的。

步进电动机驱动电路的种类很多，按其采用的功率元件来分，有晶闸管功率驱动器和晶体管功率驱动器等；按其主电路结构分：有单电压驱动和高、低电压驱动两种。目前广泛应用的是晶体管功率驱动器，它具有控制方便、调试容易、开关速度快等优点。

1. 单电压驱动电路

图 3-41 所示是用大功率三极管组成的单电压驱动电路（一相）。整个驱动电路共分二级：第一级（VT_1、VT_2）是射极跟随器作电流放大；第二级（VT_3）是功率放大，直接用来驱动电动机绕组。下面以 U 相为例，对电路的工作原理分析如下：

当输入信号 u_U（即环形分配器输出的脉冲信号）为低电平（逻辑 0）时，虽然 VT_1、VT_2 管都导通，但只要适当选择 R_1、R_3、R_5 的阻值，使 $U_{b3}<0$（约为 $-1V$），那么 VT_3 管就处于截止状态，U 相绕组断电。当输入信号 u_U 为高电平 3.6V（逻辑 1）时，$U_{b3}>0$（约为 0.7V），VT_3 管饱和导通，步进电动机的 U 相绕组通电。

同理 V 相和 W 相，只要某相为逻辑 1，该相绕组便通电。这种单电压驱动电路，因其线路简单，常被用于驱动所需电流较小的步进电动机。

2. 高、低压双电压驱动电路

为了改善步进电动机的频率响应和电流波形，往往采用高、低压双电压驱动电路，如图 3-42 所示（一相）。当分配器输出 u_U 为高电平即要求该相绕组通电时，三极管 VT_g、VT_d 的

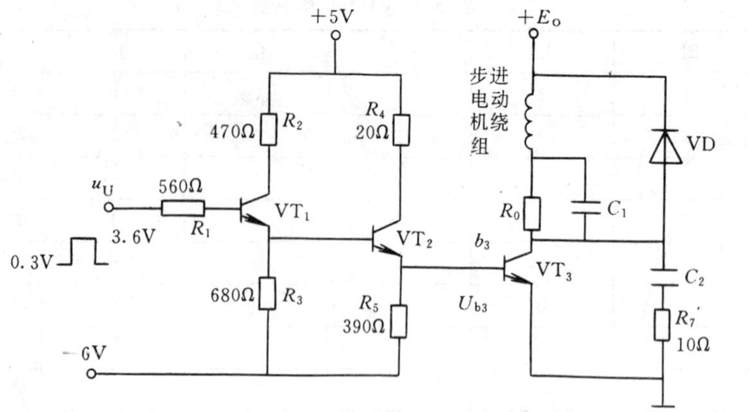

图 3-41　单电压驱动电路

基极都有信号电压输入，使 VT_g、VT_d 均导通。于是在高压电源作用下（这时二极管 VD_1 两端承受的是反向电压，处于截止状态，可使低压电源不对绕组作用）绕组电流迅速上升，电流前沿很陡。当电流达到或稍微超过额定稳态电流时，利用定时电路或电流检测器等措施切断 VT_g 基极上的信号电压，于是 VT_g 截止，但此时 VT_d 仍然是导通的，因此绕组电流立即转而由低压电源经过二极管 VD_1 供给。

当环形分配器输出端的电压 u_U 消失，要求绕组断电时，VT_d 基极上的信号电压消失，于是 VT_d 截止，绕组中的电流经二极管 VD_2 及电阻 R_{f2} 向高压电源放电，电流便迅速下降。采用这种高低压切换型电源，电动机绕组上不需要串联电阻或者只需要串联一个很小的电阻 R_{f1}（为平衡各相的电流），所以电源的功耗比较小。由于这种供压方式使电流波形得到很大改善，所以步进电动机的转矩—频率特性好，启动和运行频率得到很大的提高。

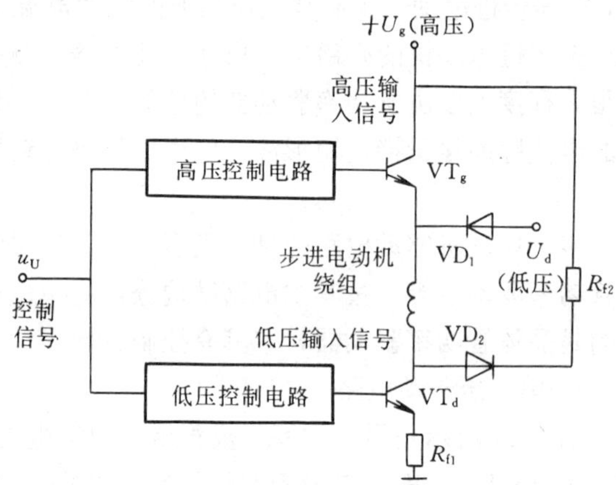

图 3-42　高、低压驱动电路

3. 伺服控制

以步进电动机为驱动装置的伺服系统，包括驱动控制系统和步进电动机两大部分。驱动控制系统的作用是把脉冲源发出的进给脉冲进行重新分配，并把此信号转换为控制步进电动机各定子绕组依次通、断电的驱动信号，使步进电动机运转。步进电动机的转子通过传动机构（如丝杠）与执行部件连接在一起，将转子的转动转换成执行部件的移动。下面从执行部件的位移量、速度和移动方向等三个方面对伺服系统的控制原理进行介绍。

(1) 执行部件的位移量控制　脉冲源发出 n 个进给脉冲，经驱动控制线路之后，变成控制步进电动机定子绕组通、断电的电平信号的变化次数 N，使步进电动机定子绕组的通电状态变化 N 次，从而决定了步进电动机角位移 Φ：$\Phi=N\times\theta$（θ 为步距角）。该角位移经传动机构转变为执行部件的位移量 L：

$$L = \frac{\Phi \times t}{360^\circ}$$

式中　t——丝杠螺距。

显然，L、Φ 和 N 三者之间成正比关系。

(2) 执行部件移动速度的控制　脉冲源发出频率为 f 的连续电脉冲信号，经驱动控制电路后，最后表现为定子绕组通电状态的变化频率，并决定了步进电动机转子的角速度 ω，经丝杠等传动机构后，ω 体现为执行部件的移动速度 v，即进给脉冲频率 $f \longrightarrow$ 定子绕组通电状态的变化频率 $f \longrightarrow$ 步进电动机的角速度 $\omega \longrightarrow$ 执行部件的移动速度 v。

(3) 执行部件移动方向的控制　当控制系统发出的进给脉冲是正向时，经驱动控制线路之后，使步进电动机正转，带动执行部件正向移动。当进给脉冲是反向时，经驱动控制线路之后，使步进电动机反转，从而使执行部件反向移动。

综上所述，在步进电动机伺服系统中，用输入脉冲的数量、频率和方向控制执行部件的位移量、移动速度和移动方向，从而实现对位移控制的要求。

四、提高系统精度的措施

在开环系统中，信号是单向传递的，为了改善步进电动机的控制性能，首先必须选择良好的控制方式和高性能的驱动放大电路，以提高步进电动机的动态转矩性能。然而，由于步进电动机在启动和停止时都有惯性，尤其在步进电动机带了负载以后，当进给脉冲突变或启动频率提高时，步进电动机可能失步，甚至无法运转。为此应设计一种自动升降速电路，使进给脉冲在进入分配器以前，由较低的频率逐渐升高到所要求的工作频率，或者由较高的频率逐渐降低，以便电动机在较高的启动频率或突变时均能正常工作。

步进电动机在低速运行时转动是步进式的，这种步进转动势必产生振动和噪声。为此可采用细分电路，以解决微量进给与快速移动的矛盾。

此外机械传动及轴承部件的制造精度和刚度，将直接影响驱动位移的精度。为了提高系统的精度，须适当提高系统各组成环节的精度，其中包括机械传动与支承装置的精度。

第五节　电液伺服系统

电液伺服系统是由电信号处理部分和液压的功率输出部分组成的控制系统，系统的输入是电信号。由于电信号的传输、运算、参量转换等方面具有快速和方便等特点，而液压元件是理想的功率执行元件，这样，把电、液结合起来，在信号处理部分采用电元件，在功率输出部分使用液压元件，两者之间利用电液伺服阀作为连接的桥梁，有机地结合起来，构成电液伺服系统。系统综合了电、液两种元件的长处，具有响应速度快、输出功率大、结构紧凑等优点，因而得到了广泛的应用。

电液伺服系统根据被控制物理量的不同，可分为：位置伺服控制系统，速度伺服控制系统，力或压力伺服控制系统。其中最基本的和应用最广泛的是电液位置伺服控制系统。

一、电液位置伺服控制系统

电液位置伺服控制系统常用于机床工作台的位置控制、机械手的定位控制、稳定平台水平位置控制等。在电液位置控制系统中，按控制元件的种类和驱动方式分为：节流式控制

（阀控式）系统和容积式控制（泵控式）系统两类。目前广泛应用的是阀控系统，它包括阀控液压缸和阀控液压马达系统两种方式。

1. 阀控液压缸电液位置控制系统的工作原理

图 3-43 所示为阀控液压缸电液位置控制系统。该系统采用双电位器作为检测和反馈元件，控制工作台的位置，使之按照给定指令变化。

该系统由指令电位器 1、反馈电位器 2、放大器（由电子线路组成的放大器）3、电液伺服阀 4 和液压缸 5 组成。指令电位器将滑臂的位置指令 x_i 转换成电压 e_i，被控制的工作台位置 x_f 由反馈电位器检测，并转换成电压 e_f。两个电位器接成桥式电路，电桥的输出电压为

$$\Delta e_i = e_i - e_f = k(x_i - x_f)$$

式中　k——电位器增益，$k=E/x_o$；

E——电桥供桥电压；

x_o——电位器滑臂的行程。

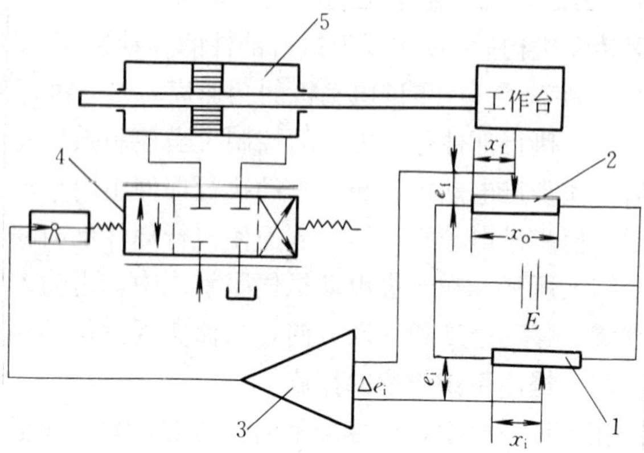

图 3-43　双电位器位置控制电液伺服系统

1—指令电位器　2—反馈电位器　3—放大器　4—电液伺服阀　5—液压缸

工作台的位置随指令电位器滑臂的变化而变动。当工作台位置 x_f 与指令位置 x_i 相一致时，电桥输出的偏差电压 $\Delta e_i=0$，此时放大器输出为零，电液伺服阀处于零位，没有流量输出，工作台不动，系统处于一个平衡状态。

若反馈电位器滑臂电位与指令电位器的滑臂电位不同时，例如指令电位器滑臂右移一个位移 Δx_i，在工作台位置变化之前，电桥输出偏差电压，经过放大器放大，并转换成电流信号，去控制电液伺服阀，经电液伺服阀转换并输出液压能推动液压缸，驱动工作台向消除偏差的右移方向运动。随着工作台的移动，电桥输出偏差电压逐渐减小，当工作台位移 Δx_f 等于指令电位器滑臂 Δx_i 时，电桥又重新处于平衡状态，输出偏差电压等于零，工作台停止运动。如果指令电位器滑臂反向运动时，则工作台也反向跟随运动。在该系统中，工作台位置能够精确地跟随指令电位器滑臂位置的任意变化，实现位置的伺服控制。如图 3-44 所示为该系统的工作原理框图。

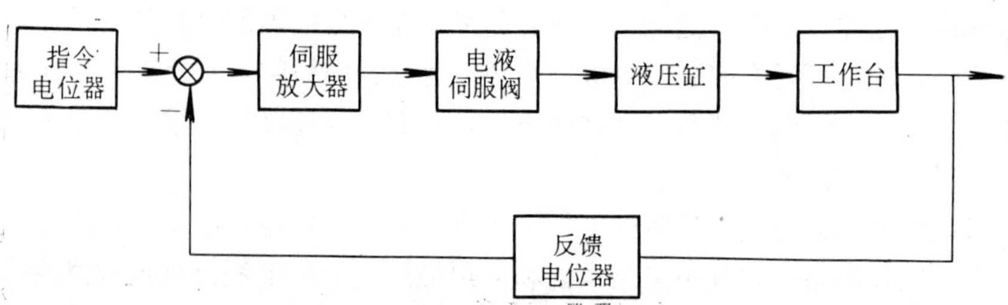

图 3-44　位置控制系统工作原理框图

2. 阀控液压马达电液位置控制系统的工作原理

如图 3-45 所示为阀控液压马达电液位置伺服控制系统。该系统采用一对旋转变压器作为角差测量装置，图中通过圆心的点划线表示转轴。

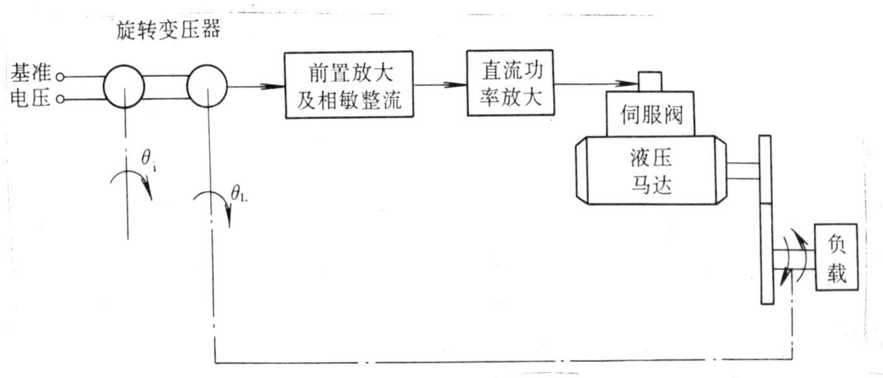

图 3-45　阀控液压马达电液位置控制系统原理图

输入轴与旋转变压器发送机轴相连，负载输出轴与旋转变压器接收机轴相连。旋转变压器检测输入轴和输出轴之间的角位置误差，并将此误差信号转换成电压信号输出。即

$$e_s = k(\theta_i - \theta_L)$$

式中　θ_i——输入轴转角，即系统的输入信号；

θ_L——输出轴转角，即负载输出转角，也就是系统的反馈量；

k——决定于旋转变压器的常数。

当输入轴转角 θ_i 和输出转角 θ_L 相一致时，旋转变压器的输出电压 $e_s=0$，此时功率放大器输出电流为零，电液伺服阀处于零位，没有流量输出，液压马达停转。当给输入轴一个角位移时，在液压马达未转动之前，旋转变压器就有一电压信号输出：$e_s=k(\theta_i-\theta_L)$，该电压经放大后变为电流信号去控制电液伺服阀，推动液压马达转动。随着液压马达的转动，旋转变压器输出的电压信号逐渐减小，当输出轴转角 θ_L 等于指令输入轴转角 θ_i 时，输出偏差电压为零，液压马达停转。如果输入角位移反向，液压马达也跟随反向转动。

以上两个系统虽采用的检测装置不同，执行元件不同，但其工作原理是相似的。

3. 电液位置伺服系统应用实例

随着轧钢机向自动化、连续化、高速化方向发展，利用液压伺服控制系统对张力、位置、厚度和速度等参数进行控制的应用相当广泛，如带材跑偏控制就是其中一种。

如图 3-46 所示为用在轧钢机上的电液位置伺服跑偏控制系统。

引起跑偏的主要原因有：张力不适当或张力波动大，辊系的不平行，辊子偏心或有锥度，带材厚度不均匀及横向弯曲等，跑偏控制的作用在于使机组中被轧带钢定位，避免带材跑偏过大，撞坏设备或造成断带停产；同时由于实现了自动卷齐，使带钢可以立放，因而使得成品钢卷整齐，包装运输及使用方便。

常见的跑偏控制系统有气液和光电液伺服控制系统。两者工作原理相同，区别仅在于检测装置和伺服阀不同。前者为气动检测装置和气、液伺服阀，后者为光电检测装置和电液伺服阀，它们各有所长。图 3-46 系统是采用光电检测装置和电液伺服控制系统。系统具有信号传输快，反馈方便，光电检测装置安装方便等特点，但系统较复杂。下面对该系统的控制原

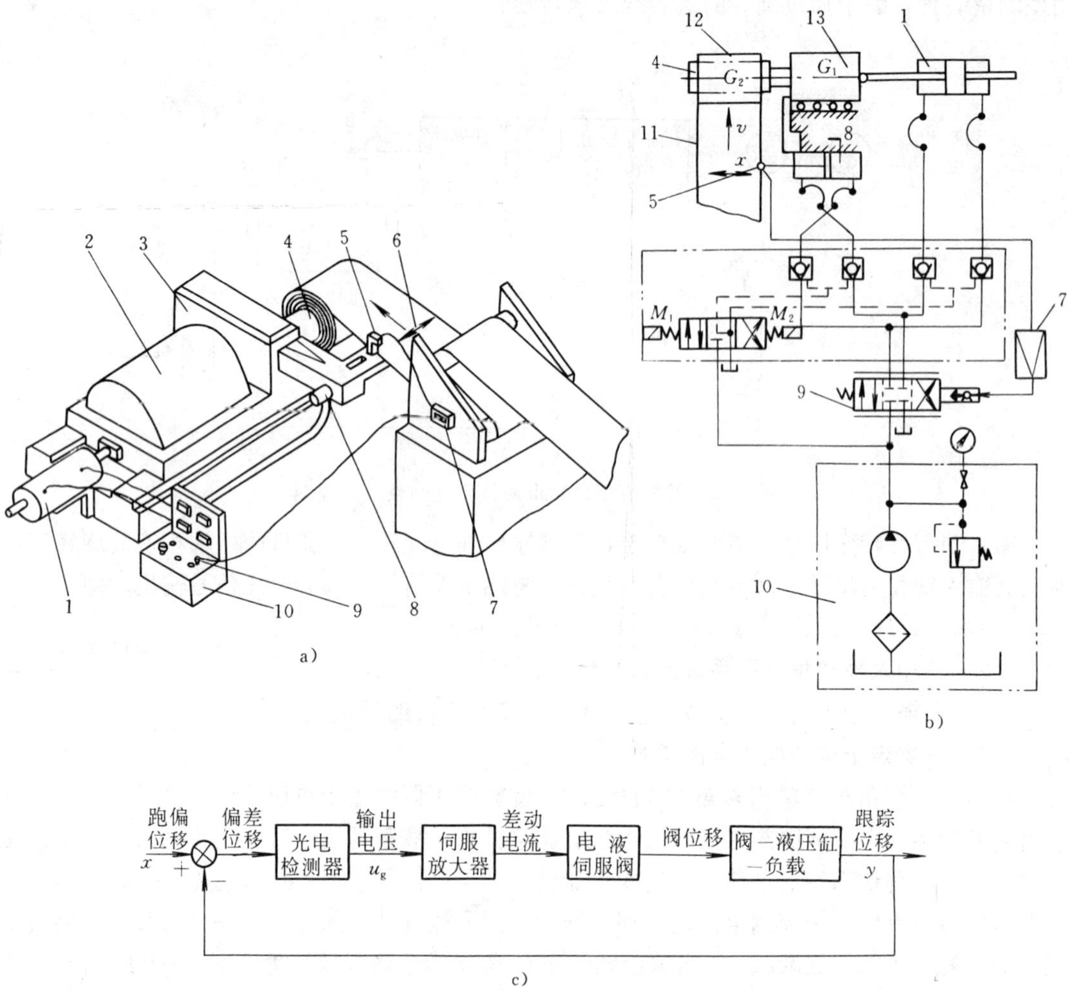

图 3-46　跑偏控制系统

a）工作原理图　b）液压系统图　c）系统功能方框图

1—伺服液压缸　2—电动机　3—传动装置　4—卷筒　5—光电检测器　6—跑偏方向　7—伺服放大器　8—辅助液压缸　9—伺服阀　10—能源装置　11—钢带　12—钢卷　13—卷取机

理进行简要分析。

系统由光电检测装置、电放大器、电液伺服阀、液压缸、卷取机和液压能源装置所组成。光电检测装置用来检测钢带的横向跑偏及方向，它由电源和光电管接收器组成。如图 3-47 所示，利用光电管作为一个桥臂构成的电桥电路，输出的电压信号是反映带边偏离的偏差信号，送入放大器。当钢带正常运行时，光电管的一半接受光照，其电阻值为 $R_1=a$，调整电阻 R_2、R_3 使 $R_1\times R_3=R_2\times R_4$，电桥平衡无输出。当钢带跑偏，带边偏离检测装置的中央位置时，光电管接收的光照发生变化，电阻值也随之变化，使电桥失去平衡，产生反映带边偏离值的偏差信号 u_g，此信号经放大器放大后输入电液伺服阀，伺服阀输出与输入信号成正比的流量，使伺服液压缸拖动卷取机的卷筒向跑偏的方向跟踪，当跟踪位移和跑偏位移相等时，偏差信号等于零，卷筒停止移动。在新的平衡状态下卷取，完成了自动纠偏过程。本系统中，由于检测装置安装在卷取机移动部件上，与卷筒一起移动，实现了直接位置反馈。此外，在图 3-46 中，电磁换向阀的作用是使液压缸 1 与辅助液压缸 8 互锁，正常工作时，M_2 通电，辅助液压缸锁紧。在卷取结束时，M_1 通电使液压缸 1 锁紧，用辅助液压缸 8 使检测装置退出工作位置，以便切断带钢；而在卷取开始前，仍由辅助液压缸 8 使检测器自动对准带边。

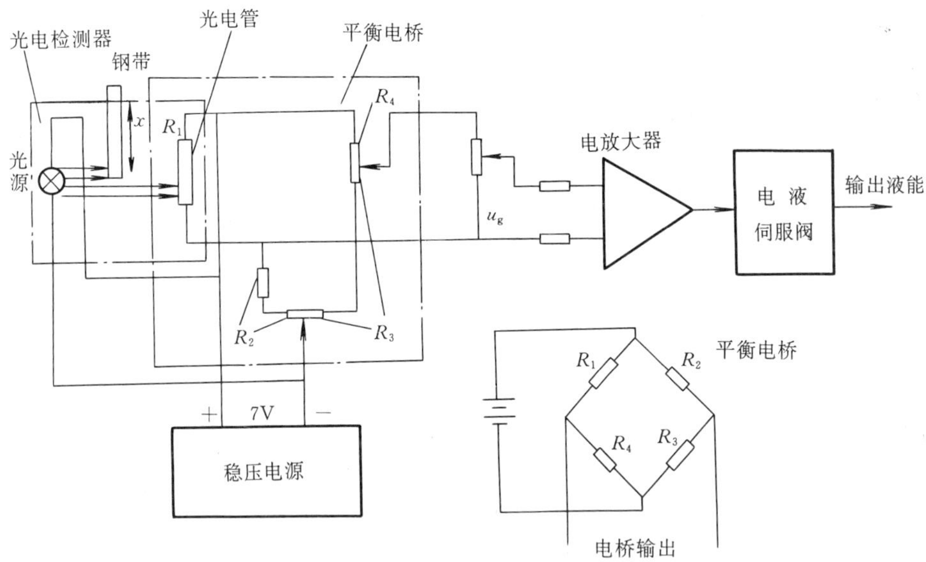

图 3-47 跑偏控制系统电路简图

二、电液速度伺服控制系统

若系统的输出量为速度，将此速度反馈到输入端，并与输入量比较，就可以实现对系统的速度控制，这种控制系统称为速度伺服控制系统。电液速度伺服控制系统广泛应用于发电机组、雷达天线等需对其运转速度进行控制的装置中，此外，在电液位置伺服系统中，为改善主控回路的性能，也常采用局部速度反馈的校正。

图 3-48 为某电液速度控制系统工作原理图。

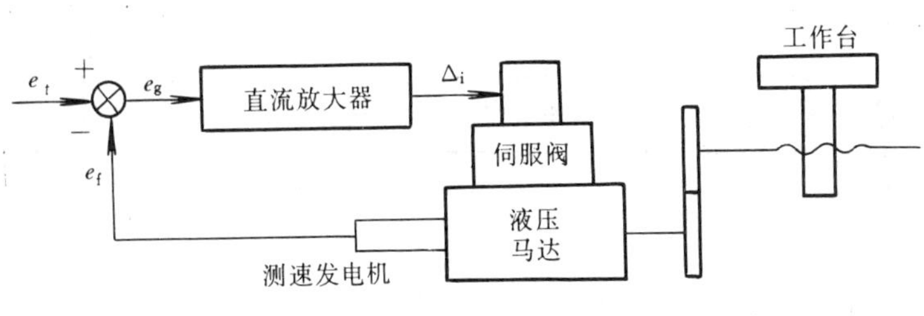

图 3-48 电液速度控制系统

这是一个简单的电液速度控制系统。输入速度指令用电压量 e_i 来表示，而液压马达的实际速度则由测速发电机测出，并转换成反馈电压信号 e_f。当实际输出速度信号 e_f 与指令速度信号 e_i 不一致时，则产生偏差信号 e_g，此偏差信号经放大器和电液伺服阀，使液压马达的转速向减小偏差的方向变化，以达到所需的进给速度。

三、电液力控制系统

以力或压力为被控制物理量的控制系统就是力控制系统。在工业上，经常需要对力或压力进行控制。例如材料疲劳试验机的加载控制、压力机的压力控制、轧钢机的张力控制等都是采用电液力（压力）控制系统。

下面以液压带钢张力控制系统为例介绍电液力控制系统的工作原理。

在轧钢过程中，热处理炉内的钢带张力波动对钢材性能产生较大影响。因此对薄带材连续生产提出了高精度恒张力控制的要求。图 3-49 为带钢张力控制系统的原理图；图 3-50 为其功能框图。

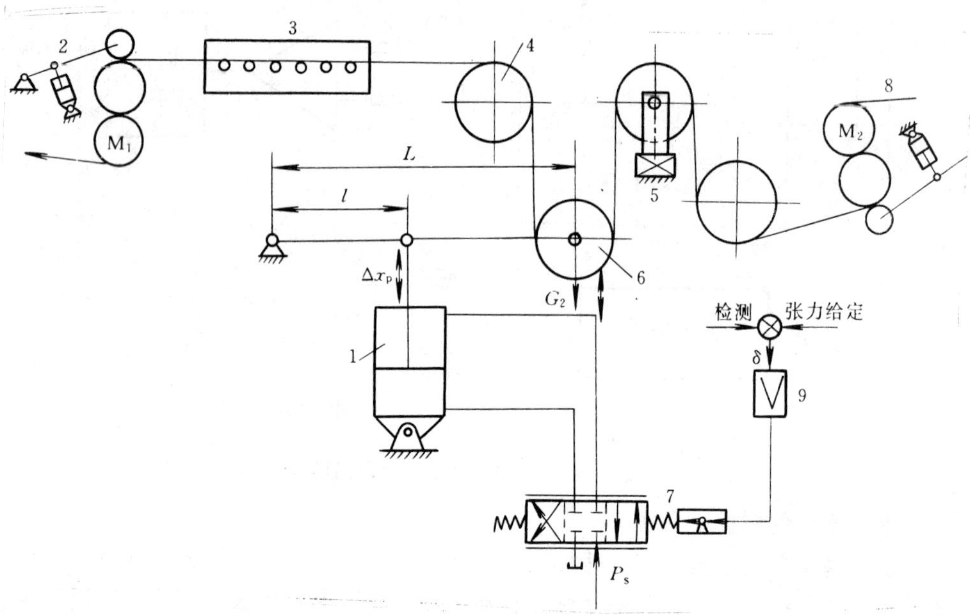

图 3-49　带钢张力控制系统原理图

1—液压缸　2、8—张力辊组　3—热处理炉　4—转向辊　5—力传感器　6—浮动辊　7—电液伺服阀　9—伺服放大器

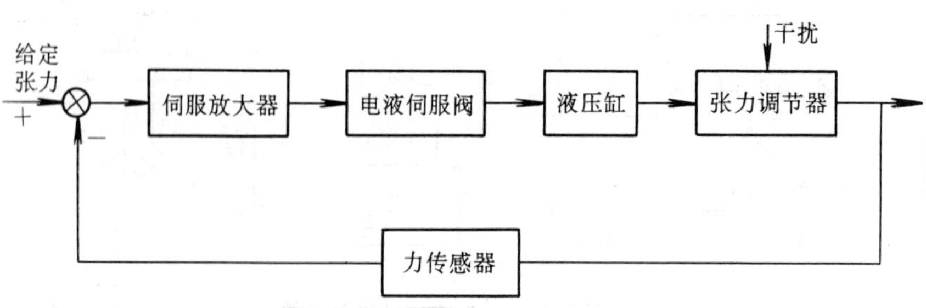

图 3-50　张力控制系统功能框图

如图 3-49 所示，炉内带钢张力由张力辊组 2、8 来建立。以直流电动机 M_1 作牵引，直流电动机 M_2 作为负载以造成所需张力。但由于系统各部件惯性大，时间滞后大，当外界干扰引

起带钢内张力波动时，不能及时调整。其控制精度低，不能满足要求。为了满足张力波动2%～3%的要求，在两张力辊组之间设立一液压张力控制系统来提高控制精度。它的工作原理如下：在转向辊左右两轴承座下各装一力传感器5作为检测装置。两传感器检测所得信号的平均值与给定信号值相比较。出现偏差时，信号经伺服放大器放大后输入伺服阀。若实际张力与给定值相等，则偏差信号为零，伺服阀无输出，液压缸1保持不动。当张力增大时，偏差信号使伺服阀在某一方向产生开口量，输出一定流量，使液压缸1向上移动，抬起浮动辊6，张力减小到额定值。反之，张力减小时，则产生的偏差信号使伺服阀控制液压缸向下运动，浮动辊下移张紧钢带，张力升高到额定值。因此系统是一个恒值控制系统。它保证带钢张力符合要求，提高了钢材质量。

第四章　计算机控制技术

第一节　概　　述

机电一体化系统中，计算机担负着信息处理，指挥整个系统运行等任务。信息处理是否正确、及时，直接影响到系统工作的质量和效率，因此计算机技术已成为机电一体化技术发展和变革的最活跃的因素。

一、计算机控制系统的组成及特点

在控制系统中根据系统中信号相对于时间的连续性，通常分为连续时间系统和离散时间系统（简称连续系统和离散系统）。在采用计算机进行信号处理的控制系统中，计算机处理的信号是以数码的形式存在的，也称为数字信号，它在时间上是离散的。由于计算机字节有限，所以信号的幅值也是离散的，通常用二进制数表示，因此计算机控制系统是一种离散控制系统。离散控制理论是研究计算机控制系统的理论基础。

图 4-1 是计算机控制系统的典型结构框图。包括工作于离散状态下的计算机和具有连续工作状态的被控对象两大部分。被控制量 $c(t)$ 一般为连续变化的物理量（如位移、速度、压力、流量、温度等），称为模拟量，经过检测传感量转换成相应的电信号，再经过模/数（A/

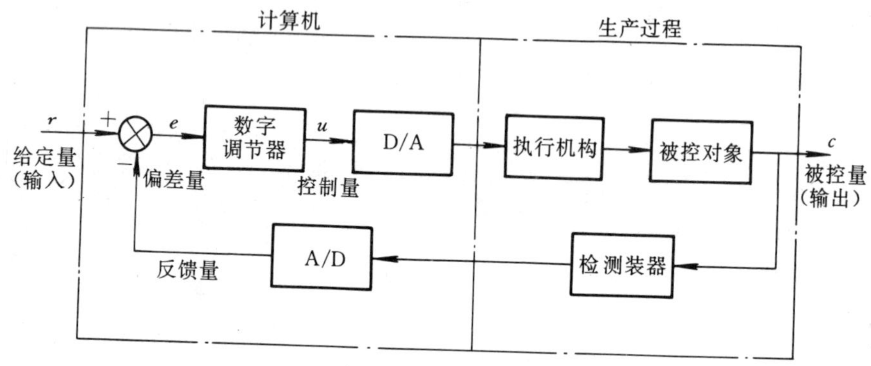

图 4-1　计算机控制系统的典型结构

D）转换器将信号转换成计算机能够处理的数字量送入计算机，从而完成了信号的输入过程。计算机经数字运算和处理后的数字信号还需要经过数/模（D/A）转换和保持（转换成连续信号），再经过执行机构施加到被控对象，实现了信息的输出。因此从信息转换的观点来观察计算机控制系统，可以抽象为信息的变换与处理过程。其中模/数转换器完成了信息的获取（输入），计算机对输入的信息进行比较和处理（控制算法与逻辑运算），数/模转换器实现了信息的输出。计算机控制系统中信号的具体变换与传输过程如图 4-2 所示。

从图 4-2 可以清楚看出计算机获得信息的过程，把模拟信号按一定时间间隔 T 转变为在瞬时 0，T，$2T$，…，nT 的一系列脉冲输出信号 $y^*(t)$ 的过程称为采样过程。经过采样的信

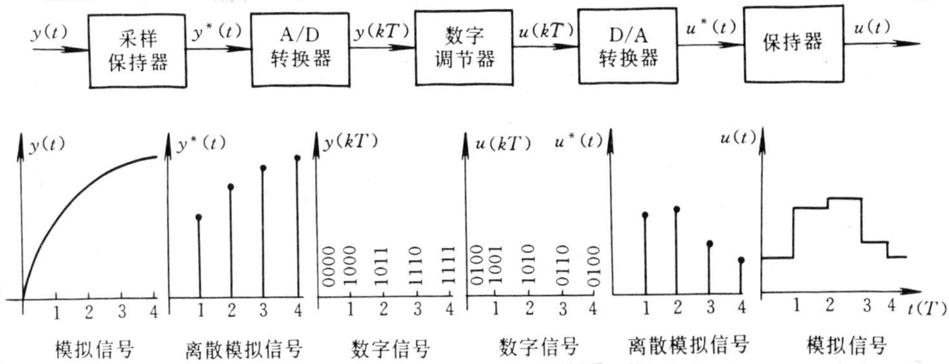

图 4-2 计算机控制系统中的信号变换与传递

号 $y^*(t)$ 称为离散模拟信号，即时间上离散而幅值上连续的信号。从离散模拟信号 $y^*(t)$ 到数字信号 $y(kt)$ 的过程称为量化过程。即为有限字长的二进制数码来逼近离散模拟信号。微型计算机通常采用 8 位或 16 位字长，因此量化过程会带来量化误差。量化误差的大小取决于量化单位 q。若被转换的模拟量满量程为 M，转换成二进制数字量的位数为 N，则量化单位 q 定义为

$$q = M/2N$$

而量化误差为

$$\varepsilon = \pm q/2$$

显然 N 越大，量化误差 ε 越小，但 N 过大会导致计算上有效字长的增加。

计算机控制系统由硬件和软件两部分组成。

1. 硬件组成

计算机控制系统的硬件主要是由主机、外围设备、过程输入输出设备、人机联系设备和通信设备等组成。就计算机本体而言从 70 年代起，随着微处理器技术的发展，针对着工业应用领域相继开发出一系列的工业控制计算机。如可编程序控制器（PLC）、单回路调节器。总线式工业控制机、单片微计算机和分散计算机控制系统等等。这些工业控制计算机弥补了商用机的缺点，并成功地应用于各种工业领域，这大大推动了的机电一体化控制系统的自动化程度。

2. 软件组成

软件是各种程序的统称。软件的优劣不仅关系到硬件功能的发挥，而且也关系到计算机控制系统的品质。软件通常分为两大类。系统软件和应用软件。

（1）系统软件　系统软件包括汇编语言、高级语言、控制语言、数据结构、操作系统数据库系统、通信网络软件等等。计算机设计人员负责研制系统软件，而计算机控制系统设计人员则要了解系统软件。并学会使用，从而更好地编制应用软件。

（2）应用软件　应用软件是设计人员针对某个应用系统而编制的控制和管理程序。一般分为输入程序、控制程序、输出程序、人机接口程序、打印显示程序和各种公共子程序等等。其中控制程序是应用软件的核心，是基于控制理论的控制算法的具体实现。

二、计算机控制系统的类型

1. 操作指导控制系统

操作指导控制系统如图 4-3 所示。计算机只起数据采集和处理的功能，它不参加对系统的控制。计算机根据一定的数学模型，依赖检测传感装置测得的被控对象的状态信息数据，计算出供操作人员选择的最优操作条件及操作方案。操作人员根据计算机的输出信息，如 CRT 显示图形或数据、打印机输出、报警等，去改变系统的给定值或直接操作执行机构。

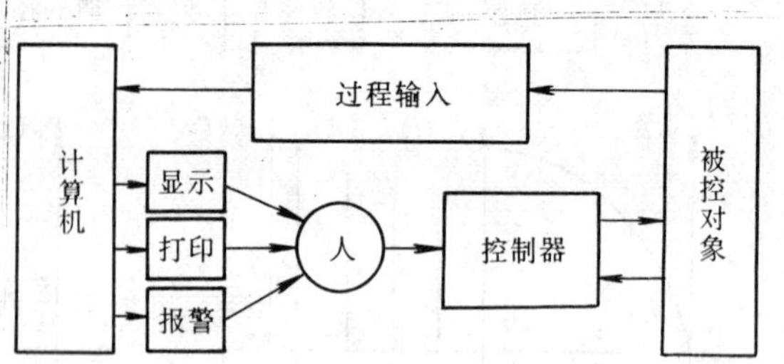

图 4-3 操作指导控制系统

2. 直接数字控制系统（DDC）

这类系统中计算机的运算和处理结果直接输出作用于被控对象，故称为直接数字控制系统 DDC（*Direct Digital Control*）。直接数字控制系统的构成如图 4-4 所示。DDC 系统中计算机参与闭环控制，不仅完全取代模拟调节器，实现多回路的 PID（比例、积分、微分）控制，而且只要改变程序就可以实现复杂的控制规律，如非线性、纯滞后、自适应控制、解耦控制、最优控制等。DDC 是一个最典型的应用形式，它在工业控制中得到广泛应用。

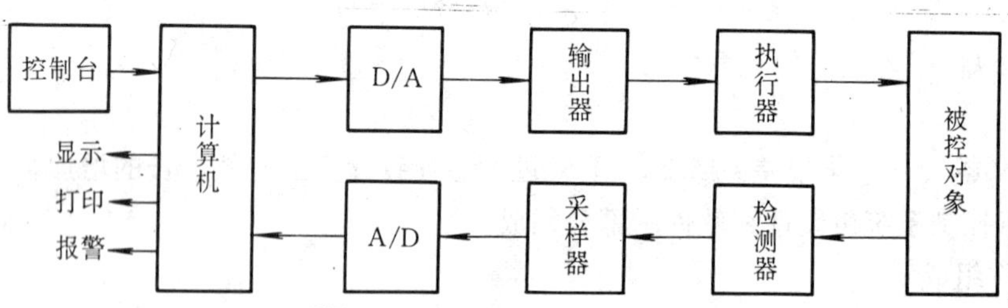

图 4-4 直接数字控制系统

3. 监督控制系统（SCC）

所谓监督控制（*Supervisory Computer Control*）就是根据原始的生产工艺信息及现场检测信息按照描述生产过程的数字模型，计算出生产过程的最优设定值。输入给 DDC 系统或连续控制系统。SCC 系统原理框图如图 4-5 所示。SCC 系统的输出值不直接控制执行机构，而是给出下一级的最佳给定值。因此是较高一级的控制。它的任务是着重于控制规律的修正与实现，如最优控制、自适应控制等，实际上它是操作指导系统与 DDC 系统的综合与发展。

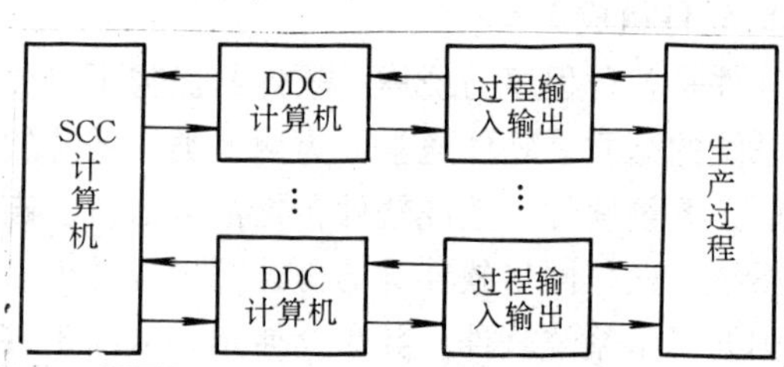

图 4-5 监督计算机控制系统

应当指出，SCC 的两级控制形式目前在较复杂的控制设备中应用相当普遍，如在多坐标高精度数控机床的控制系统中，上一级的任务是完成插补运算（即插补数学模型）及加工过程管理，下一级实现多坐标的进给。又如工业机器人的两级控制中，上一级完成机器人运动轨迹的计算和机器人工作过程的管理，而下一级完成各关节的进给与定位。

4. 分布式控制系统 DCS

随着科学技术的发展，工业生产过程规模的扩大，综合控制与管理要求的提高。人们研制出以多台微型机为基础的分布式控制系统 DCS (*Distributed Control Systems*)。分布式控制系统综合了计算机技术、通信技术和控制技术，采用多层分级的结构形成，从下而上分为控制级、控制管理级、生产管理级和经营管理级。每级用一台或多台计算机，级间连接通过数据通信总线。分布式控制系统采用分散控制、集中操作、分级管理和分而自治的原则。其安全可靠性、通用灵活性、最优控制性能和综合管理能力，为计算机控制开创了新方法。

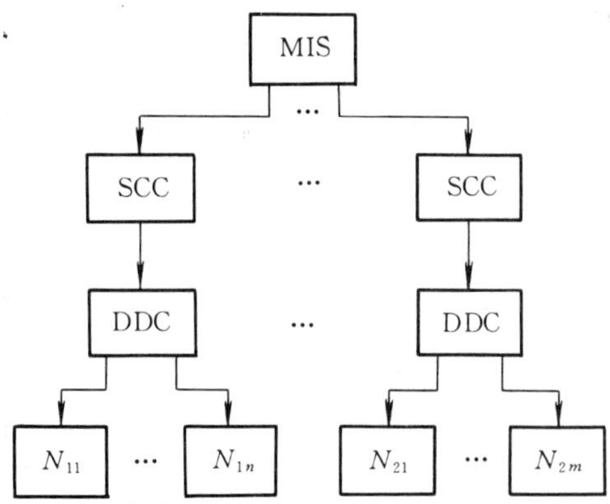

图 4-6　分布式控制系统

三、计算机控制技术的发展方向

计算机控制实质上就是计算机技术与控制理论结合，对机械和过程进行控制的一门技术。现代化的生产系统具有多变量，时变和非线性的特点，应用经典控制理论已不能满足现代化的工业生产要求。应用现代控制理论，再加上计算机的快速运算，强大的信息储存能力以及逻辑判断能力，使计算机控制能解决通常自动控制技术所不能解决的问题，使生产过程达到优异的性能指标。

计算机控制技术的发展与计算机技术和控制理论的发展有着密切的联系。近年来，计算机技术出现了惊人的飞跃，计算机的性能不断完善，可靠性不断提高，成本不断降低，从而推动了计算机控制系统的发展。在计算机控制系统中出现了多 CPU 统一总线、功能模块结构、集散系统等控制形成。大量新型接口和专用芯片不断涌现，软件的日益完善和丰富，大大扩大了工业控制计算机的功能，这为推进计算机系统的发展创造了有力的条件。作为计算机控制的主要控制策略——控制理论，分为经典控制理论和现代控制理论。经典控制理论主要分析单输入—单输出的系统。现代控制理论可以分析多输入—多输出的系统，可实现最优控制、自适应控制等复杂控制。还有各种新的控制策略，如专家控制系统、模糊控制系统等等。这不仅成为控制理论的发展趋势，也是计算机控制技术的发展方向。

第二节　计算机控制系统的接口技术

在计算机控制系统中，从计算机的角度来看，除主机外的硬设备，都统称为外围设备。接口技术是研究主机与外围设备交换的技术，它在计算机控制系统中占有相当重要的地位，外界的信息是多种多样的，有电压、电流、压力、速度、频率、温度、湿度等各种物理量，计算机控制系统在实际工作时，通过检测通道的接口对这些量加以检测，经过计算机及判断后，将计算结果及控制信号输出到控制通道的接口，对被控对象加以控制。此外，为了方便操作人员与计算机的联系，并及时了解系统输出及输入的工作状态，接口技术中还应包括人机通道的接口。对于多台计算机同时工作的计算机控制系统，为了便于整体控制及资源共享，各个系统间应当有系统间通道接口，接口有通用和专用之分，外部信息的不同，所采用的接口方式也不同，一般可分为如下几种：

人机通道及接口技术一般包括：键盘接口技术、显示接口技术、打印接口技术、软磁盘接口技术等。

检测通道及接口技术一般包括：A/D 转换接口技术，V/F 转换接口技术等。

控制通道及接口技术一般包括：F/V 转换接口技术，D/A 转换接口技术，光电隔离接口技术，开关接口技术等。

系统间通道及接口技术一般包括：公用 RAM 区接口技术，串行口技术等。

由于篇幅限制，本节只介绍并行输入/输出接口、D/A 转换接口和 A/D 转换接口等。

一、并行输入/输出接口

并行接口传输的是数字量和开关量。数字量一般指以 8 位二进制形式所表示的数字信号，例如来自数字电压表的数据。开关量指只有两个状态的信号，如开关的合与断。开关量只用一位二进制（0 或 1）就可表示，字长 8 位的微机一次可以输入输出 8 个这样的开关量。

接口电路处于运行速度快的微处理器与运行速度比较慢的外设之间，它的一个重要功能就是能使它们在速率上匹配，正确地传送数据。有多种方法可以解决这个问题，通常使用的方法有：无条件传送、查询式传送和中断传送。

并行接口是微机接口技术中最简单，也是最基本的一种方式，如三态缓冲器、锁存器等数字电路都可以用来构成并行接口。而用可编程的 8255，PIO 这类大规模集成电路芯片组成并行接口就更加方便，它们能直接与很多外设相连而无须附加任何逻辑电路，并且具有中断控制功能。

输入/输出（I/O）接口有二种寻址方式：存储器寻址方式和输入输出口寻址方式。在存储器寻址方式中，接口和存储器统一编址，是将 I/O 接口当作存储单元一样，赋给它存储地址，这些地址是存储器地址的一部分。这样，访问存储器的指令也能访问接口了。在输入输出口寻址方式中，采用 I/O 独立编址方式，用专门的 I/O 指令来对接口地址进行操作。这种寻址方式的优点是不占用存储器地址，因而不会减小存储器容量。由于有专门的 IN (INPUT) 和 OUT (OUTPUT) 指令，因此比用存储器读写指令执行速度快。

1. 无条件传送

在微机应用中，有些场合，微机与外设间几乎不需有任何的同步，即输出口永远可以立即发送微机送来的信息；可以随时通过输入口读取外设的信息。这种场合可采用无条件传送，输入输出接口电路如图 4-7 所示。它由输入缓冲器、输出锁存器和译码电路三部分组成。

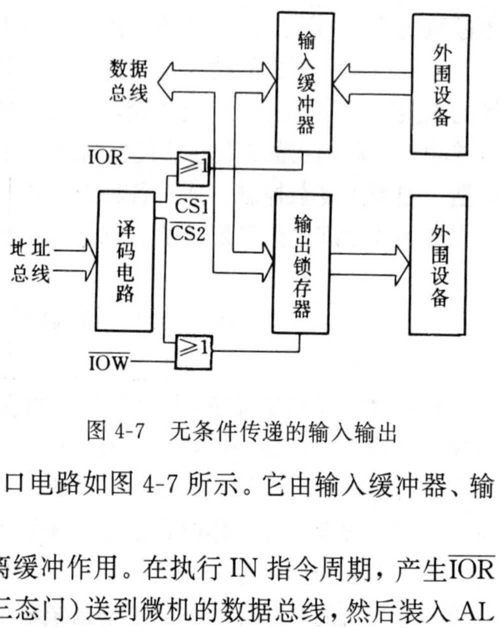

图 4-7　无条件传递的输入输出

输入缓冲器在外设信息与数据总线之间起隔离缓冲作用。在执行 IN 指令周期，产生 $\overline{IOR}$ 及片选信号 $\overline{CS1}$，则被测外设的信息通过缓冲器（三态门）送到微机的数据总线，然后装入 AL 寄存器。设片选口地址为 Portl，可用如下指令来完成取数；

```
MOV   DX, Port1
IN    AL, DX
```

输出锁存器锁存 CPU 送来的信息。驱动此电路可用如下指令：

```
MOV   AL，DATA
MOV   DX，Port2
OUT   DX，AL
```

DATA 表示要输出的量。

2. 查询式传送

不是所有的输入输出设备随时都可以同计算机进行输入或输出操作，为了取得协调，经常采用微机查询输入输出设备的某种标志，如代表忙或不忙，准备好或未准备好等信息，以决定是否进行数据传输。图 4-8 表示了一种标志位，微机读取输入设备的 READY/$\overline{\text{BUSY}}$信号，当 $D_0=1$ 时，便可以打开三态门缓冲器，将数据取走，并同时用使三态门输出允许的信号将外设 READY/$\overline{\text{BUSY}}$信号清零，以使其再一次准备数据，重复上述过程。

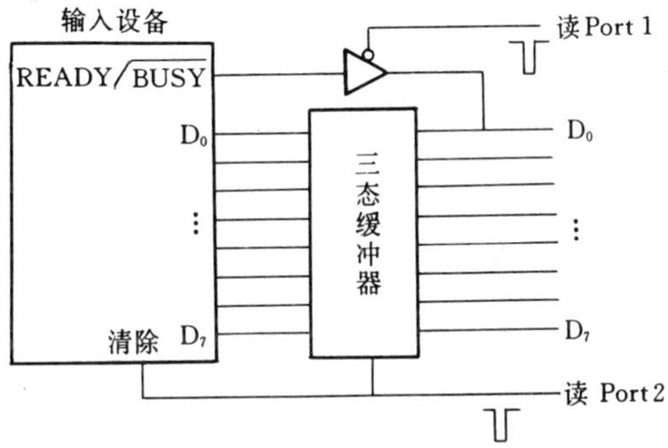

图 4-8　查询式传送

简单的测试程序：

```
LOOP：MOV DX，Port1
      IN AL，DX
      TEST AL，01H
      JNZ RECEIVE
      JMP LOOP
RECEIVE：MOV DX，Port2
      IN AL，DX
      MOV BUFFER，AL
```

BUFEER 表示缓冲寄存器。

3. 中断式传送

查询式传送浪费微机的时间，为提高微机的运行效率，可用中断式传送。当外设准备好时产生中断请求信号，微机响应后，马上去接收其输出的数据。图 4-9 示出了这种线路，其中 U_2 为允许中断寄存器，当微机允许外设中断时可用 OUT 指令将其置成“1”状态，这样外设准备好信号的前沿将把 U_1 置成 1，并通过打开的三态门，成为中断请求信号，以产生硬中断，准备好信号的后沿将 U_1 置成 0，以准备下次再产生中断。

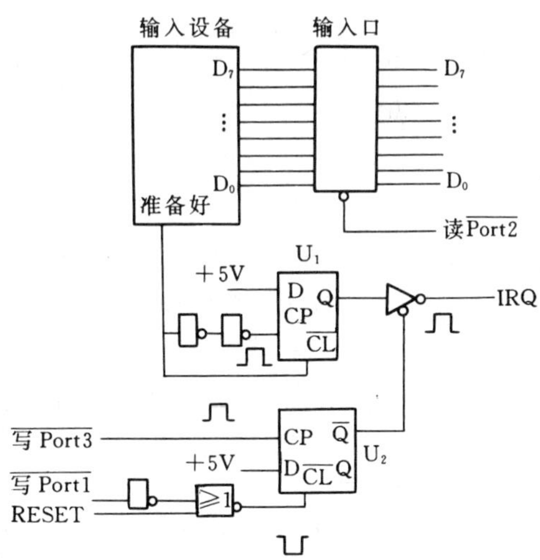

图 4-9　中断方式输入

4. 8255A 可编程并行接口芯片

(1) 8255A 内部结构　8255A 是 Intel 公司生产的可编程序并行输入/输出接口芯片，它具有 3 个 8 位的并行 I/O 端口，通过程序可设定三种工作方式，使用灵活方便，通用性强；可作为计算机系统总线与外围设备连接的中间接口电路 8255A 的内部结构框图，如图 4-10 所示。其中包括三个并行数据输入/输出端口，二个工作方式控制电路，一个读/写控制逻辑电路和8位数据总线驱动器。各部分功能概括如下：

1）数据总线驱动器　数据总线驱动器是一个双向三态的8位驱动器，将8255A与系统总线相连，以实现CPU和接口之间的信息传递。

2）并行I/O端口　8255A具有三个8位的并行I/O端口，其功能由程序决定，但每个端口都有自己的特点。

A口：具有一个8位数据输出锁存/缓冲器和一个8位数据输入锁存器。

B口：具有一个8位数据输出锁存/缓冲器和一个不带锁存器的8位数据输入缓冲器。

C口：具有一个8位数据输出锁存/缓冲器和一个不带锁存器的8位数据输入缓冲器。

通常情况下，A口和B口作为数据输入/输出端口，C口在方式字控制下，可分为二个4位端口，作为A口、B口选通方式操作时的状态控制信号。

3）读/写控制逻辑　读/写控制逻辑的功能用于管理所有的数据、控制字或状态字的传送。它接收来自CPU的地址总线和控制总线的输入，控制A组和B组。8255A的各端口操作状态如表4-1所示。

表4-1　8255A的端口操作状态

A_1	A_0	$\overline{RD}$	$\overline{WR}$	$\overline{CS}$	所选端口	操作状态
0	0	0	1	0	A口	A口数据→数据总线
0	1	0	1	0	B口	B口数据→数据总线
1	0	0	1	0	C口	C口数据→数据总线
0	0	1	0	0	A口	数据总线→A口
0	1	1	0	0	B口	数据总线→B口
1	0	1	0	0	C口	数据总线→C口
1	1	1	0	0	控制字寄存器	数据总线→控制字寄存器
×	×	×	×	1	未选通	数据总线→三态
1	1	0	1	0	非法	非法状态
×	×	1	1	0	非法	非法状态

4）A组和B组控制　每个控制块接收来自读/写控制逻辑的命令和内部数据总线的控制字，并向对应端口发出适当的命令。

A组控制——控制端口A及端口C的高4位。

B组控制——控制端口B及端口C的低4位。

（2）8255A的工作方式　8255A有三种工作方式，即方式0，方式1和方式2。图4-11是三种方式的示意图。

1）方式0——基本输入/输出方式　在这种方式下，A、B、C三个口中的任何一个都可提供简单的输入和输出操作，不需要应答式联络信号，数据只是简单地写入指定的端口，或从端口读出。当数据输出时，可被锁存，当数据输入时不能锁存。

2）方式1—选通输入/输出方式　这是一种能够借助于选通或应答式联络信号，把I/O数据发送给指定的端口或从该端口接收I/O数据的工作方式。在这种方式中，端口A和端口B的输入数据和输出数据都被锁存。

3）方式 2——带选通双向总线 I/O 方式　这种方式下，端口 A 为 8 位双向总线端口，端口 C 的 PC_3～PC_7 用来作为输入/输出的控制同步信号。应该注意的是，只有端口 A 允许作为双向总线口使用，此时端口 B 和 PC_0～PC_2 则可编程方式 0 或方式 1 工作。

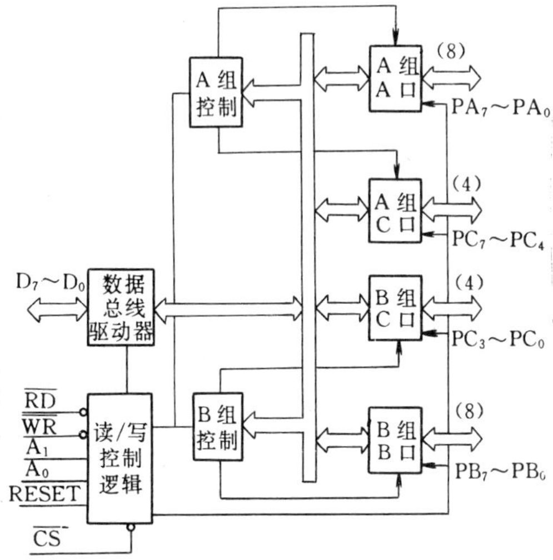

图 4-10　8255A 内部结构图

（3）8255A 编程　8255A 的编程是通过对控制端输入控制字的方式实现的。当 CPU 通过输出指令将控制字送入 8255A 内部的控制字寄存器时，各个端口的工作方式便确定了，如需要改变端口的工作方式，则需重新送入控制字，控制字由 8 位组成，有方式选择控制字和 C 口置/复位控制字。

方式选择控制字：方式选择控制字的格式及定义如图 4-12 所示。

例如，输入方式选择控制字 95H（10010101B），可将 8255A 编程为端口 A 方式 0 输入，端口 B 方式 1 输出，端口 C 上半部分（PC_7～PC_4）输出，端口 C 的下半部分（PC_3～PC_0）输入。

C 口置/复位控制字：C 口置/复位控制字的格式及定义如图 4-13 所示。

例如，输入 C 口置/复位控制字 05H（00000101B），可将 8255A 的 PC_2 置 1，输入 C 口置/复位控制字 06H（00000110B），可将 8255A 的 PC_3 复位至 0。

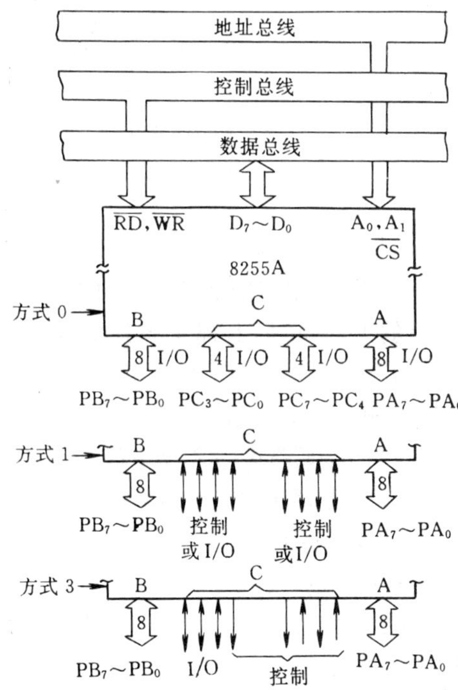

图 4-11　8255A 三种工作方式示意图

二、数/模（D/A）转换接口

在微机控制系统中，很多被检测和控制的对象用的是模拟量，而微机只能输入输出数字量，这就存在一个数/模（D/A）转换和模/数（A/D）转换问题。

D/A 转换器是指将数字量转换成模拟量的电路，它由权电阻网络、参考电压、电子开关等组成，典型的 R-2R 网络 D/A 原理图如图 4-14 所示。从图中可见，不管电子开关接在 Σ 点还是接地，流过每个支路的 $2R$ 上的电流都是固定不变的，从电压端看的输入电阻为 R，从参考电源取的总电流为 I，则支路（流经 $2R$ 电阻）的电流依次为：$I/2$，$I/4$，$I/8$，$I/16$，而 $I=V_{REF}/R$。故输出电压为

$$V_{OUT}=-\frac{V_{REF}}{2^4}[d_3\times2^3+d_2\times2^2+d_1\times2^1+d_0\times2^0]$$

式中　d_3-d_0——输入代码，$d=$ "0"，则开关接地；$d=$ "1"，则开关接到Σ点上。

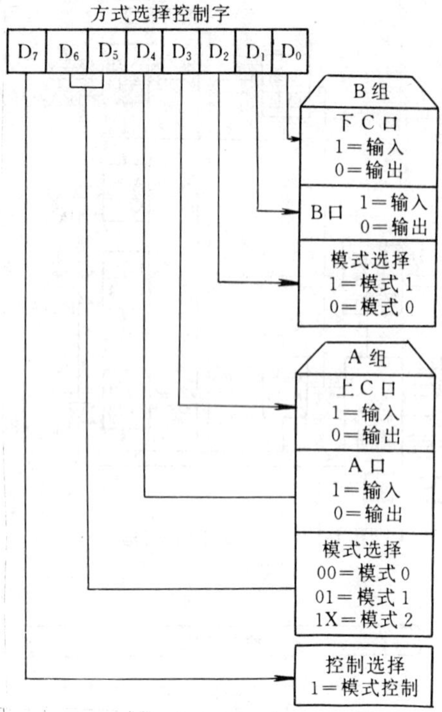

图 4-12　方式选择控制字格式

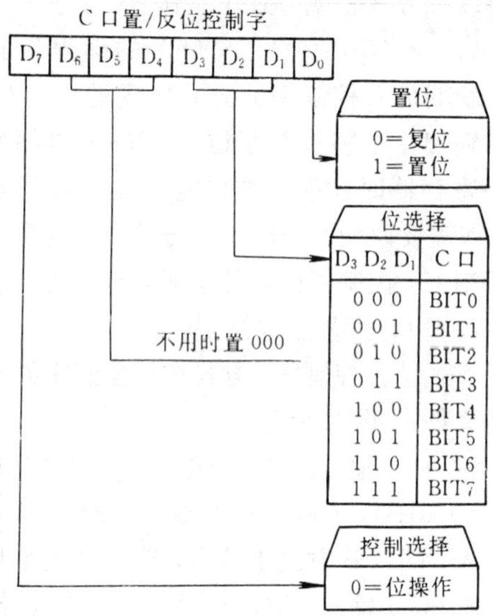

图 4-13　C口置/复位控制字格式

如果采有 n 个电子开关组成网络，那么

$$V_{\mathrm{OUT}}=-\frac{V_{\mathrm{REF}}}{2^n}\left[d_{n-1}\times 2^{n-1}+\cdots+d_0\times 2^0\right]$$

式中　n——D/A 电路能够被转换的二进位数，有8位、10位、12位等，有时也称为分辨率。

实用的D/A转换器都是单片集成电路，如DAC0832是8位D/A芯片，采用20引脚双列直式封装，原理图见图4-15。

DAC0832主要有两个8位寄存器和一个8位D/A转换器组成。使用两个寄存器的优点是可以进行两次缓冲操作，使该器件的应用有更大的灵活性。

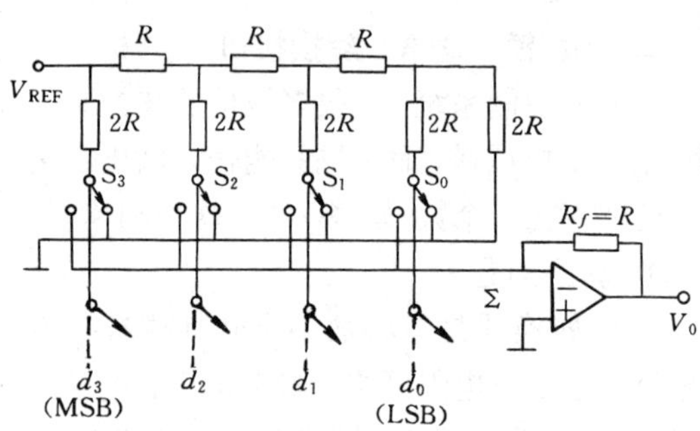

图 4-14　R-2R 网络 D/A 原理图

DAC0832各引脚含义如下：$\overline{\mathrm{CS}}$片选信号，ILE为输入寄存器锁存允许信号一般设为"1"。当CS为低，$\overline{\mathrm{WR}}_1$ 为低，ILE为高时，才能将CPU送来的数字量锁存到8位输入寄存器中。$\overline{\mathrm{XFER}}$为转换控制信号，$\overline{\mathrm{WR}}_2$ 与$\overline{\mathrm{XFER}}$同时有效时才能将输入寄存器数字量再传送到8位DAC寄存器，同时D/A转换器开始工作。I_{OUT1}和I_{OUT2}为输出电流，被转换为FFH时，I_{OUT1}取大；为00H时，I_{OUT1}为0，I_{OUT2}最大。AGND和DGND称为模拟地和数字地，它们只允许在此片上共地。V_{REF}为参考电压，可在－10V～＋10V范围内选择。V_{CC}为电源，可在＝＋5V～15V间选择。

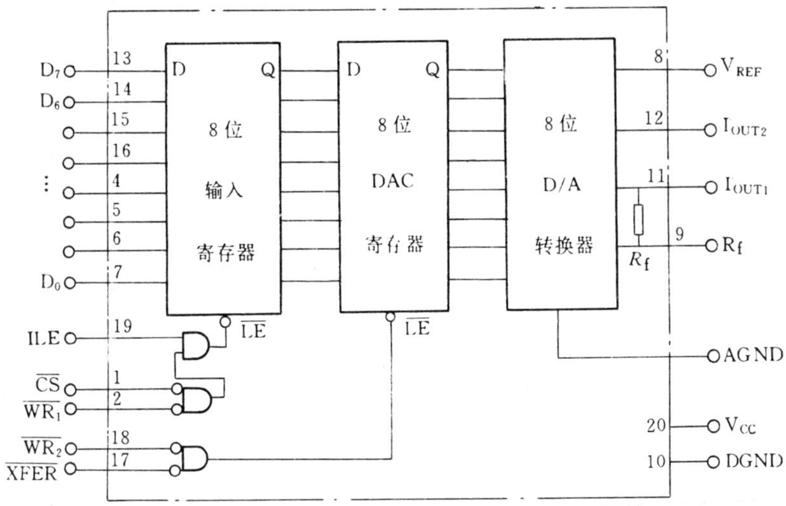

图 4-15 DAC0832 原理图

图 4-16 为 DAC0832 与微机的连接图。这里让$\overline{WR_2}$和$\overline{XFER}$接地，因此 DAC 寄存器时刻有效，而只有输入寄存器缓冲锁存作用。设译码后地址为 Port，则 D/A 转换程序为：

```
MOV DX，Port
MOV AL，n
OUT DX，AL
HLT
```

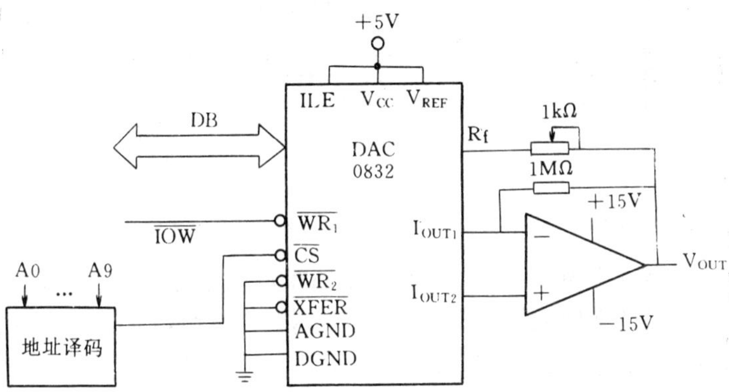

图 4-16 DAC0832 与 CPU 的连接

三、模/数（A/D）转换接口

A/D 转换器是将模拟电压转换成数字量的器件，它的实现方法有多种，常用的有逐次逼近法、双积分法。图 4-17 所示是逐次逼近法 A/D 转换器的原理图。它由 N 位寄存器、D/A 转换器和控制逻辑部分组成。N 位寄存器代表 N 位二进制数码。

当模拟量 V_X 送入比较器后，启动信号通过控制逻辑电路启动 A/D，开始转换，首先置 N 位寄存器最高中位（D_{N-1}）为“1”，其余位清“0”，寄存器的内容经 D/A 转换后得到整个量

程一半的模拟电压 V_N，与输入电压 V_X 比较。若 $V_X>V_N$ 时，则保留 $D_{N-1}=1$；若 $V_X<V_N$ 时，则 D_{N-1} 位清 0。然后，控制逻辑使寄存器下一位（D_{N-2}）置"1"，与上次的结果一起经 D/A 转换后与 V_X 比较，重复上述过程，直至判别出 D_0 位取 1 不是 0 为止，此时控制逻辑电路发出转换结束信号 DONE。这样经过 N 次比较后，N 为寄存器的内容是转换后的数字量数据，经输出缓冲器读出。整个转换过程就是这样一个逐次比较逼近的过程。

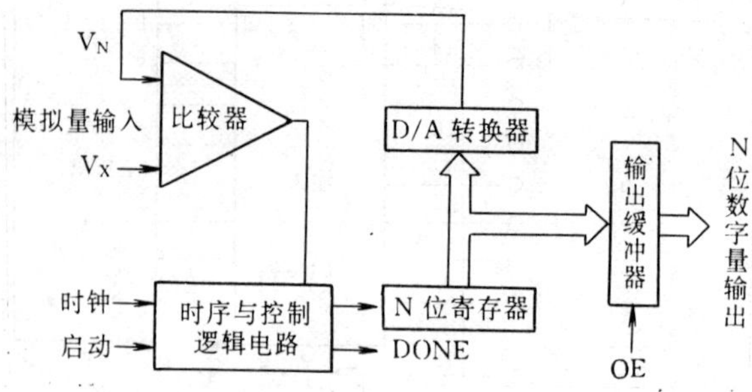

图 4-17　逐次逼近法 A/D 转换器原理图

常用的逐次逼近法 A/D 器件有 ADC0809、AD574A 等，下面介绍 ADC0809 原理与应用。

（1）ADC0809 结构　ADC0809 是一种 8 路模拟输入 8 位数字输出的逐次逼近法 A/D 器件。其引脚和内部逻辑框图分别示于图 4-18 和图 4-19。它内部除 A/D 转换部分，还有模拟开关部分。

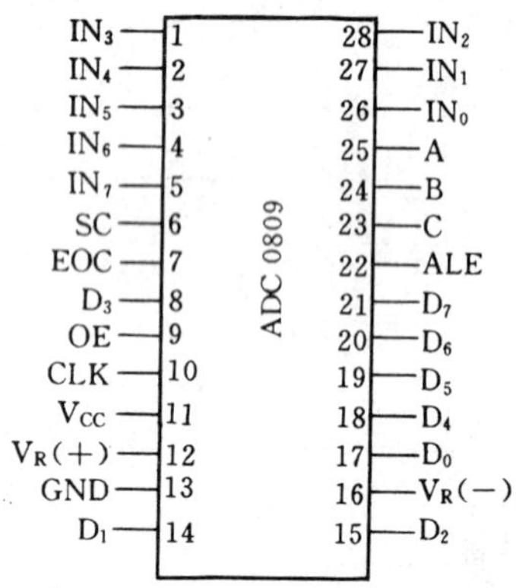

图 4-18　ADC0809 引脚图

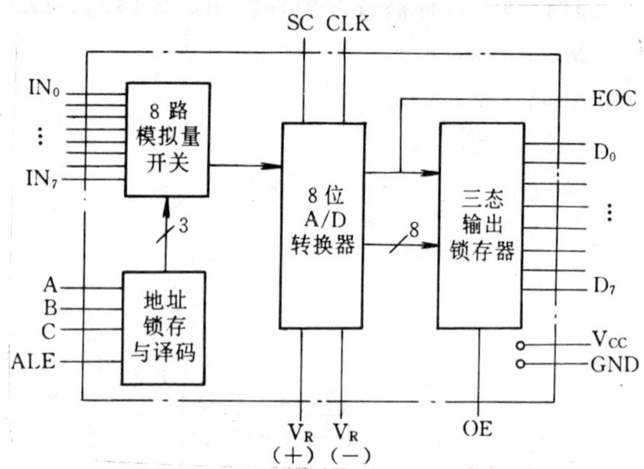

图 4-19　ADC0809 结构框图

多路开关有 8 路模拟量输入端，最多允许 8 路模拟量分时输入，共有一个 A/D 转换器进行转换，这是一种经济的多路数据采集方法。8 路模拟开关切换由地址锁存和译码控制，3 根地址线与 A、B、C 引脚直接相连，通过 ALE 锁存。改变不同的地址，可以切换 8 路模拟通道，选择不同的模拟量输入，其通道选择的地址编码见表 4-2。

表 4-2　通道地址表

地　址　编　码			被选中的通道
C	B	A	
0	0	0	IN_0
0	0	1	IN_1
0	1	0	IN_2

（续）

地址编码			被选中的通道
C	B	A	
0	1	1	IN_3
1	0	0	IN_4
1	0	1	IN_5
1	1	0	IN_6
1	1	1	IN_7

A/D 转换结果通过三态输出锁存器输出，所以在系统连接时，允许直接与系统数据总线相连。OE 为输出允许信号，可与系统读选通信号$\overline{RD}$相连。EOC 为转换结束信号，表示一次 A/D 转换已完成，可作为中断请求信号，也可用查询的方法检测转换是否结束。

V_R（+）和 V_R（−）是基准参考电压，决定了输入模拟量的量程范围。CLK 为时钟信号输入端，决定 A/D 转换的速度，转换一次占 64 个时钟周期。SC 为启动转换信号，通常与系统$\overline{WR}$信号相连，控制启动 A/D 转换。

（2）ADC0809 与 MCS-51 单片机接口　图 4-20 是 ADC0809 与 8031 的连接方法，此线路为 8 路模拟量输入，输入模拟量变化范围是 0～5V。0809 的 EOC 用作外部中断请求源，用中断方式读取 A/D 转换结果。8031 通过地址线 $P_{2.0}$和读写线$\overline{RD}$、$\overline{WR}$来控制转换器的模拟输入通道地址锁存、启动和输出允许。模拟输入通道地址的译码输入 A、B、C 由 $P_{0.0}$～$P_{0.2}$提供，因 0809 具有地址锁存功能，故 $P_{0.0}$～$P_{0.2}$也可不经锁存器直接与 A、B、C 相接。

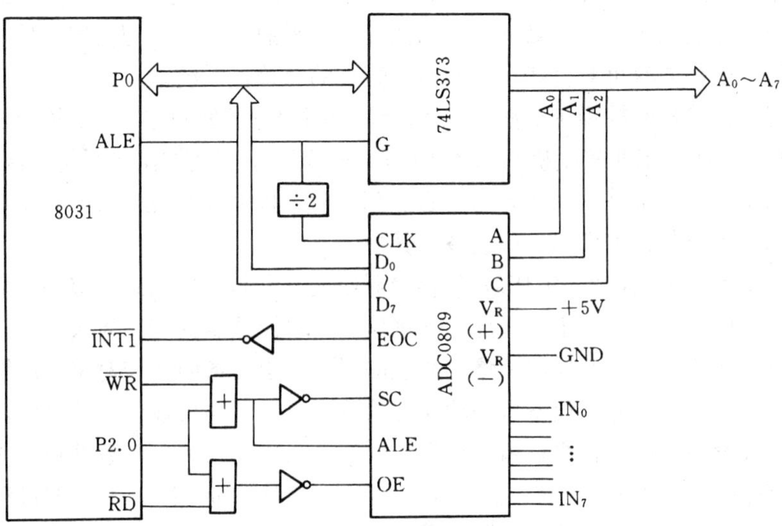

图 4-20　ADC0809 与 8031 的连接

设在一个控制系统中，巡回检测一遍 8 路模拟量输入，将读数依次存放在片外数据存储器 A0H-A7H 单元，其初始化程序和中断服务程序如下：

初始化程序

```
MOV R0，＃0A0H              ；数据暂存区首址
```

```
        MOV R2，#08H          ；8路计数初值
        SETB IT1              ；置脉冲触发方式
        SETB EA               ；CPU开中断
        SETB EX1              ；允许申请中断
        MOV DPTR，#OFEF8H     ；指向0809首地址
READ1： MOV @DPTR，A          ；启动A/D转换
HERE：  SJMP HERE             ；等中断
        DJNZ R2，READ1        ；巡回未完继续
            ⋮
中断服务程序
        MOVX A，@DPTR         ；读数
        MOVX @R0，A           ；存数
        INC DPTR              ；更新通道
        INC R0                ；更新暂存单元
        RETI
```

第三节　工业控制计算机简介

一、工业控制计算机系统硬件组成的一般形式

在工业环境中使用的计算机控制系统，除去被控对象、检测仪表和执行机构外，其余部分称做“工业控制计算机”，简称“工业控制机”或“工控机”。也就是说，用在工业环境、适应工业要求的计算机系统，它是处理来自检测传感装置的输入，并把处理结果输出到执行机构去控制生产过程，同时可对生产进行监督、管理的计算机系统。

典型的工业计算机测控系统如图4-21所示，除图中右面的测控对象、执行机构和传感器以外，其余部分均属于工业控制机系统的组成部分。可见，工业控制机系统由两大部分组成，即总线左面部分为计算机基本系统，总线右面部分为过程输入/输出（I/O）子系统。

计算机基本系统包括主机和外围设备，其中：

主机——是由中央处理器（CPU）和存储器组成，它是控制系统的核心。主机根据输入设备送来的实时反映测控对象工作状况的各种信息，以及预定的控制算法，自动地进行信息处理和运算及时地选定相应的控制策略，并立即通过输出设备向测控对象发送控制命令。

外围设备——常用的外围设备可按功能分为输入设备、输出设备、外存储器和通信设备等等。常用输入设备有键盘、终端和专用操作台等，用来输入程序、数据和操作命令。常用输出设备有打印机、绘图机和CRT显示器等，它们以字符、曲线、表格、图形和声音等形式来反映过程工况和控制信息。外存储器有磁盘、磁带等，用来存放程序和数据。通信设备的功能是实现多个不同的控制系统进行信息交换，或构成计算机通信网络。

过程输入输出子系统，实现计算机与过程对象之间的信息传递。包括过程输入设备和过程输出设备。

过程输入设备由信号预处理、A/D接口、开关量输入接口（DI）等组成，用来把反映过程状况的各种物理量转换成数字量信号和开关量信号。

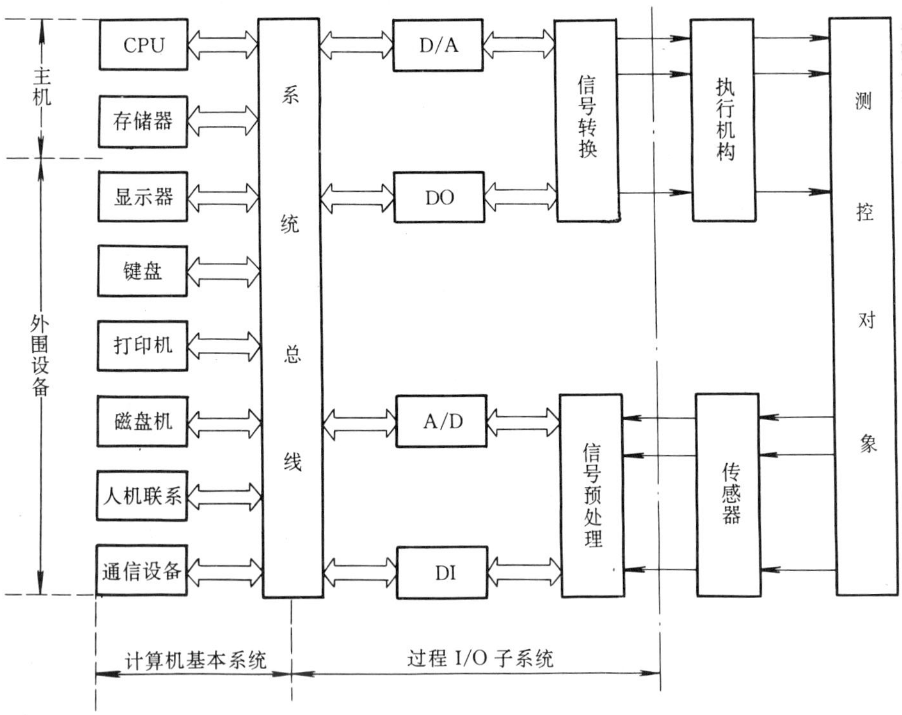

图 4-21　典型的工业计算机测控系统

过程输出设备包括 D/A 接口，开关量输出接口（DO）以及信号转换部分组成，它们把主机输出的二进制信息转换为适应各种执行机构控制的相应信号。

二　工业控制机分类

1. 可编程序控制器（*programmable Logic Controller*）简称 PLC

PLC 是从早期的继电器逻辑控制系统与微型计算机技术相结合而发展起来的。它的低端即为继电器逻辑控制的代用品，而其高端实际上是一种高性能的计算机实用控制系统。

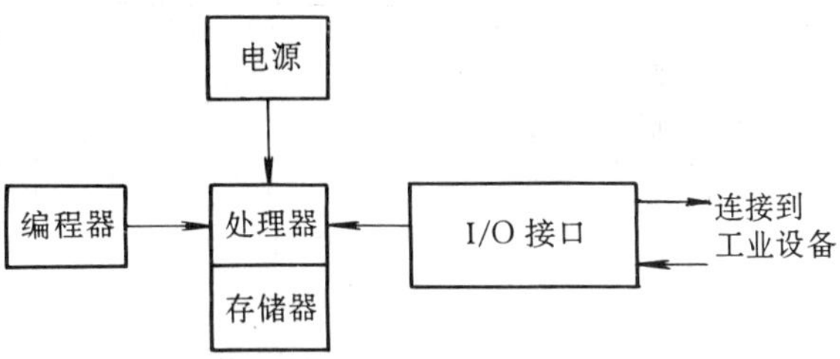

图 4-22　PLC 的典型结构

PLC 是以微处理器为主的工业控制器，处理器以扫描方式采集来自工业现场的信号。PLC 的典型结构如图 4-22 所示。

PLC 主要功能有条件控制即逻辑运算功能；定时控制；计数控制；步进控制；A/D、D/A 转换；数据处理；级间通讯等等。

PLC 的特点是：

1）工作可靠；

2）可与工业现场信号直接连接；

3）积木式组合；

4）编程操作容易；

5）易于安装及维修。

目前微处理器的发展大大提高了 PLC 的性能，特别是在运行速度方面的提高不但拉大了与继电器控制的距离，也缩小了与微型机功能的差别。

2. 单回路调节器

单回路调节器的基本构成方案如图 4-23 所示。它要处理数字和模拟两种基本信号，检测通道的模拟通入信号 AI_i 经 A/D 转换成数字信号后，存入 RAM 备用。输入开关量信号 DI_i，通过光电隔离器经 PIA（Peripheral Interface Adapter 外部接口衔接器）进入 RAM 备用。CPU 将存入 RAM 的各种参数和 EPROM 中的各种算法程序，按照系统工艺流程进行运算处理，其结果经 D/A 转换器、多路输出切换开关、模拟保持器和 V/I 转换器，从 AO_i 输出至执行器。输出开关信号通过 PIA 及继电器隔离输出。现场整定参数、操作参数可通过侧面显示和键盘进行人-机对话，并可显示各种复杂的程序设定。

单回路调节器多用于过程控制系统，其控制算法多采用 PID 算法，可取代模拟控制仪表。单回路调节器的应用使一个大系统，即有多个调节回路的系统分解成若干个子系统。子系统之间可以是相互独立，也可有一定的耦合关系。复杂的系统可由上位计算机统一管理，组成分布式计算机控制系统。

单回路调节器的主要特点是：

1）实现了仪表和微机一体化；

2）具有丰富的运算和控制功能；

3）有专用的系统组态器；

4）人—机接口灵活；

5）便与级间通信；

6）有继电保护和自诊断功能。

目前，单回路调节器在控制算法上实现了自适应、自校正、自学习、自诊断和智能控制等控制方式，提高性能，加速了仪表的更新换代，已成功地应用到各种过程控制领域。

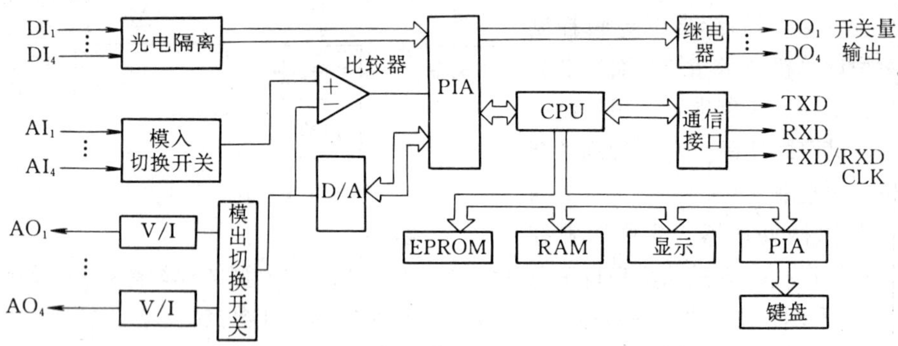

图 4-23 单回路调节器的结构

3. 总线式工业控制机

总线式工业控制机即是依赖于某种标准总线，按工业化标准设计，包括主机在内的各种 I/O 接口功能模板而组成的计算机。例如，PC 总线工业控制计算机；STD 总线工业控制计算机以及 Q-BUS、Multibus、VME bus 等等。

总线式工业控制机的典型结构如图 4-24 所示。

总线式工业控制机与通用的商业化计算机比较是取消了计算机系统母板；采用开放式总线结构；各种I/O功能模板可直接插在总线槽上；选用工业化电源；可按控制系统的要求配置相应的模板；便于实现最小系统。

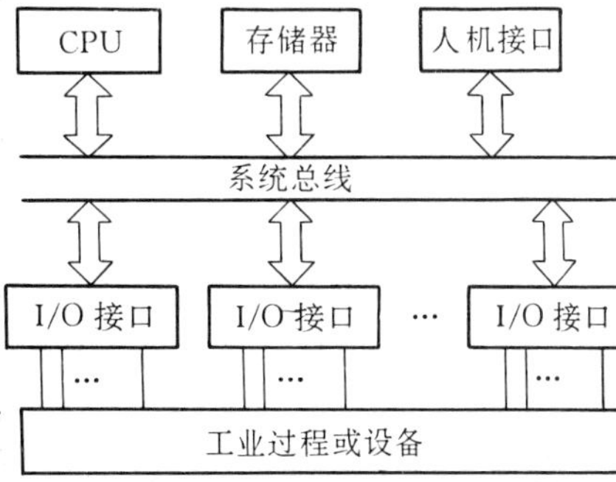

图4-24　总线式工业控制机的典型结构

目前，这类工业控制机应用较为广泛，如在过程控制、电力传动、数控机床、过程监控等方面STD总线工控机及PC总线工业控制机都有成功的经验。

特别要指出的是，总线式工业控制机的软件极为丰富。如PC总线工业控制机上可运行各种IBM-PC软件，STD总线中工业控制机如选择8088芯片的主机板，在固化MS-DOS及BIOS的支持下，也可以用IBM-PC的软件资源。这给程序编制、复杂控制算法等的实现创造了方便的条件。

4. 分布式计算机控制系统

分布式计算机控制系统也称为集散型计算机控制系统，简称为集散控制系统（DCS）。它实际上是利用计算机技术对生产过程进行集中监视、操作、管理和分散控制。它是由计算机技术、信号处理技术、检测技术、控制技术、通信技术和人机接口技术相互发展、渗透而产生的新型工业计算机控制系统。

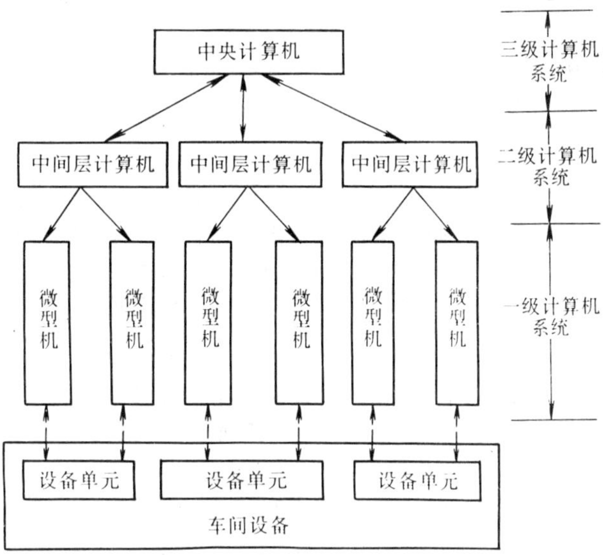

图4-25　具有三层结构模式的集散型控制系统

集散控制系统是采用标准化、模块化和系列化设计，由过程控制级、控制管理级和生产管理级组成，它是一个以通信网络为纽带，采用集中显示操作管理、控制相对分散的多级计算机网络系统结构。具有配置灵活、组态方便等优点。典型的具有三层结构模式的集散型控制系统如图4-25所示。

集散型控制系统目前已形成产业，国外的一些厂家已生产出许多型号的产品，如美国Honeywell公司的TDC3000/PM，Foxboro的Spctrun，I/A Series Westinghouse的WDPF，日本Hatachi的HIACS3000，YOKOGAWA的CEN TUM，CEN TUM-XL，TOSHIBA的TOSDIC，TDSDIC—CIEDCS及德、英、荷兰等公司的系列产品。

近些年，国内的一些厂家通过合资，引进联合生产出许多集散型控制系统的产品。如上海福克斯波罗有限公司的Spectrum，I/D Serise，西安横河控制有限公司YEWPAK，北京贝利控制有限公司的N-90，INFI-90等等。

集散型控制系统目前已广泛地应用于大型工业生产过程控制及监测系统中。特别是在大型钢铁厂、电站、机械生产、石油化工过程控制中都有成功应用的实例。

随着工业自动化水平的提高及大规模集成电路集成度的提高和成本的不断降低，将会推动集散型控制系统的应用及技术水平的提高。它将会成为工业控制计算机的一个主要的家族成员。

5. 单片微计算机

单片微计算机是将CPU、RAM、ROM、定时/计数、多功能I/O（并行、串行、A/D）、通信控制器，甚至图形控制器、高级语言、操作系统等都集成在一块大规模集成电路芯片上。由于单片微计算机的高度集成化，它具有体积小、功能强、可靠性高、功耗小、价格低廉、易于掌握，应用灵活等多种优点。目前已越来越广泛地应用于工业测控领域。

工业控制机的发展为从事机电一体化领域工作的工程技术人员提供了有力的硬件支持。如何更灵活、有效地使用工业控制机，以最好的功能，最低的成本，最可靠的工作完成机电一体化系统的设计，选择合适的工业控制机及配置是非常重要的。因此，工程技术人员应不断地了解、掌握工业控制机发展的动态及产品的更新换代。表4-3列出了三种常用工业控制机的性能对比。

表4-3　三种常用工业控制机的性能对比

控制装置 / 比较项目	普通微机系统		工业控制机		可编程序控制器	
	单片（单板）系统	PC扩展系统	STD总线系统	工业PC系统	小型PLC（256点以内）	大型PLC
控制系统的组成	自行研制（非标准化）	配置各类功能接口板	选购标准化STD模板	整机已成系统，外部另行配置	按使用要求选购相应的产品	
系统功能	简单的逻辑控制或模拟量控制	数据处理功能强，可组成功能完整的控制系统	可组成从简单到复杂的各类测控系统	本身已具备完整的控制功能，软件丰富，执行速度快	逻辑控制为主，也可组成模拟量控制系统	大型复杂的多点控制系统
通信功能	按需自行配置	已备1个串行口，再多，另行配置	选用通信模板	产品已提供串行口	选用RS232C通信模块	选取相应的模块
硬件制作工作量	多	稍多	少	少	很少	很少
程序语言	汇编语言	汇编和高级语言均可	汇编语言和高级语言均可	高级语言为主	梯形图编程为主	多种高级语言
软件开发工作量	很多	多	较多	较多	很少	较多
执行速度	快	很快	快	很快	稍慢	很快
输出带负载能力	差	较差	较强	较强	强	强
抗电干扰能力	较差	较差	好	好	很好	很好
可靠性	较差	较差	好	好	很好	很好
环境适应性	较差	差	较好	一般	很好	很好

（续）

控制装置 / 比较项目	普通微机系统		工业控制机		可编程序控制器	
	单片（单板）系统	PC 扩展系统	STD 总线系统	工业 PC 系统	小型 PLC（256 点以内）	大型 PLC
应用场合	智能仪器，单机简单控制	实验室环境的信号采集及控制	一般工业现场控制	较大规模的工业现场控制	一般规模的工业现场控制	大规模工业现场控制，可组成监控网络
价格	最低	较高	稍高	高	高	很高

三、STD 总线工业控制计算机

1. STD 总线简述

STD 总线是一个通用工业控制的 8 位微型机总线，它定义了 8 位微处理器总线标准，可容纳各种 8 位通用微处理器，如 8085，8088，6800，Z80，8051 等。16 位微处理器出现后，为了仍能使用 STD 总线，采用周期窃取和总线复用技术来扩充数据线和地址线。所以 STD 总线是 8 位/16 位兼容的总线。可容纳 16 位微处理器有 8086，80286，8098，68000 等。为了能和 32 位微处理器 80386，80486，68030 等兼容，近年来又定义了 STD32 总线标准，且与原来 8 位总线的 I/O 模板兼容。

STD 总线是 56 条信号的并行底板总线，是由四条小总线组成的（如图 4-26 所示），这些小总线是：

数据总线：8 根双向；

地址总线：16 根；

控制总线：12 根；

电源：10 根。

STD 总线引脚分配和定义见表 4-4。

表 4-4　STD 总线引脚信号名称

	元件面				线路面			
	插脚	信号名称	信号流向	说明	插脚	信号名称	信号流向	说明
逻辑电源	1	$+5V_{DC}$	入	逻辑电源 V_{CC}	2	$+5V_{DC}$	入	逻辑电源 V_{CC}
	3	GND	入	逻辑地	4	GND	入	逻辑地
	5	VBAT	入	电池电源	6	VBB	入	逻辑偏压
数据总线	7	D3/A19	入/出	数据总线/地址扩展	8	D7/A23	入/出	数据总线/地址扩展
	8	D2/A18	入/出		10	D6/A22	入/出	
	11	D1/A17	入/出		12	D5/A21	入/出	
	13	D0/A16	入/出		14	D4/A20	入/出	
地址总线	15	A7	出	出线总线	16	A15/A15	出	地址总线/数据总线扩展
	17	A6	出		18	A14/D14	出	
	19	A5	出		20	A13/D13	出	
	21	A4	出		22	A12/D12	出	

（续）

	元件面				线路面			
	插脚	信号名称	信号流向	说明	插脚	信号名称	信号流向	说明
地址总线	23	A3	出	地址总线	24	A11/D11	出	地址总线/数据总线扩展
	25	A2	出		26	A10/D10	出	
	27	A1	出		28	A9/D9	出	
	29	A0	出		30	A8/D8	也	
控制总线	31	WR*	出	写存储器或 I/O	32	RD*	出	读存储器或 I/O
	33	IORQ*	出	I/O 地址选择	34	MEMRQ	出	存储器地址选择
	35	IOEXP	入/出	I/O 扩展	36	MEMEX	入/出	存储器扩展
	37	REFRESH*	出	刷新定时	38	MCSYNC*	出	CPU 机器周期同步
	39	STATUS1*	出	CPU 状态	40	STATUS0*	出	CPU 状态
	41	BUSAK*	出	总线响应	42	BUSRQ*	入	总线请求
	43	INATK*	出	中断响应	44	INTRQ*	入	中断请求
	45	WAITRQ*	入	等待请求	46	NMIRQ*	入	非屏蔽中断
	47	SYSRESET*	出	系统复位	48	PBRESET*	入	按钮复位
	49	CLOCK*	出	处理器时钟	50	CNTRL*	入	辅助定时
	51	PCO	出	优先级链输出	52	PCI	入	优先级链输入
辅助电源	53	AUXGND	入	辅助地	54	AUXGND	入	辅助地
	55	AUX+V	入	辅助正电源（$+12V_{DC}$）	56	AUX−V	入	辅助负电源（$-12V_{DC}$）

注：* 表示低电平有效。

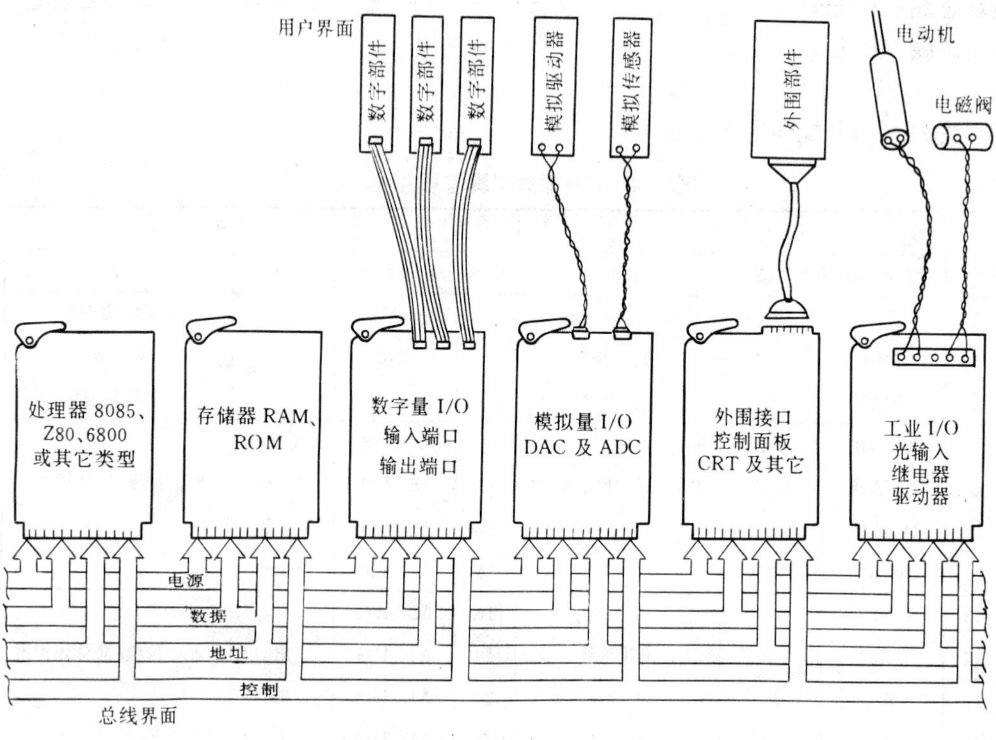

图 4-26　总线的实现

2. STD 总线的技术特点

STD 总线有着自己独具特色的优点，因而使得在工业控制中广泛采用。概括起来有如下四点：

(1) 小板结构，高度的模板化　STD 产品采用了小板结构，它们所有模板的标准尺寸为 165.1mm×114.3mm。这种小板结构在机械强度、抗断裂、抗震动、抗老化和抗干扰等方面具有优越性。它实际上是将大板的功能分解，一块模板只有一种或两种功能，这样便于用户的组装，实现自己实用的最小系统。

(2) 严格的标准化，广泛的兼容性　STD 总线具备兼容式总线结构。该总线支持各种 8 位，16 位，甚至 32 位的微处理器，可很方便的将原 8 位系统通过更换 CPU 和相应的软件达到升级，而原来的 I/O 模板不必替换，仍然兼容。

STD 总线模板设计有严格的标准化。比较其它总线，STD 总线的每条信号线都是有严格定义的，这种严格的标准化有利于广泛兼容，因此，不同厂家的产品都可在一个总线内使用。

兼容性的另一方面是软件。目前，STD 总线产品有一类采用 Intel8088/80286CPU 系列通过固化 MS-DOS 及 BIOS，可以与 IBM-PC/XT/AT 微型机软件系统环境兼容，开发者可利用 IBM-PC 系列丰富的软件资源。

(3) 面向 I/O 的设计，适合工业控制应用　许多高性能的总线及总线设计是面向系统性能的提高，及提高系统的吞吐量或处理能力。而 STD 总线是面向 I/O 的。一个 STD 底板可插 8、15、20 块模板，在众多的功能模板的支持下，用户可方便的组态。

(4) 高可靠性　工业控制机的关键技术指标就是可靠性，而 STD 总线工业控制具有较高的可靠性。如美国的 Pro-log 公司生产的 STD 总线系列产品提供 5 年的保用期。平均无故障时间 (MTBE) 已超过 60 年。可靠性的保证除了靠前面讲的小板结构的优点外，还要靠线路的设计、印制线路板的布线、元器件老化筛选、电源质量，在线测试等一系列措施。另外还有固化应用软件 Watchdog (监控定时器，俗称“看门狗”)、掉电源保护等技术也为系统可靠性提供了保障。

3. STD 总线工业控制计算机

STD 总线工业控制计算机就是由某种型号 CPU 芯片构成的主机板和按要求配置的 I/O 功能模板共同插在带有总线板的机箱内，再配上相应的电源而组成。在 STD 总线标准下所开发研制出的 I/O 功能模板都具有通用性，可支持各种不同型号 CPU 主机板。因此，在 STD 工业控制机家族内，只是以 CPU 的型号来分成不同的系列。

(1) Z80 系列　Z80 系列 STD 总线工业控制机是最早开发的一种机型，Z80 系列以其可靠性高、价格便宜、普及面宽等优点，目前仍有很大的市场。

Z80 系列 STD 总线工业控制机的基本系统硬件组成如下：

CPU 板 (Z-80CPU 或 64180 CPU，EPROM/RAM，定时器，中断控制器等)

存储器板 (64KB，带后备电池)

人—机接口 (单色/彩色图汉字显示/PC 键盘或 LED 显示/小键盘)

系统支持板：两级 Watchdog，电源掉电检测，总线匹配，日历时钟和 SRAM。

软件配置可采用 Z80 汇编语言，扩展 BASIC 语言等。

(2) 单片机系列　单片机 (Single-Chip Microcomputer) 本身就是工业控制机，集成度较高，作为控制应用其功能比较齐全，可靠性和抗干扰性能力均很优良。

康拓公司推出的STD5000系列中有采用8位的MCS-51和16位MCS-96系列单片机的两种STD总线CPU板（即5055和5056）。其中5055板可选用MCS-51系列多种芯片（如8031，8032，8051，8052，8752，8044，8344，8744等）插在板上作为CPU运行，可以组成多种模式的系统。5056板则选用8096/98单片机，组成十六位单片CPU板，板上还有4路10位A/D输入系统。

这两块CPU板可配上单色图形汉字显示子系统，也可采用LED显示/小键盘作为人-机接口。由以上基本系统和5000系列中其它各种I/O模板组合，即可构成各种各样的单片机系统，也可以利用RS-485总线接口，方便地组成分布式系统。

对于这两种单片机工业控制机的软件开发环境可采用汇编语言及C-51和C-96或PL-M-96高级语言的窗口集成开发软件。

（3）8088系列　8088系列STD工控机是采用Interl8088/8086系列CPU芯片及NEC V20/V40系列CPU芯片组成的主机系统，以固化MS-DOS及BIOS构成的操作系统，这样使得8086系列与IBM-PCXT/AT软件系统环境兼容，可以充分利用IBM-PCXT/AT的丰富的软件资源，使其成为目前工业控制机领域的主流机型。

以康拓公司STD 5000系列工业控制机STD系统Ⅱ为例，该机是与一台IBM-PC/AT完全兼容的STD总线工业控制计算机，其功能如下：

采用8088/V20或采用V40CPU和8087协处理器，主频为4.77MHz或7.16MHz。

内存使用静态RAM，可扩充到64KB。

可支持半导体盘。在现场运行时，可由半导体盘代替一般的软件磁盘。

①ROM盘，256KB或512KB。

②RAM盘360KB

可支持多种档次的图形系统。

可支持两个5.25英寸1.2M/360KB或3.5英寸1.44M/720KB软盘驱动器。

可支持固化的MS-DOS2.1和MS-DOS3.3。

支持用高级语言编程的用户程序固化运行。

一个典型的STD系统Ⅱ的结构框图如图4-27所示。

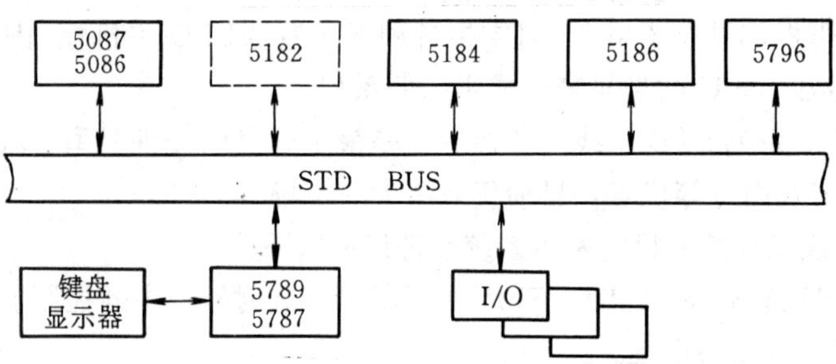

图4-27　STD系统Ⅱ的结构框图

其组成如下：

STD5087：CPU板（采用V20 CPU）或STD5086CPU板（采用V40CPU）

STD5182：内存扩展板

STD5184：半导体盘板

STD5186：软盘驱动器板

STD5787：EGA 卡或 STD5789VGA 卡

STD5796：系统支持板。

4.STD 总线工业控制机的功能模板

随着 STD 总线工业控制机在工业中的广泛应用，各类功能模板开发也日趋扩大化，目前 STD 模板的型号已达上千种。除了一些特殊用途的功能模块外，STD 模板大至可分成以下几类。

（1）人—机接口模板　这类功能模板主要有显示系统、键盘接口、打印接口、汉字库系统等模板。

（2）输入—输出接口模板　这类模板包括各种开关量 I/O 板，16 位、32 位 TTL 电平或光隔型；大功率晶闸管控制板，包括线性输出控制板；各种 A/D，D/A 板，包括 8 位、12 位、16 位高速的或双积分式 A/D，还有 16 位超高精度的 A/D 板；模拟信号处理板。包括信号调理板，如热电阻、热电偶、应变片信号的交换、放大、滤波等；计数/定时器模板等等。

（3）串行通信接口和工业局域网络功能模板　这是为工业控制机之间，系统之间的联系，信号交换而研制的。如 RS232、RS422 接口板。及构成工业局域网的网络控制功能模板等。

第四节　计算机控制算法

计算机控制系统的典型结构如图 4-28 所示。要解决的问题是根据已知的被控对象传递函数，以及给定闭环系统的性能指标设计数字调节器 D (Z)。

设计数字调节器 D(Z) 有几种方法。从设计思路来看，可归纳为连续化设计法和离散化设计法。

连续化设计法又称间接设计法。这种方法形成了一套系统的、成熟的、实用的设计方法，并在控制领域已被人们所熟知和掌握。因此，在设计计算机控制系统时，仍然经常使用连续系统的设计方法。首先设计出连续系统的调节器 D (S)，再将 D (S) 所描述的连续调节规律，通过某种规则（即数字化方法），变为计算机能够实现的数字调节规律 D (Z)。

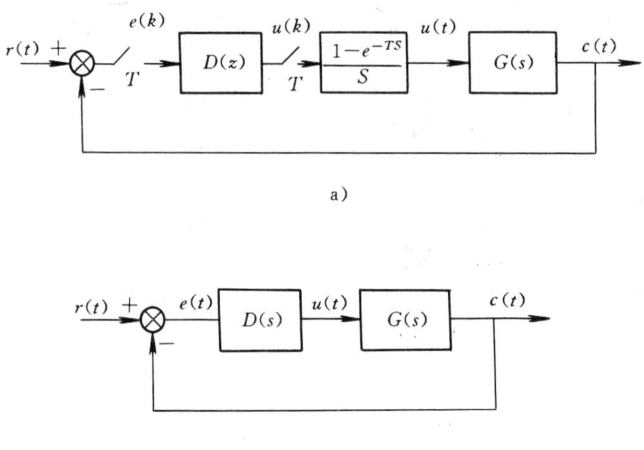

图 4-28　计算机控制系统典型结构

离散化设计法又称直接设计法。这种方法可直接在离散域用 Z 域根轨迹设计法、W 域频率特性设计法和解析设计法等设计数字调节器 D (Z)。

本节主要介绍连续化设计法，并对广泛应用的 PID（比例、积分、微分）控制算法进行讨论。

一、模拟装置的数字化方法

1. 直接差分法

直接差分法是一种简单、直观的数字化方法，常用于低阶（一阶或二阶）连续装置的数字化，它可以将连续装置的微分方程近似地用差分方程表示出来，直接差分法有二种，一是向前差分法，另一种是向后差分法。

（1）向前差分法　设某一装置的输入 $e(t)$ 与输出 $u(t)$ 可以用如下的一阶微分方程来表示

$$u(t)=\frac{\mathrm{d}e(t)}{\mathrm{d}t} \tag{4-1}$$

向前差分，可将其表示为一阶差分方程

$$u(k)=\frac{e(k+1)-e(k)}{T} \tag{4-2}$$

其中，T 为系统对 $e(t)$ 进行采样的周期，$e(k)$，$e(k+1)$ 分别为第 k 个采样时刻和第 $k+1$ 个采样时刻的输入值，$u(k)$ 为第 k 个采样时刻的输出值。

由式（4-2）可见，式（4-1）所示的微分关系经过直接差分以后，变成了一种简单的减法和乘法（乘以 $1/T$）的关系。这样的表达式特别适合计算机处理。当然，式（4-2）是式（4-1）的一种近似的表达式，其近似的程度取决于采样周期 T。T 越小，两者就越加接近。类似地，二阶微分方程

$$u(t)=\frac{\mathrm{d}^2e(t)}{\mathrm{d}t^2} \tag{4-3}$$

也可以用二阶差分方程

$$\begin{aligned}u(k)&=\frac{1}{T}\frac{[e(k+1+1)-e(k+1)]-[e(k+1)-e(k)]}{T}\\&=\frac{e(k+2)-2e(k+1)+e(k)}{T^2}\end{aligned} \tag{4-4}$$

来表示，式（4-4）表明原来二阶微分的关系，变成了加法，减法和乘法的关系。这是直接差分法的优点。但更高阶（三阶或三阶以上）的直接差分法，由于精度较低，运算次数增多，实际中不便采用。

将式（4-2）两端进行 z 变换，可以得到

$$U(z)=\frac{1}{T}E(z)(z-1) \tag{4-5}$$

或

$$D(z)=\frac{U(z)}{E(z)}=\frac{z-1}{T} \tag{4-6}$$

而式（4-1）的拉氏变换式为

$$D(S)=\frac{U(s)}{E(s)}=s \tag{4-7}$$

比较式（4-6）与式（4-7）可知，当用向前差分法将连续装置 $D(s)$ 数字化，求其相应的脉冲传递函数 $D(z)$ 时，可将 $D(s)$ 中的因子 s 直接变为 $(z-1)/T$，即

$$D(z)=D(s)\big|_{s=\frac{z-1}{T}} \tag{4-8}$$

例 1　设有一惯性环节

$$D(s)=\frac{U(s)}{E(s)}=\frac{1}{T_a s+1}$$

用向前差分法将其数字化

解 根据式（4-8）的关系可得

$$D(z)=D(s)\big|_{S=\frac{z-1}{T}}=\frac{1}{T_a\dfrac{z-1}{T}+1}=\frac{T/T_a}{z-(1-T/T_a)}$$

向前差分法使差分方程与微分方程有一一对应的关系。但在实际使用当中，有时不能实现。例如式（4-2）所示的关系，要计算当前时刻的输出 u（k），不仅需要知道当前时刻的输入 e（k），还要知道未来时刻的输入 e（$k+1$），这在实际应用中是无法实现的。

（2）向后差分法　向后差分法可将式（4-1）所示的微分方程近似地表示为一阶差分方程

$$u(k)=\frac{e(k)-e(k-1)}{T} \tag{4-9}$$

与向前差分法不同的是，这种表达关系虽然不能与原来的一阶差分方程严格对应，但式（4-9）的右端不再含有未来时刻的输入，所以在使用中是可以实现的，至于它逼近于式（4-1）的程度，仍然取决于采样周期 T，通过选择适当的 T，可以使式（4-9）具有足够高的精度。

类似地，用二阶向后差分法也可将二阶微分方程

$$u(t)=\frac{\mathrm{d}^2e(t)}{\mathrm{d}t^2}$$

表示为

$$\begin{aligned}u(k)&=\frac{1}{T}\,\frac{[e(k)-e(k-1)]-[e(k-1)-e(k-2)]}{T}\\&=\frac{e(k)-2e(k-1)+e(k-2)}{T^2}\end{aligned} \tag{4-10}$$

式（4-9）两端进行 z 变换有

$$U(z)=E(z)\,\frac{1-z^{-1}}{T} \tag{4-11}$$

或

$$D(z)=\frac{U(z)}{E(z)}=\frac{1-z^{-1}}{T} \tag{4-12}$$

比较式（4-12）与式（4-7）可知，当用向后差分法将连续装置 D（s）数字化，求其相应的脉冲传递函数 D（z）时，可将 D（s）中的因子 s 直接用（$1-z^{-1}$）$/T$ 代替，即

$$D(z)=D(s)\big|_{s=\frac{1-z^{-1}}{T}} \tag{4-13}$$

这里 $s=$（$1-z^{-1}$）$/T$ 正好滞后于向前差分法的 $s=$（$z-1$）$/T$ 一个采样周期。

当连续装置的输入 e（t）与输出 u（t）具有如下关系

$$u(t)=\int_0^t e(t)\mathrm{d}t \tag{4-14}$$

时，可用矩形积分法将其数字化

$$\begin{aligned}u(k)&=\sum_{i=0}^{k}e(i)T=\sum_{i=0}^{k-1}e(i)T+Te(k)\\&=u(k-1)+Te(k)\end{aligned} \tag{4-15}$$

将式（4-15）两端进行 Z 变换有

$$U(z)=Z^{-1}U(z)+TE(z)$$

或

$$D(z)=\frac{U(z)}{E(z)}=\frac{T}{1-z^{-1}} \tag{4-16}$$

而式（4-14）的拉氏变换式为

$$D(s)=\frac{U(s)}{E(s)}=\frac{1}{s} \tag{4-17}$$

比较式（4-16）与式（4-17），仍有

$$D(z)=D(s)\big|_{s=\frac{1-z^{-1}}{T}} \tag{4-18}$$

而式（4-18）说明，矩形积分法与后向差分法有相同的映射关系。

例 2　设有一装置的输入 $e(t)$，输出 $u(t)$ 满足微分方程

$$u(t)=K_P\left[e(t)+\frac{1}{T_I}\int_0^t e(t)\mathrm{d}t+T_D\frac{\mathrm{d}e(t)}{\mathrm{d}t}\right]$$

将其数字化。

解　用向后差分法和矩形积分法有

$$\begin{aligned}u(k)&=K_P\left[e(k)+\frac{1}{T_I}\sum_{i=0}^{k}e(i)T+T_D\frac{e(k)-e(k-1)}{T}\right]\\&=K_Pe(k)+\frac{K_PT}{T_I}\sum_{i=0}^{k}e(i)+\frac{K_PT_D}{T}[e(k)-e(k-1)]\end{aligned}$$

2. 匹配 Z 变换法

匹配 Z 变换法是从 Z 域与 S 域的映射关系出发，将〔s〕平面上的零、极点 $s=a$ 直接映射为 Z 域上的零、极点 $z=e^{at}$，其中 T 为采样周期，这种直接映射关系可以表示为

$$D(z)=D(s)\big|_{(s-a)=(1-z^{-1}e^{aT})} \tag{4-19}$$

对于共轭复数零、极点，式（4-19）的映射关系变成

$$\begin{aligned}(s-a-\mathrm{j}b)(s-a+\mathrm{j}b)&\rightarrow(1-z^{-1}e^{aT}e^{\mathrm{j}bT})(1-z^{-1}e^{aT}e^{-\mathrm{j}bT})\\&=1-2z^{-1}e^{aT}\cos(bT)+z^{-2}e^{2aT}\end{aligned} \tag{4-20}$$

匹配 Z 变换法的这种映射关系还应保证映射前后的增益相等，设

$$D(s)=\frac{K_s(s-a_1)\cdots(s-a_m)}{(s-b_1)\cdots(s-b_n)} \tag{4-21}$$

映射后

$$D(z)=\frac{K_z(1-z^{-1}e^{a_1T})\cdots(1-z^{-1}e^{a_mT})}{(1-z^{-1}e^{b_1T})\cdots(1-z^{-1}e^{b_nT})} \tag{4-22}$$

映射后应使

$$\lim_{z\to 1}D(z)=\lim_{s\to 0}D(s) \tag{4-23}$$

即

$$K_z=\lim_{s\to 0}D(z)\lim_{z\to 1}\frac{(1-z^{-1}e^{b_1T})\cdots(1-z^{-1}e^{b_nT})}{(1-z^{-1}e^{a_1T})\cdots(1-z^{-1}e^{a_mT})}$$

这种离散化方法应用于具有因式分解形式的传递函数时，比较方便。

例 3　设一连续装置的传递函数为

$$D(s)=\frac{(s+4)(s+1.5)}{(s+10)}$$

当采样周期 $T=0.01\text{s}$ 时，用匹配 Z 变换法将其离散化。

解 由式（4-19）有

$$D(z)=\frac{K_z(1-z^{-1}e^{-4\times 0.01})(1-z^{-1}e^{-1.5\times 0.01})}{1-z^{-1}e^{-10\times 0.01}}$$

$$=\frac{K_z(1-0.96z^{-1})(1-0.985z^{-1})}{1-0.9z^{-1}}$$

$$K_z=\lim_{s\to 0}D(s)\lim_{z\to 1}\frac{1-0.9z^{-1}}{(1-0.96z^{-1})(1-0.985z^{-1})}$$

$$=0.6\times\frac{1}{6\times 10^{-3}}=100$$

最后得

$$D(z)=\frac{100(1-0.96z^{-1})(1-0.98z^{-1})}{1-0.9z^{-1}}$$

3. 双线性变换法

双线性变换法也称突斯汀（Tustin）法，是实际控制系统中比较常用的一种离散化方法，根据 Z 变换定义：

$$z=e^{Ts}=e^{\frac{Ts}{2}}/e^{-\frac{Ts}{2}} \tag{4-24}$$

将 $e^{\frac{Ts}{2}}$ 和 $e^{-\frac{Ts}{2}}$ 展成台劳级数，并取前两项有

$$e^{\frac{Ts}{2}}\approx 1+\frac{Ts}{2},\quad e^{-\frac{Ts}{2}}\approx 1-\frac{Ts}{2}$$

于是可得

$$z=\frac{1+\dfrac{Ts}{2}}{1-\dfrac{Ts}{2}} \tag{4-25}$$

从中解出 s，得双线性变换的近似表达式为

$$s=\frac{2}{T}\frac{1-z^{-1}}{1+z^{-1}} \tag{4-26}$$

根据式（4-26）的变换关系，如果连续装置的传递函数为 $D(s)$，则其离散化后的脉冲传递函数为

$$D(z)=D(s)\big|_{s=\frac{2}{T}\frac{1-z^{-1}}{1+z^{-1}}} \tag{4-27}$$

式（4-27）表明，当

$$D(s)=\frac{U(s)}{E(s)}=s \tag{4-28}$$

时，则

$$D(z)=\frac{U(z)}{E(z)}=\frac{2}{T}\frac{1-z^{-1}}{1+z^{-1}} \tag{4-29}$$

或

$$\frac{U(z)+z^{-1}U(z)}{2}=\frac{E(z)-z^{-1}E(z)}{T} \tag{4-30}$$

与其相应的差分方程为

$$\frac{u(k)+u(k-1)}{2}=\frac{e(k)-e(k-1)}{T} \tag{4-31}$$

将式（4-31）与式（4-9）的向后差分法比较可知，在双线性变换中，用 $u(k)$ 和 $u(k-1)$ 二点的平均值代替了向后差分法中的 $u(k)$。所以双线性变换法比直接差分法具有更高的精度，但在使用中比直接差分法繁杂一些。

例 4 用双线性变换法求

$$D(s)=\frac{T_1 s+1}{s(T_2 s+1)}$$

的离散化模型

解 将式（4-26）的变换关系代入 $D(s)$ 有

$$\begin{aligned}
D(z)&=\frac{T_1\dfrac{2}{T}\dfrac{1-z^{-1}}{1+z^{-1}}+1}{T_2\left(\dfrac{2}{T}\dfrac{1-z^{-1}}{1+z^{-1}}\right)^2+\dfrac{2}{T}\dfrac{1-z^{-1}}{1+z^{-1}}}\\
&=\frac{2T_1T(1-z^{-2})+T^2(1+z^{-1})^2}{4T_2(1-z^{-1})^2+2T(1-z^{-2})}\\
&=\frac{(2T_1T+T^2)+2T^2z^{-1}+(T^2-2T_1T)z^{-2}}{(4T_2+2T)-8T_2z^{-1}+(4T_2-2T)z^{-2}}
\end{aligned}$$

4. 连续化设计方法的一般步骤

图 4-28 所示为典型的计算机控制系统的框图。为了应用连续系统的设计方法，首先对图 4-28a 所示系统按照连续系统（图 4-28b）的设计方法进行设计。

利用设计连续系统所熟知的方法，如频率特性法、根轨迹法等，首先设计出假想的连续调节器的传递函数 $D(s)$，然后利用模拟装置的数字化方法，求出近似的、等效的脉冲传递函数 $D(z)$，最后根据 $D(z)$ 得到数字调节器的差分方程，编制成计算程序由计算机实现。

在使用连续系统的设计方法时，没有考虑到实际计算机控制系统中存在的零阶保持器的影响，如果系统的采样周期为 T，那么零阶保持器的影响大体上相当于在系统中附加一个 $T/2$ 的滞后环节。因此，这种设计方法只适合于系统的采样周期相对于系统时间常数较小的情况，否则，实际系统的特性与设计要求相比将明显变差。下面，通过一个例子来说明这种方法的设计过程。

已知某伺服系统被控对象的传递函数为

$$G(s)=\frac{1}{s(10s+1)} \tag{4-32}$$

要求满足的性能指标为：

$$\begin{cases}\text{速度品质系数} & K_v \geqslant 1\\ \text{过渡过程时间} & t_s \leqslant 10\text{s}\\ \text{阶跃响应超调量} & M_p\% \leqslant 25\%\end{cases} \tag{4-33}$$

要求设计满足上述要求的数字控制器 $D(z)$。

第一步：设计连续调节器 $D(s)$。根据被控对象传递函数式（4-32）及性能指标式（4-33），利用熟知的连续控制系统的设计方法不难设计出能够满足要求的连续调节器的传递函数

$D(s)$。例如求得

$$D(s) = \frac{10s + 1}{s + 1} \tag{4-34}$$

这是典型的超前—滞后校正。根据 $D(s)$ 可以求得系统的闭环传递函数

$$\Phi(s) = \frac{D(s)G(s)}{1 + D(s)G(s)} = \frac{1}{s^2 + s + 1} \tag{4-35}$$

不难验证，闭环连续系统满足式（4-32）的性能指标。

第二步：选择采样周期 T。由于实际的校正装置由计算机实现，式（4-32）只是校正装置的连续形式。为便于计算机实现。需将 $D(s)$ 离散化为 $D(z)$，为此，首先需要确定采样周期 T。

采样周期对于控制系统有着明显的、直接的影响，在计算机控制系统中是一个重要的控制参数。但是，它与其它参数之间又没有一个确定的、简单的解析关系，所以，实际设计过程中需要根据对象的情况和设计要求以及以往的经验进行选择，并且一般要经过不止一次的修正才能最后确定。采样周期初步选择可以根据经验公式

$$\omega_s = \frac{2\pi}{T} \geqslant (10 \sim 15)\omega_c \tag{4-36}$$

确定。其中，ω_s 是采样角频率，ω_c 是校正以后系统（开环）的剪切频率。在本例中，由

$$D(s)G(s) = \frac{1}{s(s + 1)} \tag{4-37}$$

可知，校正后开环系统的剪切频率为

$$\omega_c = 1 \tag{4-38}$$

因此可取

$$T \leqslant \frac{2\pi}{15} \tag{4-39}$$

考虑到 $D(z)$ 后面的零阶保持器的影响，这里取 $T=0.2$s。

第三步：计算脉冲传递函数 $D(z)$。利用匹配 Z 变换法可求得

$$\begin{aligned} D(z) &= D(s)\big|_{(s-a)=(1-z^{-1}e^{aT})} \\ &= \frac{K_z(1 - z^{-1}e^{-0.1T})}{(1 - z^{-1}e^{-T})} \\ &= K_z\frac{(1 - z^{-1}e^{-0.1\times0.2})}{(1 - z^{-1}e^{-0.2})} = K_z\frac{(z - 0.98)}{(z - 0.82)} \end{aligned} \tag{4-40}$$

再根据增益不变的原则，应有

$$\lim_{z\to1} D(z) = \lim_{s\to0} D(s) \tag{4-41}$$

从而有

$$K_z = \lim_{s\to0} D(s)\lim_{z\to1}\frac{(z - 0.82)}{(z - 0.98)} = 9 \tag{4-42}$$

将 $K_z=9$ 代入式（4-40）有

$$D(z) = \frac{9(z - 0.98)}{(z - 0.82)} \tag{4-43}$$

第四步：将数字调节器的脉冲传递函数

$$D(z)=\frac{U(z)}{E(z)}=\frac{9(z-0.98)}{(z-0.82)} \tag{4-44}$$

化为差分方程，有

$$u(k)=0.82u(k-1)+9e(k)-8.82e(k-1) \tag{4-45}$$

式（4-45）即为计算机控制中，数字调节器的输入输出表达式。可根据这个表达式编制程序，对被控制对象 $G(s)$ 进行控制。

第五步：校核、设计完成后，要对整个闭环系统进行校核。有条件时，可用计算机进行数字仿真。本例的仿真结果为：$M_P\%=20.6\%$，$t_s\%=5.35s$。

二、数字 PID 调节器的设计

1. 基本数字 PID 调节器

PID 调节器由于能够较好地兼顾系统动态控制性能和稳态性能，因此在工程中得到了很普遍的应用。PID 调节器的控制机理已为控制系统领域的人们所熟悉，将传统的 PID 调节器用计算机予以实现，是设计计算机控制系统的一种简便、常用的方法。

在连续系统中，模拟 PID 调节器输入输出之间的关系可用下面的微分方程表示：

$$u(t)=K_P\left[e(t)+\frac{1}{T_I}\int_0^t e(t)\mathrm{d}t+T_D\frac{\mathrm{d}e(t)}{\mathrm{d}t}\right] \tag{4-46}$$

式中 $e(t)$ ——调节器的输入，即系统的偏差；
$u(t)$ ——调节器的输出；
T_I——积分时间常数；
T_D——微分时间常数；
K_P——比例系数。

设计数字 PID 调节器，首先应把式（4-46）数字化，设 T 为采样周期，并且它的值相对于被采样信号 $e(t)$ 的变化周期是很短的。这样，就可以用前面所讲的离散化方法，在式（4-46）中，用矩形积分代替连续积分，用向后差分代替微分，于是式（4-46）可以写成

$$\begin{aligned}u(k)&=K_P\left[e(k)+\frac{1}{T_I}\sum_{i=0}^{k}e(i)T+T_D\frac{e(k)-e(k-1)}{T}\right]\\&=K_Pe(k)+K_I\sum_{i=0}^{k}e(i)+K_D[e(k)-e(k-1)]\end{aligned} \tag{4-47}$$

式中 $K_I=\frac{K_PT}{T_I}$——积分系数；
$K_D=\frac{K_PT_D}{T}$——微分系数；
T——采样周期；
$e(k)$ ——第 k 个采样时刻的输入值；
$e(k-1)$ ——第 $k-1$ 个采样时刻的输入值；
$u(k)$ ——第 k 个采样时刻的输出值。

式（4-47）中，令

$$u_I(k)=K_I\sum_{i=0}^{k}e(i),u_I(k-1)=K_I\sum_{i=0}^{k-1}e(i)$$

则式（4-47）还可写成

$$u(k) = K_P e(k) + K_I \sum_{i=0}^{k-1} e(i) + K_I e(k) + T_D[e(k) - e(k-1)]$$

$$= K_P e(k) + u_I(k-1) + K_I e(k) + T_D[e(k) - e(k-1)] \quad (4\text{-}48)$$

式（4-48）称为位置式 PID 控制算式。计算机按该式算出的是控制全量，也即对应于执行机构每次所达到的位置，通过保持器加在被控对象 G（s）的输入端，如图 4-29 所示。式（4-48）的 $u_I(k-1)$ 为第 $k-1$ 个采样时刻积分器的输出值，它是从 $i=0$ 一直到 $i=k-1$ 所有 $K_I e(i)$ 的累加值，是通过积分作用的逐步累加得到的，并且当 $k<0$ 时

$$u_I(k-1) = 0 \quad (4\text{-}49)$$

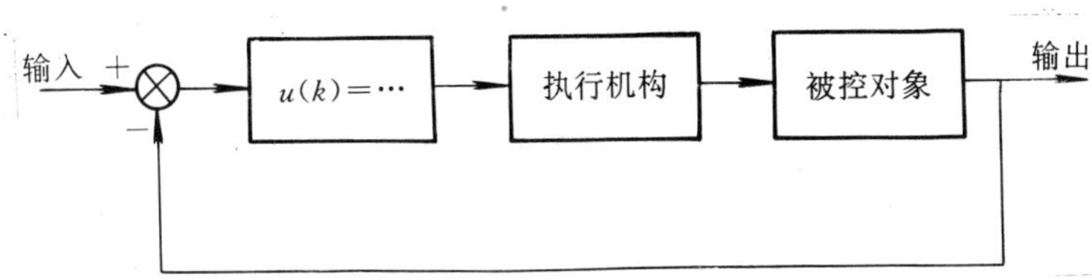

图 4-29　位置式 PID 控制系统方框图

尽管在式（4-48）的右端，第一项、第二项和第四项中都存在着同类项 e（k），但在实际处理时，一般并不能将它们合并。这是因为在实际运行中，数字 PID 调节器的控制参数 K_P、K_I、K_D 都应能够分别进行调整，以方便现场调试。除此之外，由于积分器往往需要加入积分限幅环节，这时也不允许将 e（k）与其它项合并。

式（4-48）实际系统常用的位置式 PID 算式，控制机理明确，算法简捷，只需三次乘法、三次加法和一次减法。并且只要将其中的一个或二个参数置 0。就可获得 P、I、D、PI、PD、PID 等不同的控制方式，也可以对其中任何一种调节器的输入输出特性进行单独测试，以观察它的控制作用，这些都大大地方便了调节器的设计和现场调试过程。所以式（4-48）在实际中得到了普遍的应用。

有些被控制对象带有积分性质的执行机构（如步进电机等），这时数字调节器就不能使用式（4-48）所表示的位置式算法，而应使用增量式算法。

根据式（4-48）的递推关系，可以写出

$$u(k-1) = K_P e(k-1) + K_I \sum_{i=0}^{k-1} e(i)T + K_D[e(k-1) - e(k-2)] \quad (4\text{-}50)$$

用式（4-48）减去式（4-50），有

$$\Delta u(k) = u(k) - u(k-1)$$

$$= K_P[e(k) - e(k-1)] + K_I e(k) + T_D[e(k) - 2e(k-1) + e(k-2)] \quad (4\text{-}51)$$

式（4-51）就是 PID 调节器的增量式算法，与其相应的控制系统如图 4-30 所示。由式（4-

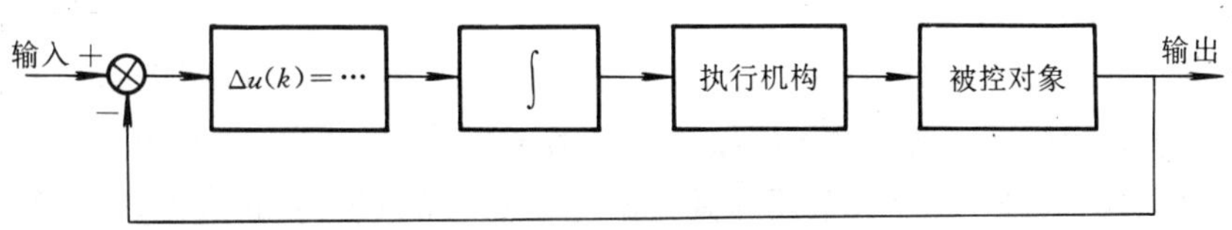

图 4-30　增量式 PID 控制系统的方框图

51)可见，增量式PID算法不会出现积分饱和问题，因为积分项的值为$e(k)$始终为一有限值，与位置式算法相比，这是它的一个优点。

应当指出，数字PID调节器的设计，是采用位置式算法还是增量式算法，应根据被控对象的要求而定。当被控对象要求调节器输出位置量时，就采用位置式算法，当被控对象要求调节器输出位置的增量时，应采用增量式算法。

2. 数字PID调节器的改进

(1) 积分算法的改进　在上面叙述了基本PID调节器的形式。在实际使用中，这种基本的PID调节器往往还存在着一些缺陷。其中一个对控制系统的影响比较大的问题就是积分器的饱和问题。

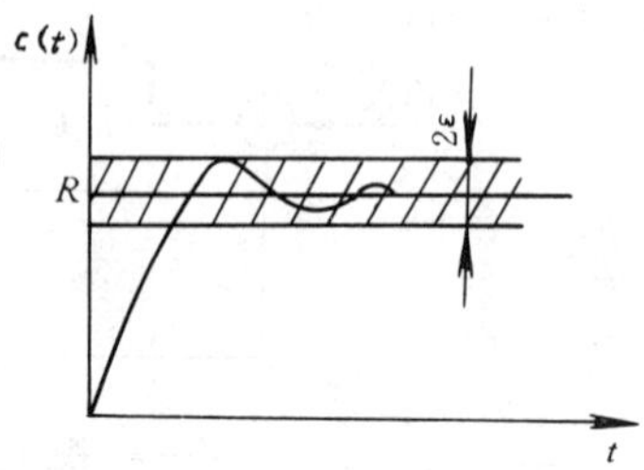

图 4-31　积分分离PID切换原理图

基本PID算法中，积分运算是通过对系统偏差的不断累加而实现的，积分器的积分值代表着系统偏差的面积。由于计算机输出接口（D/A转换器）的字长是有限的，当系统在刚启动的一段时间内，系统的偏差较大，积分器经过若干个采样周期的积分运算以后，其积分结果就会超过计算机输出接口所能表示的最大数值，从而使调节器从线性工作区进入饱和区。进入饱和区以后，调节器便失去了调节能力，系统在调节器饱和输出值的作用下，以最大的加速度运动，一直到系统出现较大幅度的，并且持续时间较长的超调以后，在较大的负偏差的作用下，才能将积分器从饱和区拉到线性区，这就是积分饱和问题。被控对象的惯性越大，这种积分饱和现象就越严重。为使数字调节器尽可能工作在线性区，可以采用积分分离的方法，即在系统的给定值画出一条带域。其宽度为2ε，ε>0为积分器投入或切除的切换点。如图4-31所示。

在系统启动初期，系统的偏差较大时，暂时切除积分（将积分系数K_I置0）作用；当系统的输出接近给定值（进入到带域之内）时，再将积分器投入，即

$$u(k)=\begin{cases}K_Pe(k)+K_D[e(k)-e(k-1)] & |e(k)|\geqslant \varepsilon \\ K_Pe(k)+K_I\sum\limits_{i=0}^{k}e(i)+K_D[e(k)-e(k-1)] & |e(k)|<\varepsilon\end{cases} \tag{4-52}$$

积分器分离值可做为积分分离PID调节器的一个设计参数，算法程序将系统的偏差$e(k)$的绝对值与ε进行比较，然后根据式(4-52)做出使用PID调节器还是PD调节器的决策。由于ε与系统其它参数之间没有简单的解析关系，所以ε的值要在调试过程中，根据系统的具体情况而定。由式(4-52)可见。当ε的值很大时，调节器将失去积分分离的作用。积分分离PID调节器的结构图如图4-32所示。

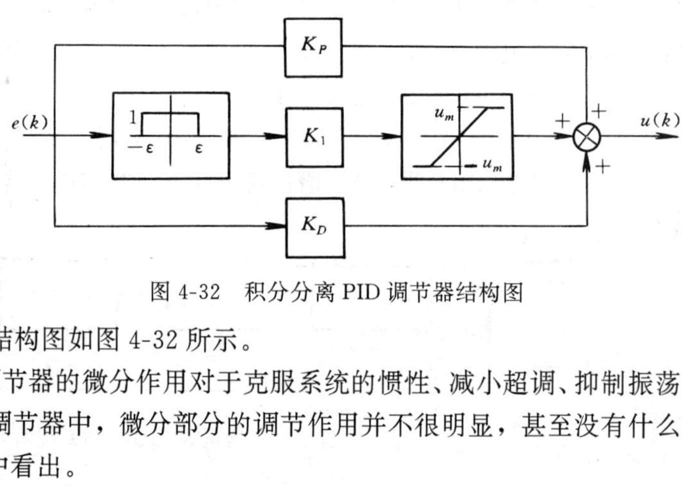

图 4-32　积分分离PID调节器结构图

(2) 微分算法的改进　PID调节器的微分作用对于克服系统的惯性、减小超调、抑制振荡起着重要的作用，但在数字PID调节器中，微分部分的调节作用并不很明显，甚至没有什么调节作用，这可以从以下的分析中看出。

在式（4-48）中，微分部分的输出为

$$u_D(k) = K_D[e(k) - e(k-1)] \tag{4-53}$$

两端进行 Z 变换得

$$U_D(z) = K_D E(z)(1 - z^{-1}) \tag{4-54}$$

当调节器的输入信号 $e(K)$ 为阶跃信号时，则

$$E(z) = \frac{1}{1 - z^{-1}} \tag{4-55}$$

从而得到微分部分的输出序列为

$$u_D(0) = K_D$$

$$u_D(1) = 0$$

$$u_D(2) = 0$$

$$\cdots$$

微分部分的输入输出关系如图 4-33 所示。由图可见，在第一个采样周期之内，微分器输出为常值 K_D，第一个采样周期以后，u_D（k）一直为 0。由此可见，微分控制作用的持续时间只有一个采样周期。通常，一个采样周期相对于控制系统的过渡过程时间来说是很短的，并且由于输出装置受到驱动能力的限制，输出的幅度不会无限大。所以微分作用的控制能量（阴影部分的面积）往往是很小的，不足以克服系统的惯性，因此对系统的控制作用也是很不明显的。数字微分器的控制作用与连续微分调节器的控制作用相比相差甚远，达不到期望的控制效果。相反，对于频率较高的干扰信号又比较敏感，使系统极易受到噪声信号的干扰。因此，对于基本数字 PID 调节器中的微分作用进行改进是非常必要的。

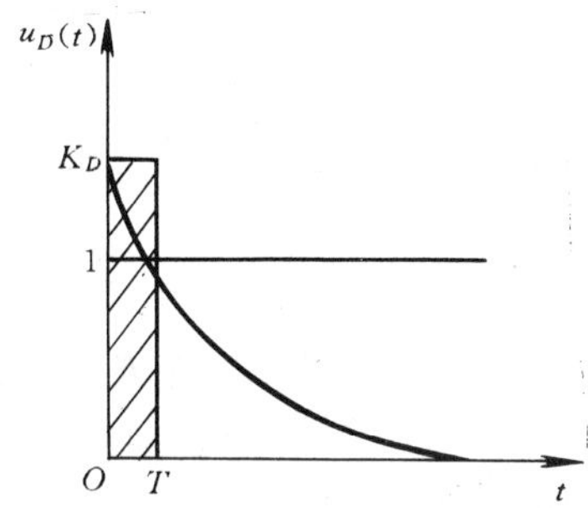

图 4-33　数字微分器的特性

改进微分作用常用的方法有两种，一种是采用微分平滑的方法，即取四点输入信号的微分加权平均值做为微分器的实际输出。另一种是采用不完全微分 PID 的方法不完全微分 PID 调节器是在一般 PID 调节器串入一个一阶惯环节而构成。

下面，我们来导出不完全微分 PID 调节器的表达式。一阶惯性环节的传递函数为

$$G_a(s) = \frac{1}{T_a s + 1} \tag{4-56}$$

常规 PID 调节器的传递函数为

$$\begin{aligned} D(s) &= K_P\left(1 + \frac{1}{T_I s} + T_D s\right) \\ &= \frac{K_P(1 + T_I s + T_I T_D s^2)}{T_I s} \\ &= \frac{K_1(T_1 s + 1)(T_2 s + 1)}{T_1 s} \end{aligned} \tag{4-57}$$

其中　$T_I = T_1 + T_2$，$T_D = \dfrac{T_1 T_2}{T_1 + T_2}$，$K_P = K_1 \dfrac{T_I}{T_1}$

将 G_a（s）与 $D(s)$ 相串联，并设 $T_a = \beta T_2$，得到不完全微分 PID 调节器的传递函数

$$D_a(s) = G_a(s)D(s) = \frac{K_1(T_1 s + 1)(T_2 s + 1)}{T_1 s(T_a s + 1)}$$

$$= \frac{T_2 s + 1}{\beta T_2 s + 1} K_1 (1 + \frac{1}{T_1 s}) \tag{4-58}$$

其中$\beta>0$，为不完全微分系数，调节β的值，可以调节微分作用的持续时间。$K_1=K_P T_1/T_I$为比例系数。T_1为积分时间常数，T_2为微分时间常数，与式（4-57）对应的不完全微分 PID 调节器的原理图如图 4-34 所示。

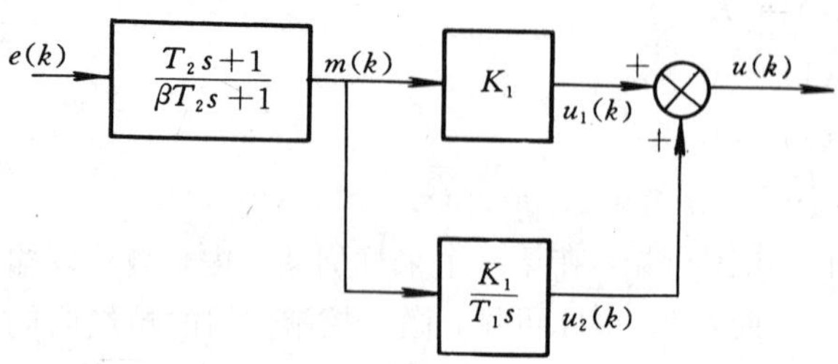

图 4-34　不完全微分 PID 调节器方框图

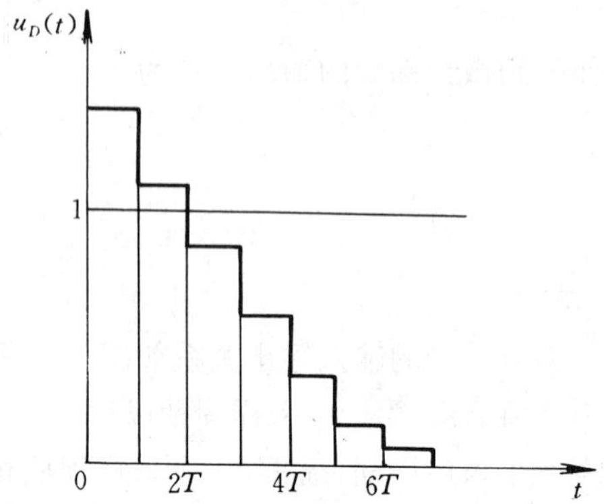

图 4-35　不完全微分阶跃响应

下面，我们讨论不完全微分 PID 调节器的实现过程。由图 4-34 可以得到

$$T_2 \frac{\mathrm{d}e(t)}{\mathrm{d}t} + e(t) = \beta T_2 \frac{\mathrm{d}m(e)}{\mathrm{d}t} + m(t) \tag{4-59}$$

设系统的采样周期为T，化成差分方程得

$$(T + \beta T_2)m(k) - \beta T_2 m(k-1) = (T_2 + T)e(k) - T_2 e(k-1) \tag{4-60}$$

整理得微分部分的输出为

$$m(k) = \frac{\beta T_2}{T + \beta T_2} m(k-1) + \frac{T_2 + T}{T + \beta T_2} e(k) - \frac{T_2}{T + \beta T_2} e(k-1) \tag{4-61}$$

比例部分的输出为

$$u_1(k) = k_1 m(k) \tag{4-62}$$

积分部分的输出为

$$u_2(k) = \frac{K_1}{T_1} \sum_{i=0}^{k} m(i)T = \frac{K_1}{T_1} \sum_{i=0}^{k-1} m(i)T + \frac{K_1}{T_1} m(k)T$$

$$= u_2(k-1) + \frac{K_1}{T_1} m(k)T \tag{4-63}$$

最后得到不完全微分 PID 调节器的输出为

$$u(k) = u_1(k) + u_2(k) \tag{4-64}$$

当调节器参数为K_P、T_I、T_D、β及采样周期 T 确定以后，即可按式（4-61）、（4-62）、（4-63）、（4-64）计算出调节器的输出$u(k)$。不完全微分调节器的阶跃响应如图 4-35 所示。

第五章　可靠性和抗干扰技术

第一节　可　靠　性

一、概述

机电一体化系统及产品要能正常地发挥其功能，首先必须稳定、可靠地工作。可靠性是系统和产品的主要属性之一，是考虑到时间因素的产品质量，对于提高系统的有效性、降低寿命期费用和防止产品发生故障具有重要意义。可靠性高，意味着故障少、寿命长、维修费用低；可靠性低，意味着故障多、寿命短、维修费用高。

可靠性问题最早是由美国军用航空部门提出的，他们首先认识到不可靠的代价实在太大。在第二次世界大战中，美国由于飞行故障而损失的飞机有21000架，是被击落飞机的1.5倍。美国运往远东的飞机，经运输后机上60%的电子设备不能使用，在储存期间有50%的电子设备失效。1955年美国国防预算有30%用于维修和服务，以后又增加到70%，成为不堪忍受的负担。在这种巨大的压力下，美国投入了大量人力物力对可靠性理论与工程应用进行研究，并逐渐推广应用到各工业部门。目前，从最复杂的宇宙飞船，到日用的洗衣机、冰箱等，都应用了可靠性工程，均有明确的可靠性指标，并取得了巨大的成功。

日本自50年代开始从美国引进可靠性工程与管理技术，并在民用工业中运用和推广，对提高日本产品的质量起了很大的作用。日本的汽车、家用电器等产品之所以能够畅销全球，就在于其产品不但功能全、价格便宜，而且有较高的可靠性。因此，日本人断言，今后产品竞争的焦点是可靠性。

在我国，产品的可靠性问题已引起了国家和企业的高度重视。1989年12月，原机械电子工业部召开了机电工业第一届可靠性工作会议，要求在1990年对近1000个大类的机电产品进行可靠性指标考核，到2000年，要扩大到5000个大类产品，基本上覆盖了全国机电产品的主要品种。许多企业通过开展可靠性达标工作，弄清了产品的主要故障模式及失效机理，采取纠正措施后，产品质量和可靠性明显提高。例如，彩色电视机的平均无故障工作时间由几百小时提高到了1.5万小时以上；汽车的平均无故障行驶里程达到2756km，超出考核指标的71.7%。机床行业数显装置的平均无故障工作时间从3000h提高到5000h。企业因此获得了信誉和显著的经济效益。

二、可靠性的定义

国家标准GB3187—82（可靠性基本名词术语及定义）规定可靠性的定义是：产品在规定的条件下和规定的时间内完成规定功能的能力，它包括四项内容。

1. 产品

即可靠性研究的对象，它可以是一个零件、一部设备或一个由若干零部件或设备组成的系统。

2. 规定的条件

这些条件包括运输条件、储存条件和使用条件，如载荷、温度、压力、湿度、辐射、振动等。此外，使用方法、维修方法和操作人员的技术水平等对设备或系统的可靠性也有很大影响。任何产品如果误用或滥用都可能引起损坏。

3. 规定的时间

可靠性是有时间要求的，产品只能在一定的时间内达到目标可靠度。规定时间长短不同，产品的可靠性也不同。这里的时间是广义的，不单指小时、天数等，根据产品的不同，有时可能是应力循环数、转数或里程数等相当于时间的量。

4. 规定的功能

产品的可靠性不能脱离“规定的功能”。“完成规定的功能”就是能够连续地保持产品的工作能力，使各项技术指标符合规定值。如果产品不能完成规定的功能，就称为失效。对于可修复的产品，也称为故障。可见失效（或故障）是一种破坏产品工作能力的事件，失效（或故障）越频繁，可靠性就越低。

三、可靠性指标

“可靠性指标”是可靠性量化分析的尺度。衡量可靠性高低的数量指标有两类，一类是概率指标；另一类是寿命指标。它们一般都是时间的函数。

机电一体化系统及产品常用的可靠性指标有：

1. 可靠度 $R(t)$

可靠度是产品在规定的条件下和规定的时间内，完成规定功能的概率，用 $R(t)$ 表示，$0 \leqslant R(t) \leqslant 1$。例如，有 100 个轴承，在规定的条件和时间内，有 1 个失效，其余 99 个还可继续工作，则这种轴承的可靠度为 0.99。

2. 失效率 $\lambda(t)$

产品工作到 t 时刻后的单位时间内发生失效的概率称为失效率，以 $\lambda(t)$ 表示。它反映任一时刻失效概率的变化情况。

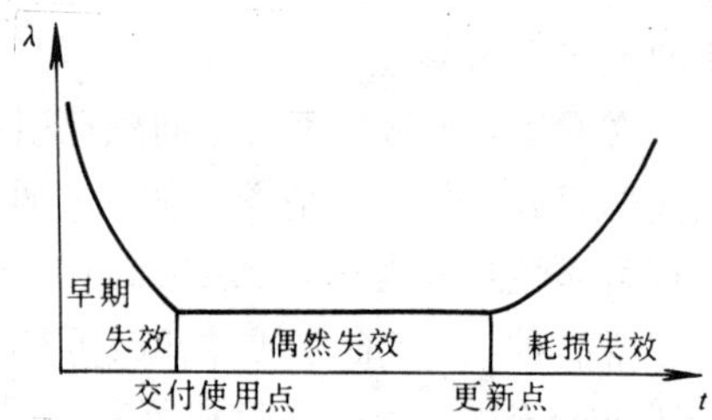

图 5-1 产品的失效率

失效率和时间的关系可用图 5-1 所示浴盆曲线来表示。它反映了产品的失效规律。这条曲线明显地分为三个阶段：早期失效期、偶然失效期、耗损失效期。早期失效期的特点是失效率高，且随时间的增加而迅速下降。这种失效一般由元器件质量缺陷以及制造工艺缺陷引起，出现在系统运行的初期，可以采取相应的设计和工艺措施来消除。偶然失效发生在系统运行一段时间以后的故障偶发阶段。其特点是失效率低且保持稳定，是系统运行的最佳状态，失效率往往看成一个常数，它决定了系统的有效寿命。耗损失效是出现在产品使用的后期，其特点是失效率随时间的增加而迅速上升。这是由于元器件的衰老和磨损引起的，说明产品的寿命将尽。

3. 平均寿命

产品从使用开始，直到发生故障，所经历的时间就是产品的寿命。平均寿命是指一批产品的寿命平均值。对不可修复的产品，平均寿命用 MTTF（平均失效前时间）表示。

对可修复的产品，用 MTBF（平均无故障工作时间）来表示。例如，有 100 台仪器，在规定的使用条件下工作 1000h，有 10 台发生故障，则这批仪器平均寿命的点估计值是 MTBF

=100×1000/10h=10000h。

4. 平均维修时间 MTTR

有些产品，人们不但关心它发生故障概率的高低，而且关心它发生故障后能否迅速地修复。由于故障发生的原因、部位以及维修条件不同等复杂因素的影响，故维修时间是一个随机变量。产品每次故障后所需维修时间的平均值称为平均维修时间，用 MTTR 表示。维修时间包括查找故障时间、排除故障时间及清理验证时间等。例如，某产品在使用过程中发生 5 次故障，其维修时间分别是 1，1.5，2，3，3.5h，则 MTTR=（1+1.5+2+3+3.5）/5h=2.2h。

5. 有效度 $A(t)$

前面所讲的可靠度指的是系统在规定的工作时间内正常运行（不考虑维修）的概率。它表示了故障前的时间段内的可靠度。但大多数系统在发生故障后是可以修复的，这样系统处于正常工作的概率就会增大。可靠度和维修度综合起来的可靠性指标，就是有效度 $A(t)$，又称可用度。

有效度的定义是：在可维修系统中、在规定的工作条件和维修条件下、在某一特定的瞬时，系统正常工作的概率。

例如，某发电机组，平均寿命为 500h，平均修理时间为 50h，则平均有效度为：

$$A = \mathrm{MTBF}/(\mathrm{MTBF} + \mathrm{MTTR}) = 500/(500 + 50) = 0.91$$

四、可靠性技术与可靠性设计

可靠性技术包括可靠性工程与管理。可靠性工程研究包括机械和结构的、电子和电器的、零（元）件和系统的、硬件和软件的可靠性设计和试验验证。可靠性试验数据是可靠性设计的基础，但试验本身不能提高产品的可靠性，只有设计才能决定产品的固有可靠性。国内外的实验经验表明，产品的可靠性是由设计决定的，而由制造和管理来保证的。可靠性管理是对可靠性工程中的一切活动进行规划、组织、协调、控制与监督。在产品的整个寿命期内，从设计、研制、制造、装配、调试、使用、维修直到报废，都必须进行可靠性管理。只有这样，才能保证产品有满意的可靠性。

可靠性设计就是事先考虑产品可靠性的一种方法。其目的是使产品在完成预定功能的前提下，取得性能、重量、成本、寿命等各方面的协调，设计出高可靠性的产品，它包括以下几方面的内容。

1. 确定产品的可靠性指标及其量值

可靠性指标是整个可靠性工程所要达到的目标，必须正确地选择。可靠性指标有许多个，如可靠度 $R(t)$。平均无故障工作时间（MTBF）等。这些指标从不同侧面反映产品的可靠性水平。设计时应根据产品的设计和使用要求来选择。并要重视过去的经验、用户的要求及市场调查。例如，对一般机床数控系统可采用 MTBF3000h 作为可靠性指标，对工程机械，常规定有效度为 0.90。对焊接、喷漆等工业机器人，一般要求其 MTBF 为 2000h，机器人有效度为 0.98。对于不可修复或难修复的产品，如卫星、导弹等，一般采用可靠度为其可靠性指标。

2. 产品的失效分析

失效是产品的一种破坏方式，产品不可靠就是由于产品在使用过程中发生失效引起的。产品的失效分析就是要确定产品的失效模式及其产生的原因。对于机电一体化系统而言，由于它是由各种零部件组成，零部件的失效将造成系统失效，因此，零部件的失效模式是产品失效模式的组成部分。如机械零件的磨损和断裂、电子元件的击穿等。此外，产品还有其本身独特的失效模式，如机械传动误差、电子设备的电磁干扰和数字电路的竞争冒险等。在进行可靠性设计时，应尽量减少产品的失效模式，特别是那些重要的和致命的失效模式，并延缓失效的发生时间。

3. 产品的可靠性分析

产品的可靠性与其组成的零部件的可靠性之间存在一定的定量关系，可靠性分析的目的就是要建立这种关系。常用的方法是：根据产品的组成原理和功能绘出可靠性逻辑图，建立可靠性数字模型，把产品的可靠性特征量（如失效率、可靠度等）表示为零部件可靠性特征量的函数，然后根据已知各零部件的可靠性数据计算出产品的可靠性，进行可靠性预测。通过预测不但能够使设计者对产品在现有的元器件水平和生产、使用条件下可能达到的可靠性指标有一个较客观的认识，而且能够使设计者发现产品的可靠性薄弱环节，对设计方案提出修改意见。机电一体化产品从设计方案的选择、修改、实施，直至最终形成产品的过程中，需要进行多次可靠性预测，而且越早预测越有意义，因为借助预测值可以及早发现问题，及时采取措施，少走弯路。下面以点焊工业机器人为例介绍可靠性分析方法。

点焊机器人为六自由度全关节示教再现式工业机器人，它由机器人操作机、计算机控制系统、电气伺服系统和点焊机等四个子系统组成。由于各个子系统之间不存在替代工作关系，所以有一个子系统发生失效，则整个工业机器人系统就不能正常工作，这种情况为可靠性串联。其可靠性模型框图如图 5-2 所示。对串联可靠性模型，系统中各元件的失效率与整个系统的失效率之间有以下关系：

$$\lambda = \sum_{i=1}^{n} N_i(\lambda_G \pi_Q)i$$

式中 λ——系统的失效率；

N_i——第 i 种元件的数量；

λ_G——在某一使用环境中第 i 种元件的失效率；

π_Q——第 i 种元件的质量系数；

n——元件的种类数。

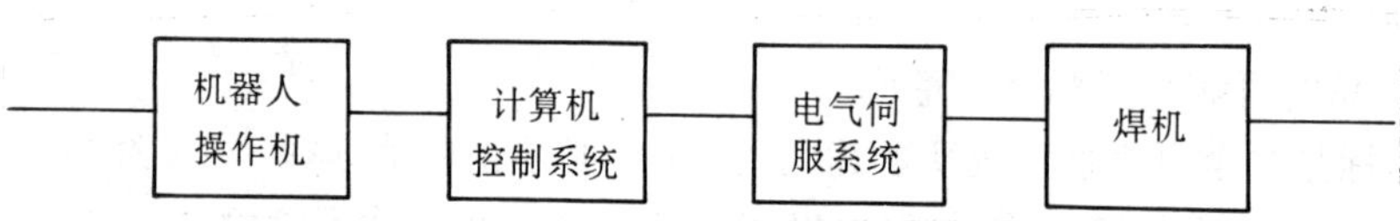

图 5-2　点焊机器人可靠性模型框图

因此，机器人系统的失效率等于各个子系统失效率之和。

失效率的单位为菲特（fit）。

1fit＝1×10^{-9}次失效/h

若组成各个子系统的部件之间也是可靠性串联模型，如图 5-3、图 5-4、图 5-5 所示，则机器人各子系统的失效率又等于该子系统中各组成件的失效率之和。机器人系统及各子系统的失效率见表 5-1。为了简化计算，表中将计算机控制子系统与伺服子系统合并起来计算，称这两部分为控制部分。由于国内目前有关元器件可靠性方面的资料不全，因此表中大部分电子元件的失效率数据采用美军“MIL-HDBK-2170”手册中的数据，非电子元件的失效率数据采用美国国防部情报分析中心编写的《非电子器件可靠性数据》文件中的数据。应该指出，由于所用数据与国内实际情况有一些差距，使得预测的结果在个别地方存在一定的误差。尽管如此，可靠性预测的结果仍然能够反映出系统中各个薄弱环节，对机器人的研制有指导作用。

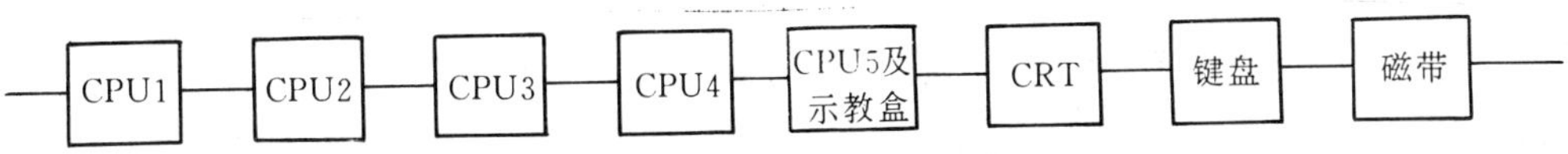

图 5-3　计算机控制系统可靠性模型框图

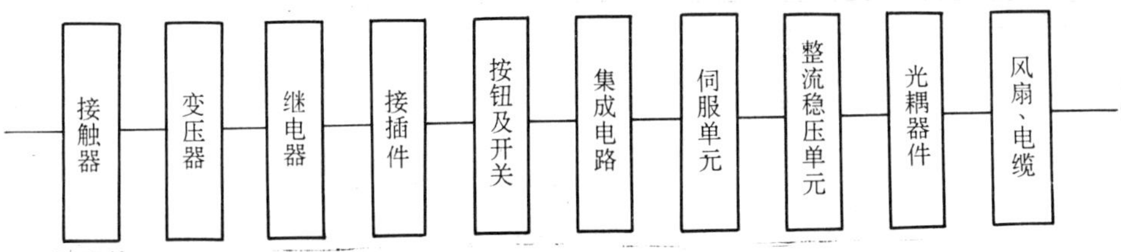

图 5-4　电气伺服系统可靠性模型框图

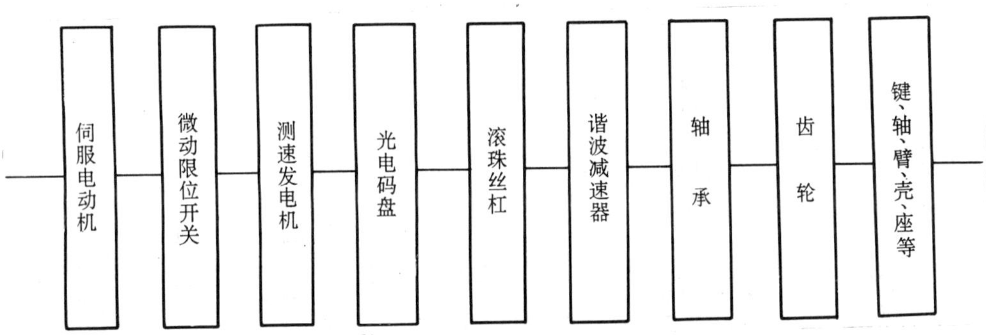

图 5-5　机械本体可靠性模型框图

表 5-1　点焊机器人可靠性预测表

序　号	名　称	数　量	$\lambda_G \pi_Q$ (fit)	累积失效率 λ
	本　体　部　分			$\lambda_{本}=195182$
1	齿　轮	2	169	338
2	中间齿轮	2	169	338
3	伞齿轮	5 对	169×2	1690
4	直齿轮	3 对	169×2	1014
5	谐波减速器	4 套	1670	6680
6	滚珠丝杠	2	1670	3340
7	轴　承	63	1378	86814
8	微动开关	24	2707	64968

（续）

序　号	名　称	数　量	$\lambda_G\pi_Q$（fit）	累积失效率 λ
		本　体　部　分		
9	直流伺服电动机	6	2400	14400
10	测速发电机	6	2400	14400
11	底　座	1	略	
12	腰转支座	1	略	
13	主轴	1	100	100
14	腰外套	1	略	
15	大　臂	1	略	
16	大臂支座	1	略	
17	大臂支轴	2	100	200
18	腕大壳	1	100	
19	腕小壳	1	100	
20	传动箱体	1	100	
21	传动轴	1	100	100
22	内套筒	1	略	
23	中间套筒	1	略	
24	腕转轴	3	100	300
25	输出轴	5	100	500
26	丝杠支座	2	略	
27	平　键	18	略	
		控　制　部　分		$\lambda_{控}=438587$
28	专用计算机	1台	147800	147800
29	伺服单元	6套	10000	60000
30	集成电路	100片	30×35	105000
31	继电路	35	330×6	69300
32	接触器	5	1100×6	33000
33	接插件	29	689	19981
34	开关及按钮	17	2.9×20	986
35	电源变压器	6	140×3	2520
36	电缆		略	
		焊　机　子　系　统		$\lambda_{焊}=35824$
37	晶闸管	2	100×10	2000
38	集成电路	11	30×35	11550
39	继电器	4	330×6	7920
40	波段开关	1	960	960
41	电位器	5	810×1.5	6075
42	焊接变压器	1	140×3	420

从预计的结果看出，点焊机器人的控制部分的失效率 $\lambda_{控}$ 最大，机器人本体次之，焊机的失效率最小。进一步分析可知，由于这种机器人采用的电气元器件的可靠性较机械零部件的可靠性低，而控制部分绝大多数的元件是电气元器件，因此可靠性相对较低。而机器人本体、焊机等子系统主要由机械零部件组成，并且焊机系统元件数量少、结构简单，因此可靠性相对较高。这一预测结果与实际情况也是相符合的。在表 5-1 中，还可以看出一些可靠性较低的器件和单元，如集成电路、接插件、继电器等，如果采取措施提高它们的可靠性，就可以提高整个机器人系统的可靠性。

4. 产品的可靠性分配

可靠性分配是把产品经过论证确定的可靠性指标，从系统开始，自上而下地分配给各个子系统、部件和元器件。这样，只要系统各组成部分的可靠性指标达到了分配值，整个系统的可靠性就能达到规定的指标。

常用的可靠性分配方法有：等同分配法、按重要性分配法、最小目标分配法以及拉格朗日乘数法等。工程上常常是在可靠性预测的基础上，根据系统中各子系统、部件的相对重要度来进行可靠性分配。

仍以点焊机器人为例来进行可靠性分配。首先需要确定机器人的可靠性指标值。根据机器人的使用要求，确定这种点焊机器人在实施预防性维修条件下，其 MTBF 不小于 2000h，有效度优于 0.98。由于这种机器人的可靠性模型为串联形式，所以可以用下式对系统进行可靠性分配：

$$\lambda'_i = \lambda^* \lambda_i / \lambda$$

式中 λ'_i——分配给第 i 个子系统的失效率；

λ^*——规定的系统失效率指标；

λ——系统失效率的预测值；

λ_i——第 i 个子系统失效率的预测值。

根据可靠性理论，对于失效分布为指数分布的元件所组成的全串联可靠性系统，其系统、子系统、部件的失效率为各自平均无故障工作时间 MTBF 的倒数。因此，点焊机器人各子系统分配到的可靠性指标见表 5-2。

表 5-2 点焊机器人的可靠性分配

方法	子系统失效率 $=\dfrac{机器人失效率指标}{机器人预计失效率}\times$子系统预计失效率 机器人失效率（指标）$=\dfrac{1}{MTBF}=\dfrac{1}{2000}=500000$（fit）
点焊机器人可靠性分配结果	本体失效率 $\lambda'_{本}=\dfrac{500000}{669593}\times 191582=145747$（fit） $MTBF'_{本}=6861h$ 其中每台直流伺服电动机及测速发电机的失效率为 $\lambda'_1=\dfrac{500000}{669593}\times 2\times 2400=3584$（fit） 专用计算机失效率 $\lambda'_{计}=\dfrac{500000}{669593}\times 147800=110365$（fit） $MTBF'_{计}=9061h$

（续）

<table>
<tr><td>点焊机器人可靠性分配结果</td><td>电气伺服子系统失效率 $\lambda'_{电}=\frac{500000}{669593}\times 290787=217137$（fit）
MTBF$'_{电}$=4605h
其中每套伺服单元的失效率为
$\lambda'_{2}=\frac{500000}{669593}\times 10000=7467$（fit）
焊机子系统失效率 $\lambda'_{焊}=\frac{500000}{669593}\times 35824=26751$（fit）
MTBF$'_{焊}$=37382h</td></tr>
</table>

从分配的结果看，分配给机器人各子系统的可靠性指标均小于其预测值，说明按现有设计和现有元器件可靠性水平，机器人的可靠性不能满足要求，现实可靠性指标与要求达到的指标还有相当的差距，必须采取相应的措施提高其可靠性才行。

5. 产品的可靠性验证

通过采用各种可靠性试验手段，可以确定各种元器件的可靠性指标值，也可以验证新设计出的产品是否达到规定的可靠性指标。如没有达到，则必须重新设计，直至达到规定指标为止。

四、提高系统可靠性的途径

影响机电一体化系统可靠性的因素很多，因此，提高其可靠性的途径也很多。根据可靠性理论进行预测和分配是基本的。此外，还应从以下几方面考虑。

1. 提高系统各组成元、器件的设计、制造质量及系统的装配质量

例如采用可靠度高的元器件等。此外，在设计阶段就应考虑到在使用阶段如何保证产品的可靠性，应规定适当的环境条件、维护保养条件及操作规程，产品结构应具有良好的维修性等。

例如，上述焊接机器人，为提高其可靠性，采取了如下措施：

1）所有元器件必须100%经过测试、检验、老炼、筛选等处理，合格后才允许装机使用。

2）电子元器件的正确使用对可靠性有重要影响。因此，规定降额使用电子元器件，降额准则参照航天工业部标准QJ1417执行。功率电子元件进行热设计，以防止其温升过高而失效；电子线路，特别是计算机控制系统，应采用电磁兼容设计，加强抗干扰措施。

3）机械零件尽可能采用强度可靠性设计，并进行适当的工艺处理，以提高抗疲劳、耐磨损、抗腐蚀等性能；机械零部件还应进行严格加工和精密装配，有的零件配合要进行磨合试验或精细调整。

4）对计算机控制系统、伺服电路板、伺服电动机、谐波齿轮减速器、滚珠丝杠等关键部件，应进行可靠性试验。不合要求者不能使用，并为预防性维修和零部件周期更换提供有效的数据。

5）机器人上应有为防止人为差错和提高维修效率而设的明显标记，如不同插头插座的位置标记等。

6）对机器人的使用环境条件、操作规程、预防性维修等制定一系列规定。如机械传动件、轴承等的注油、清洗、调整；伺服电动机用炭刷的定期更换、炭粉的清除；焊机极片（导电

带）的定期更换；紧急停车按钮功能的定期模拟检查等等。

2. 容错法设计

按容错法设计的系统，能在一定条件下允许系统出现故障而不影响系统功能的发挥，大大提高了系统的可靠性。容错技术的关键是冗余技术。即采用备用的硬件或软件参与系统的运行或处于准备状态，一旦系统出现故障，能自动切换，保持系统不间断地正常工作。

（1）软件冗余　采取程序复执的方式，能有效地预防和处理瞬时故障。所谓复执，是指在系统出现瞬时故障时，重复执行故障的那一部分程序，这样系统不必停机，往往可以自动回复到原来正确的动作，这实际上是一种时间冗余方式。

（2）硬件冗余　在没有冗余的串联系统中，某一零部件发生故障，就会引起系统发生故障而不能正常工作。因此，串联系统的可靠性最低。重要的系统必须有冗余，即在系统中增加一些冗余部件（或子系统），以便当系统的某一零部件发生故障时，整个系统能正常工作，例如汽车的制动系统等。

硬件冗余有多种方式，常用的有：

（1）并联冗余只有当组成系统的所有单元都失效后，整个系统才会失效，这种系统称为并联系统。这种系统只要有一个单元不失效，整个系统就不会失效，所以是一种工作冗余。例如泵式阀门的并联使用、降落伞的切具装置等；

（2）表决冗余如果组成系统的 n 个单元中，只要有 k 个单元不失效，系统就不会失效，这种系统称 k/n 表决系统。例如飞机的发动机系统，有四台发动机的飞机，只要其中的两台能够正常工作即可保证正常飞行，称 2/4 系统；

（3）旁联（待机）冗余这种系统由 n 个单元组成，其中只有一个单元在工作，其余 n－1 个处于等待状态，当工作元件失效时，通过失效检测装置及转换装置，使另一单元开始工作，单元逐个顶替工作，直到全部单元失效为止，因此是一种后备冗余。例如电话的控制系统重要系统的发动机旁联系统等。

在上述冗余系统中，并联系统和表决系统称热储备系统，因为系统内所有的零部件都参加工作或空转，而旁联系统则称冷储备。

例如，在前述焊接机器人伺服系统中，电机轴联轴器上装有光电码盘和测速发电机，用以提供位置和速度反馈信号。如果在控制板上把速度信号积分以提供位置读数（在码盘失效时使用），把位置信号微分以提供速度读数（在测速发电机失效时使用），这样就实现了功能冗余，可以提高系统的可靠性。

冗余设计是大幅度提高产品可靠性的有效措施，但同时会增加产品的体积、重量、费用和功耗等，因此，设计时需全盘考虑。

3. 采用故障诊断术，提高系统的可维护性

要确保一个系统完全不出故障是不可能的，也是不现实的。那么，当系统发生故障时，如何检测故障、判断故障原因并准确定位故障点，这就需要故障诊断术。

目前，许多机电一体化系统都具有自诊断功能。有些机电一体化系统还具有自适应、自调整、自诊断、甚至自修复的功能，遇到过载、过压、过流、短路、漏电等情况时，能自动采取对策和保护措施，避免事故的发生，这样可以大大提高系统的可靠性和安全性。例如，现代数控机床，能够对加工过程中的几百种故障进行自诊断、发现故障立刻报警，并采取相应保护措施。

故障诊断技术的发展方向是人工智能和专家系统，即将机、电、液等各方面的故障知识统一建立一个知识库，并利用在线检测到的各种信息，通过专用计算机来分析、综合、推理，准确定位故障点并提出合理的排除故障方法。例如，美、日等发达国家生产的智能机器人，具有一定的感知、判断、决策能力，能够自动识别对象和环境，根据要求自已规划动作来完成作业，在出现故障时不但能进行自诊断，而且还能进行自我修复。

第二节　抗干扰技术

任何机电一体化系统都在一定的电磁环境中工作。电磁干扰现象在我们的日常生活中是常见的。例如，附近的汽车点火系统会使电视机的图像跳动并出现爆裂声；接通或断开电源开关会使收音机发出“扑扑”声；使用手电钻或电焊机会使计算机运行不正常等等。因此要使机电一体化系统正常的工作，达到预期的功能，必须保证设备具有较高的抗干扰性能。特别是工业用机电一体化系统及产品，大多工作在干扰弥漫的车间现场，电磁环境恶劣，对其抗干扰性能要求更高。

抗干扰技术就是研究电子设备及系统抵抗外部和内部电磁干扰，从而保证其正常工作的具体措施。此外，由于机电一体化系统本身又会向周围发出电磁干扰信号，影响其它电子设备及系统正常运行。因此，抗干扰技术还包括研究限制内部干扰向外部泄漏的措施。

一、干扰的基本概念

电磁干扰一般是指系统在工作过程中出现的一些与有用信号无关的，并且对系统性能或信号传输有害的电气变化现象。这些有害的电气变化现象使得有用信号的数据发生瞬态变化，增大误差，出现假象，甚至使整个系统出现异常信号而引起故障。例如几毫伏的噪声可能淹没传感器输出的模拟信号，构成严重干扰，影响系统正常运行。

二、干扰的分类

干扰根据其现象和信号特征有不同的分类方法。

（一）按干扰性质分

1. 自然干扰

主要由雷电、太阳异常电磁辐射及来自宇宙的电磁辐射等自然现象形成的干扰。

2. 人为干扰

分有意干扰和无意干扰。有意干扰指由人有意制造的电磁干扰信号。人为无意干扰很多：如工业用电、高频及微波设备等引起的干扰。

3. 固有干扰

主要是电子元器件固有噪声引起的干扰。包括信号线之间的相互串扰，长线传输时由于阻抗不匹配而引起的反射噪声、负载突变而引起的瞬变噪声以及馈电系统的浪涌噪声干扰等。

（二）按干扰的耦合模式分

1. 静电干扰

电场通过电容耦合的干扰，包括电路周围物件上积聚的电荷直接对电路的泄放，大载流导体产生的电场通过寄生电容对受扰装置产生的耦合干扰等。

2. 磁场耦合干扰

大电流周围磁场对装置回路耦合形成的干扰。动力线、电动机、发电机、电源变压器和继电器等都会产生这种磁场。

3. 漏电耦合干扰

绝缘电阻降低而由漏电流引起的干扰。多发生于工作条件比较恶劣的环境或器件性能退化、器件本身老化的情况下。

4. 共阻抗感应干扰

电路各部分公共导线阻抗、地阻抗和电源内阻压降相互耦合形成的干扰。这种机电一体化系统普遍存在的一种干扰。

5. 电磁辐射干扰

由各种大功率高频、中频发生装置、各种电火花以及电台电视台等产生的高频电磁波，向周围空间辐射，形成电磁辐射干扰。

三、干扰的传播途径

上述这些干扰，并非每一个机电一体化系统都会遇到。干扰的产生和引起，既与系统本身的结构和制造有关，也与工作环境有关。产生电磁干扰必须同时具备干扰源、干扰传播途径和干扰接收器三个条件。在电磁环境中，我们把发出电磁干扰的设备、系统等称为干扰源，把受影响的设备、系统等称为干扰对象或干扰接收器。从干扰源把干扰能量递送到干扰对象（即传播途径）有两种方式：一是传导方式，干扰信号通过各种线路传入；一是辐射方式，干扰信号通过空间感应传入。因此，从接收器的角度看，耦合分为两类；传导耦合和辐射耦合。

传导耦合是指电磁能量以电压或电流的形式通过金属导线或集总元件（如电容器、变压器等）耦合至接收器。辐射耦合指电磁干扰能量通过空间以电磁场形式耦合至接收器。

四、干扰的抑制和防护

机电一体化系统抗干扰能力的提高必须从设计阶段开始，并贯穿在制造、调试和使用维护的全过程。实践证明，若在系统设计时就考虑到如何抑制干扰的问题，则可消除可能出现的大多数干扰，而且技术难度小，成本低。如果待系统作好开始使用时，再去考虑解决干扰的问题，则将事倍功半，难度大，成本高。

在设计中，考虑所设计的设备或系统在预定的工作场所运行时，既不受周围的电磁干扰的影响，又不对周围的设备施加干扰，这种设计方法叫电磁兼容性设计。电磁兼容性设计是目前电子设备及机电一体化系统设计时考虑的一个重要原则。它的核心是抑制电磁干扰。

电磁干扰的抑制方法有许多种。屏蔽、隔离、滤波、接地和设备的合理布局等都是控制或消除干扰的基本方法和有效措施。此外，利用软件抗干扰技术，也能收到良好效果。

（一）屏蔽

屏蔽是利用导电或导磁材料制成的盒状或壳状屏蔽体，将干扰源或干扰对象包围起来从而割断或削弱干扰场的空间耦合通道，阻止其电磁能量的传输。按需屏蔽的干扰场的性质不同，可分为电场屏蔽、磁场屏蔽和电磁场屏蔽。

电场屏蔽是为了消除或抑制由于电场耦合引起的干扰。通常用铜和铝等导电性能良好的金属材料作屏蔽体。屏蔽体结构应尽量完整严密并保持良好的接地。

磁场屏蔽是为了消除或抑制由于磁场耦合引起的干扰。对静磁场及低频交变磁场，可用高磁导率的材料作屏蔽体，并保证磁路畅通。对高频交变磁场，由于主要靠屏蔽体壳体上感生的涡流所产生的反磁场起排斥原磁场的作用，因此，应选用良导体材料，如铜、铝等作屏蔽体。

一般情况下，单纯的电场或磁场是很少见的，通常是电磁场同时存在，因此应将电磁场同时屏蔽。

屏蔽的例子很多，例如，在电子仪器内部，最大的工频磁场来自电源变压器，对变压器进行屏蔽是抑制其干扰的有效措施，如图5-6所示。在变压器绕组线包的外面包一层铜皮作为漏磁短路环。当漏磁通穿过短路环时，在铜环中感生涡流，因此会产生反磁通以抵消部分漏磁通，使变压器外的磁通减弱。对变压器或扼流圈的侧面也需屏蔽，一般采用包一层铁皮来作屏蔽盒。包的层数越多，短路环越厚，屏蔽效果越好。

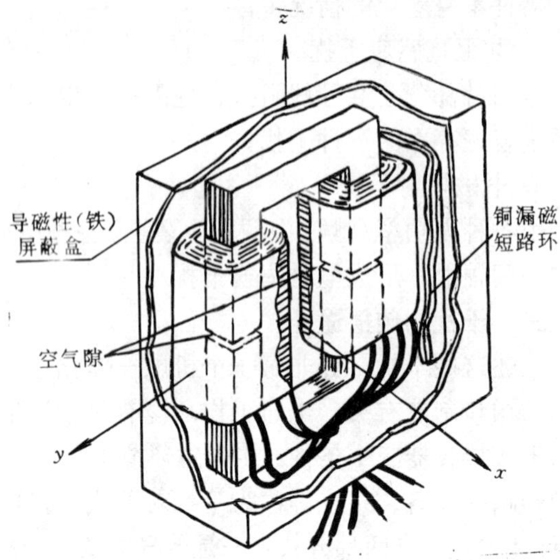

图 5-6　变压器的屏蔽

为排除电磁干扰，有的精密机电设备还采用大型屏蔽室来作实验。例如美国的大力神洲际导弹是在一个五层楼高，具有五层门的金属屏蔽室里进行测试的。

（二）隔离

把干扰源与接收系统隔离开来，使之尽可能不发生电联系，从而切断干扰的耦合通道，达到抑制干扰的目的，这种方法称为隔离。例如，为了确保机电一体化设备及系统稳定地运行，常将其强电部分与弱电部分、交流部分和直流部分等隔离开来。此外，还有光电隔离、变压器隔离和继电器隔离等隔离方法。

1. 光电隔离

光电隔离是以光作媒介在隔离的两端间进行信号传输的，所用的器件是光耦合器。如图5-7所示。

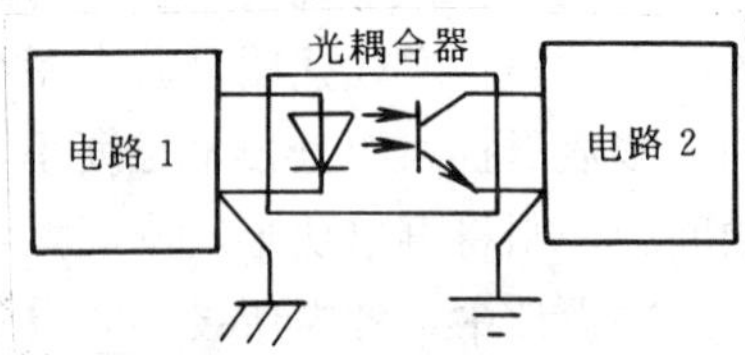

图 5-7　光电隔离

光电耦合器的输入端配置发光源，输出端配置受光器，在传输信号时，借助于光作媒介质后进行耦合而不是通电，因此具有较强的隔离和抗干扰的能力。

由于光耦合器共模抑制比大、无触点、寿命长、易与逻辑电路配合、响应速度快、小型耐冲击且稳定可靠，因此在机电一体化系统特别是数字系统中得到了广泛的应用。

2. 变压器隔离

隔离变压器是最常用的隔离部件，用来阻断干扰信号的传导通路，并抑制干扰信号的强度。如图5-8所示为一种多层隔离变压器。在变压器的一次侧和二次侧线圈处设有静电隔离层S_1和S_2，还有三层屏蔽密封体。S_1和S_2的作用是防止通过一次侧和二次侧绕组的耦合相互干扰。变压器的三层屏蔽层，其内外两层用铁，起磁屏蔽的作用，中间用铜，与铁心相连并直接接地，起静电屏蔽作用。这三层屏蔽层是为了防止外界电磁场通过变压器对电路形成干扰。这种隔离变压器具有很强的抗干扰能力。

3. 继电器隔离

继电器线圈和触点仅有机械联系而没有直接电联系，因此可利用继电器线圈接受信号，而利用其触点发送和传输信号，如图5-9所示，从而可实现强电和弱电的隔离。继电器触点较多，且其触点能承受较大的负载电流，因而应用广泛。

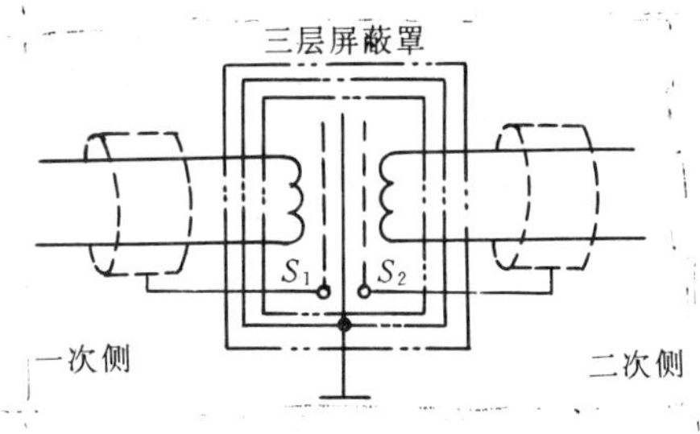

图 5-8　多层隔离变压器

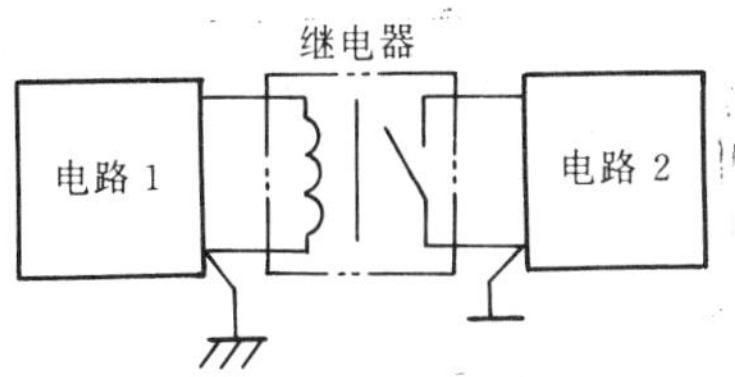

图 5-9　继电器隔离

（三）滤波

滤波是抑制传导干扰的一种重要方法。由于干扰源发出的电磁干扰的频谱往往比要接收的信号的频谱宽得多，因此，当接受器接收有用信号时，也会接收到那些不希望有的干扰。这时，可以采用滤波的方法，只让所需要的频率成分通过，而将干扰频率成分加以抑制、剔除。常用滤波器有反射滤波器和损耗滤波器两大类。

反射滤波器是利用电感、电容等电抗元件或它们的网络组成的滤波器。它能把不需要的频率成分的能量反射掉，只让所需要的频率成分通过。根据其频率特性又可分为低通、高通、带通、带阻等滤波器。低通滤波器只让低频成分通过，而高于截止频率的成分则受抑制、衰减，不让通过。高通滤波器只通过高频成分，而低于截止频率的成分则受抑制、衰减，不让通过。带通滤波器只让某一频带范围内的频率成分通过，而低于下截止和高于上截止频率的成分均受抑制，不让通过。带阻滤波器只抑制某一频率范围内的频率成分，不让其通过，而低于下截止和高于上截止频率的频率成分则可通过。

例如，在机电一体化系统中，常用低通滤波器抑制由交流电网侵入的高频干扰。图 5-10 所示为计算机电源采用的一种 LC 低通滤波器的接线图。含有瞬间高频干扰的 220V 工频电源通过截止频率为 50Hz 的滤波器，其高频信号被衰减，只有 50Hz 的工频信号通过滤波器到达电源变压器，保证正常供电。

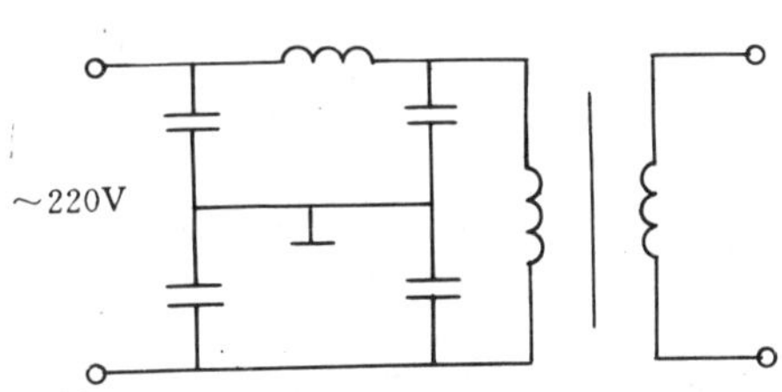

图 5-10　低通滤波器

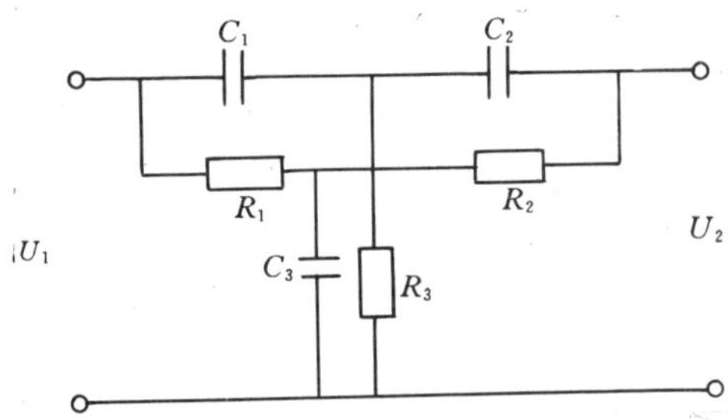

图 5-11　双 T 滤波器

图 5-11 所示为一种双 T 形带阻滤波器，可用来消除工频串模干扰。图中输入信号 U_1 经过两条通路送到输出端。当信号频率较低时，C_1、C_2 和 C_3 阻抗较大，信号主要通过 R_1、R_2 传送到输出端，当信号频率较高时，C_1、C_2 和 C_3 容抗很小，接近短路，所以信号主要通过 C_1、C_2 传送到输出端。只要参数选择得当，就可以使滤波器在某个中间频率 f_0 时，由 C_1、C_2 和 R_3 支路传送到输出端的信号 U_2' 与由 R_1、R_2 和 C_3 支路传送到输出端的信号 U''_2 大小相等、相

位相反，互相抵消，于是总输出为零。f_0 为双 T 滤波器的谐振频率。在参数设计时，使 $f_0=$ 50Hz，双 T 滤波器就可滤除工频干扰信号。

损耗滤波器是将不需要的频率成分的能量损耗在滤波器内来抑制干扰。凡缠绕在磁心上的扼流圈、铁氧体磁环、内外表面镀上导体的铁氧体管所构成的传输线都可以作为损耗滤波器。它们将不要的频率成分的能量以涡流形式损耗掉。现在一些抗电磁干扰的电缆插头就安装有损耗滤波器。

（四）接地

将电路、设备机壳等与作为零电位的一个公共参考点（或面）实现低阻抗的连接，称之为接地。

接地的目的有两个；一是为了安全，例如把电子设备的机壳、机座等与大地相接，当设备中存在漏电时，不致影响人身安全，称为安全接地；二是为了给系统提供一个基准电位，例如脉冲数字电路的零电位点等；或为了抑制干扰，如屏蔽接地等。称为工作接地。

接地目的不同，其“地”的概念也不同。安全接地一般是与大地相接。而工作接地，其“地”可以是大地，也可是系统中其它电位参考点，例如电源的某一个极。

接地是电磁兼容设计的一个重要内容。接地不当会引起电磁干扰，甚至造成损伤人机的事故，而正确的接地方式则会消除干扰。

机电一体化系统常用的接地方式有以下几种。

1. 一点接地

信号地线的接地方式应采用一点接地，而不采用多点接地。一点接地主要有两种接法：即串联接地（或称共同接地）和并联接地（或称分别接地）。

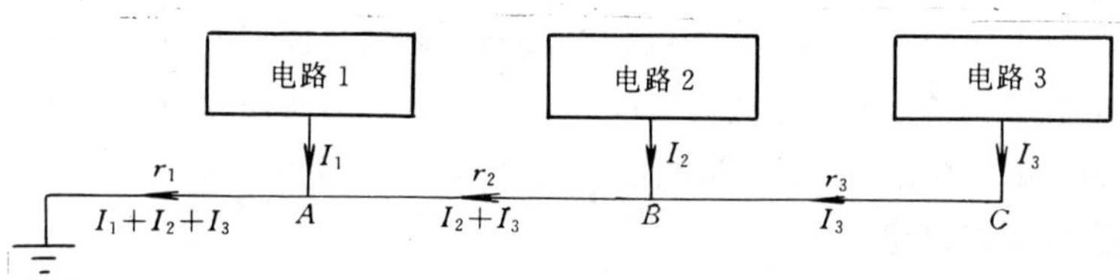

图 5-12　串联一点接地

从防止噪声角度看，如图 5-12 所示的串联接地方式是最不适用的。由于地电阻 r_1，r_2 和 r_3 是串联的，所以各电路间相互发生干扰，虽然这种接地方式很不合理，但由于比较简单，用的地方仍然很多。当各电路的电平相差不大时还可勉强使用；但当各电路的电平相差很大时就不能使用，因为高电平将会产生很大的地电流并干扰到低电平电路中去。使用这种串联一点接地方式时还应注意把低电平的电路放在距接地点最近的地方，即图 5-12 最接近于地电位的 A 点上。

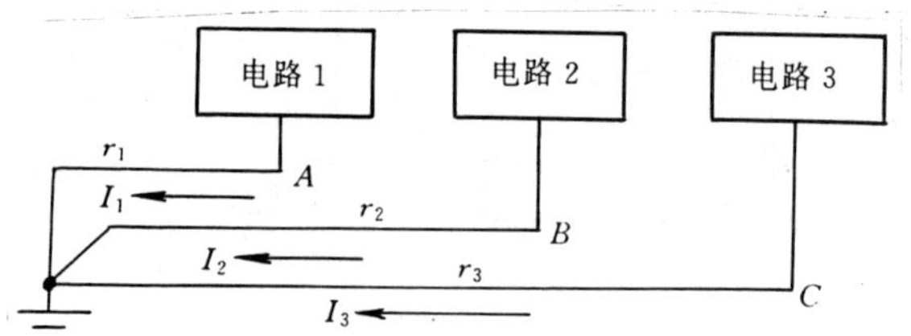

图 5-13　并联一点接地

并联接地方式如图 5-13 所示。这种方式在低频时是最适用的，因为各电路的地电位只与本电路的地电流和地线阻抗有关，不会因地电流而引起各电路间的耦合。这种方式的缺点是，需要连很多根地线，用起来比较麻烦。

2. 多点接地

单点接地所需地线较多，在低频时适用。若电路工作频率较高，电感分量大，各地线间的互感耦合会增加干扰，因此常用多点接地。如图 5-14 所示，各接地点就近接于接地汇流排或底座、外壳等金属构件上。

3. 复合接地

由于机电一体化系统的实际情况比较复杂，很难通过一种简单的接地方式来解决，因此常采用单点和多点组合成复合接地方式。一般来说，电路频率在 1MHz 以下时采用单点接地方式，当频率高于 10MHz 时，应采用多点接地方式；当频率在 1MHz～10MHz 之间时，可采用复合接地。

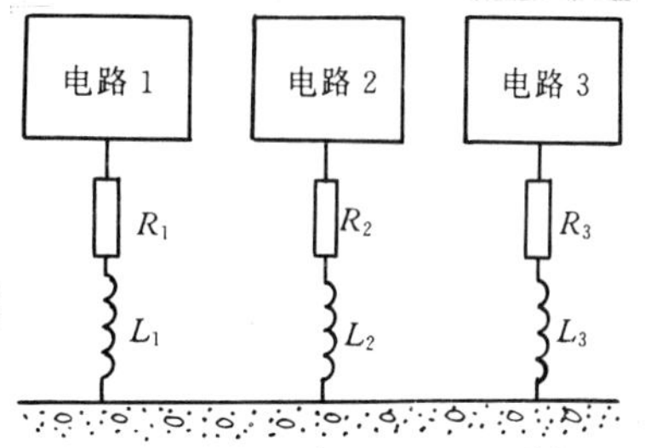

图 5-14　多点接地

4. 浮地

浮地是指设备的整个地线系统和大地之间无导体连接，它是以悬浮的“地”作为参考电平。采用浮地的连接方式可使设备不受大地电流的影响，设备的参考电平（零电平）符合“水涨船高”的原则，随高电压的感应而相应提高，机内器件不会因高压感应而击穿。在飞机、军舰和宇宙飞船的电子设备上常采用浮地系统。

浮地系统的缺点是，当附近有高压设备时，通过寄生电流耦合而使外壳带电，不安全。此外，大型设备或高频设备由于分布参量影响大，很难做到真正的绝缘，因此大型高频设备不宜采用浮地系统。

除以上几种接地方式外，机电一体化系统的接地，还应注意把交流接地点与直流接地点分开，避免由于地电阻把交流电力线引进的干扰传输到系统内部；把模拟地与数字地分开，接在各自的地线汇流排上，避免大功率地线对模拟电路增加感应干扰。

（五）合理布局

对机电一体化设备及系统的各个部分进行合理的布局，能有效地防止电磁干扰的危害。合理布局的基本原则是使干扰源与干扰对象尽可能远离，输入和输出端口妥善分离，高电平电缆及脉冲引线与低电平电缆分别敷设等。

（六）软件抗干扰技术

1. 软件滤波

用软件来识别有用信号和干扰信号，并滤除干扰信号的方法，称为软件滤波。识别信号的原则有两种：

（1）时间原则　如果掌握了有用信号和干扰信号在时间上出现的规律性，在程序设计上就可以在该接收有用信号的时区打开输入口，而在可能出现干扰信号的时区封闭输入口，从而滤掉干扰信号。

（2）空间原则　在程序设计上为保证接收到的信号正确无误，可将从不同位置、用不同检测方法、经不同路线或不同输入口接收到的同一信号进行比较，根据既定逻辑关系来判断真伪，从而滤掉干扰信号，这种方法也称交互校核。

2. 软件“陷井”

从软件的运行来看，瞬时电磁干扰可能全使 CPU 偏离预定的程序指针，进入未使用的

RAM 区和 ROM 区，引起一些莫名其妙的现象，其中死循环和程序“飞掉”是常见的。为了有效地排除这种干扰故障，常用软件“陷井法”。这种方法的基本指导思想是，把系统存储器(RAM 和 ROM) 中没有使用的单元用某一种重新启动的代码指令填满，作为软件“陷井”，以捕获“飞掉”的程序。一般当 CPU 执行该条指令时，程序就自动转到某一起始地址，而从这一起始地址开始，存放一段使程序重新恢复运行的热启动程序，该热启动程序扫描现场的各种状态，并根据这些状态判断程序应该转到系统程序的哪个入口，使系统重新投入正常运行。

3. 软件“看门狗”(WATCHDOG) 技术

WATCHDOG 即监控定时器，俗称“看门狗”，是工业控制机普遍采用的一种软件抗干扰措施。当侵入的尖锋电磁干扰使计算机“飞程序”时，WATCHDOG 能够帮助系统自动恢复正常运行。

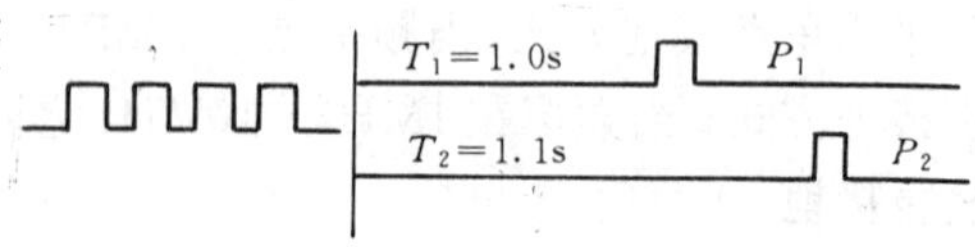

图 5-15 WATCHDOG 的工作原理

WATCHDOG 实质上是一个可由 CPU 复位的定时器，其工作原理如图 5-15 所示。两个计时周期不同的定时器 T_1 和 T_2，设两定时器的时钟源相同，但计时周期不同，例如，$T_1=1.0s$，$T_2=1.1s$，用 T_1 定时器的溢出脉冲 P_1 同时对 T_1 和 T_2 定时器清零，那么只要 T_1 工作正常，定时器 T_2 就不可能计时溢出。若 T_1 出现故障不再计时，定时器 T_2 就会计时溢出，一旦有 P_2 产生，则表明系统出了故障。这里的 T_2 就是 WATCHDOG，利用输出脉冲 P_2 并进行巧妙的程序设计，可以检测系统故障情况，而后使“飞掉”的程序重新恢复运行。

WATCHDOG 的构成如图 5-16 所示，它是一个和 CPU 构成闭合回路的定时器。它的输出端连到 CPU 的复位端或中断输入端，WATCHDOG 的每次溢出输出将引起系统复位，使系统从头开始运行；或产生中断，使系统进入故障处理程序，从而进行必要的处理。

WATCHDOG 定时器受 CPU 控制，CPU 可以重新设置定时周期值或清零重新开始计时。只要在定时周期内 CPU 访问一次，定时器重新开始计时，就不会产生溢出脉冲，WATCHDOG 就不起作用。若在定时周期内 CPU 未访问定时器，则 WATCHDOG 定时器就有信号输出，从而引起系统复位或中断。

(七) 抗干扰应用举例

数控机床是用于加工机械零件的典型机电一体化设备，一般都工作在生产车间 。车间内各种动力设备多，类型复杂，操作频率、电网的波动也大，存在着严重的干扰源。此外，数

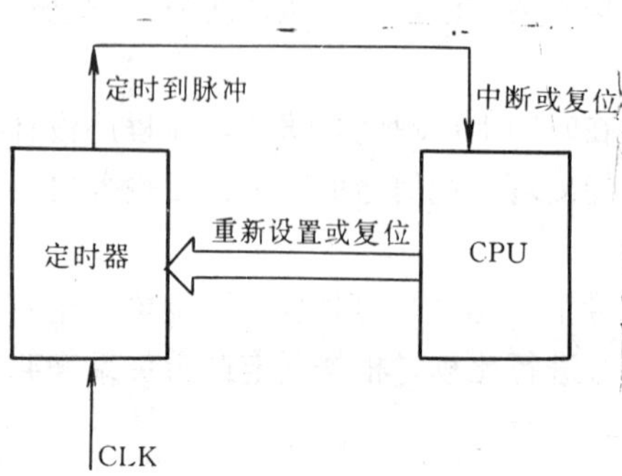

图 5-16 WATCHDOG 构成

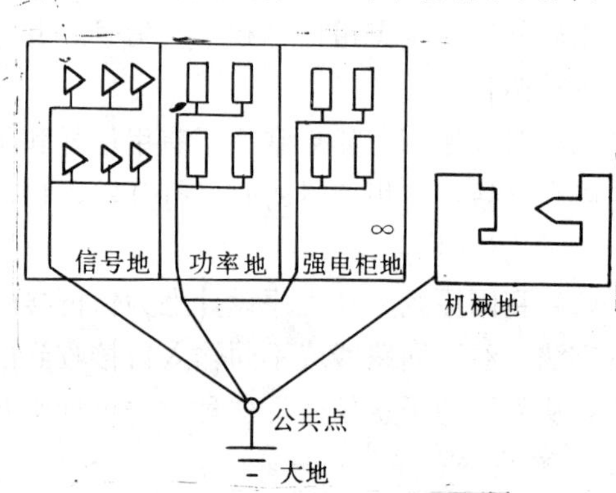

图 5-17 数控机床的接地

控机床本身也是一个干扰源。因此，要求其控制系统和伺服系统有足够的抗干扰能力，保证设备的正常运转。数控机床的抗干扰措施有以下几个方面。

1. 地线的设计

图 5-17 是一台数控机床的接地方法。从图中可以看出，接地系统形成三个通道：信号接地通道，将所有小信号、逻辑电路的信号、灵敏度高的信号的接地点都接到信号地通道上；功率接地通道，将所有大电流、大功率部件、晶闸管、继电器、指示灯、强电部分的接地点都接到这一地线上；机械接地通道，将机柜、底座、面板、风扇外壳、电动机底座等机床接地点都接到这一地线上，此地线又称安全地线通道。将这三个通道再接到总的公共接地点上，公共接地点与大地接触良好，一般要求地电阻小于 4Ω～7Ω。并且数控柜与强电柜之间有足够粗的保护接地电缆，如截面积为 $5.5mm^2$～$14mm^2$ 的接地电缆。因此，这种地线接法有较强的抗干扰能力，能够保证数控机床的正常运行。

2. 电源部分抗干扰措施

如图 5-18 所示为一种数控机床电源抗干扰措施。为抑制来自电源的干扰，在交流电源进线处采用了滤波器和有静电屏蔽的隔离变压器，并设有变阻二极管用来吸收瞬变干扰和尖脉冲干扰。

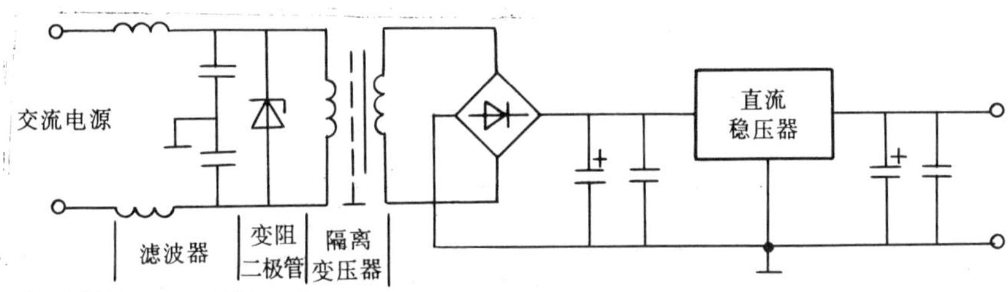

图 5-18　电源的抗干扰措施

3. 在传输线中采用的抗干扰措施

为防止在信号传输过程中受到电磁干扰，数控机床常用抗干扰的传输线，如多股双绞线、屏蔽电缆、同轴电缆、光纤电缆等。如图 5-19 所示的同轴电缆中，电流产生的磁场被局限在外层导体和芯线之间的空间中，在同轴电缆外层导体以外的空间中没有磁场，因而不能干扰其它电路。同样，其它电路产生的磁场在同轴电缆的芯线和外层导体中产生的干扰电势方向相同，使电流一个增大，一个减小而相互抵消，总的电流增量为零。

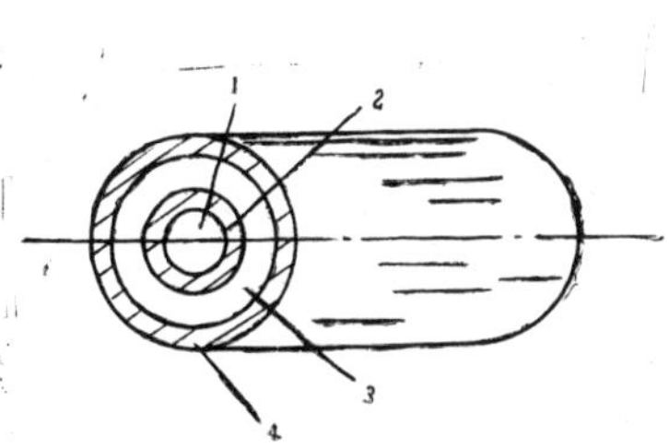

图 5-19　同轴电缆示意图
1—芯线　2—绝缘体
3—外层导线　4—绝缘外皮

4. 软件抗干扰措施

为防止工作台移动到非正常位置而遭到破坏，数控机床上常采用光电传感器来进行检测，一旦工作台到达非正常位置，传感器即通过图 5-20 所示电路向控制器 I/O 接口 6821 发出中断请求（IRQ）信号，使工作台停止运动。但是每当机床主电动机断电时，传感器的输出线上就会感应到干扰信号，干扰信号使 6821 的 CA_1 口闭锁，产生 IRQ 信号，使工作台不能正常启动。而此时工作台并非移到了非正常位置。

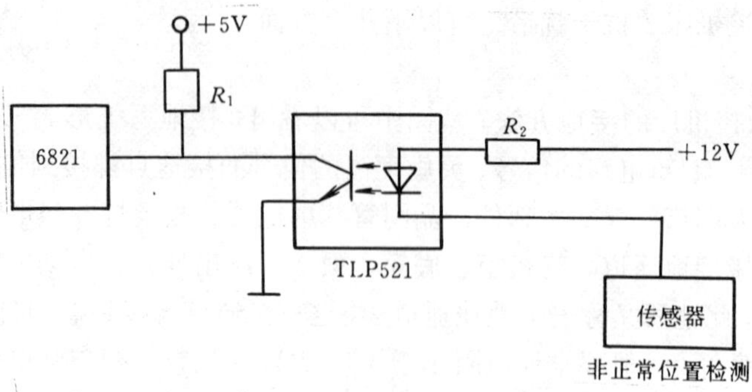

图 5-20　非正常位置检测电路

上述干扰可通过软件滤波来消除。即在主电动机断电而可能产生的时间带内，不读取 IRQ 信号，如图 5-21 框图所示。由于 6821 的中断标志是利用数据寄存器的读数信号清零，故框图中采用了"空读数"框。主电动机断电时，工作台一般不运动，因此这时不读取工作台非正常位置检测信号也没有关系。

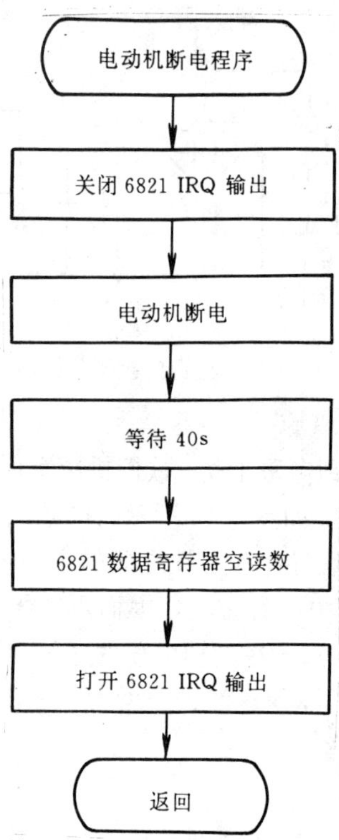

图 5-21　软件滤波框图

5. 系统内其它抗干扰措施

数控机床内容易产生浪涌的器件有：继电器、接触器、电流开关、晶闸管等。这些元件在工作中要泄放线圈中的能量，触点有火花，产生强电干扰。对此，可以采取吸收的方法，抑制其产生，然后采取隔离的方法，阻断其传导。图 5-22 所示为在线圈上并联 RC 阻容电路，以吸收干扰电压。

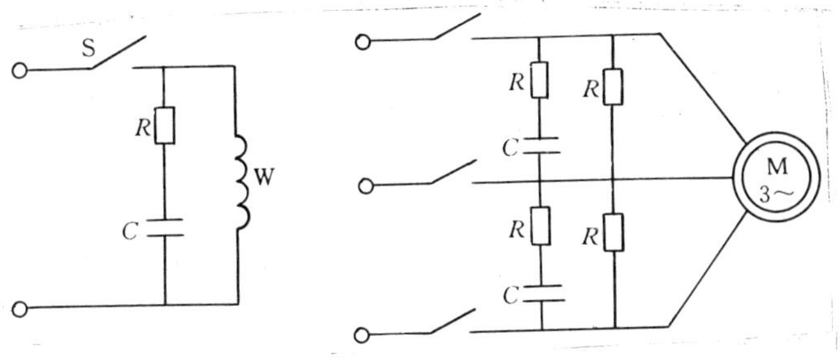

图 5-22　阻容抗干扰电路

为防止驱动接口中的强电干扰及其它干扰进入控制器，可采用图 5-23 所示的光电隔离方法。其中 VLC 为光耦合器，信号在其中单向传输，干扰信号很难从输出端反馈到输入端，从而起隔离作用。

在如图 5-24 所示的晶闸管电路中，利用隔离变压器来联接触发电路。因为晶闸管的触发电路往往是低电平控制的，而阳极电压往往很高，采用隔离变压器后，不仅可以防止高电压工作时，对低电平电路的影响，而且通过变比的选择，可使晶闸管的控制极得到强触发，输入阻抗得到匹配。

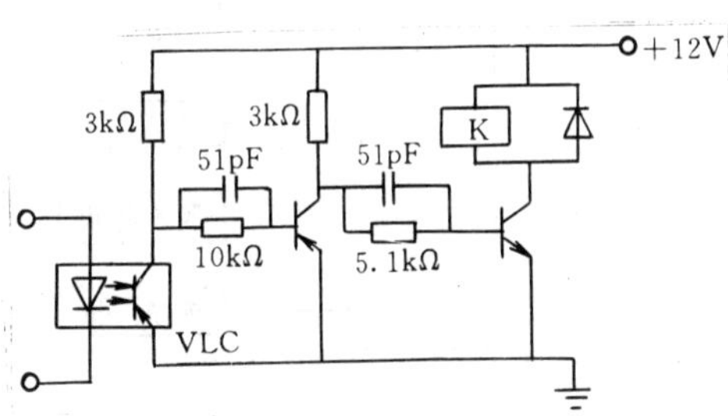

图 5-23　驱动接口的隔离措施

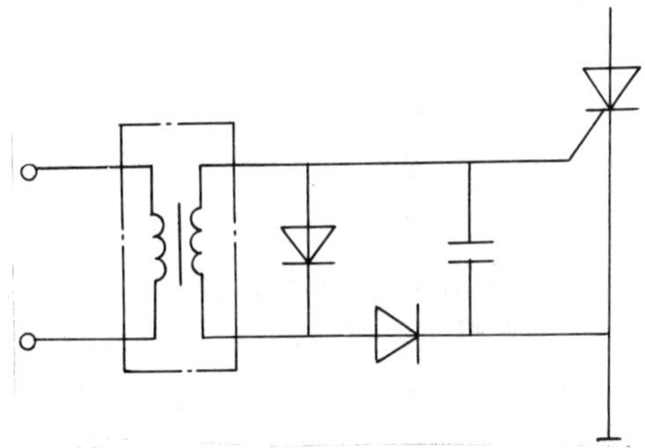

图 5-24　隔离变压器方式

第六章　简单机电一体化系统

第一节　全自动洗衣机

采用MC6805R3单片机控制的模糊洗衣机是当今市场上的新型产品，深受用户欢迎。由于它能自动识别衣质、衣量和衣服的肮脏程度，通过模糊推理决定洗涤程序，决定水量，自动投入恰当洗涤剂，从而大大提高了洗衣质量，也大大提高了洗衣机的全自动化程度。在整个洗涤过程中，单片机MC6805R3和模糊控制软件起了决定性的作用。

一、模糊全自动洗衣机的模糊推理

模糊洗 衣机的工作程序是通过模糊推理决定的。其推理框图如图6-1所示。工作时，单片机通过检测装置将待洗衣物的浑浊度、布质、布量、水温等参数检测出来，并以此作为模糊推理的输入条件。模糊推理的输出结果有水位、投放的洗涤剂量、洗涤时间、水流、漂洗方式和脱水时间等，由此产生洗衣机的控制信号。对于这样一个多输入、多输出的模糊推理控制系统，其输出结果和输入条件（也称后件和前件）之间的相互关系对于不同的因素而有所不同。例如浑浊程度和水温可以确定洗涤剂投放的剂量和洗涤时间。而布质、布量等可以确定水位和水流、脱水时间等。考虑到洗涤剂浓度是静态的量，而洗衣水流及时间是一种动态的量，故推理可分为两大部分，即洗涤剂浓度推理和洗衣推理。在洗涤剂浓度推理中，其规则如下：

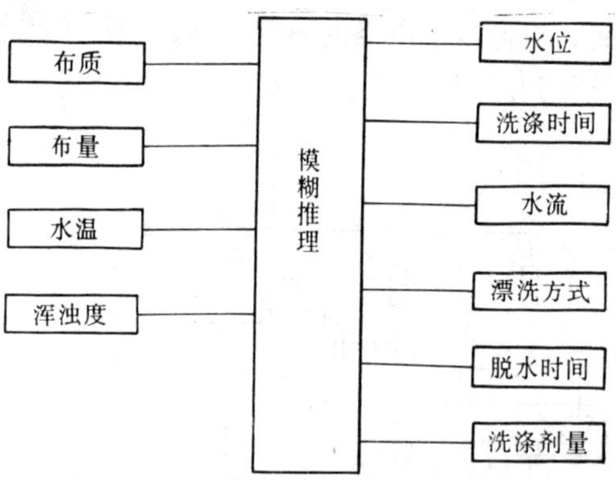

图6-1　模糊推理框图

- 如果浑浊度高，则洗涤剂投放量大；
- 如果浑浊度偏高，则洗涤剂投放量偏大；
- 如果 浑浊度低，则洗涤剂投放量低。

在洗衣推理中，推理规则如下：

- 如果布量少、布质以化纤偏多，而且水温高，则水流为特弱，洗涤时间定为特短；
- 如果布量多、布质以棉纤偏多，而且水温低，则水流为特强，洗涤时间定为特长；

……

洗衣推理如表6-1所示。

在上述多因素的推理中，如果采用“主要因素起决定作用”的理论执行，称为主要因素推理。在这种理论中，抛弃了各种次要因素，便于进行处理。

- 如果浑浊度高，洗涤剂投放量大；

· 如果布量多、布质以棉纤偏多，而且水温高，则水流为强，洗涤时间为中；

表 6-1 洗衣的模糊推理

布量 \ 水温 \ 布质		棉布偏多			棉布与化纤各半			化纤偏多		
		低	中	高	低	中	高	低	中	高
多	水流	特强	强	强	强	强	中	中	中	中
	时间	特长	长	中	长	长	中	长	中	中
中	水流	强	中	中	中	中	中	中	弱	弱
	时间	长	中	短	长	中	中	中	中	短
少	水流	弱	弱	弱	弱	弱	弱	弱	弱	特弱
	时间	中	中	短	中	短	短	中	短	特短

但实际上，洗涤剂投放量大时，要求洗涤时间较长才能洗得干净。这实际上是把前一种推理的结果作为本次推理的条件，这种推理叫顺序因素推理。

· 如果洗涤剂投放量大，则洗涤时间长；

· 如果洗涤剂投放量中，则洗涤时间中；

……

当顺序推理和主要因素推理得到某个后件模糊量不同时，则采用“大者优先”的原则处理。

二、洗衣机物理量检测

洗衣机在洗衣过程中起决定作用的物理量有：布质、布量、浑浊度、水温等四种，只有把这些物理量检测出来，并转换成单片机 MC6805R3 能接受的信号，才能执行模糊推理。

1. 浑浊度的检测

浑浊度的检测是采用红外光电传感器来完成的，利用红外线在水中的透光和时间的关系，通过模糊推理，以得出检测结果。

浑浊度检测器的结构和安装如图 6-2 所示。红外发射管和红外接收管分别安装在排水管两侧，在红外发射管中通以恒定电流使红外线以一定的强度发射，红外接收管中接收到的红外线强度反映了水的浑浊度。洗涤全过程中的透光度变化曲线如图 6-3，从图 6-3a 可以看出，随着洗涤的开始，衣物中的脏物溶解于水，使透光度下降。随着洗涤剂的投入，衣服中的污物进一步溶解于水，透光度进一步下降，并到达一个最低值。然后随着漂洗的进行，衣物变干净，水质也变清，从而使红外透光度渐渐升高，最后达到初始值，此时说明衣物洗涤干净，可以停止漂洗。图 6-3b 表示衣物轻度污脏和重度污脏对透光度的影响。图 6-3c 表示了衣物污脏性质。油污时透光度较高，泥污时透光度较低。图 6-3d 表示了洗涤剂对透光度的影响。

按图 6-3 给出的透光度曲线，就可以根据洗衣机中水的透光度来判别衣物的污脏程度、污脏性质，以及洗涤剂种类。从而可以按此进行洗涤过程控制。

2. 布量和布质检测

布量和布质的检测是在洗涤之前进行的。在水位为一定时，布质和布量的不同会产生不

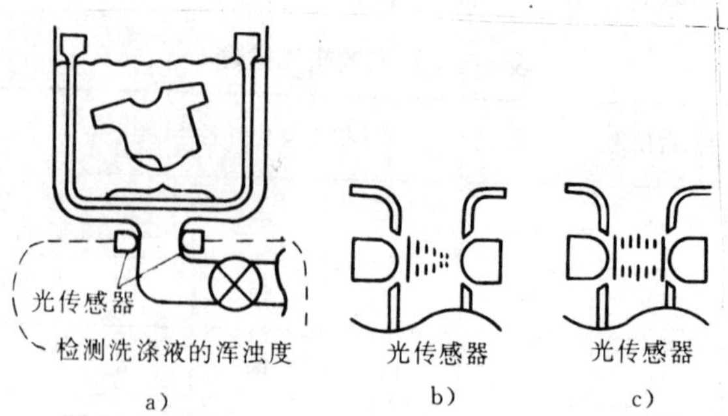

图 6-2　浑浊度检测器结构与安装

a）安装情况　b）浑浊度较高时信号情况　c）浑浊度低时信号情况

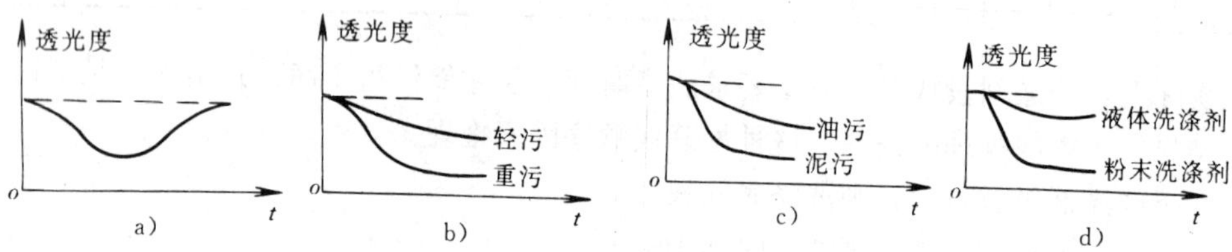

图 6-3　洗涤全过程时的透光度变化曲线

a）一般过程　b）轻度和重度污脏　c）油污及泥污　d）洗涤剂类型

同的布阻抗。检测时，首先注入一定的水位，然后启动主电动机旋转，接着断电让主电动机以惯性继续运转直到停止。在断电的时间内，主电动机的惯性运转而使其处于发电状态，产生感应电动势输出。随着布阻抗的大小不同的变化，主电动机处于发电状态的时间长短也将变化。布阻抗越大，主电动机发电时间越短，反之，则主电动机发电时间越长。因此，只要检测出主电动机处于发电状态的时间长短，就可以反过来推理出布阻抗的大小。

3. 水温检测

水温检测是由温度检测器 MTS102 执行的。MTS102 线性度好、对温度敏感，很适于常温检测。

三、控制电路

单片机 MC6805R3 对洗衣机的控制系统逻辑结构如图 6-4 所示。它包括电源电路、洗衣机状态检测电路、显示电路和输出控制电路。

1. 电源电路

电源电路由变压器 T、桥式整流器、滤波电容和集成稳压电路 7805 组成。电源电路有二极管 VD_1，它用于隔离滤波电容与桥式整流电路，使之进行过零检测。

2. 洗衣机状态检测电路

状态检测电路共有 7 个。它们分别是内桶平衡检测电路，衣质、衣量检测电路，过零检测电路、电源电压检测电路、温度检测电路、水位检测电路和浑浊度检测电路。

(1) 内桶平衡检测电路由平衡开关 S 和电阻 R_{35} 接至单片机 PA_3 口实现。

(2) 衣质、衣量检测电路由电动机 M_2，二极管 VD_4、VD_5，电阻 R_{21}，光敏三极管 VT_{r9}、

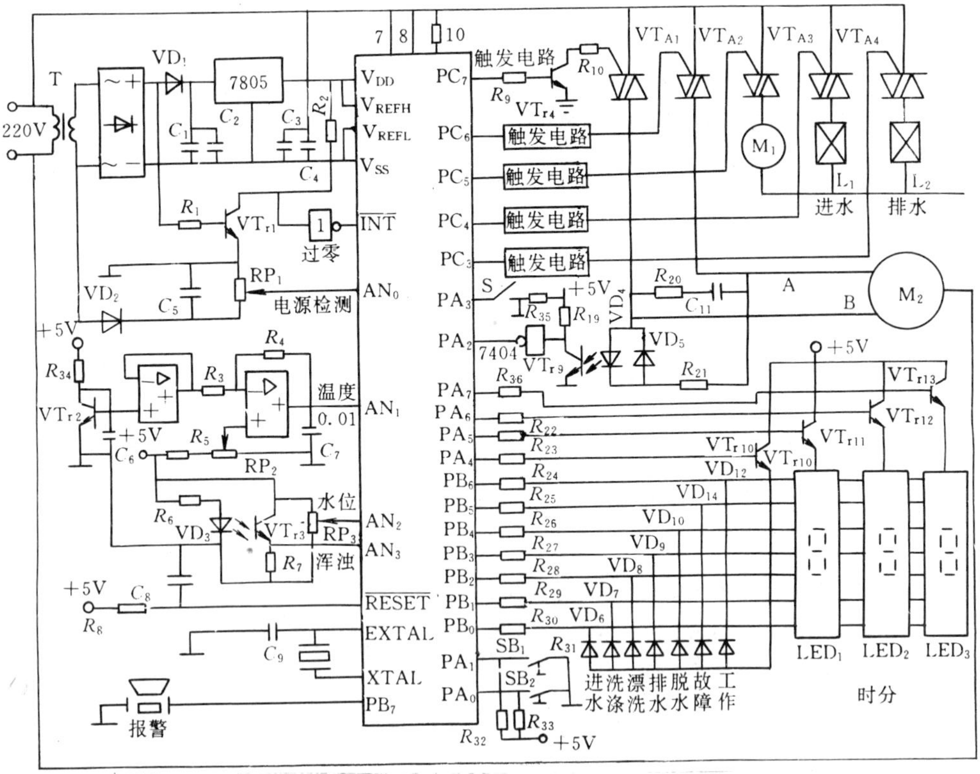

图 6-4　控制系统逻辑结构图

电阻 R_{19}和反相器 7404 组成。衣质衣量检测电路接于单片机 PA_2 端口，主电动机 M_2 绕组输出电动势经整流和检测，再经光电隔离后形成脉冲信号送入单片机，单片机只要计算出主电动机在停电时产生的计数脉冲个数就可确定布阻抗，进而确定衣质、衣量。

(3) 过零检测电路由电阻 R_1、R_2，晶体管 VT_{r1}和反相器 7404 组成。桥式整流器的全波整流信号通过 R_1 送到晶体管的 VT_{r1}的基极，当整流信号为正时，VT_{r1}导通；整流信号为零时，VT_{r1}截止。VT_{r1}输出的信号再由 7404 反相之后送单片机的 INT 端。显然，只要电源过零就会产生中断请求信号。

(4)电源电压检测电路由整流二极管 VD_2，滤波电容 C_5 和调整电位器 RP_1 组成。由于 VD_2 只是半波整流，当电压下降时，电位器 RP_1 的抽头会灵敏地反映电压下降的情况，该电压变化由 $MC6805R_3$ 的 AN_0 端进行检测。

(5) 温度检测电路由 MTS102，LM358 及有关电阻，电容组成。第一级 LM358 用作阻抗隔离器，第二极 LM358 用作放大器。检测结果送到单片机 AN_1 端。

(6) 水位检测器由电位器 RP_3 和相应机械部件组成。水位变化使 RP_3 的中心抽头产生位移，故送入到单片机的 AN_2 端的信号也产生变化。

(7) 浑浊度检测电路由红外发光管 VD_3、红外接收管 VT_{r3}和有关电阻组成。被检测的水从 VD_3 和 VT_{r3}之间流过，根据红外线信号的变化即可反映水的浑浊度。该信号接至单片机 AN_3 端。

3. 显示电路

显示电路由晶体管 VT_{r10}、VT_{r11}、VT_{r12}、VT_{r13}，发光二极管 VD_6～VD_{12}，7 段发光二极管显示器 LED_1、LED_2、LED_3 和相应电阻组成。其中晶体管 VT_{r10}～VT_{r13}作为扫描开关管，用于选择 VD_6～VD_{12}、LED_1～LED_3；LED_1～LED_3 用于显示定时时间；VD_6～VD_{12}用于显示洗衣机现行工作状态。

4. 输出控制电路

输出控制电路由触发电路和相应的双向晶闸管组成。控制电路只有 5 路，L_1 是进水电磁阀，L_2 是排水电磁阀，M_1 是洗涤剂自动投入电动机，M_2 是主电动机。其中双向晶闸管 VT_{A1}、VT_{A2}用于控制主电动机 M_2 正反转；VT_{A3}控制洗涤剂投入电动机；VT_{A4}控制进水电磁阀，VT_{A5}用于控制排水电磁阀。

除了上述控制电路之外，还有工作起停和状态设定电路。SB_1 是全自动洗衣机的起停按键；SB_2 是功能选择按键，它可以设定洗衣机从某个程序开始进行工作。所有电路均在单片机 MC6805R3 的控制下工作。

四、控制软件

控制软件由主程序、各种子程序和中断服务程序组成。其主程序框图如图 6-5 所示。当程序被起动之后，首先进行一系列的检测和推理，然后才开始洗涤过程。在洗涤过程中产生故障，系统执行报警。

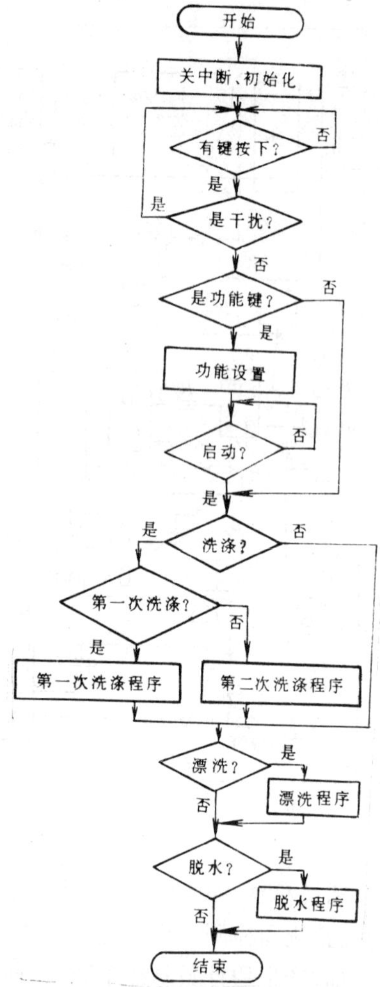

图 6-5　主程序框图

第二节　小型智能绘图机

CTS-8 型小型六笔智能绘图机是一种通用普及型绘图机。该绘图机共有 25 条绘图命令，通过串/并两种接口与计算机联接。可绘制有效图幅为：385mm×280mm（A_3），其分辨率为 0.1mm，最大绘图速度 200mm/s，重复精度小于 0.4mm。绘图机内部采用 Z80A CPU 控制。

一、绘图机的工作原理

CTS-8 型智能绘图机是平台式绘图机。如图 6-6 所示。平台上安装 y 轴滑臂，在滑臂上装有笔爪滑架，由装在滑臂上的 y 轴步进电机通过齿形带轮、同步齿形带驱动笔爪滑架沿 y 轴滑臂前后移动。y 轴滑臂一端由 x 轴滑架与 x 轴导向轴联结，由 x 轴步进电机通过齿形带轮、同步齿形带驱动 x 轴滑架，带动 y 轴滑臂同时沿 x 轴左、右移动。y 轴滑臂另一端有滚轮支承，由钢丝绳与 x 轴滑架连接，通过 4 个滑轮作同步移动。左面笔库上装有 6 支不同颜色的绘图笔，根据绘图需要，通过控制电路可选用其中任何一支笔进行绘图。

绘图纸由两条磁性压条压紧固定在绘图平板上，绘图机通过接口接收计算机输出的信息，经过控制电路向 x 轴步进电机和 y 轴步进电机发出绘图指令，由电动机驱动滑臂和笔爪滑架移动。同时逻辑电路控制绘图笔作起落笔运动，在绘图纸上绘出所需图形。

二、绘图机机械零部件结构

CTS-8 型智能绘图机是典型机电一体化产品，其机械零部件结构要求简单合理、体积小、质量小、保证精度。为此其主要零部件大都采用塑料压制。如把笔库与机壳设计成一体，采用 ABS 塑料压制，表面制成波纹状、不反光且美观大方。x 轴滑架、y 轴笔爪滑架、y 轴滚轮支架、拔杆、齿形带轮等形状复杂，精度要求较高，也采用了变形小、强度较高的增强聚碳酸酯塑料压制。

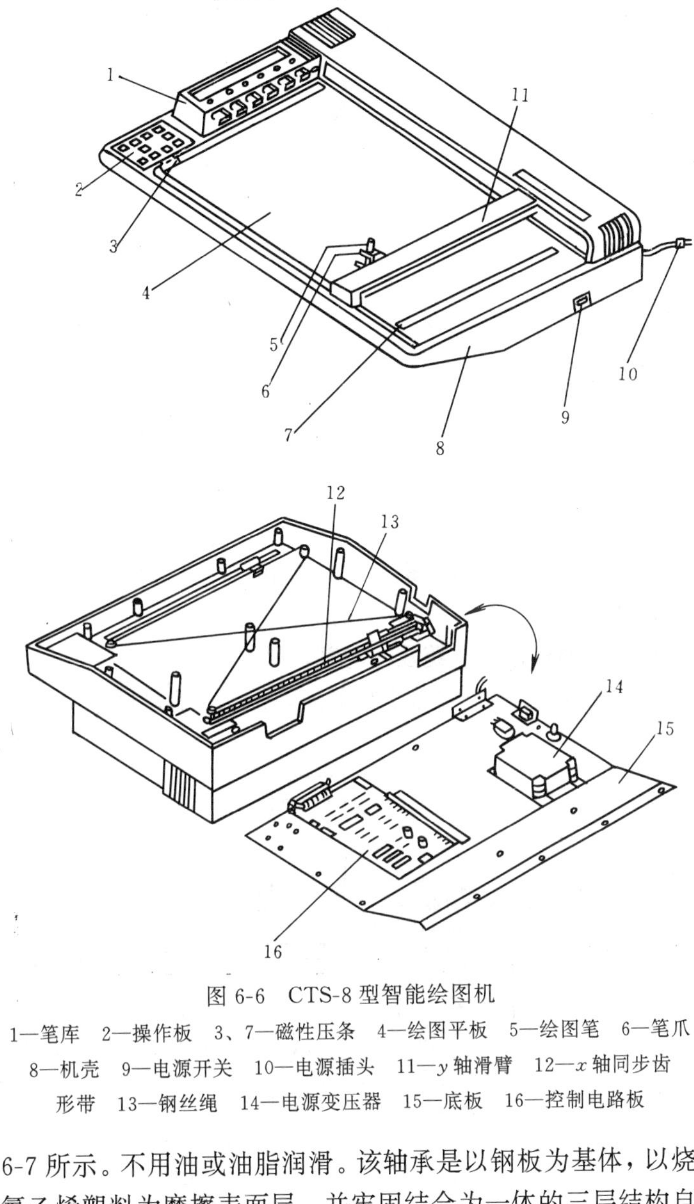

图 6-6　CTS-8 型智能绘图机

1—笔库　2—操作板　3、7—磁性压条　4—绘图平板　5—绘图笔　6—笔爪　8—机壳　9—电源开关　10—电源插头　11—y 轴滑臂　12—x 轴同步齿形带　13—钢丝绳　14—电源变压器　15—底板　16—控制电路板

绘图机绘制图形要求表面平整光洁，为了不污染图纸，避免润滑油滴在图纸或控制电路板上，故在 x 轴滑架和 y 轴笔爪滑架中采用钢背—塑料复合材料轴承，如图 6-7 所示。不用油或油脂润滑。该轴承是以钢板为基体，以烧结球形青铜粉为中间层，以聚四氟乙烯塑料为摩擦表面层，并牢固结合为一体的三层结构自润

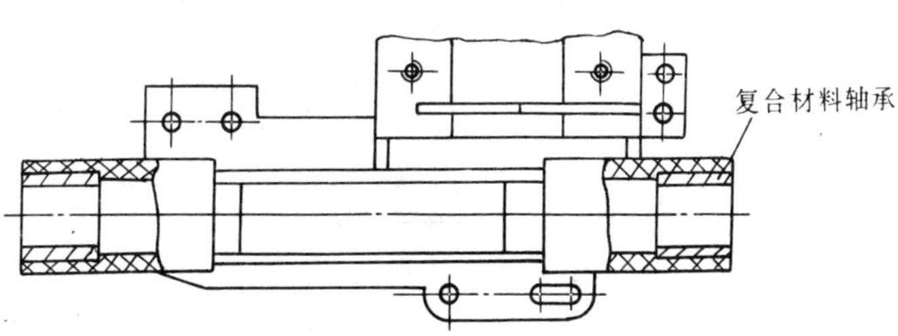

图 6-7　x 轴滑架

滑材料。钢背提供机械强度，多孔青铜是塑料与钢背结合的媒介，同时能传导摩擦热、降低工作时轴承表面温度，增加尺寸稳定性。塑料表面层提供了良好的自润滑和摩擦磨损特性。

绘图机上用二根同步齿形带，如图 6-8 所示。这是决定绘图机绘图精度的重要因素之一。因绘图机精度要求较高，故采用强度好、耐磨性高的聚氨酯塑料制作，骨架用钢丝绳，这样使传动中无空回、低噪声、耐磨损、传动平稳变形小。构成 y 轴滑臂同步运动的四个滑轮采用尼龙材料制成，内孔压上滚动轴承，如图 6-9 所示。与之配合传动的不锈钢丝绳外表面也覆上一层尼龙。使之兼有金属和塑料两种材料的优点，既有较高强度，又有良好自润滑性能。

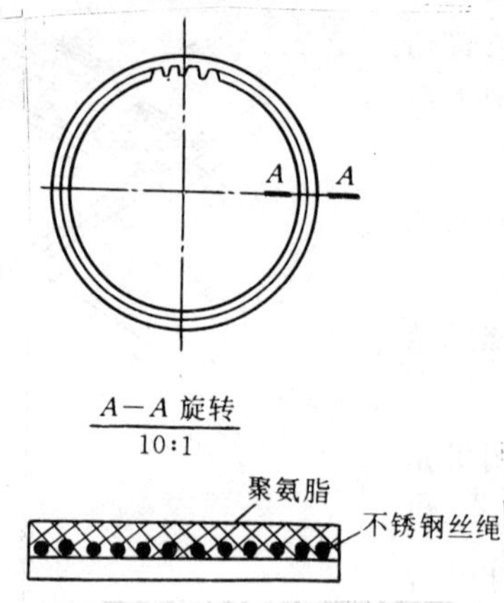

图 6-8　同步齿形带

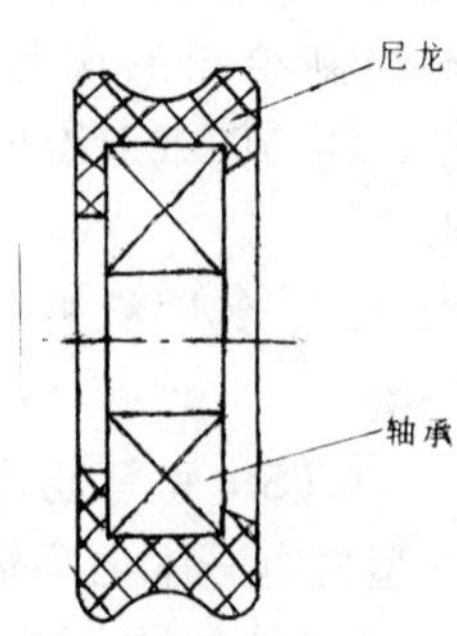

图 6-9　滑轮

为了减轻 x 轴步进电机负荷，y 轴滑臂采用两根不锈钢管制成。经加工，精度高、表面光滑、强度高、质量小、抗腐蚀性强。

三、绘图机控制系统及其控制软件

绘图机通过 x、y 两维坐标的运动带动笔实现图形绘制。由于 CTS-8 型绘图机绘图幅面

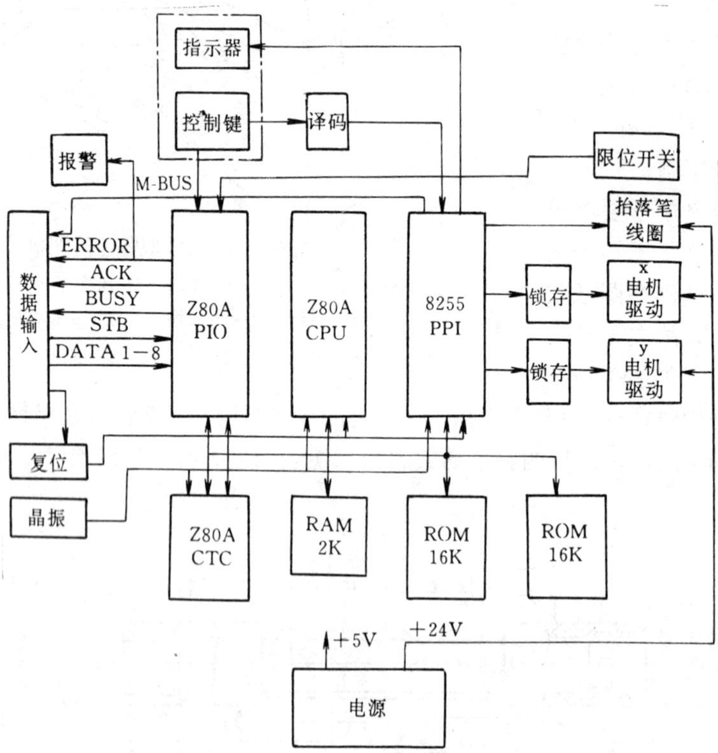

图 6-10　CTS-8 型绘图机硬件框图

小，绘图精度、速度要求低、所以采用开环控制系统。控制系统硬件由CPU、接口电路、存储器、驱动电路、电源、键盘及步进电机几大部分组成。其硬件框图如图6-10所示。CPU采用Z80A微处理器，时钟4MHz，接口部分向外提供标准的并行接口控制信号和数据，由Z80PIO芯片实现。计算机与绘图机间的数据交换是以中断方式进行的。存储器部分是由2K字节的6116RAM和32K字节的两片27128EPROM组成，RAM提供存放CPU的各种状态和信息的缓冲区，EPROM中存放绘图机的监控程序，驱动电路由1μPC494C脉宽调节器和功率三极管组成。微处理器运算后的绘图数据，经放大后分别送到1μPC494C和x、y轴步进电机，实现两个方向的绘图控制。

面板由按键开关和状态灯组成，键盘开关可以确定绘图机的工作方式或手动控制绘图笔的运动，面板上的状态灯由发光二极管的明暗显示抬落笔、换笔、报警等状态。

CTS-8型智能绘图机的监控程序主要包括初始化程序、中断服务程序、命令执行程序三大部分。存放于两片EPROM中，地址为0000H～3FFFH，4000H～7FFFH。初始化程序完成绘图机中RAM缓冲区的设置、管理、划分和接口初始化、控制面板的操作等功能。其程序流程图见图6-11。

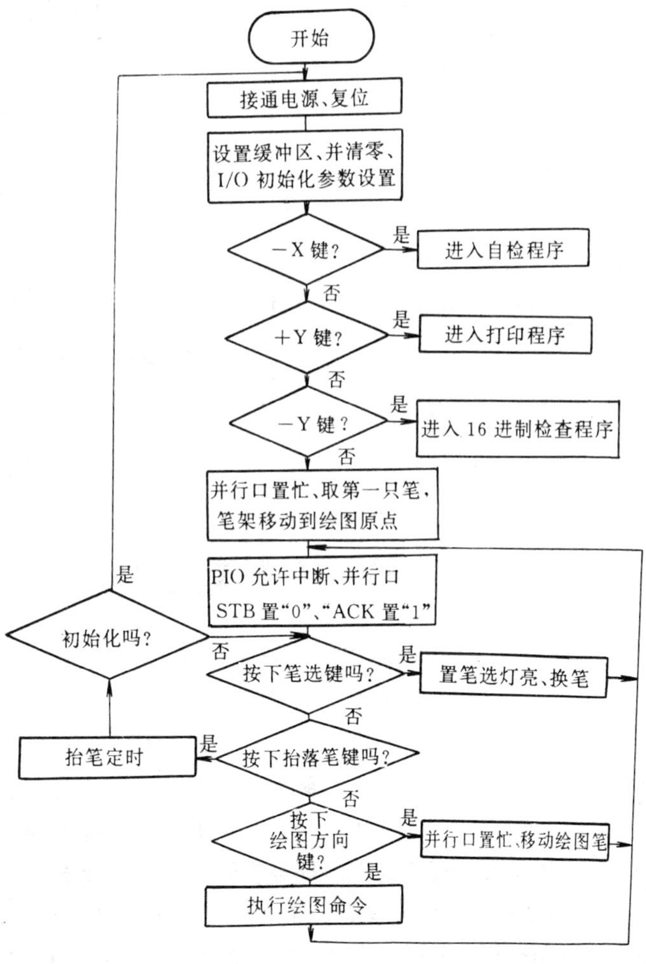

图6-11　初始化程序流程图

中断服务程序在绘图机中共有两个程序：随机数据接收中断服务程序（如图 6-12 所示）、和定时中断服务程序。随机数据接收中断服务程序的功能是CPU 对 PIO 设置方式控制字，当计算机向绘图机发送数据时绘图机产生中断，在缓冲区中设状态标志，从 PIO 中接收主机送来的数据，并将这些数据送到缓冲区中。定时中断服务程序的功能是根据程序中命令的要求设置绘图定时参数，实现绘图机绘图中的加减速控制。

命令执行程序的功能是用于分析和执行从计算机送到绘图缓冲区的各种命令、参数，通过分析和计算控制笔架的运动，实现复杂图形控制，其绘图命令执行流程图见图 6-13。

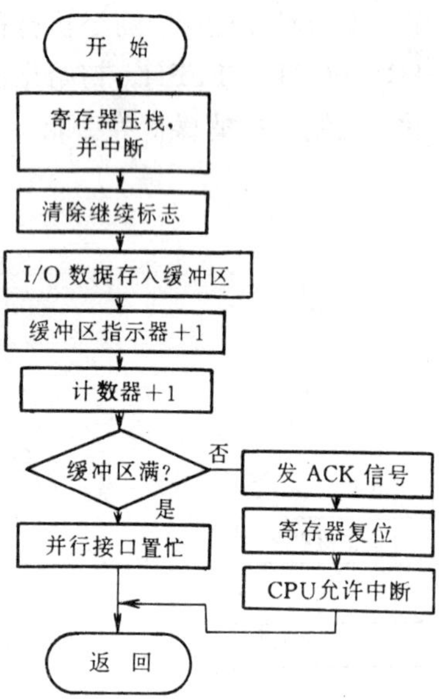

图 6-12　随机数据接收中断服务程序框图

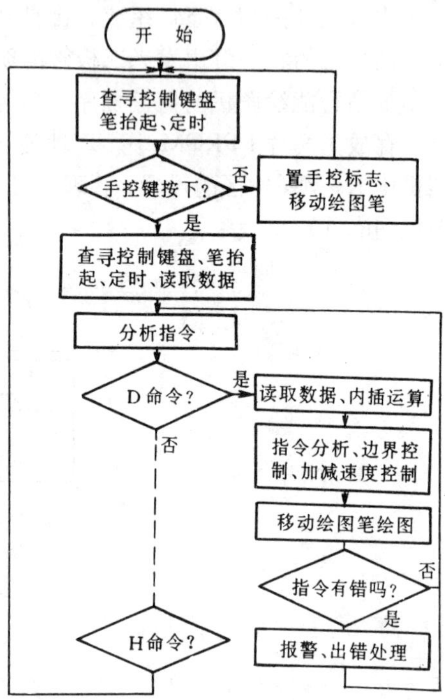

图 6-13　绘图命令执行流程图

第三节　二维表面粗糙度自动量仪

随着表面粗糙度功能的广泛化和多样化，我国原标准 GB1031—68 所规定的两个参数——轮廓算术平均偏差 R_a 和微观不平度十点高度 R_z，已不能满足要求。参照国际标准我国制定的新的表面粗糙度国家标准（GB3505—83、GB1031—83、GB131—83）在微观不平高度方面增加了轮廓最大高度 R_y，这样共有三个评定参数 R_a、R_z、R_y。在与微观不平度间距有关的表面粗糙度参数方面规定了两个参数，即轮廓微观不平度的平均间距 S_m 和轮廓的单峰平均间距 S。在与微观不平度形状有关的评定参数方面规定了轮廓支承长度率 t_p。三方面共规定六个参数。原有的测量仪器大部分是测量单一参数，如电动轮廓仪用积分表是测 R_a，干涉显微镜是测 R_z 等。二维表面粗糙度自动测量仪是对原电感轮廓仪进行改造的机电一体化产品，能测量标准规定的各个参数。

一、二维表面粗糙度测量仪结构

二维表面粗糙度测量仪的二维就是在被测件的一个横截面上，既可测量微观不平高度参数，又可测量微观不平度间距参数。其基本构成如图6-14。在矩形基座1上安装着测量工作台2和方形立柱5。工作台用于放置被测工件，立柱上安装着驱动箱4。传感器3通过接插器装在驱动箱的滑架上，由驱动箱驱动传感器沿被测表面滑行进行测量。立柱顶端设置一个伺服装置6，通过丝杠传动带动驱动箱4作升降运动，有快、慢两种速度。驱动箱下降到触针与被测件接触使传感器达到平衡点位置时，下降运动自动停止，其误差可控制在±0.1μm。控制和信号处理系统7用于控制整个测量过程，采集和处理传感器的测量信息，计算出表面粗糙度的各个参数并打印绘图输出。

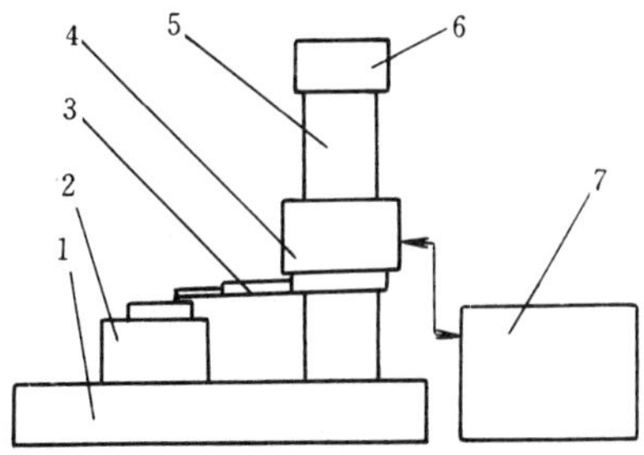

图 6-14　二维表面粗糙度测量仪

1—基座　2—工作台　3—传感器和触针
4—驱动箱　5—立柱　6—立柱伺服装置
7—控制和信号处理系统

二、控制和信号处理系统

该量仪控制和信息处理系统功能框图见图6-15。被测表面轮廓信息由触针拾取，经电感传感器变成电信号送入模拟信号处理电路，将信号放大、滤波、除去噪声和波度信号，得到表面粗糙度的电信号。通过A/D转换变成数字量，经接口电路进入计算机，根据表面粗糙度各参数的数学模型进行数据处理。

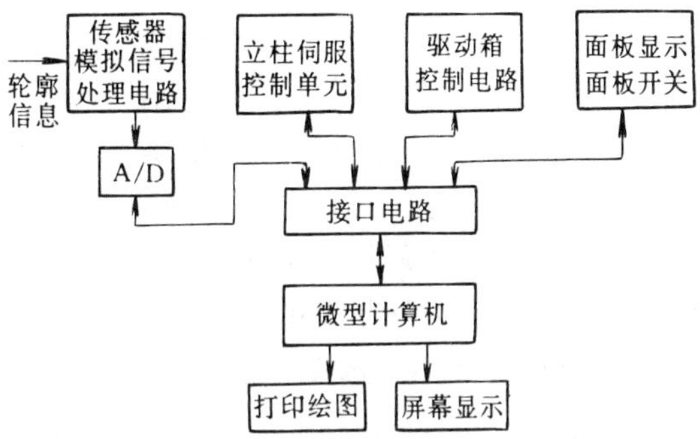

图 6-15　控制和信号处理系统

立柱伺服控制单元的功能是控制伺服装置的运动，使其对传感器的“平衡点”有满意的跟踪能力。保证起测时传感器处于平衡点位置。这样可充分利用传感器的线性范围。

驱动箱控制电路主要用于控制传感器的正向和反向滑行，并限制行程的大小，以适应不同的取样长度。为了使滑行速度均匀，将计算机的时钟分频变成50Hz方波，再处理成相位差为90°的两路正弦波，一路直接送电动机一个绕组，另一路经电动机方向控制电路转换后送电动机的另一绕组，以控制电动机的正反向转动。

面板开关和显示包括量程选择、传感器的正反向行程、取样长度选择等，均作为开关量与计算机交换信息。

上述控制和数据采集均在计算机控制下通过接口电路来进行。

三、微型计算机接口电路

本接口电路主要由三部分组成，即传感器模拟信号处理与A/D转换、采样信号的产生、采样控制。如图6-16所示，图中Ⅰ是原电感轮廓仪电路框图，Ⅱ是接口电路。

1. 模拟信号处理与A/D转换部分

表面粗糙度的模拟电压信号经过噪声滤波和波度滤波后引出。该信号已通过读表前置放大器的取中线电容，因此信号电压的均值约为零伏，便于后续电路的处理。在系统的数据处理程序中，设计了小波剔除程序，将波长小于1%l（l为评定长度）和波高小于10%R_y的波滤掉。

模拟信号用电压跟随器进行阻抗变换，然后经放大、电平平移和限幅等环节处理，变为0～5 V的信号电压，最后送A/D转换器。

A/D转换电路是接口电路的中心环节。由于经滤波后输出的模拟信号的噪声和信号比约为1%～3%，故选用8bitA/D转换器即可。本系统最高采样频率为1kHz，即采样时间间隔最小为1ms，选用ADC0809即满足要求。

表面粗糙度模拟信号是多种谐波的叠加，最高频率可达400Hz，而A/D转换器的跟随速度较低，故在A/D转换前加采样保持器。

2. 采样信号的产生

本系统采用定时采样。每个取样长度内的采样点数选定为N=250左右，取样长度为0.25mm、0.8mm、2.5mm，而触针滑行速度为1mm/s。因此不同的取样长度采样频率是不同的，需设置采样频率变换器，可将微型计算机的时钟进行分频。如拟用市电频率采样，可采用锁相倍频再分频进行频率转换。不同取样长度的采样频率见表6-2。三种采样频率的选择由面板取样长度开关通过开关量编码器和采样频率变换器来实现。

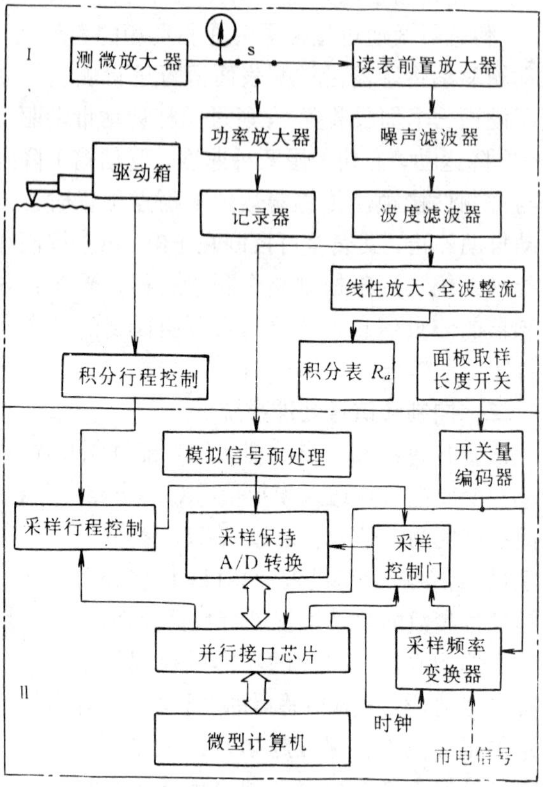

图6-16　微型计算机数据采集系统

表6-2　采样频率

取样长度 l（mm）	采样频率 （Hz）	采样点数 N	采样间距 Δl（mm）
0.25	1000	250	0.001
0.8	320	256	0.003125
2.5	100	250	0.01

3. 采样控制电路

该电路主要完成采样行程控制和多次采样。采样启动信号利用电感轮廓仪中起始积分信号并通过一个RS触发器发出给采样控制门。当采样完最后一个采样点的测量值时，计算机通过并行接口芯片发出停止采样信号给采样控制门，将其关闭。同时通过光电耦合开关使驱动电动机停止转动。

为了减小脉冲干扰对A/D转换数据的影响以提高测量精度，采用了数字滤波技术，即在定时采样后紧接着再由程序控制快速采样 3 次，这样在同一个采样点附近就得到 4 个采样数据。在这 4 个数据中，剔除最大值和最小值，取中间两个数的平均值作为这一点采样值。定时采样和程序采样的切换是由计算机通过并行接口芯片发出指令给采样控制门，后者再发出相应的采样信号。

四、程序设计

该系统主程序用 BASIC 语言编写。数据采集程序用汇编语言编写，且以子程序形式出现，由主程序调用。数据处理程序用 BASIC 语言编写，按国标给定的各个参数的数学模型计算出 6 个参数的数值，并显示打印输出。还可显示 $t_p(c)$ 曲线，幅度分布曲线和表面轮廓曲线，再以图形方式打印出来。

第七章　工业机器人

第一节　概　　述

一、工业机器人的定义与发展

机器人学是近 30 年才发展起来的一门交叉性学科，它涉及到机械工程、电子学、控制理论、传感器技术、计算机科学、仿生学、人工智能等学科领域。工业机器人本身是一种典型的机电一体化系统。各种生产过程的机械化和自动化是现代生产技术发展的总趋势，随着技术的进步和经济的发展，为适应产品的多品种、小批量生产，作为现代最新水平的 FMS（柔性制造系统）和 FA（工厂自动化）技术的重要组成部分的工业机器人技术得到了迅速发展，并在世界范围内很快地形成了机器人产业。尽管如此，各国对工业机器人的定义却各有差异。

国际标准化组织（ISO）基本上采纳了美国机器人协会的提法，定义为："一种可重复编程的多功能操作手，用以搬运材料、零件、工具或者是一种为了完成不同操作任务，可以有多种程序流程的专门系统。"

我国国家标准 GB/T12643—90 将工业机器人定义为："一种能自动定位控制、可重复编程的、多功能的、多自由度的操作机。能搬运材料、零件或操作工具，用以完成各种作业。"而将操作机定义为："具有和人手臂相似的动作功能，可在空间抓放物体或进行其它操作的机械装置。"

英国机器人协会（BRA）的定义是："一种可重复编程的装置，用以加工和搬运零件、工具或特殊加工器具，通过可变的程序流程以完成特定的加工任务。"

日本工业标准（JISB0134—1986）定义为："一种在自动控制下，能够编程完成某些操作或者动作功能。"

综合上述定义，可知工业机器人具有以下三个重要特性。

1）是一种机械装置，可以搬运材料、零件、工具、或者完成多种操作和动作功能，也即具有通用性。

2）是可以再编程的，具有多种多样程序流程的，这为人—机联系提供了可能，也使之具有独立的柔软性。

3）有一个自动控制系统，可以在无人参与下，自动地完成操作作业和动作功能。

工业机器人的发展通常可划分为三代。

第一代工业机器人：通常是指目前国际上商品化与实用化的"可编程工业机器人"，又称"示教再现工业机器人"，即为了让工业机器人完成某项作业，首先由操作者将完成该作业所需的各种知识（如运动轨迹、作业条件、作业顺序和作业时间等），通过直接或间接手段，对工业机器人进行"示教"，工业机器人将这些知识记忆下来后，即可根据"再现"指令，在一定精度范围内，忠实地重复再现各种被示教的动作。1962 年美国万能自动化公司的第一台 Unimate 工业机器人在美国通用汽车公司投入使用，标志着第一代工业机器人的诞生。

第二代工业机器人：通常是指具有某种智能（如触觉、力觉、视觉等）功能的“智能机器人”。即由传感器得到的触觉、力觉和视觉等信息经计算机处理后，控制工业机器人的操作机完成相应的适应性操作。1982年美国通用汽车公司在装配线上为工业机器人装备了视觉系统，从而宣告了新一代智能工业机器人的问世。

第三代工业机器人：即所谓的“自治式工业机器人”。它不仅具有感知功能，而且还有一定的决策及规划能力。这一代工业机器人目前仍处在实验室研制阶段。

二、工业机器人的组成与分类

（一）工业机器人的组成

一个较完善的工业机器人，一般由操作机、驱动系统、控制系统及人工智能系统等部分组成，如图7-1所示。

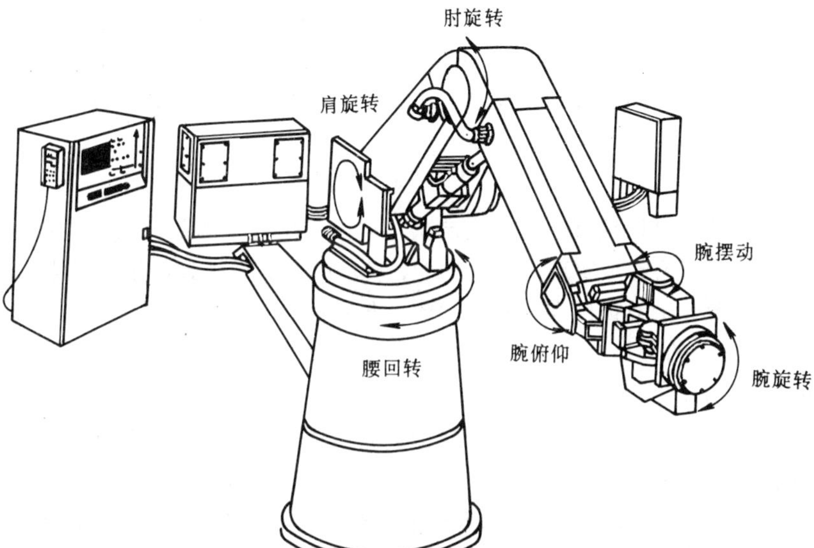

- 工业机器人
  - 操作机
    - 移动机械
    - 机　　座
    - 手　　臂
    - 手　　腕
    - 末端执行器
  - 驱动系统
    - 驱动器
    - 减速器
    - 检测元件
  - 控制系统
    - 控制装置（计算机等）
    - 检测装置（传感器等）
  - 人工智能系统
    - 感觉系统
      - 听觉装置
      - 视觉装置
      - 触觉装置
      - 力觉装置
    - 决策—规划系统
      - 模式识别
      - 专家系统
      - 大容量信息库
      - 人机交互系统

图7-1　工业机器人的组成

1. 操作机

操作机为工业机器人完成作业的执行机构，它具有和手臂相似的动作功能，是可在空间抓放物体或进行其它操作的机械装置。它包括机座、立柱、手臂、手腕和手部等部分。有时为了增加工业机器人的工作空间，在机座处装有行走机构。

2. 驱动系统

驱动系统主要指驱动执行机构的传动装置。它由驱动器、减速器、检测元件等组件组成。根据驱动器的不同，可分为电动、液动和气动驱动系统。驱动系统中的电动机、液压缸、气缸可以与操作机直接相连，也可以通过齿轮传动、链传动、谐波齿轮传动、螺旋传动、带传动装置等与执行机构相连。

3. 控制系统

控制系统是工业机器人的核心部分，其作用是支配操作机按所需的顺序，沿规定的位置或轨迹运动。从控制系统的构成看，有开环控制系统和闭环控制系统之分；从控制方式看有程序控制系统、适应性控制系统和智能控制系统之分；从控制手段看，目前工业机器人控制系统大多数采用计算机控制系统。

4. 人工智能系统

人工智能系统是计算机控制系统的高层次发展。它主要由两部分组成，其一为感觉系统（硬件），主要靠各类传感器来实现其感觉功能；其二是决策、规划系统（软件），它包括逻辑判断、模式识别、大容量数据库和规划操作程序等功能。

（二）工业机器人的分类

1. 按操作机坐标形式分类

操作机的坐标形式是指操作机的手臂在运动时所取的参考坐标系的形式。

(1) 直角坐标型工业机器人　如图 7-2a 所示，其运动部分由三个相互垂直的直线移动（即 PPP）组成，其工作空间图形为长方体。它在各个轴向的移动距离，可在各个坐标轴上直接读出，直观性强；易于位置和姿态（简称位姿）的编程计算，定位精度最高，控制无耦合，结构简单，但机体所占空间体积大，动作范围小，灵活性较差，难与其它工业机器人协调工作。

(2) 圆柱坐标型工业机器人　如图 7-2b 所示，其运动形式是通过一个转动和两个移动（即 RPP）组成的运动系统来实现的，其工作空间图形为圆柱形。与直角坐标型工业机器人相比，在相同的工作空间条件下，机体所占体积小，而运动范围大，其位置精度仅次于直角坐标型，难与其它工业机器人协调工作。

(3) 球坐标型工业机器人　又称极坐标型工业机器人，如图 7-2c 所示，其手臂的运动由两个转动和一个直线移动（即 RRP；一个回转，一个俯仰和一个伸缩运动）所组成，其工作空间为一球体，它可以作上下俯仰动作并能抓取地面上或较低位置的工件，具有结构紧凑、工作空间范围大的特点，能与其它工业机器人协调工作，其位置精度尚可，位置误差与臂长成正比。

(4) 多关节型工业机器人　又称回转坐标型工业机器人，如图 7-2d 所示，这种工业机器人的手臂与人体上肢类似，其前三个关节都是回转副（即 RRR），该工业机器人一般由立柱和大小臂组成，立柱与大臂间形成肩关节，大臂与小臂间形成肘关节，可使大臂作回转运动和俯仰摆动，小臂作俯仰摆动。其结构最紧凑，灵活性大，占地面积最小，工作空间最大，能

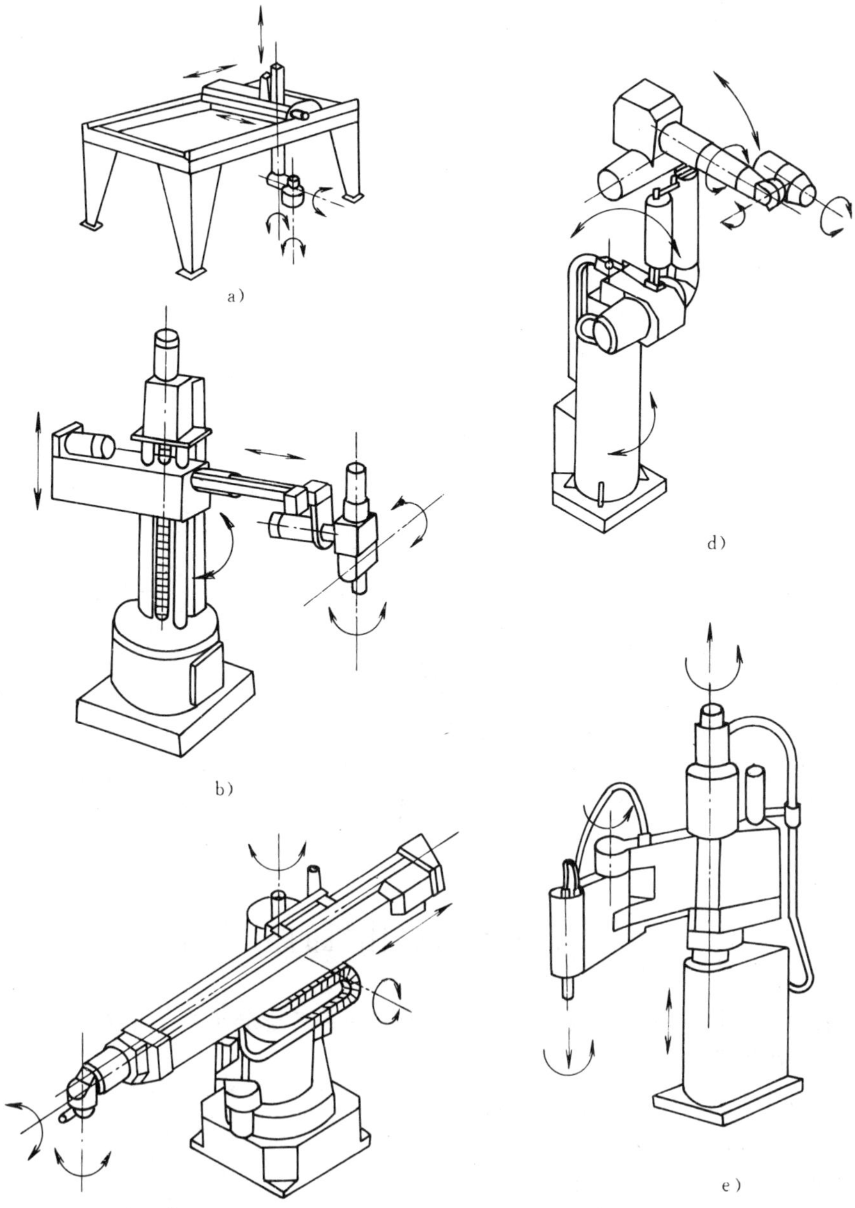

图 7-2　工业机器人的基本结构形式

a）直角坐标型　b）圆柱坐标型　c）球坐标型　d）多关节型　e）平面关节型

与其它工业机器人协调工作，但位置精度较低，有平衡问题，控制耦合。这种工业机器人应用越来越广泛。

（5）平面关节型工业机器人　如图 7-2e 所示，它采用一个移动关节和两个回转关节（即 PRR），移动关节实现上下运动，而两个回转关节则控制前后、左右运动。这种型式的工业机器人又称 SCARA（*Seletive Compliance Assembly Robot Arm*）装配机器人。在水平方向具有柔顺性，而在垂直方向则有较大的刚性。它结构简单，动作灵活，多用于装配作业中，特别适合小规格零件的插接装配，如在电子工业零件的插接、装配中应用广泛。

2. 按控制方式分类

(1) 点位控制 (PTP) 工业机器人　就是采用点到点的控制方式，它只在目标点处准确控制工业机器人手部的位姿，完成预定的操作要求，而不对点与点之间的运动过程进行严格的控制。目前应用的工业机器人中，多数属于点位控制方式，如上下料搬运机器人、点焊机器人等。

(2) 连续轨迹控制 (CP) 工业机器人　工业机器人的各关节同时作受控运动，准确控制工业机器人手部按预定轨迹和速度运动，而手部的姿态也可以通过腕关节的运动得以控制。弧焊、喷漆和检测机器人均属连续轨迹控制方式。

3. 按驱动方式分类

(1) 气动式工业机器人　这类工业机器人以压缩空气来驱动操作机，其优点是空气来源方便，动作迅速，结构简单，造价低，无污染；缺点是空气具有可压缩性，导致工作速度的稳定性较差，又因气源压力一般只有 6kPa 左右，所以这类工业机器人抓举力较小，一般只有几十牛顿，最大百余牛顿。

(2) 液压式工业机器人　因为液压压力比气压压力高得多，一般为 70kPa 左右，故液压传动工业机器人具有较大的抓举能力，可达上千牛顿。这类工业机器人结构紧凑，传动平稳，动作灵敏，但对密封要求较高，且不宜在高温或低温环境下工作。

(3) 电动式工业机器人　这是目前用得最多的一类工业机器人，不仅因为电动机品种众多，为工业机器人设计提供了多种选择，也因为它们可以运用多种灵活的控制方法。早期多采用步进电机驱动，后来发展了直流伺服驱动单元，目前交流伺服驱动单元也在迅速发展。这些驱动单元或是直接驱动操作机，或是通过诸如谐波减速器的装置来减速后驱动，结构十分紧凑、简单。

第二节　工业机器人操作机的机械结构

工业机器人操作机由机座、立柱、手臂、手腕和手部等部分组成，如图 7-3 所示。

确定一个工业机器人操作机位置时所需要的独立运动参数的数目称为工业机器人的运动自由度，它是表示工业机器人动作灵活程度的参数。工业机器人的自由度数取决于作业目标所要求的动作。对于只进行二维平面作业的工业机器人只需三个自由度，若要使操作具有随意的位姿，则工业机器人至少需要六个自由度。而对于回避障碍作业的工业机器人则需要有比六个自由度更多的冗余自由度。

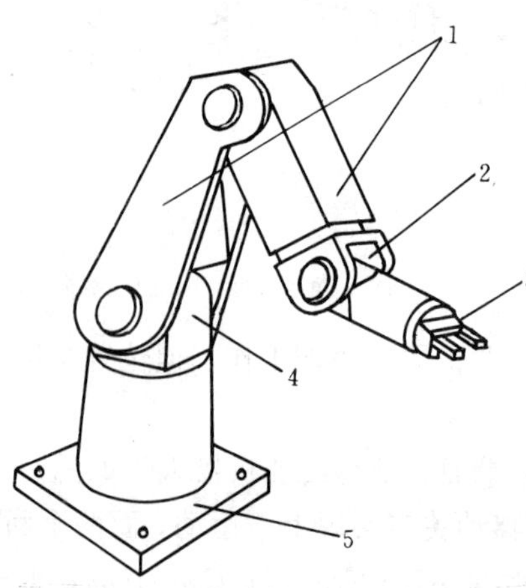

图 7-3　工业机器人操作机

1—手臂　2—腕关节　3—手部　4—立柱　5—机座

工业机器人操作机常采用低副式 (回转副或移动副) 主动关节来实现各个自由度。

一、手臂

手臂是操作机中的主要运动部件，它用来支承手腕和手部，并用来调整手部在空间的位置。手臂一般至少应有三个自由度。这些自由度可以是移动副和回转副（回转或摆动）。因此按运动副不同的组合方案，共有 27 种方案。但从动作形态分析可有如图 7-2 所示的五种形式。

手臂的直线运动多数通过液压（气）缸驱动来实现，也可通过齿轮齿条、滚珠丝杠、直线电动机等来实现。回转运动的实现手段很多，如蜗轮蜗杆式；液压缸活塞杆上的齿条驱动齿轮的方式；液压缸通过链条驱动链轮转动；利用液压缸活塞杆直接驱动手臂回转；由回转液压（气）缸直接驱动手臂回转；由步进电动机通过齿轮传动使手臂回转；由直流电动机通过谐波传动装置驱动手臂回转等。

PUMA 型工业机器人是由直流伺服电动机驱动的六自由度关节型工业机器人，如图 7-4 所示。其大臂和小臂是用高强度铝合金材料制成的薄臂框形结构，各运动都是采用齿轮传动。驱动大臂的传动机构如图 7-4a 所示，大臂 1 的驱动电动机 7 安置在臂的后端（兼起配重平衡作用），运动经电动机轴上的小锥齿轮 6、大锥齿轮 5 和一对圆柱齿轮 2、3 驱动大臂轴作转动

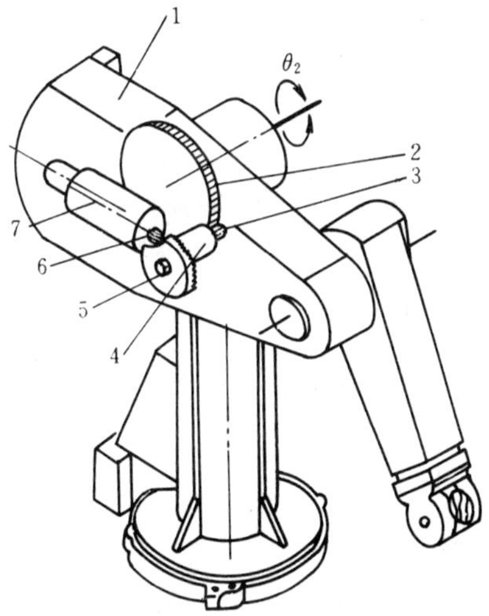

a)

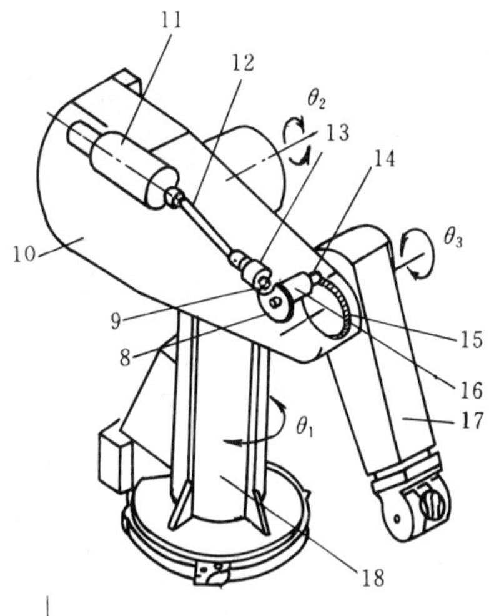

b)

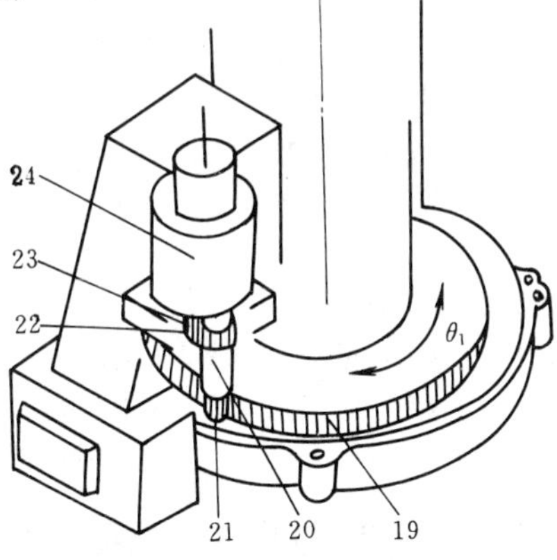

c)

图 7-4　PUMA 机器人手臂传动机构

1、10—大臂　2、3、5、6、8、9、14、15、19、21、22、23—齿轮　4、13、16、20—偏心套　7、11、24—驱动电动机　12—驱动轴　17—小臂　18—腰座

θ_2。驱动小臂 17 的传动机构如图 7-4b 所示，驱动装置安装于大臂 10 的框形臂架，驱动电动机 11 也置于大臂后端，经驱动轴 12，锥齿轮 9、8，圆柱齿轮 14、15，驱动小臂轴作转动 θ_3。腰座（回转机座）的回转运动 θ_1，则由伺服电动机 24 经齿轮 23、22、21 和 19 驱动，如图 7-4c 所示。图中偏心套 4、13、16 及 20 用来调整齿轮传动间隙。

BJDP-1 型工业机器人为全电动式、五自由度、具有连续轨迹控制的多关节型机器人，如图 7-5 所示，手臂采用大、小臂平行四连杆机构。大臂由固定在立柱回转体上的电动机 10（M_2）经锥齿轮传动和谐波减速器驱动；小臂电动机 2（M_3）也固定在立柱回转体上，经锥齿轮和谐波减速器减速后带动平行四连杆机构的横杆推动小臂运动；腰座的回转运动，则由立柱驱动电动机 1（M_1），经斜齿轮传动、谐波减速器和直齿轮传动驱动。另外腕部的驱动电动机 3（M_5）、5（M_4）安装在小臂的横杆上，通过链传动机构将运动和动力传送到手腕，分别驱动手腕的转动和俯仰。

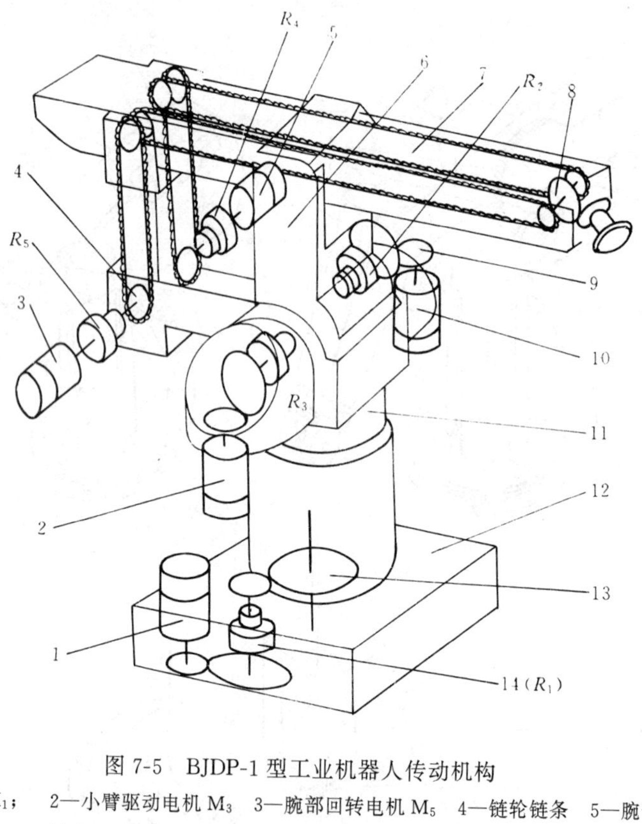

图 7-5　BJDP-1 型工业机器人传动机构

1—立柱驱动电机 M_1；　2—小臂驱动电机 M_3　3—腕部回转电机 M_5　4—链轮链条　5—腕部俯仰电机 M_4　6—大臂　7—小臂　8—锥齿轮　9—锥齿轮　10—大臂驱动电机 M_2　11—立柱　12—基座　13—直齿轮　14—R_1、R_2、R_3、R_4、R_5 均为谐波减速器

液压驱动圆柱坐标型工业机器人手臂如图 7-6 所示。它具有手臂伸缩、回转和升降三个自由度，手臂伸缩运动由液压缸 2 驱动，活塞杆 1 固定不动，采用燕尾型导轨 5 导向，刚度大，工作平稳；手臂回转运动采用回转液压缸 11 驱动，回转液压缸的输出轴上安装有行星齿轮 9，固定齿圈（太阳轮）7 与中间机座 6 固联，回转液压缸体固定在手臂支架 4 上，当回转液压缸动片转动时，行星齿轮 9 绕自身轴线转动（自转）的同时，带动手臂支架一起绕中间机座

（即太阳轮）回转（公转）；在中间支座 6 的下面配置有升降液压缸，实现手臂的升降运动。

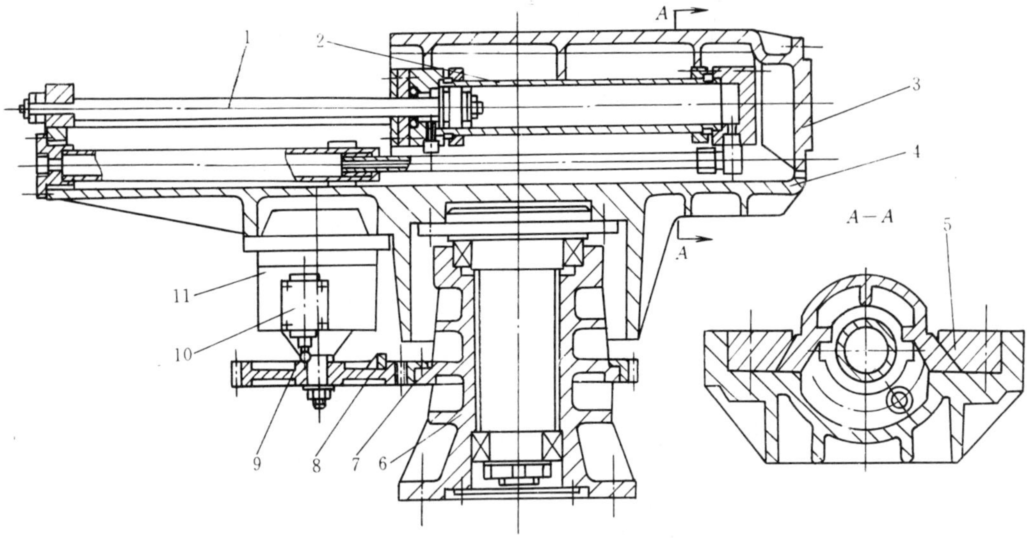

图 7-6 液压驱动圆柱坐标工业机器人手臂

1—活塞杆 2—液压缸 3—手臂端部 4—手臂支架 5—导轨 6—中间机座 7、9—齿轮 8—挡块 10—行程开关 11—回转液压缸

二、手腕

手腕是联接手臂和手部的部件，其功能是在手臂和腰部实现了手部在空间的三个位置坐标（自由度）的基础上，再由手腕来实现手部在作业空间的三个姿态（方位）坐标，即实现三个旋转自由度。通过机械接口联接并支承的手部，如图 7-7 所示。

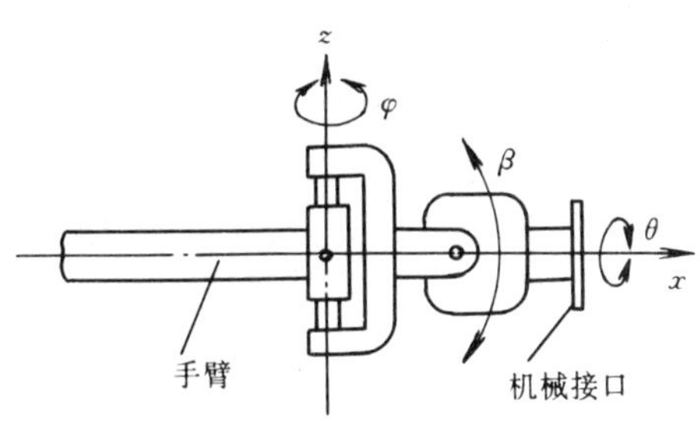

图 7-7 手腕的自由度

手腕一般由弯曲式关节和转动式关节组成，组成弯曲式腕关节的相邻构件的轴线在工作中相互间角度有变化，以 *B* 表示；组成转动式腕关节的则相反，以 *R* 表示，如图 7-8 所示。多自由度的腕关节则由这两种基本结构形式组合而成。对于两自由度腕关节来说有 RR 和 BR 两种结构，对于三自由度腕关节来说，有 BBR、BRR、RBR、RRR 和 RBB 五种结构。上述六种结构形式如图 7-9 所示，图中 P 表示俯仰（*Pitch*），Y 表示摆动（*Yaw*），R 表示转动（*Roll*）。

手腕处于手臂末端，为减轻手臂载荷，使工业机器人具有较好的动力学特性，一般将驱动装置安装在主柱或靠近立柱的其它部件上，而不直接装在腕部，通过链条、齿形带或连杆将运动传到腕关节，如图 7-5 所示。手腕部件的自由度越多，其动作的灵活性越高，工业机器人对作业的适应能力越强，但增加自由度，会使手腕结构复杂，运动控制难度加大，因此通用目的的工业机器人手腕一般配置三个自由度。为提高手腕动作的精确性，应提高传动的刚度，尽量减小机械传动系统中由于间隙产生的反转回差。对手腕回转各关节轴上要设置限位开关和机械挡块，以防关节超限造成事故。

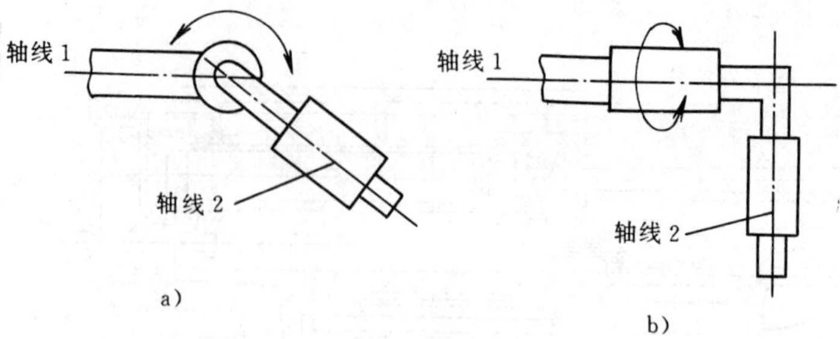

图 7-8　手腕关节

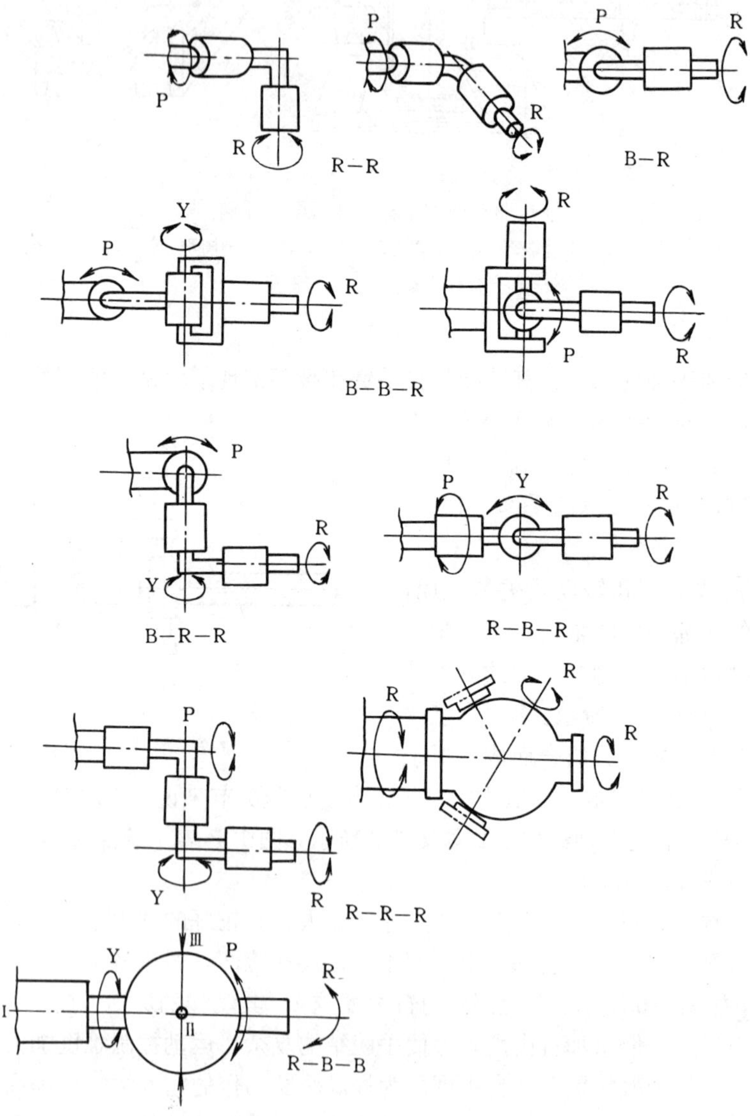

图 7-9　手腕自由度配置形式

下面介绍几种典型手腕结构。

(1) 具有三个自由度的工业机器人手腕　具有三个自由度的PUMA型工业机器人手腕结构如图7-10所示。驱动手腕运动的三个电动机安装在小臂的后端(图7-10a),这种配置方式可以利用电动机作为配重起平衡作用。三个电动机7、8、9经柔性联轴器6和传动轴5将运动传递到手腕各轴齿轮,驱动电动机7经传动轴5和两对圆柱齿轮传动4、3带动手腕1在壳体2上做偏摆运动φ。电动机9经传动轴5驱动圆柱齿轮传动12和圆锥齿轮传动13,从而使轴15回转,实现手腕的上下摆动运动β。电动机8经传动轴5和两对圆锥齿轮传动11、14带动轴16回转,实现手腕机械接口法兰盘17的回转运动θ。图7-10c为柔性联轴器的形状。

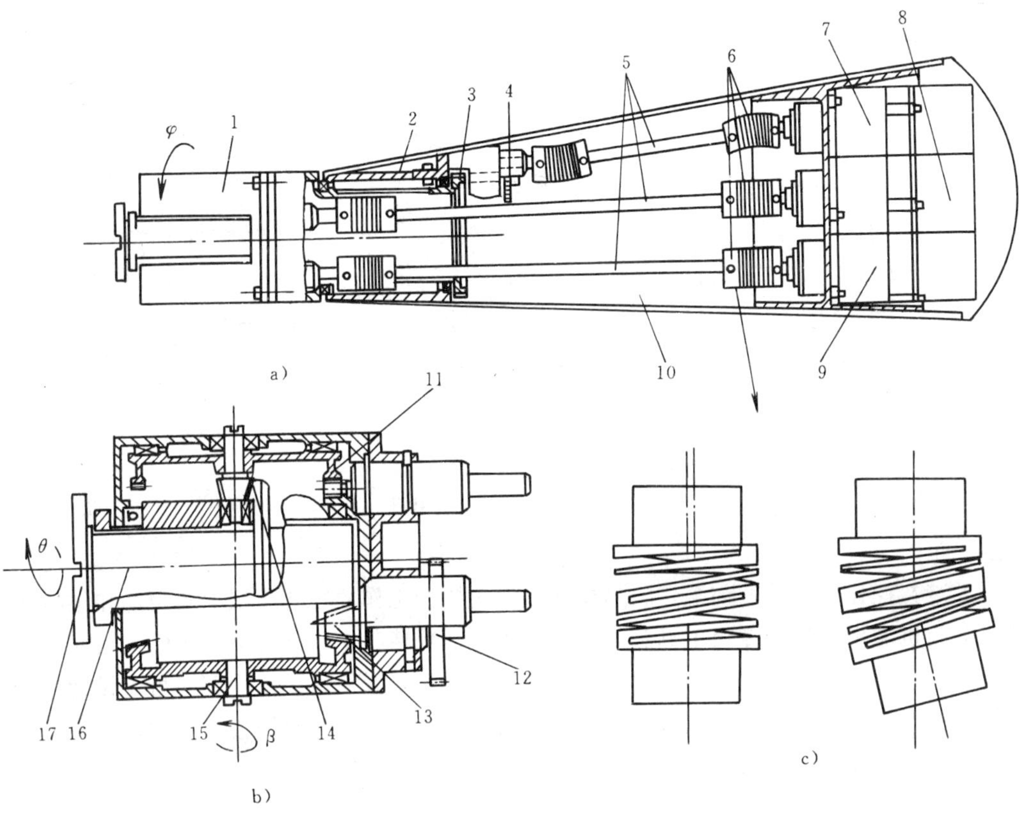

图7-10　PUMA型工业机器人手腕结构

a) 手臂　b) 手腕　c) 柔性联轴器

1—手腕　2—壳体　3、4、11、12、13、14—传动齿轮　5—传动轴　6—柔性联轴器　7、8、9—电动机　10—手臂外壳　15、16—轴　17—手腕机械接口

(2) 具有回转和摆动两个自由度的手腕　具有回转和摆动两个自由度的手腕结构如图7-11所示。它采用两个回转液压缸5、8,V—V剖面为手腕摆动回转液压缸,工作时动片6带动摆动回转液压缸5使整个腕部绕固定中心3摆动。L—L剖面为手腕回转液压缸,工作时动片7带动回转中心轴2,实现腕部的回转运动。

(3) 上部为链传动的手腕　图7-5上部为链传动的手腕结构。

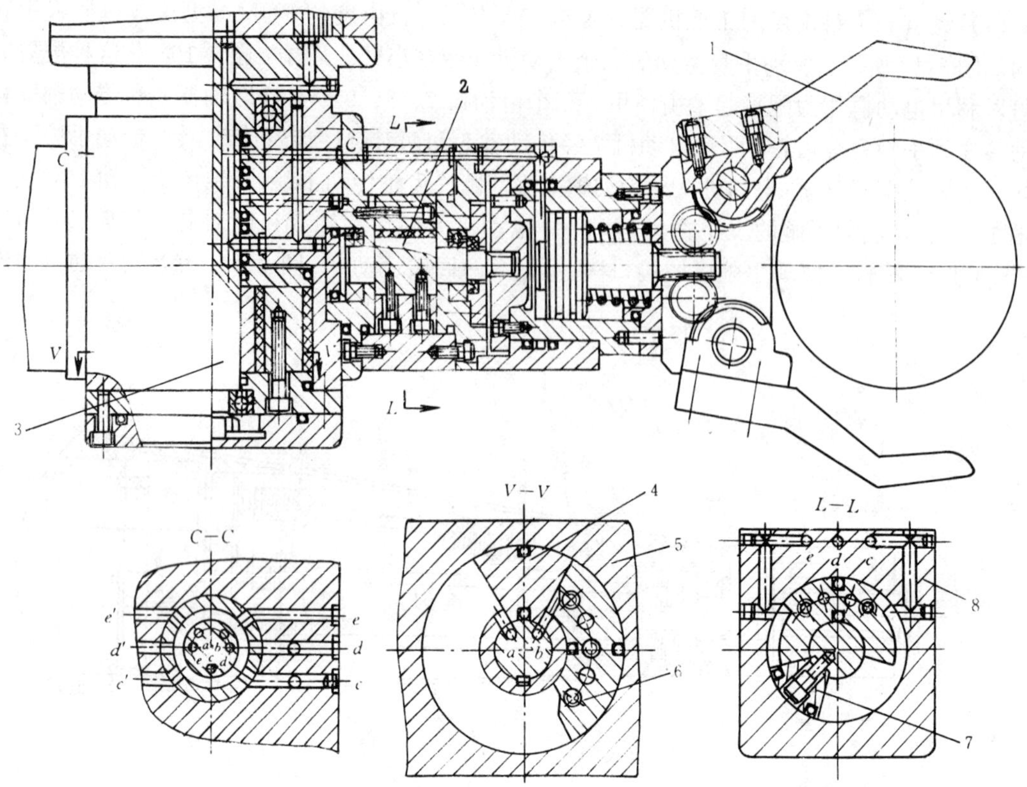

图 7-11　具有回转与摆动的腕部结构

1—手部　2—中心轴　3—固定中心轴　4—定片　5—摆动回转缸　6—动片　7—回转轴　8—回转缸

三、手部

手部装在操作机手腕的前端，它是操作机直接执行工作的装置。根据其用途和结构的不同可以分为机械夹持器、专用工具和万能手三类。多数情况下手部是为特定的用途而专门设计的，但也可设计成一种适用性较大的多用途手部，为了方便地更换手部，可以设计一种手部的接换器形成操作机上的机械接口。较简单的可用法兰盘作为机械接口处的接换器，为实现快速和自动更换手部，可以采用电磁吸盘或气动锁紧的接换器。

（一）机械夹持器

机械夹持器是工业机器人中最常见的一种手部装置，机械夹持器可分为回转式和移动式两类。回转式又可分为单支点回转式和双支点回转式。按夹持方式可分为外夹式和内撑式。

下面介绍几种典型的机械夹持器结构。

1. 回转式机械夹持器

图 7-12a 所示为楔块杠杆式回转机械夹持器，当夹持器驱动器向前推进时，通过楔块 4 的楔面和杠杆 1，使手爪产生夹紧动作和夹紧力；当楔块后移时，靠弹簧 2 的拉力使手爪松开。图 7-12b 所示为滑槽杠杆式回转夹持器，当驱动器的驱动杆 7 向上运动时，圆柱销 8 在两杠杆 9 的滑槽中移动，迫使与支架 6 相铰接的两手爪产生夹紧动作和夹紧力；当杆 7 向下运动时，手爪松开。图 7-12c 所示为连杆杠杆式回转夹持器，当驱动器推动杆 10 上下移动时，由杆 10、

连杆 11、摆动钳爪 12 和夹持器体构成四杆机构，迫使钳爪完成夹紧和松开动作。

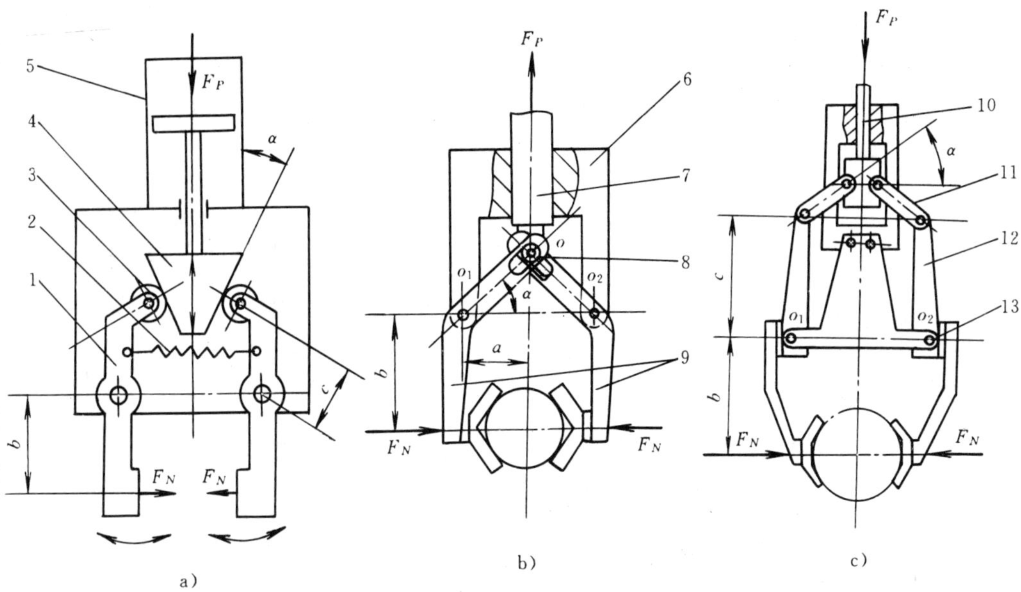

图 7-12 回转式机械夹持器

a）楔块杠杆式回转型夹持器 b）滑槽杠杆式回转型夹持器 c）连杆杠杆式回转型夹持器

1、9—杠杆 2—弹簧 3—滚子 4—楔块 5—驱动器 6—支架 7、10—杆 8—圆柱销

11—连杆 12—摆动钳爪、13—调整垫片

2. 移动式机械夹持器

图 7-13a 所示为齿轮齿条平行连杆式移动夹持器，电磁式驱动器 3 驱动齿条杆 2 和 2 个

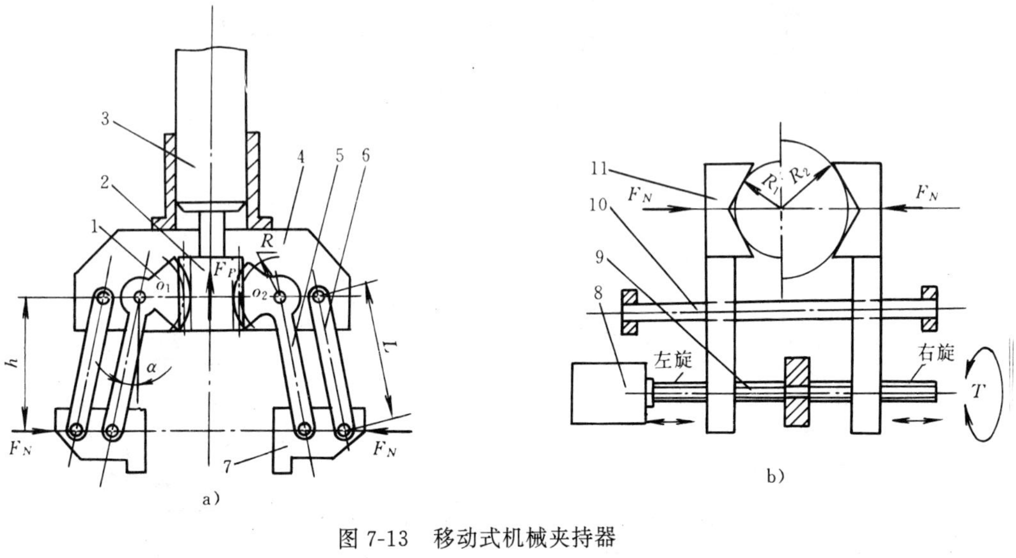

图 7-13 移动式机械夹持器

a）齿轮齿条平行连杆式平移型夹持器 b）左右旋丝杠平移型夹持器

1—扇形齿轮 2—齿条杆 3—电磁式驱动器 4—夹持器体 5、6—连杆 7—钳爪 8—电动机

9—丝杠 10—导轨 11—钳爪杆

扇形齿轮 1，扇形齿轮带动杆 5 绕 O_1、O_2 旋转。连杆 5、6，钳爪 7 和夹持器体 4 构成一平行四杆机构，驱动两钳爪作平移以夹紧和松开工件。图 7-13b 所示为左右旋丝杠式移动夹持器，由电动机 8 驱动一对旋向相反的丝杠 9 提供准确的移动夹紧动作；两丝杠协调一致地安装在同一轴上，由导轨 10 保证钳爪杆 11 的平移运动。这种夹持器若配置一单独的伺服电动机或步进电动机驱动，可方便地通过编程控制电动机的旋转来夹紧不同尺寸规格的工件；如果采用滚珠丝杠和滚动导轨，能得到很高的重复定位精度。

3. 内撑式机械夹持器

内撑式机械夹持器采用四连杆机构传递撑紧力，如图 7-14 所示。其撑紧方向与外夹式（上述 1、2 两类）相反。钳爪 3 从工件内孔撑紧工件，为使撑紧后能准确地用内孔定位，多采用三个钳爪（图中只画了两个钳爪）。

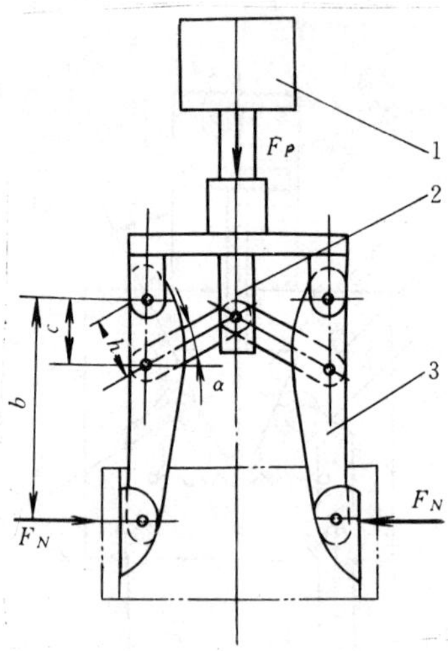

图 7-14　内撑连杆杠杆式夹持器
1—驱动器　2—杆　3—钳爪

（二）专用工具

专用工具是供工业机器人完成某类特定的作业之用。现将常用的一些专用工具应用实例列于图 7-15 中。

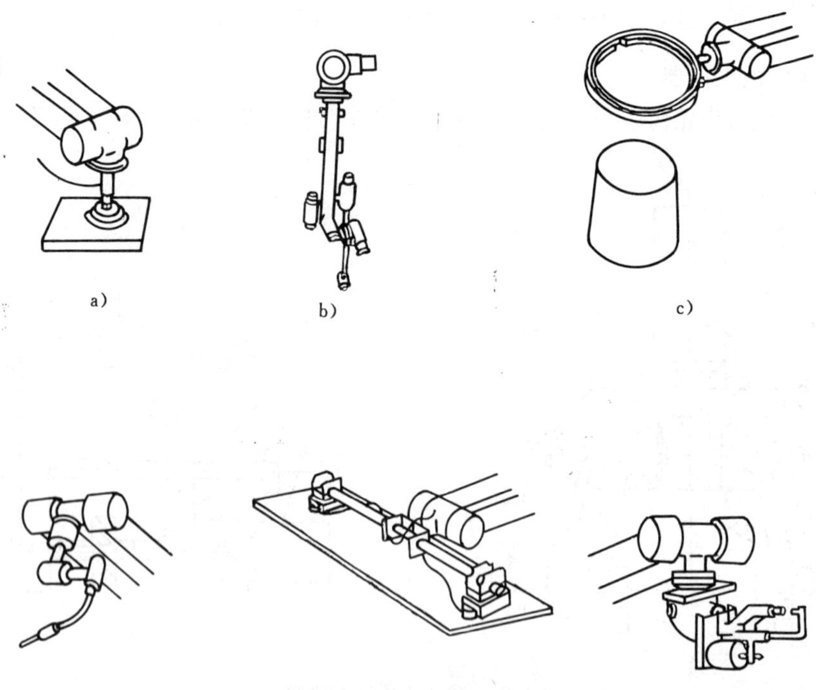

图 7-15　专用工具
a）真空吸附手　b）喷枪　c）空气袋膨胀手　d）弧焊焊枪　e）电磁吸附手　f）点焊枪

第三节　工业机器人运动学与力学分析

一、工业机器人运动学

研究工业机器人机构运动学的目的是建立工业机器人各运动构件与手部在空间的位置之间的关系，建立工业机器人手臂运动的数学模型，为控制工业机器人的运动提供分析的方法和手段，为仿真研究手臂的运动特性和设计控制器实现预定的功能提供依据。

（一）坐标变换原理与变换矩阵

工业机器人的执行机构属于空间机构，因而可以采用空间坐标变换基本原理及坐标变换矩阵解析方法来建立描述各构件（坐标系）之间的相对位置和姿态的矩阵方程。

空间机构的位置分析，就是研究刚体（构件）在三维空间进行的旋转和移动。我们可以在机构的每一构件上建立一右手直角坐标系，把构件运动后的新位置看成是这一坐标系的变换。如图 7-16 所示，固定在构件 2 上的坐标系 $x_2-y_2-z_2$，可以看成是固定在构件 1 上的坐标系 $x_1-y_1-z_1$ 的原点 o_1 沿 z_1 轴移动距离 d_1 到达 o_1' 点，然后绕 z_1 轴旋转 θ_{12} 角，再沿 x_2 轴移动距离 h_2 到达 o_2，然后再绕 x_2 轴旋转 α_{12} 角，得到新坐标系 $x_2-y_2-z_2$，即构件 2 的位置和姿态。

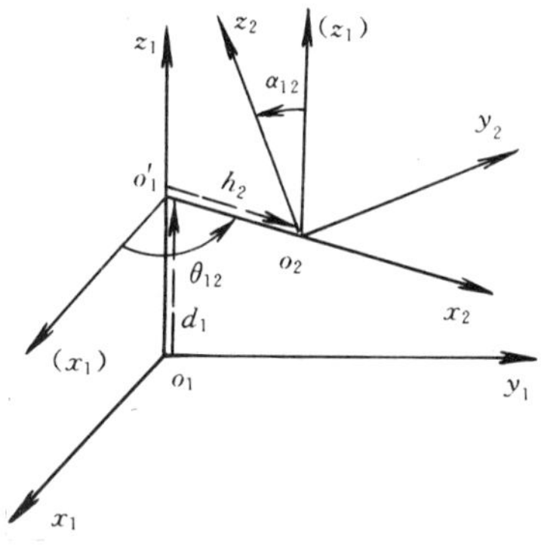

图 7-16　空间坐标变换

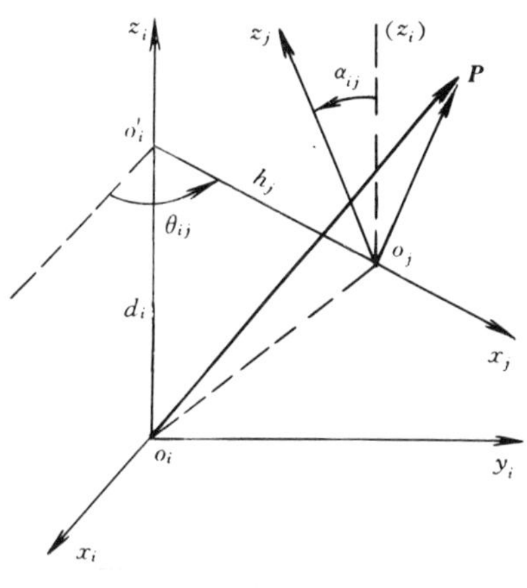

图 7-17　两任意坐标系的变换

应用于仅由转动副、移动副和螺旋副组成的空间工业机器人机构研究中的齐次坐标变换矩阵是 *D-H*（*Denavit-Harterberg*）矩阵。*D-H* 矩阵是一个 4×4 矩阵

$$\begin{bmatrix} A_{11} & A_{12} & A_{13} & P_x \\ A_{21} & A_{22} & A_{23} & P_y \\ A_{31} & A_{32} & A_{33} & P_z \\ 0 & 0 & 0 & 1 \end{bmatrix} \tag{7-1}$$

它表示如图 7-17 所示的一空间矢量从一个坐标系向另一坐标系转换的关系。

两坐标系间的旋转用 *D-H* 矩阵左上角的一个 3×3 旋转矩阵（$\boldsymbol{R}$）来描述；右上角是一个 3×1 的列矩阵，称为位置向量，表示两个坐标系间的平移，P_x、P_y、P_z 为两坐标系间平移矢量的三个分量。*D-H* 矩阵左下角中的 1×3 行矩阵表示沿三根坐标轴的透视变换；右下角的 1

×1 单一元素矩阵为使物体产生总体变换的比例因子。在CAD绘图中透视变换和比例因子是重要参数，但在工业机器人控制中，透视变换值总是取零，而比例因子则总是取 1。

1. 旋转矩阵

如图 7-18 所示，两个共原点的右手直角坐标系 x_i-y_i-z_i 和 x_j-y_j-z_j，可以看作是 j 坐标系的坐标轴方向相对 i 坐标系绕 z_i 轴旋转了一个 θ 角得到的，因此可以写出下列关系式

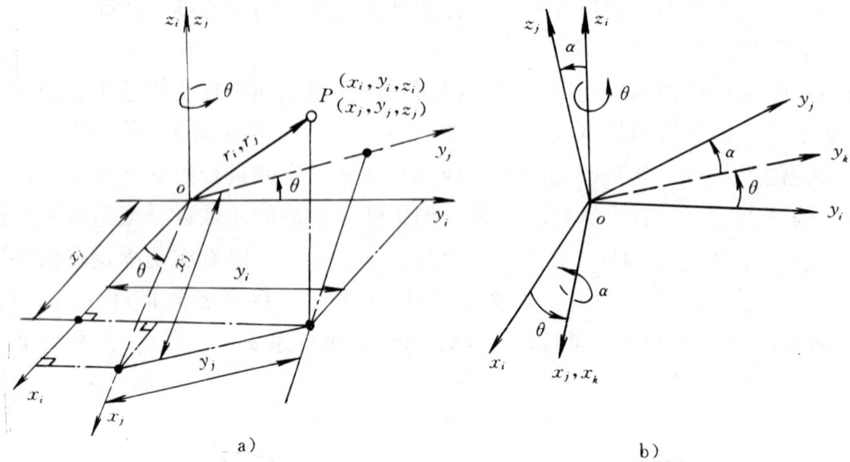

图 7-18　旋转矩阵求取

$$\left.\begin{aligned}x_i&=x_j\cos\theta-y_j\sin\theta+0\times z_j\\y_i&=x_j\sin\theta+y_j\cos\theta+0\times z_j\\z_i&=0\times x_j+0\times y_j+1\times z_j\end{aligned}\right\}\tag{7-2}$$

写成矩阵形式

$$\begin{bmatrix}x_i\\y_i\\z_i\end{bmatrix}=\begin{bmatrix}\cos\theta & -\sin\theta & 0\\\sin\theta & \cos\theta & 0\\0 & 0 & 1\end{bmatrix}\begin{bmatrix}x_j\\y_j\\z_j\end{bmatrix}\tag{7-3}$$

写成矢量形式

$$\boldsymbol{\gamma}_i=[R_{ij}^{\theta}]\boldsymbol{\gamma}_j\tag{7-4}$$

式中，$\boldsymbol{\gamma}_i$ 为矢量$\overrightarrow{OP}$在 x_i-y_i-z_i 坐标系中的坐标列阵；$\boldsymbol{\gamma}_j$ 为矢量$\overrightarrow{OP}$在 x_j-y_j-z_j 坐标系中的坐标列阵；〔R_{ij}^{θ}〕为坐标系 j 变换到坐标系 i 的旋转矩阵。

方阵〔R_{ij}^{θ}〕就是 i 和 j 坐标系各相应坐标轴夹角的余弦，如表 7-1 所示。

表 7-1　坐标变换关系表

	x_j	y_j	z_j
x_i	cos（x_i，x_j）	cos（x_i，y_j）	cos（x_i，z_j）
y_i	cos（y_i，x_j）	cos（y_i，y_j）	cos（y_i，z_j）
z_i	cos（z_i，x_j）	cos（z_i，y_j）	cos（z_i，z_j）

利用表 7-1 可容易地写出 j 坐标系绕 i 坐标系的 x_i 轴（y_i 轴）转过 α 角（β 角）后的旋转矩阵。

$$[R_{ij}^{\alpha}]=\begin{bmatrix}1 & 0 & 0\\ 0 & \cos\alpha & -\sin\alpha\\ 0 & \sin\alpha & \cos\alpha\end{bmatrix} \tag{7-5}$$

$$[R_{ij}^{\beta}]=\begin{bmatrix}\cos\beta & 0 & \sin\beta\\ 0 & 1 & 0\\ -\sin\beta & 0 & \cos\beta\end{bmatrix} \tag{7-6}$$

绕两根坐标轴旋转时，新坐标系 j 的位置可以看成旧坐标系 i，先绕 z_i 轴转过 θ 角，达到 x_k-y_k-z_i，再绕 x_k 轴转 α 角得到，如图 7-18b 所示。这种坐标系的连续旋转，可以用旋转矩阵的连乘表示，即

$$\begin{aligned}[R_{ij}^{\theta,\alpha}]&=\begin{bmatrix}\cos\theta & -\sin\theta & 0\\ \sin\theta & \cos\theta & 0\\ 0 & 0 & 1\end{bmatrix}\begin{bmatrix}1 & 0 & 0\\ 0 & \cos\alpha & -\sin\alpha\\ 0 & \sin\alpha & \cos\alpha\end{bmatrix}\\ &=\begin{bmatrix}\cos\theta & -\sin\theta\cos\alpha & \sin\theta\sin\alpha\\ \sin\theta & \cos\theta\cos\alpha & -\cos\theta\sin\alpha\\ 0 & \sin\alpha & \cos\alpha\end{bmatrix}\end{aligned} \tag{7-7}$$

由此可见方向余弦矩阵的依次连乘，可完成坐标系的连续变换，用同样的方法，可以得出绕其它坐标轴两次旋转的旋转矩阵。

2. 位置向量

位置向量中 P_x 表示沿 x_i 轴从 z_{i-1} 轴量至 z_i 轴的距离，记为 h_i，并规定与 x_i 轴正向一致的距离为正。P_y 表示沿 y_i 轴从 z_{i-1} 轴量至 z_i 轴的距离，记为 l_i，并规定与 y_i 轴正向一致的距离为正。P_z 表示沿 z_i 轴从 x_{i-1} 轴量至 x_i 轴的距离，记为 d_i，并规定与 z_i 轴正向一致的距离为正。

由上述讨论可知，相邻两坐标系 $x_i-y_i-z_i$ 和 $x_{i-1}-y_{i-1}-z_{i-1}$ 之间的不共原点的坐标变换矩阵方程为

$$\begin{bmatrix}x_{i-1}\\ y_{i-1}\\ z_{i-1}\\ 1\end{bmatrix}=[M_{i-1,i}]\begin{bmatrix}x_i\\ y_i\\ z_i\\ 1\end{bmatrix} \tag{7-8}$$

式中，$[M_{i-1,i}]$ 是由 h_i、d_i、α_i 和 θ_i 四个参数所确定的相邻坐标系的齐次坐标变换矩阵

$$[M_{i-1,i}]=\begin{bmatrix}c\theta_i & -s\theta_i c\alpha_i & s\theta_i s\alpha_i & h_i c\theta_i\\ s\theta_i & c\theta_i c\alpha_i & -c\theta_i s\alpha_i & h_i s\theta_i\\ 0 & s\alpha_i & c\alpha_i & \alpha_i\\ 0 & 0 & 0 & 1\end{bmatrix} \tag{7-9}$$

其中，$s\theta_i=\sin\theta_i$；$s\alpha_i=\sin\alpha_i$；$c\theta_i=\cos\theta_i$；$c\alpha_i=\cos\alpha_i$。

（二）运动学方程的建立与求解

1. 运动学方程的建立

工业机器人操作机的运动学方程是描述工业机器人操作机上每一活动杆件在空间相对绝对坐标系或相对机座坐标系的位姿的方程。

工作过程中，工业机器人的位姿是变化的。其位置可用从机座坐标系 x_0-y_0-z_0 的坐标原点 o_o 出发，指向机械接口坐标系 x_m-y_m-z_m 的坐标原点 o_m 的矢量 $\boldsymbol{P}$ 来表示，如图 7-19 所示。而手

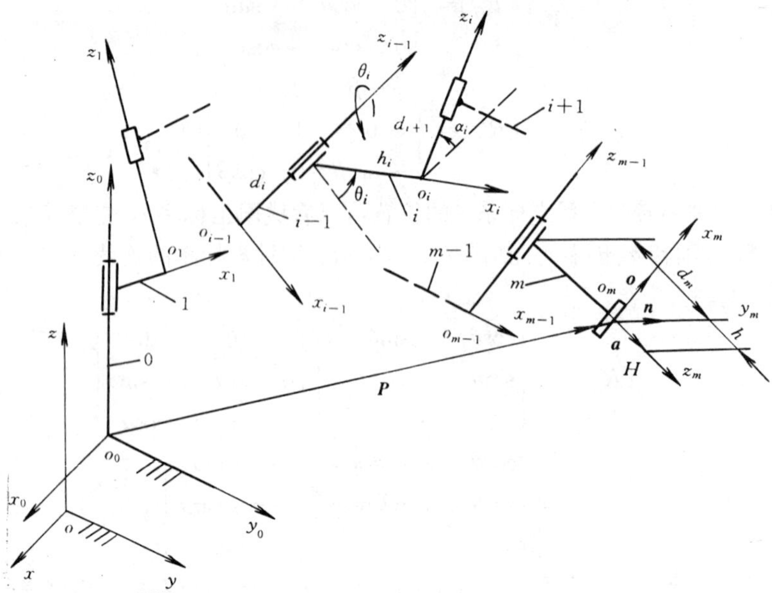

图 7-19　手部的位置与姿态

部相对于机座坐标系的姿态可用机械接口坐标系的三个坐标轴 x_m、y_m、z_m 来描述。若以 n、o、a 分别表示 x_m、y_m、z_m 三个坐标轴的三个单位矢量，且在机座坐标系中的方向余弦分别为 $\boldsymbol{n}=(n_x、n_y、n_z)^T$，$\boldsymbol{o}=(o_x、o_y、o_z)^T$，$\boldsymbol{a}=(a_x、a_y、a_z)^T$，则机械接口坐标系相对于机座坐标系的位姿可用矩阵〔$\boldsymbol{M_m}$〕描述

$$〔\boldsymbol{M_m}〕=\begin{bmatrix} n_x & o_x & a_x & p_x \\ n_y & o_y & a_y & p_y \\ n_z & o_z & a_z & p_z \\ 0 & 0 & 0 & 1 \end{bmatrix} \tag{7-10}$$

由式(7-9)可以写出任意相邻两坐标系的齐次坐标变换矩阵，由于通过齐次坐标变换矩阵的连乘可进行坐标系的连续变换，因而任一坐标系 x_i-y_i-z_i 相对于机座坐标系的位姿可表示为

$$〔\boldsymbol{M}_{oi}〕=〔\boldsymbol{M}_{o1}〕〔\boldsymbol{M}_{12}〕\cdots〔\boldsymbol{M}_{i-1,i}〕 \tag{7-11}$$

式中，〔$\boldsymbol{M}_{oi}$〕为坐标系 x_i-y_i-z_i 与机座坐标系 x_o-y_o-z_o 之间的齐次坐标变换矩阵。

对于具有 m 个自由度的工业机器人，其手部相对于机座坐标系的位姿矩阵为

$$〔\boldsymbol{M}_m〕=\begin{bmatrix} n_x & o_x & a_x & p_x \\ n_y & o_y & a_y & p_y \\ n_z & o_z & a_z & p_z \\ 0 & 0 & 0 & 1 \end{bmatrix}=〔\boldsymbol{M}_{01}〕〔\boldsymbol{M}_{12}〕\cdots〔\boldsymbol{M}_{m-1,m}〕 \tag{7-12}$$

例 1　列出 PUMA-560 型工业机器人的运动学方程。操作机的轴测简图和机构运动简图如图 7-20 所示。

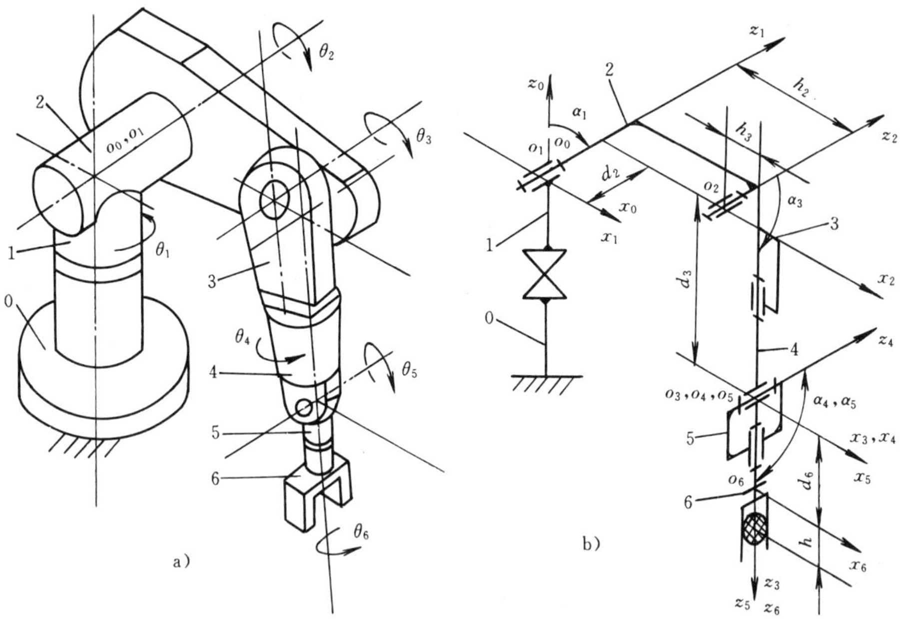

图 7-20　PUMA-560 型工业机器人操作机

a）轴测简图　b）机械运动简图

解　（1）建立各构件的 D-H 坐标系

设工业机器人的操作机由机座 0 及六个活动构件组成，具有六个旋转关节。机座坐标系 x_0-y_0-z_0 因连在机座 0 上，为简化计算，将其原点 o_0 平移；使 o_1、o_0 重合。按右手坐标系规则建立的各活动杆件坐标系全部绘于图 7-20b 所示的机构运动简图上。

（2）确定各杆件的结构参数和运动变量

各关节的运动变量都是绕 z_i 轴的转角，分别用 θ_1、θ_2、θ_3、θ_4、θ_5、θ_6 表示。将机构的结构参数和运动变量列表如下：

构件编号	θ_i	α_i	h_i	d_i
0-1	θ_1	$-90°$	0	0
1-2	θ_2	0°	h_2	d_2
2-3	θ_3	$-90°$	h_3	d_3
3-4	θ_4	90°	0	
4-5	θ_5	$-90°$	0	0
5-6	θ_6	0	0	d_6

表中，θ_1、θ_2、$\cdots\theta_6$ 是运动变量，余者为结构参数。

（3）写出各相邻两杆件坐标系间的位姿矩阵〔$\boldsymbol{M}_{i-1,i}$〕

根据式（7-9）和上表可得

$$[\boldsymbol{M}_{01}]=\begin{bmatrix} c\theta_1 & 0 & -s\theta_1 & 0 \\ s\theta_1 & 0 & c\theta_1 & 0 \\ 0 & -1 & 0 & 0 \\ 0 & 0 & 0 & 1 \end{bmatrix} \qquad [\boldsymbol{M}_{12}]=\begin{bmatrix} c\theta_2 & -s\theta_2 & 0 & h_2c\theta_2 \\ s\theta_2 & c\theta_2 & 0 & h_2s\theta_2 \\ 0 & 0 & 1 & d_2 \\ 0 & 0 & 0 & 1 \end{bmatrix}$$

$$[\boldsymbol{M}_{23}]=\begin{bmatrix} c\theta_3 & 0 & -s\theta_3 & h_3c\theta_3 \\ s\theta_3 & 0 & c\theta_3 & h_3s\theta_3 \\ 0 & -1 & 0 & d_3 \\ 0 & 0 & 0 & 1 \end{bmatrix} \qquad [\boldsymbol{M}_{34}]=\begin{bmatrix} c\theta_4 & 0 & -s\theta_4 & 0 \\ s\theta_4 & 0 & c\theta_4 & 0 \\ 0 & -1 & 0 & 0 \\ 0 & 0 & 0 & -1 \end{bmatrix}$$

$$[\boldsymbol{M}_{45}]=\begin{bmatrix} c\theta_5 & 0 & -s\theta_5 & 0 \\ s\theta_5 & 0 & c\theta_5 & 0 \\ 0 & -1 & 0 & 0 \\ 0 & 0 & 0 & 1 \end{bmatrix} \qquad [\boldsymbol{M}_{56}]=\begin{bmatrix} c\theta_6 & 0 & -s\theta_6 & 0 \\ s\theta_6 & 0 & c\theta_6 & 0 \\ 0 & -1 & 0 & d_6 \\ 0 & 0 & 0 & 1 \end{bmatrix}$$

(4) 建立机械接口坐标系的位姿矩阵 $[\boldsymbol{M}_{06}]$

由式（7-12）得

$$[\boldsymbol{M}_{06}]=[\boldsymbol{M}_{01}][\boldsymbol{M}_{12}][\boldsymbol{M}_{23}][\boldsymbol{M}_{34}][\boldsymbol{M}_{45}][\boldsymbol{M}_{56}] = \begin{bmatrix} n_x & o_x & a_x & p_x \\ n_y & o_y & a_y & p_y \\ n_z & o_z & a_z & p_z \\ 0 & 0 & 0 & 1 \end{bmatrix} \tag{7-13}$$

这就是 PUMA-560 型工业机器人操作机的位姿运动学矩阵方程。

2. 运动学方程的求解

工业机器人操作机手部的位姿问题，通常可分为两类基本问题：一类是运动学正问题，另一类是运动学逆问题。

(1) 运动学方程的正解　已知工业机器人操作机中各运动副的运动参数和杆件的结构参数，求手部相对于机座坐标系的位置和姿态，即确定 $[\boldsymbol{M}_{0i}]$ 中各元素的值，就是求解工业机器人运动学的正问题。

例 7-1 中操作机运动学正问题的求解就是利用式（7-13）进行坐标的连续变换，计算出 $[\boldsymbol{M}_{06}]$ 中每一个元素的值，即

$$\left.\begin{aligned} n_x &= c_1[c_{23}(c_4c_5c_6-s_4s_6)-s_{23}s_5s_6]-s_1(s_4c_5c_6+c_4s_6) \\ n_y &= s_1[c_{23}(c_4c_5c_6-s_4s_6)-s_{23}s_5s_6]+c_1(s_4s_5s_6+c_4s_6) \\ n_z &= -s_{23}(c_4c_5c_6-s_4s_6)-c_{23}s_5s_6 \end{aligned}\right\}$$

$$\left.\begin{aligned} o_x &= c_1[-c_{23}(c_4c_5c_6+s_4c_6)+s_{23}s_5s_6]-s_1(-s_4c_5s_6+c_4c_6) \\ o_y &= s_2[-c_{23}(c_4c_5c_6+s_4c_6)+s_{23}s_5s_6]+c_1(-s_4c_5s_6+c_4c_6) \\ o_z &= s_{23}(c_4c_5c_6+s_4c_6)+c_{23}s_5s_6 \end{aligned}\right\}$$

$$\left.\begin{aligned} a_x &= c_1(c_{23}c_4c_5+s_{23}c_5)-s_1s_4s_5 \\ a_y &= s_1(c_{23}c_4c_5+s_{23}c_5)-c_1s_4s_5 \\ a_z &= -s_{23}c_4c_5+c_{23}c_5 \end{aligned}\right\}$$

$$
\left.\begin{aligned}
p_x &= c_1[d_6(c_{23}c_4c_5 + s_{23}c_5) + s_{23}d_4 + h_3c_{23} + h_2c_2] - s_1(d_6s_4s_6 + d_2) \\
p_y &= s_1[d_6(c_{23}c_4c_5 + s_{23}c_5) + s_{23}d_4 + h_3c_{23} + h_2c_2] + c_1(d_4s_4s_6 + d_2) \\
p_z &= d_6[(c_{23}c_5 - s_{23}c_4c_5) + (c_{23}d_4 - h_3s_{23} - h_2s_2)]
\end{aligned}\right\}
$$

式中，$s_i=\sin\theta_i$，$c_i=\cos\theta_i$；$s_{ij}=\sin(\theta_i+\theta_j)$；$c_{ij}=\cos(\theta_i+\theta_j)$。

运动学正问题解法较为简单。当给定了一组结构参数和运动参数后，机器人运动学方程的正解是唯一的。

(2) 运动学方程的逆解　根据已给定的满足工作要求时手部相对于机座坐标系的位姿以及杆件的结构参数，求各运动副的运动参数，即所谓求解工业机器人运动学的逆问题。这是工业机器人设计中对其进行控制的关键。与运动学正问题不同，运动学逆问题一般求解难度较大。由式（7-11）可知，当等式左端的矩阵〔$\boldsymbol{M}_{oi}$〕为已知时，等式右端则包含有很多待求的运动参数，根据等式两端矩阵的对应元素应相等，可得一组多变量的三角函数方程，求解这些运动参数，需解一组非线性超越函数方程。求解的方法有三种，即代数法、几何法和数值法。前两种解法的具体步骤和公式随工业机器人执行机构类型的不同而有差异。后一种解法是人们寻求的一种通用的逆问题求解方法，由于计算工作量大，时间长，而不能满足实时控制的要求。因而数值解法目前尚难以实际应用。

下面简要介绍代数法求解步骤和方法。

设有一四个自由度的工业机器人，则其手部相对于机座坐标系的位姿矩阵为

$$[\boldsymbol{M}_{04}] = [\boldsymbol{M}_{01}][\boldsymbol{M}_{12}][\boldsymbol{M}_{23}][\boldsymbol{M}_{34}] \tag{7-14}$$

用〔$\boldsymbol{M}_{01}$〕$^{-1}$左乘上式两端得

$$[\boldsymbol{M}_{01}]^{-1}[\boldsymbol{M}_{04}] = [\boldsymbol{M}_{12}][\boldsymbol{M}_{23}][\boldsymbol{M}_{34}] \tag{7-15}$$

同样可得

$$[\boldsymbol{M}_{12}]^{-1}[\boldsymbol{M}_{01}]^{-1}[\boldsymbol{M}_{04}] = [\boldsymbol{M}_{23}][\boldsymbol{M}_{34}] \tag{7-16}$$

$$[\boldsymbol{M}_{23}]^{-1}[\boldsymbol{M}_{12}]^{-1}[\boldsymbol{M}_{01}]^{-1}[\boldsymbol{M}_{04}] = [\boldsymbol{M}_{34}] \tag{7-17}$$

由式（7-15）、式（7-16）和式（7-17）的每一个矩阵方程可得 12 个方程，在这些关系式中可选择只包含一个或不多于两个待求运动参数的关系式，使在求解运动参数时，不用或少用数学上的消元法。一般说来，式（7-15）～式（7-17）的逆推过程不一定全部作完，就可以利用等式两端矩阵中所包含对应元素相等的关系式，求得所需的全部待求运动参数。

工业机器人操作机运动学逆问题的解一般不是唯一的，其存在多解的可能。

二、工业机器人力学分析

工业机器人力学分析主要包括静力学分析和动力学分析。静力学分析是研究操作机在静态工作条件下，手臂的受力情况；动力学分析是研究操作机各主动关节驱动力与手臂运动的关系，从而得出工业机器人动力学方程。静力学分析和动力学分析是工业机器人操作机设计、控制器设计和动态仿真的基础。

（一）静力学分析

工业机器人与环境的接触将在工业机器人与环境之间引起相互作用力和力矩。而工业机器人的关节扭矩由各关节的驱动装置提供，通过手臂传至手部，使力和力矩作用于与环境的接触面上，这种力和力矩的输入输出关系在工业机器人的控制中是十分重要的。

1. 静力平衡方程

开式链手臂中单个杆件的受力情况如图 7-21 所示，杆件 i 通过关节 i 和 $i+1$ 分别与杆件

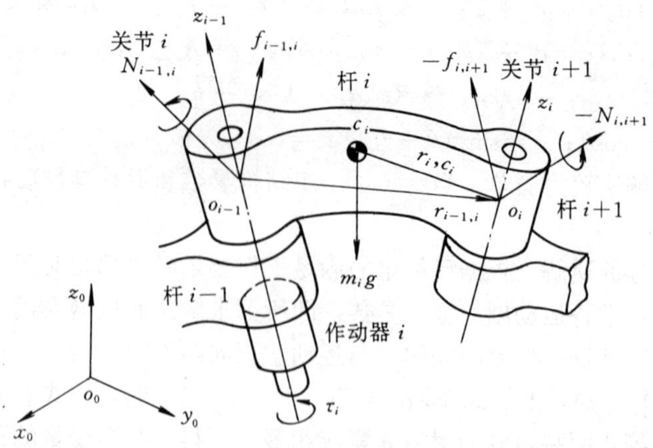

图 7-21　杆件 i 的受力分析

$i-1$ 和 $i+1$ 相连接，以 i 关节的回转轴线和 $i+1$ 关节回转轴线为 z_{i-1} 和 z_i 坐标分别建立两个坐标系 $i-1$ 和 i。令 $\boldsymbol{f}_{i-1,i}$ 表示 $i-1$ 杆作用在 i 杆上的力，$\boldsymbol{f}_{i,i+1}$ 表示 i 杆作用在 $i+1$ 杆上的力，则 $-\boldsymbol{f}_{i,i+1}$ 表示 $i+1$ 杆作用在 i 杆上的力，c_i 为 i 杆的重心，重力 mg 作用在 c_i 上，于是杆件 i 的力平衡方程为

$$\boldsymbol{f}_{i-1,i} + \boldsymbol{f}_{i+1,i} + m_i\boldsymbol{g} = 0$$
$$i = 1,2,\cdots,n$$

若以 $-\boldsymbol{f}_{i,i+1}$ 代替 $\boldsymbol{f}_{i+1,i}$，则有

$$\boldsymbol{f}_{i-1,i} - \boldsymbol{f}_{i,i+1} + m_i\boldsymbol{g} = 0 \tag{7-18}$$

以上矢量相对于固定坐标系而言。

又令 $\boldsymbol{N}_{i-1,i}$ 为 $i-1$ 杆作用于 i 杆上的力矩，$-\boldsymbol{N}_{i,i+1}$ 为 $i+1$ 杆作用于 i 杆的力矩，则力矩平衡方程为

$$\boldsymbol{N}_{i-1,i} - \boldsymbol{N}_{i,i+1} - (\boldsymbol{r}_{i,i+1} + \boldsymbol{r}_{i,c_i}) \times \boldsymbol{f}_{i-1,i} + (-\boldsymbol{r}_i, c_i) \times (-\boldsymbol{f}_{i,i+1}) = 0$$
$$i = 1,2,\cdots,n \tag{7-19}$$

式中，第三项为 $\boldsymbol{f}_{i-1,i}$ 对重心取矩，第四项为 $-\boldsymbol{f}_{i,i+1}$ 对重心取矩，$\boldsymbol{r}_{i-1,i}$ 为从 $i-1$ 坐标系原点 o_{i-1} 到 i 坐标系原点 o_i 的位置矢量，$\boldsymbol{r}_i$，c_i 为 o_i 到重心 c_i 的位置矢量。

当 $i=1$ 时，力和力矩分别为 $\boldsymbol{f}_{0,1}$ 和 $\boldsymbol{N}_{0,1}$，表示操作机机座对杆件 1 的作用力和力矩；当 $i=n$ 时，$\boldsymbol{f}_{n,n+1}$ 和 $\boldsymbol{N}_{n,n+1}$ 分别表示工业机器人对环境的作用力和力矩，而 $-\boldsymbol{f}_{n,n+1}$ 和 $-\boldsymbol{N}_{n,n+1}$ 则分别表示环境对工业机器人杆件 n 的作用力和力矩。

若工业机器人操作机由 n 个杆件构成，则由式（7-18）和式（7-19）可列出 $2n$ 个方程，两式共涉及力和力矩 $2n+2$ 个，因此一般需给出两个初始条件方程才能有解。在工业机器人作业过程中，最直接受影响的是操作机手部与环境之间的作用力和力矩，故通常假设这两个量为已知，以使方程有解。

从施加在操作机手部的力和力矩开始，依次从末杆件到机座求出所施加的力和力矩，将式（7-18）和式（7-19）合并并变成从前杆到后杆的递推公式，即

$$\left.\begin{aligned} &\boldsymbol{f}_{i-1,i} = \boldsymbol{f}_{i,i+1} - m_i\boldsymbol{g} \\ &\boldsymbol{N}_{i-1,i} = \boldsymbol{N}_{i,i+1} + (\boldsymbol{r}_{i-1,i} + \boldsymbol{r}_{i,ci}) \times \boldsymbol{f}_{i-1,i} - (\boldsymbol{r}_{i,c_i} \times \boldsymbol{f}_{i,i+1}) \\ &i = 1,2,\cdots,n \end{aligned}\right\} \tag{7-20}$$

2. 关节力和关节力矩

为了使操作机保持静力平衡，需要确定驱动器对相应杆件的输入力和力矩与其所引起的操作机手部力和力矩之间的关系。

令 τ_i 为驱动杆件 i 的第 i 个驱动器的驱动力或驱动力矩，并假设关节处无摩擦，则有

当关节是移动副时，如图 7-22 所示，τ_i 应与该关节的作用力 $\boldsymbol{f}_{i-1,i}$ 在 z_{i-1} 上的分量平衡，即

$$\tau_i = \boldsymbol{b}_{i-1}^T \boldsymbol{f}_{i-1,i} \tag{7-21}$$

式中 b_{i-1}——$i-1$ 关节轴的单位向量。

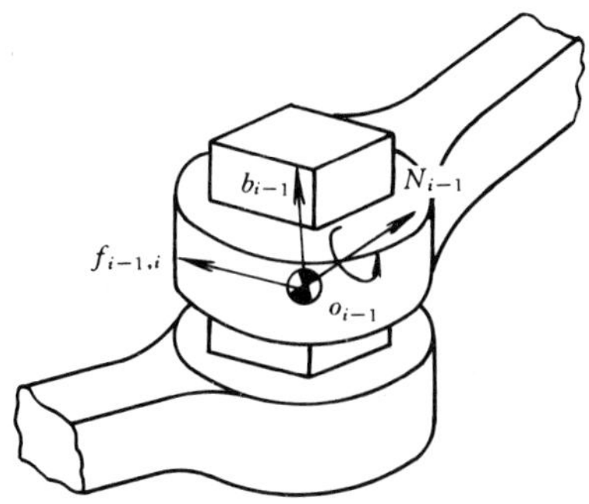

图 7-22 移动关节上的关节力

上式说明驱动器的输入力只与 $\boldsymbol{f}_{i-1,i}$ 在 z_{i-1} 轴上的分量平衡，其它方向的分量由约束力平衡，约束力不作功。

当关节是转动副时，τ_i 表示驱动力矩，它与作用力矩 $\boldsymbol{N}_{i-1,i}$ 在 z_{i-1} 轴上的分量相平衡，即

$$\boldsymbol{\tau}_i = \boldsymbol{b}_{i-1}^T \boldsymbol{N}_{i-1,i} \tag{7-22}$$

作用力矩在其它方向上的分量由约束平衡。

驱动器的驱动力和驱动力矩的 n 维向量形式为

$$\boldsymbol{\tau} = \begin{bmatrix} \tau_1 \\ \tau_2 \\ \vdots \\ \tau_n \end{bmatrix}$$

式中 n——驱动器的个数；

$\boldsymbol{\tau}$——关节力和力矩矢量，简称关节力矩。

关节力矩 $\boldsymbol{\tau}$ 与工业机器人手部端点力 F 的关系可用下式描述

$$\boldsymbol{\tau} = \boldsymbol{J}^T \boldsymbol{F} \tag{7-23}$$

式中 $\boldsymbol{J}$——$n \times n$ 阶雅可比矩阵；

$\boldsymbol{\tau}$——亦称为与 $\boldsymbol{F}$ 平衡的等效关节力矩。并假定关节无摩擦，且不计各杆件的重力。

例 2 一个两自由度的平面工业机器人操作机如图 7-23 所示，手部端点与外界接触，手部作用于环境的力为 $\boldsymbol{F}=[F_x F_y]^T$，若关节无摩擦力存在，求平衡端点力 $\boldsymbol{F}$ 的等效关节力矩 $\boldsymbol{\tau}=[\tau_1 \tau_2]^T$。

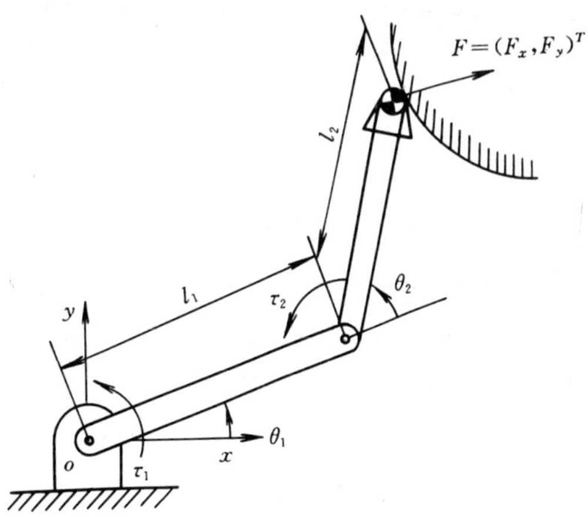

图 7-23 二自由度工业机器人等效关节力矩

解 由图可知，端点位置 x、y 与关节位移 θ_1、θ_2 的关系为

$$\begin{cases} x = l_1\cos\theta_1 + l_2\cos(\theta_1 + \theta_2) \\ y = l_1\sin\theta_1 + l_2\sin(\theta_1 + \theta_2) \end{cases}$$

将其微分得

$$\begin{cases} dx = \dfrac{\partial x}{\partial \theta_1}d\theta_1 + \dfrac{\partial x}{\partial \theta_2}d\theta_2 \\ dy = \dfrac{\partial y}{\partial \theta_1}d\theta_1 + \dfrac{\partial y}{\partial \theta_2}d\theta_2 \end{cases}$$

即

$$\begin{pmatrix} dx \\ dy \end{pmatrix} = \begin{bmatrix} \dfrac{\partial x}{\partial \theta_1} & \dfrac{\partial x}{\partial \theta_2} \\ \dfrac{\partial y}{\partial \theta_1} & \dfrac{\partial y}{\partial \theta_2} \end{bmatrix} \begin{pmatrix} d\theta_1 \\ d\theta_2 \end{pmatrix}$$

记 $s_i = \sin\theta_i$；$c_i = \cos\theta_i$；$s_{ij} = \sin(\theta_i + \theta_j)$；$c_{ij} = \cos(\theta_i + \theta_j)$。则得该工业机器人的雅可比矩阵为

$$\boldsymbol{J} = \begin{bmatrix} \dfrac{\partial x}{\partial \theta_1} & \dfrac{\partial x}{\partial \theta_2} \\ \dfrac{\partial y}{\partial \theta_1} & \dfrac{\partial y}{\partial \theta_2} \end{bmatrix} = \begin{pmatrix} -l_1 s_1 - l_2 s_{12} & -l_2 s_{12} \\ l_1 c_1 + l_2 c_{12} & l_2 c_{12} \end{pmatrix}$$

由式（7-23）得出等效关节力矩

$$\boldsymbol{\tau} = \begin{pmatrix} \tau_1 \\ \tau_2 \end{pmatrix} = \begin{pmatrix} -l_1 s_1 - l_2 s_{12} & l_1 c_1 + l_2 c_{12} \\ -l_2 s_{12} & l_2 c_{12} \end{pmatrix} \begin{pmatrix} F_x \\ F_y \end{pmatrix}$$

（二）动力学分析

工业机器人操作机是一个非常复杂的动力学系统，目前已提出了多种动力学分析方法，它们分别基于不同的力学方程和原理，如牛顿—欧拉方程、拉格朗日方程、凯恩方程、阿贝尔方程、广义达朗贝尔原理等。这里仅就用牛顿—欧拉方程建立工业机器人动力学方程作简要介绍。

由理论力学知识可知，一个刚体的运动可分解为固定在刚体上的任意点的移动以及该刚体绕这一定点的转动两部分。同样动力学方程也可以用两个方程表达：一个用以描述质心的移动，另一个描述质心的转动。前者称为牛顿运动方程，后者称为欧拉运动方程。

取工业机器人手臂的单个杆件作为自由体，其受力分析如图 7-24 所示。图中 $\boldsymbol{v}_{ci}$ 为杆件 i 相对于固定坐标系的质心速度，$\boldsymbol{\omega}_i$ 为杆件 i 的转动角速度，其余同图 7-21。

因为固定坐标系是惯性参考系，所以杆件 i 的惯性力为 $-m_i \dot{\boldsymbol{v}}_{ci}$，将惯性力加入到静力学平衡方程式（7-18）中，于是有牛顿运动方程

$$\boldsymbol{f}_{i-1,i} - \boldsymbol{f}_{i,i+1} + m_i \boldsymbol{g} - m_i \dot{\boldsymbol{v}}_{ci} = 0 \qquad i = 1, 2, \cdots, n \tag{7-24}$$

旋转运动用欧拉方程描述，与推导式（7-24）的方法相同，可以通过在静力学力矩平衡方程中加入惯性矩而导出。

设一刚体绕通过其质心的任一方向的轴线旋转，刚在固定坐标系内刚体的惯性可用一个 3×3 的对称矩阵表示，称为惯性矩阵。

$$\boldsymbol{I}_i = \begin{bmatrix} I_x & -I_{xy} & -I_{zx} \\ -I_{xy} & I_y & -I_{yz} \\ -I_{zx} & -I_{yz} & I_z \end{bmatrix}$$

$$= \begin{bmatrix} \int[(y-y_c)^2+(z-z_c)^2]\rho dV & -\int(x-x_c)(y-y_c)\rho dV & -\int(z-z_c)(x-x_c)\rho dV \\ -\int(x-x_c)(y-y_c)\rho dV & \int[(z-z_c)^2+(x-x_c)^2]\rho dV & -\int(y-y_c)(z-z_c)\rho dV \\ -\int[(z-z_c)(x-x_c)\rho dV & -\int(y-y_c)(z-z_c)\rho dV & \int[(x-x_c)^2+(y-y_c)^2]\rho dV \end{bmatrix} \tag{7-25}$$

式中　ρ——刚体密度；

x_c、y_c、z_c——刚体质心坐标。

每个积分都是对刚体的全容积 V 求积。

由上式可以看出，惯量随刚体位姿变化而变化。

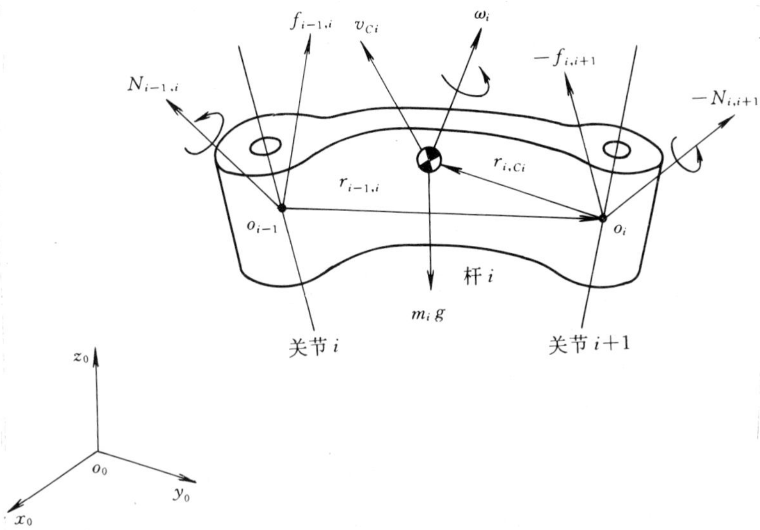

图 7-24　杆件 i 动力学方程的建立

作用在杆件 i 上的惯性矩是该杆件的瞬时角动量对时间的变化率。令 ω_i 为角速度向量，I_i 为杆件 i 质心处的惯量，于是角动量为 $I_i\omega_i$。因为惯量随杆件方位的变化而变化，所以角动量对时间的导数不仅包含 $I_i\dot{\omega}_i$，而且包含因 I_i 的变化而引起的变化 $\omega_i\times(I_i\omega_i)$，即陀螺力矩，将上述两项加到静力学力矩平衡式（7-19）中，得

$$\boldsymbol{N}_{i-1,i}-\boldsymbol{N}_{i,i+1}+\boldsymbol{r}_{i,c_i}\times\boldsymbol{f}_{i,i+1}-\boldsymbol{r}_{i-1,c_i}\times\boldsymbol{f}_{i-1,i}-I_i\dot{\boldsymbol{\omega}}_i-\boldsymbol{\omega}_i\times(I_i\boldsymbol{\omega}_i)=0$$

$$i=1,2,\cdots,n \tag{7-26}$$

式（7-24）和式（7-26）即是单个杆件的动力学特性关系式，若将工业机器人的 n 个杆件均列出相应的上述两个方程，即得到工业机器人完整的动力学方程组的基本形式——牛顿—欧拉方程。

上述的牛顿—欧拉方程没有给出输入/输出的显式关系，因而不便于进行实际的动力学分析。为此需将方程作适当的变化。欧拉方程中含有力 $f_{i-1,i}$和力矩 $\boldsymbol{N}_{i-1,i}$，式（7-21）和式（7-22）说明关节力矩 τ_i 是其中的一部分，其余的部分为不做功的约束反力，为求出描述输入/输出动力学关系的显式牛顿—欧拉方程，应将输入关节力矩与约束力、约束力矩分开。

牛顿—欧拉方程是用各杆件的质心速度、质心加速度来描写的，但单个杆件的运动关系是不独立的，它们一定要满足某种运动学关系，以符合几何约束的要求，因此单个杆件的质心位置变量是不独立的，不适合作输出变量。

动力学方程的理想形式应该建立全部独立的位置变量和输入力（即关节力矩）之间的关系。因关节力矩 τ 是一组独立的输入变量，设 q 是一组描述工业机器人手臂的独立坐标的关节位移，则将牛顿—欧拉方程改写成 τ 与 q 之间的关系就成为紧凑形式的动力学方程。

例 3 平面二自由度工业机器人如图 7-25 所示，试建立该机器人手臂的两个杆件的牛顿—欧拉方程，并推出用关节位移 θ_1、θ_2 及关节力矩 τ_1、τ_2 表示的紧凑形式的动力学方程。

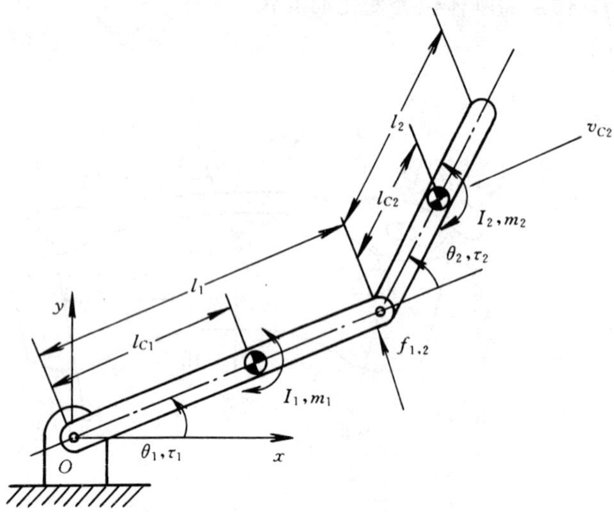

图 7-25 平面二自由度工业机器人

解 设用二维向量$\boldsymbol{v}_{ci}$表示每一杆件的质心速度，用二维向量 $\boldsymbol{\omega}_i$ 表示杆件的角速度，并设杆件 i 的质心通过相邻的两个关节的中心，且与关节 i 相距 l_{ci}，因平面机构的转轴方向不变，故惯量 I_i 为一常数，由式（7-24）和式（7-26）得，杆件 1 的牛顿—欧拉方程为

$$\boldsymbol{f}_{0,1} - \boldsymbol{f}_{1,2} + m_1\boldsymbol{g} - m_1\dot{\boldsymbol{v}}_{c1} = 0 \tag{a}$$

$$\boldsymbol{N}_{0,1} - N_{1,2} + \boldsymbol{r}_{1,c_1} \times \boldsymbol{f}_{1.2} - \boldsymbol{r}_{0_1c_1} \times \boldsymbol{f}_{0,1} - I_1\dot{\boldsymbol{\omega}}_1 = 0 \tag{b}$$

同理杆件 2 的牛顿—欧拉方程为

$$\boldsymbol{f}_{1,2} + m_2\boldsymbol{g} - m_2\dot{\boldsymbol{v}}_{c2} = 0 \tag{c}$$

$$\boldsymbol{N}_{1,2} - \boldsymbol{r}_{1,c_2} \times \boldsymbol{f}_{1,2} - I_2\dot{\boldsymbol{\omega}}_2 = 0 \tag{d}$$

为了得到紧凑形式的动力学方程，首先消除约束力。本例中，τ_1、τ_2 与反力矩在不计摩擦力时应相等，即

$$N_{i-1,i} = \tau_i \tag{e}$$

将式（e）代入式（d），得

$$\tau_2 = r_{1,c2} \times m_2\dot{v}_{c2} + r_1c_2 \times m_2g - I_2\dot{\omega}_2 = 0 \tag{f}$$

同理消去 $f_{0,1}$，得

$$\tau_1 - \tau_2 - r_{0,c1} \times m_1\dot{v}_{c1} - r_{0,1} \times m_2\dot{v}_{c2} - r_{0,c1} \times m_1g + r_{0,1} \times m_2g - I_1\dot{\omega}_1 = 0 \tag{g}$$

因 ω_2 是相对固定坐标系的，而 $\dot{\theta}_2$ 是相对杆件 1 的，因此有

$$\omega_1 = \dot{\theta}_1$$

$$\omega_2 = \dot{\theta}_1 + \dot{\theta}_2$$

线速度 v_{ci} 为

$$v_{c1}=\begin{bmatrix}-l_{c1}\dot{\theta}_1 s1\\ l_{c2}\dot{\theta}_1 c1\end{bmatrix} \tag{h}$$

$$v_{c2}=\begin{bmatrix}-(l_1 s1+l_{c2}s12)\dot{\theta}_1-l_{c2}s12\dot{\theta}_2\\ (l_1 c_1+l_{c2}c12)\dot{\theta}_1+l_{c2}c12\dot{\theta}_2\end{bmatrix} \tag{i}$$

将式（h）和式（i）对时间求导后代入式（f）和式（g），即得紧凑形式的动力学方程。

$$\tau_1=H_{11}\ddot{\theta}_1+H_{12}\ddot{\theta}_2-h\dot{\theta}_2-2h\dot{\theta}_1\dot{\theta}_2+G_1$$

$$\tau_2=H_{22}\ddot{\theta}_2+H_{12}\ddot{\theta}_1+h\dot{\theta}_1^2+G_2$$

式中，

$$H_{11}=m_1l_{c1}^2+I_1+m_2(l_1{}^2+l_{c2}{}^2+2l_1l_{c2}c2)+I_2$$

$$H_{22}=m_2l_{c2}^2+I_2$$

$$H_{12}=m_2l_1l_{c2}c_2+m_2l_{c2}^2+I_2$$

$$h=m_2l_1l_{c2}s2$$

$$G_1=m_1l_{c1}gc1+m_2g(l_{c2}c12+l_1c1)$$

$$G_2=m_2l_{c2}gc12$$

一般地，n 个自由度工业机器人的紧凑形式动力学方程可以写成

$$\tau_i=\sum_{j=1}^{n}H_{ij}\ddot{q}_j+\sum_{j=1}^{n}\sum_{k=1}^{n}h_{ijk}\dot{q}_j\dot{q}_k+G_i \quad i=1,2,\cdots,n \tag{7-27}$$

式中，系数 H_{ij}、h_{ijk}和 G_i 均为关节位移 q_1，q_2，…，q_n 的函数。若有外力加在手臂上，则上式左边应改变。

第四节 工业机器人的控制系统

一、工业机器人控制系统的特点和基本要求

工业机器人的控制技术是在传统机械系统的控制技术的基础上发展起来的，因此两者之间并无根本的不同，但工业机器人控制系统也有许多特殊之处。其特点如下：

1）工业机器人有若干个关节，典型工业机器人有五至六个关节，每个关节由一个伺服系统控制，多个关节的运动要求各个伺服系统协同工作。

2）工业机器人的工作任务是要求操作机的手部进行空间点位运动或连续轨迹运动，对工业机器人的运动控制，需要进行复杂的坐标变换运算，以及矩阵函数的逆运算。

3）工业机器人的数学模型是一个多变量、非线性和变参数的复杂模型，各变量之间还存在着耦合，因此 工业机器人的控制中经常使用前馈、补偿、解耦和自适应等复杂控制技术。

4）较高级的工业机器人要求对环境条件、控制指令进行测定和分析，采用计算机建立庞大的信息库，用人工智能的方法进行控制、决策、管理和操作，按照给定的要求，自动选择最佳控制规律。

对工业机器人控制系统的基本要求有：

1）实现对工业机器人的位姿、速度、加速度等的控制功能，对于连续轨迹运动的工业机器人还必须具有轨迹的规划与控制功能。

2）方便的人—机交互功能，操作人员采用直接指令代码对工业机器人进行作业指示。使

工业机器人具有作业知识的记忆、修正和工作程序的跳转功能。

3）具有对外部环境（包括作业条件）的检测和感觉功能。为使工业机器人具有对外部状态变化的适应能力，工业机器人应能对诸如视觉、力觉、触觉等有关信息进行检测、识别、判断、理解等功能。在自动生产线中，工业机器人应有与其它设备交换信息，协调工作的能力。

4）具有诊断、故障监视等功能。

二、工业机器人控制系统的分类

工业机器人控制系统可以从不同角度进行分类，如按控制运动的方式不同，可分为关节运动控制、笛卡尔空间运动控制和自适应控制；按轨迹控制方式的不同，可分为点位控制和连续轨迹控制；按速度控制方式的不同，可分为速度控制、加速度控制、力控制。

这里主要介绍按发展阶段的分类方法。

1. 程序控制系统

目前工业用的绝大多数第一代机器人属于程序控制机器人，其程序控制系统的结构简图如图 7-26 所示，包括程序装置、信息处理器和放大执行装置。信息处理器对来自程序装置的信息进行变换，放大执行装置则对工业机器人的传动装置进行作用。

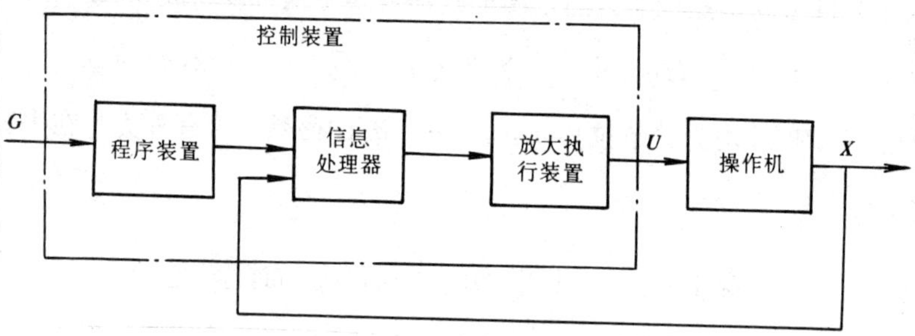

图 7-26　程序控制系统

输出量 $\boldsymbol{X}$ 为一向量，表示操作机运动的状态，一般为操作机各关节的转角或位移。控制作用 $\boldsymbol{U}$ 由控制装置加于操作机的输入端，也是一个向量。给定作用 $\boldsymbol{G}$ 是输出量 $\boldsymbol{X}$ 的目标值，即 $\boldsymbol{X}$ 要求变化的规律，通常是以程序形式给出的时间函数，$\boldsymbol{G}$ 的给定可以通过计算工业机器人的运动轨迹来编制程序，也可以通过示教法来编制程序。这就是程序控制系统的主要特点，即系统的控制程序是在工业机器人进行作业之前确定的，或者说工业机器人是按预定的程序工作的。

2. 适应性控制系统

适应性控制系统多用于第二代工业机器人，即具有知觉的工业机器人，它具有力觉、触觉或视觉等功能。在这类控制系统中，一般不事先给定运动轨迹，由系统根据外界环境的瞬时状态实现控制，而外界环境状态用相应的传感器来检测。系统框图如图 7-27 所示。

图中 $\boldsymbol{F}$ 是外部作用向量，代表外部环境的变化；给定作用 $\boldsymbol{G}$ 是工业机器人的目标值，它并不简单地由程序给出，而是存在于环境之中，控制系统根据操作机与目标之间的坐标差值进行控制。显然这类系统要比程序控制系统复杂的多。

3. 智能控制系统

智能控制系统是最高级、最完善的控制系统，在外界环境变化不定的条件下，为了保证

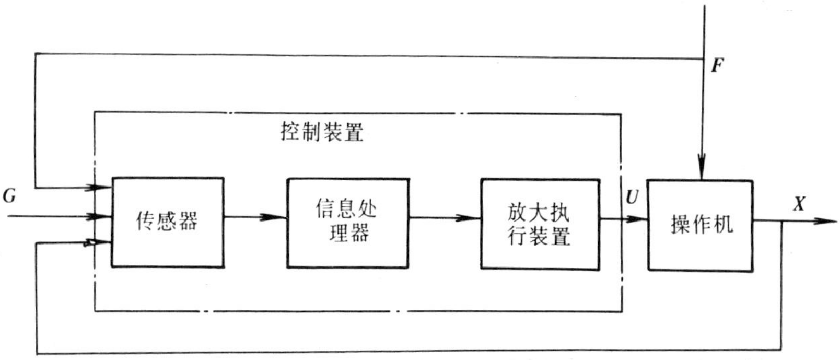

图 7-27　适应控制系统

所要求的品质，控制系统的结构和参数能自动改变，其框图如图 7-28 所示。

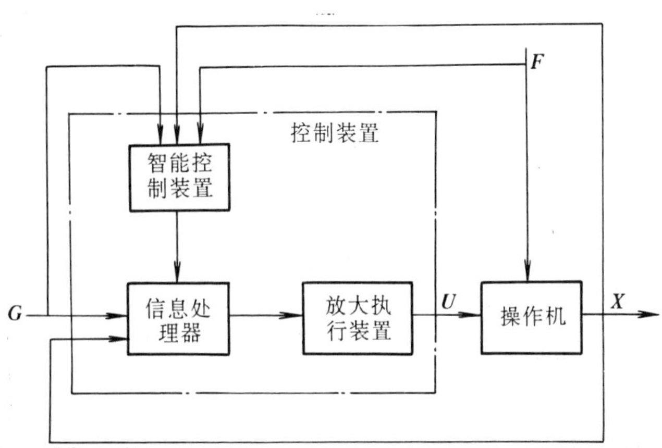

图 7-28　智能控制系统

智能控制系统具有检测所需新信息的能力，并能通过学习和积累经验不断完善计划，该系统在某种程度上模拟了人的智力活动过程，具有智能控制系统的工业机器人为第三代工业机器人，即自治式工业机器人。

三、工业机器人的控制系统

目前大部分工业机器人都采用二级计算机控制，第一级为主控制级，第二级为伺服控制级，系统框图如图 7-29 所示。

主控制级由主控制计算机及示教盒等外围设备组成，主要用以接受作业指令，协调关节运动，控制运动轨迹，完成作业操作。伺服控制级为一组伺服控制系统，其主体亦为计算机，每一伺服控制系统对应一定关节，用于接收主控制计算级向各关节发出的位置、速度等运动指令信号，以实时控制操作机各关节的运行。

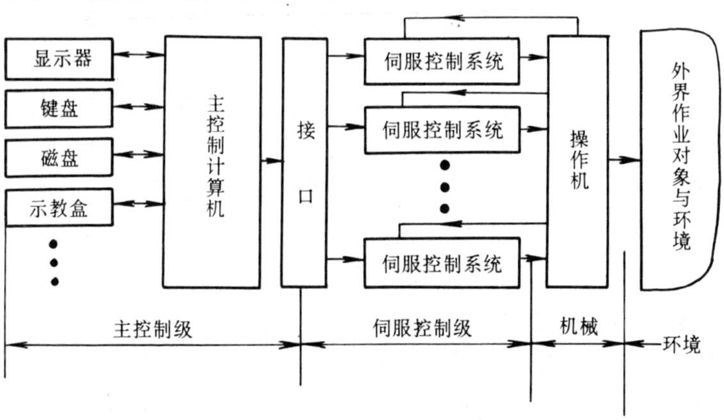

图 7-29　二级计算机控制系统

系统的工作过程是：操作人员利用控制键盘或示教盒输入作业要求，如要求工业机器人手部在两点之间作连续轨迹运动。主控制计算机完成以下工作：分析解释指令，坐标变换，插补计算，矫正计算，最后求取相应的各关节协调运动参数。坐标变换即用坐标变换原理，根据运动学方程和动力学方程计算工业机器人与工件关系、相对位置和绝对位置关系，是实现控制所不可缺少的；插补计算是用直线的方式解决示教点之间的过渡问题；矫正计算是为保证在手腕各轴运动过程中保持与工件的距离和姿态不变对手腕各轴的运动误差补偿量的计算。运动参数输出到伺服控制级作为各关节伺服控制系统的给定信号，实现各关节的确定运动。控制操作机完成两点间的连续轨迹运动，操作人员可直接监视操作机的运动，也可以从显示器控制屏上得到有关的信息。这一过程反映了操作人员、主控制级、伺服控制级和操作机之间的关系。

下面进一步讨论控制系统中主控制级和伺服控制级的结构组成和功能。

1. 主控制级

主控制级的主要功能是建立操作和工业机器人之间的信息通道，传递作业指令和参数，反馈工作状态，完成作业所需的各种计算，建立与伺服控制级之间的接口。总之，主控制级是工业机器人的"大脑"。它由以下几个主要部分组成。

(1) 主控制计算机　主要完成从作业任务、运动指令到关节运动要求之间的全部运算，完成机器人所有设备之间的运动协调。对主控制计算机硬件方面的主要要求是运算速度和精度、存储容量及中断处理能力。大多数工业机器人采用十六位以上的CPU，并配以相应的协调处理器以提高运算速度和精度。内存则根据需要配置16KB到1MB。为提高中断处理能力，一般采用可编程中断控制器，使用中断方式实时进行工业机器人运行控制的监控。

(2) 主控制软件　工业机器人控制编程软件是工业机器人控制系统的重要组成部分，其功能主要包括：指令的分析解释；运动的规划（根据运动轨迹规划出沿轨迹的运动参数）；插值计算（按直线、圆弧或多项插值，求得适当密度的中间点）；坐标变换。

(3) 外围设备　主控制级除具有显示器、控制键盘、软/硬盘驱动器、打印机等一般外围设备外，还具有示教控制盒。示教盒是第一代工业机器人——示教再现工业机器人的重要外围设备。

要使工业机器人具有完成预定作业任务的功能，须预先将要完成的作业教给工业机器人，这一操作过程称为示教。将示教内容记忆下来，称为存储。使工业机器人按照存储的示教内容进行动作，称为再现。工业机器人的动作就是通过"示教—存储—再现"的过程来实现的。示教主要有两种方式，即间接示教方式和直接示教方式。

间接示教方式是一种人工数据输入编程方法。将数值、图形等与作业有关的指令信息采用离线编程方法，利用工业机器人编程语言离线编制控制程序，经键盘、图像读取装置等输入设备，输入计算机。离线编程方法具有不占用工业机器人工作时间，可利用标准的子程序和CAD数据库的资料加快编程速度，能预先进行程序优化和仿真检验等优点。

直接示教方式是一种在线示教编程方式。它又可分为两种形式，一种是手把手示教编程方法，另一种是示教盒示教编程序方法。

手把手示教就是由操作人员直接手把着工业机器人的示教手柄，使工业机器人的手部完成预定作业要求的全部运动（路径和姿态），如图7-30a所示，与此同时计算机按一定的采样间隔测出运动过程的全部数据，记入存储器。采样率一般为3000～5000点/min，其间隔的大小主要取决于所要求的运动轨迹的准确度、平滑性和计算机的存储容量。采集的数据经过必要的修正便完成了连续轨迹运动的控制程序。再现过程中，控制系统以相同的时间间隔顺序地取出程序中各点的数据，使操作机重复示教时所完成的作业。点位运动方式的示教编程方法与上述方法基本相同，操作人员用示教手把引导工业机器人手部按顺序到达各预定点，在各预定点按下编程按钮，测出该点的全部有关数据并记入存储器，再作必要的编辑，即完成点位运动的控制程序。这种编程方法操作简便，能在较短时间内完成复杂的轨迹编程，但编程点的位置准确度较差。对于环境恶劣的操作现场可采用机械模拟装置进行示教。

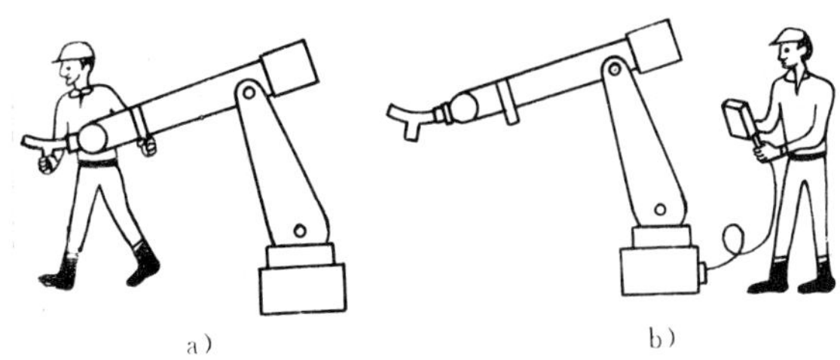

图 7-30　示教方式

a）手把手示教　b）示教盒示教

示教盒示教编程方法是利用示教盒进行编程的，如图 7-30b 所示。示教盒是一种以微处理器为基础的编程装置。它包括一组控制操作机运动的按钮，一组实现编程和修改的按钮，以及运行、测试按键等，示教盒的结构形式很多，典型的手提式示教盒如图 7-31 所示。操作人员操纵示教盒上的不同按钮，即可控制工业机器人各关节的单轴运动或多关节协调运动，以形成空间直线或曲线运动，到达规定位置，完成示教编程操作。与手把手示教方法相比，此方法示教过程安全，但编程精度不高。

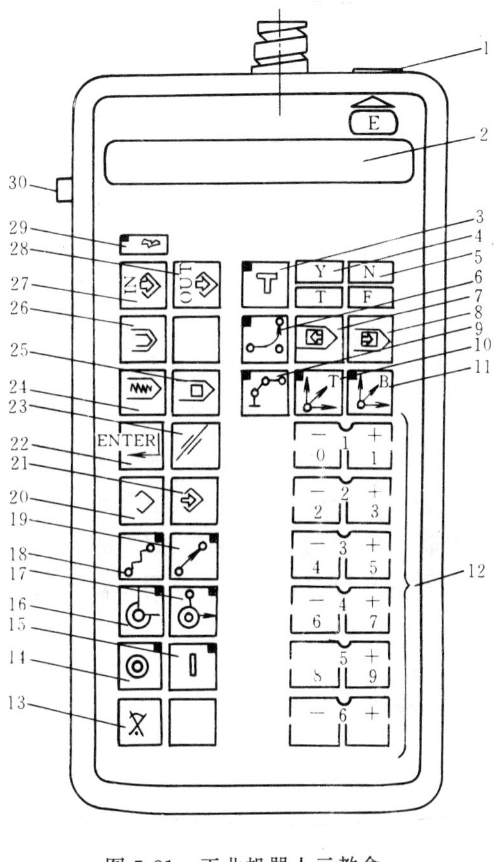

图 7-31　工业机器人示教盒

1—紧急停止　2—字符数字显示　3—工具键　4—是/真键　5—否/假键　6—连续键　7—向后键　8—向前键　9—关节运动键　10—机械接口坐标运动键　11—基座坐标运动键　12—向前/向后渐进键和数字键　13—报警清除键　14—循环停止键　15—循环再启动键　16—精确位置键　17—路径点键　18—关节坐标键　19—笛卡尔坐标键　20—修改键　21—记录键　22—数字输入键　23—删除键　24—速度键　25—步号键　26—子程序键　27—I/O 输入键　28—I/O 输出键　29—电源开关键　30—安全开关

2. 伺服控制级

如前所述，伺服控制级由一组伺服控制系统组成，每一个伺服控制系统分别驱动操作机的一个关节。关节运动参数来自主控制级的输出。具有位置和速度反馈的典型工业机器人伺服控制系统如图 7-32 所示。主要组成部分有

(1) 伺服驱动器　电伺服驱动器

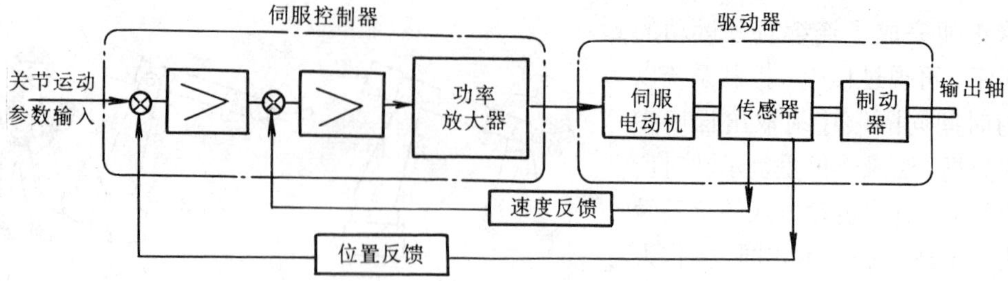

图 7-32 具有位置和速度反馈的伺服控制系统

通常由伺服电动机、位置传感器、速度传感器和制动器组成。伺服电动机的输出轴直接与操作机关节轴相联接，以完成关节运动的控制和关节位置、速度的检测。失电时制动器能自动制动，保持关节原位静止不动。制动器由电磁铁、摩擦盘等组成。工作时，电磁铁线圈通电、摩擦盘脱开，关节轴可以自由转动；失电时，摩擦盘在弹簧力的作用下压紧而制动。为使总体结构简化，通常将制动器与伺服机构做成一体。

（2）伺服控制器　伺服控制器的基本部件是比较器、误差放大器和运算器。输入信号除参考信号外，还有各种反馈信号。控制器可以采用模拟器件组成，主要用集成运算放大器和阻容网络实现信号的比较、运算和放大等功能，构成模拟伺服系统。控制器也可以采用数字器件组成，如采用微处理器组成数字伺服系统。其比较、运算和放大等功能由软件完成。这种伺服系统灵活性强，便于实现各种复杂的控制，能获得较高的性能指标。

3. 工业机器人计算机控制系统实例

目前广为应用的工业机器人中计算机控制系统最充实的是 PUMA 系列工业机器人。PUMA-560 型工业机器人的计算机控制系统如图 7-33 所示。它由主控制计算机、伺服控制系统和外围设备三部分组成。第一级主控制计算机包括 CPU（LSI-11，16 位芯片）、EPROM、RAM 存储器、串并行接口。第二级伺服控制系统包括微处理器（6503，8 位芯片）、D/A 转换器、速度单元和位置编码器。外围设备包括计算机终端、软盘和示教盒等。

LSI-11 CPU 完成全部管理任务，主要是工业机器人作业轨迹的运算，操作程序的编辑和外围设备的通信和管理。它装备有 VAL 高级工业机器人语言，借此语言可以通过示教盒等来使用示教过的位置数据，如 MOVE PART3，即把手部移动到部件 3 的位置。EPROM 的功能

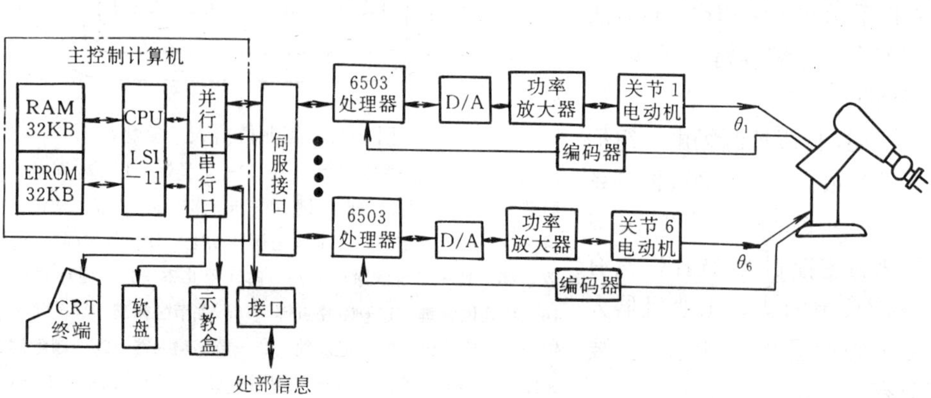

图 7-33 PUMA-560 型工业机器人计算机控制系统

是进行坐标变换、轨迹规划、从6503微处理器证实工业机器人操作机中每一运动关节轴完成了其运动要求，在连续轨迹控制方式时，为轨迹曲线插值完成两个预置指令作准备。伺服控制级中有六套伺服控制系统，对六个关节进行分散独立的控制，其核心6503微处理器与本身的EPROM和DAC一起装在数字伺服板上。它向上与LSI-11型计算机通过接口板进行通信，接口板起信号分配作用，将一个轨迹给定点参量作为给定信息分别传送给六个关节伺服控制器。伺服控制系统结构如图7-34所示，选用直流伺服电动机和光电增量式编码盘作为驱动和检测元件。由速度放大器、晶体管脉冲调宽功率放大器和脉冲/电压变换器构成速度反馈回路，由微处理器6503构成位置反馈。

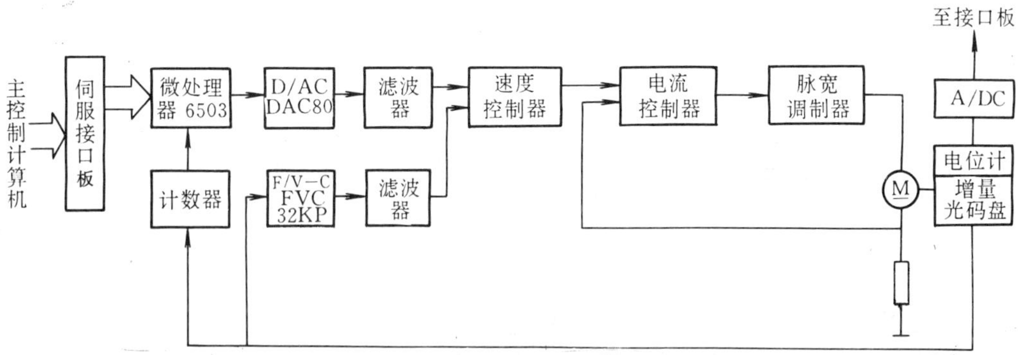

图 7-34 PUMA-560型工业机器人伺服控制系统

第五节 工业机器人的应用

目前工业机器人主要用于制造业中，特别是电器制造、汽车制造、塑料加工、金属加工及金属制品业等。在日本、美国和西欧等工业发达国家中，工业机器人的应用越来越广泛。

随着生产的发展，工业机器人功能和性能的不断改善和提高，工业机器人的应用领域在日益扩大，其应用范围已不限于制造业，还用于农业、林业、交通运输业、原子能工业、医疗福利事业、海洋和太空开发等事业中。工业机器人的需求量越来越大。

一、工业机器人从事单调重复的劳动

工业机器人能高强度地、持久地在各种工作环境中从事单调重复的劳动，使人类从繁重的体力劳动中解放出来。人在连续工作几小时以后，特别是重复性单调劳动，会产生疲劳和厌倦之感，工作效率下降，出错率上升。而工业机器人在正常的额定工作条件下是不受时间限制的。例如汽车制造生产线中的点焊和螺纹件装配等工作量极大（每辆汽车有上千个焊点），且由于采用传送带流水作业，速度快，上下工序衔接严格，所以采用工业机器人作业可保质保量地完成生产任务。一个应用于汽车制造业的点焊系统的实例如图7-35所示。它采用一个往复传送系统，把汽车车身移出主装配线进行点焊操作。传送带有7个工位，共有12台工业机器人。传送带为步进式，可对固定的工件进行焊接作业。每一台工业机器人都在它的工位上进行一系列焊接。整个焊接作业完成后，工件被送回主装配线。在这个应用中，工业机器人焊接的一个主要优点是焊接的持续稳定性。与人工焊接相比，由于焊接稳定，可以减少焊点的数量。

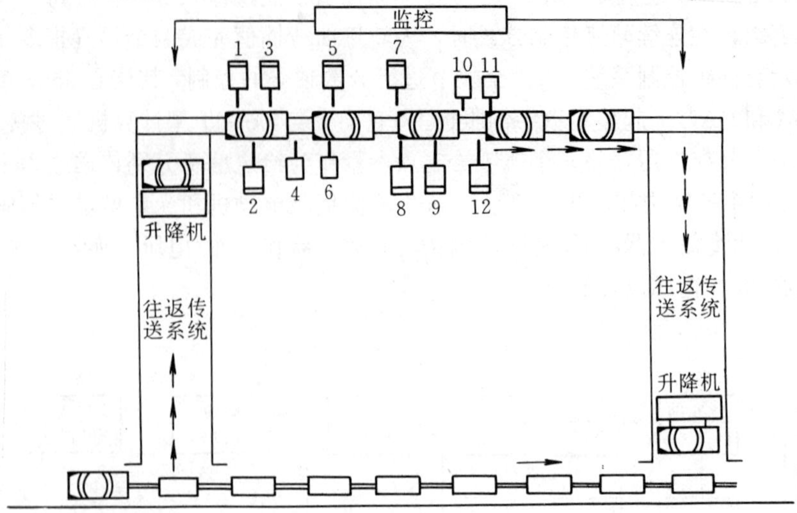

图 7-35　汽车制造业点焊系统

1～12—工业机器人

二、工业机器人从事危险作业

工业机器人对工作环境有很强的适应能力，能代替人在有害场所从事危险工作。只要根据工作环境的情况，对工业机器人的用材和结构进行适当的选择，并进行合理的设计，就可以在异常高温或低温、异常压力场合，在有害气体、粉尘、烟雾、放射性辐射等环境中从事操作作业，也可以由工业机器人代替人从事灭火、消爆、排雷、高空作业等危险作业。目前世界各国首先在冲压、压铸、热处理、锻压、喷漆、焊接、军工、水下作业等工种推广使用。

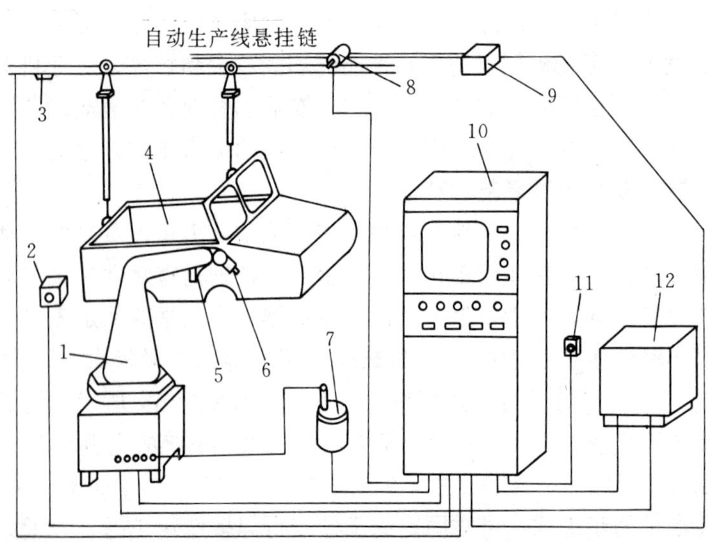

图 7-36　喷漆工业机器人系统示意图

1—操作机　2—识别装置　3—外起动　4—喷涂工件　5—示教手把　6—喷枪　7—漆罐　8—外同步控制　9—生产线停线控制　10—控制系统　11—遥控急停开关　12—油源

典型的喷漆工业机器人系统如图 7-36 所示。工业机器人采用可编程的示教再现型，它具有五个自由度，电液伺服。此系统还包括喷漆辅助设备和应用工程外围设备等。可适用于从大型汽车到小型家用电器的自动喷涂作业。

图 7-37 所示为一种使用平面关节型工业机器人的电弧焊接和切割的工业机器人系统。该系统由焊接工业机器人操作机及其控制装置、焊接电源、焊接工具及焊接材料供应装置、焊接夹具及其控制装置组成。弧焊工业机器人操作机外观图及其传动系统图如图 7-38 所示。该工业机器人由机身的回转 θ_1、大臂 10 绕 o_2 点的前后摆动回转 θ_2 和小臂 12 绕 o_3 点的上下俯仰回转 θ_3 构成位置坐标的三个自由度。小臂端部配置有手腕，可实现旋转运动 θ_4 和上下摆动 θ_5，形成手腕姿态的两个自由度。焊接工业机器人的主要规格、性能参数列于表 7-2。

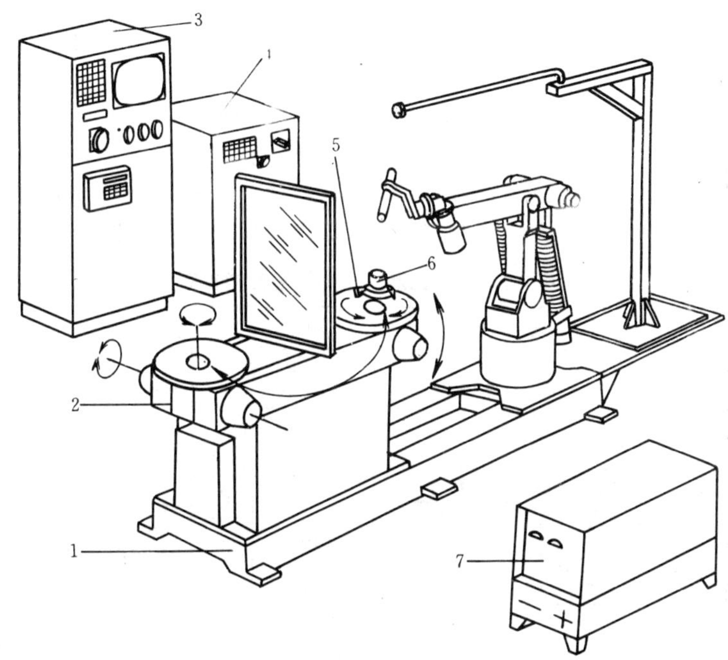

图 7-37　弧焊工业机器人系统

1—总机座　2—6 轴旋转换位器（胎具）　3—机器人本体控制装置　4—旋转胎具控制装置　5—工件夹具　6—工件　7—焊接电源

操作机的五个关节分别采用五个直流电动机伺服系统驱动，其型号、规格和技术性能参数列于表 7-2 和表 7-3。传动机构为谐波齿轮减速器、链传动、锥齿轮传动等。其中驱动电动机 4 和 20 直接带有谐波齿轮减速器。

三、工业机器人具有很强的通用性

现代社会对产品的需求除数量外，更重要的是规格、品种的多样化，品种型号的不断更新。工业机器人由于动作程序和工作点定位（或运动轨迹）可以灵活改变和调整，并且具有较多运动自由度，所以能迅速适应产品改型和品种变化的需要，满足中、小批量生产的需要。例如当今的汽车制造业，由于新产品层出不穷，要求车型改变快、投资周期短，使用工业机器人的汽车生产线就能通过程序流程、工位参数的修改等，方便地满足焊点位置、焊点数目

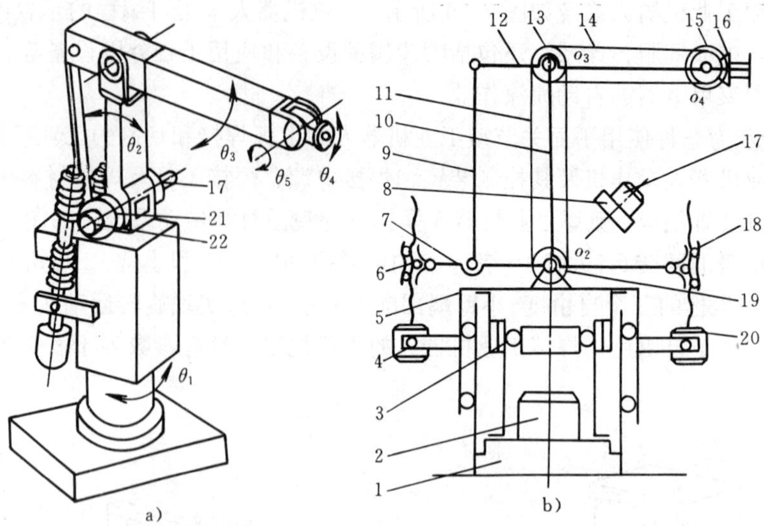

图 7-38　五自由度关节型工业机器人

a）外观图　b）传动系统图

1—机座　2、4、17、20、22—驱动电动机　3、8、21—谐波减速器　5—机身　6、18—滚珠丝杠副　7—连杆　9、10、12—手臂连杆　11、14—链条（共四条）　13、15、19—链轮（共八个）　16—锥齿轮传动

表 7-2　焊接机器人主要规格性能参数

项　目		规格参数
操作机结构型式		关节型
动作自由度数		5
动作范围	θ_1	最大：240°
	θ_2	最大：前 40°，后 40°
	θ_3	最大：向上 20°，向下 40°
	θ_4	最大：360°
	θ_5	最大：180°
瞬时最大速度	ω_1	90°/s
	v_2	800mm/s
	v_3	1100mm/s
	ω_4	150°/s
	ω_5	100°/s

项　目		规格参数
额定载荷		100N
动作方式		PTP、CP
示教方式		手把手示教或示教盒示教
伺服控制系统	θ_1	MR08C 直流伺服电动机控制器 UGCMEM-08AA 直流伺服电动机
	θ_2	
	θ_3	
	θ_4	FR02RB 直流伺服电动机控制器 PMES-12 直流伺服电动机
	θ_5	
重复精度		±0.2mm
控制方式		计算机控制

表 7-3　伺服控制系统的主要特性参数

型　号	UGCMEM-08AA	PMES-12
额定功率（kW）	0.71	0.19
额定转矩（N·cm）	396	61.5
额定电流（A）	6.7	6.4
额定转速（r/mm）	1750	3000
电枢飞轮力矩 GD^2（$N\cdot m^2$）	5.3×10^{-3}	1.8×10^{-4}

项目 ＼ 型号	MR08C	FR02RB
额定功率（kW）	0.77	0.2
控制方式	晶体管脉宽调制（PWM）控制	
调速范围	1∶1000	1∶1000
额定输入参考电压（V）	±6	±6
输入阻抗（kΩ）	20	10.5
速度检测	测速机和光电编码器	

和焊点顺序的迅速更改。如图 7-20 所示的 PUMA 型工业机器人是一种典型的通用多关节工业机器人，适用于机床上、下料，零件搬运，小件装配，电子元件装配，焊接，检验等多种作业。

四、工业机器人具有独特的柔软性

产品中、小批量生产的又一特点是要求生产线具有柔软性，成为能适应加工多种零件的柔性生产线，因此日本把 1980 年称为“工业机器人元年”，以推动产品的快速更新换代及其多品种小批量生产，并提出了工厂自动化（FA）、办公自动化（OA）和家庭自动化（HA）的“3A”革命口号，在工厂自动化中重要的是发展无人化的柔性制造系统（FMS）。例如图 7-39 所示的 FMS 由计算机（多级）、数控加工中心（多台）、工业机器人（多种类型）、搬运小车、

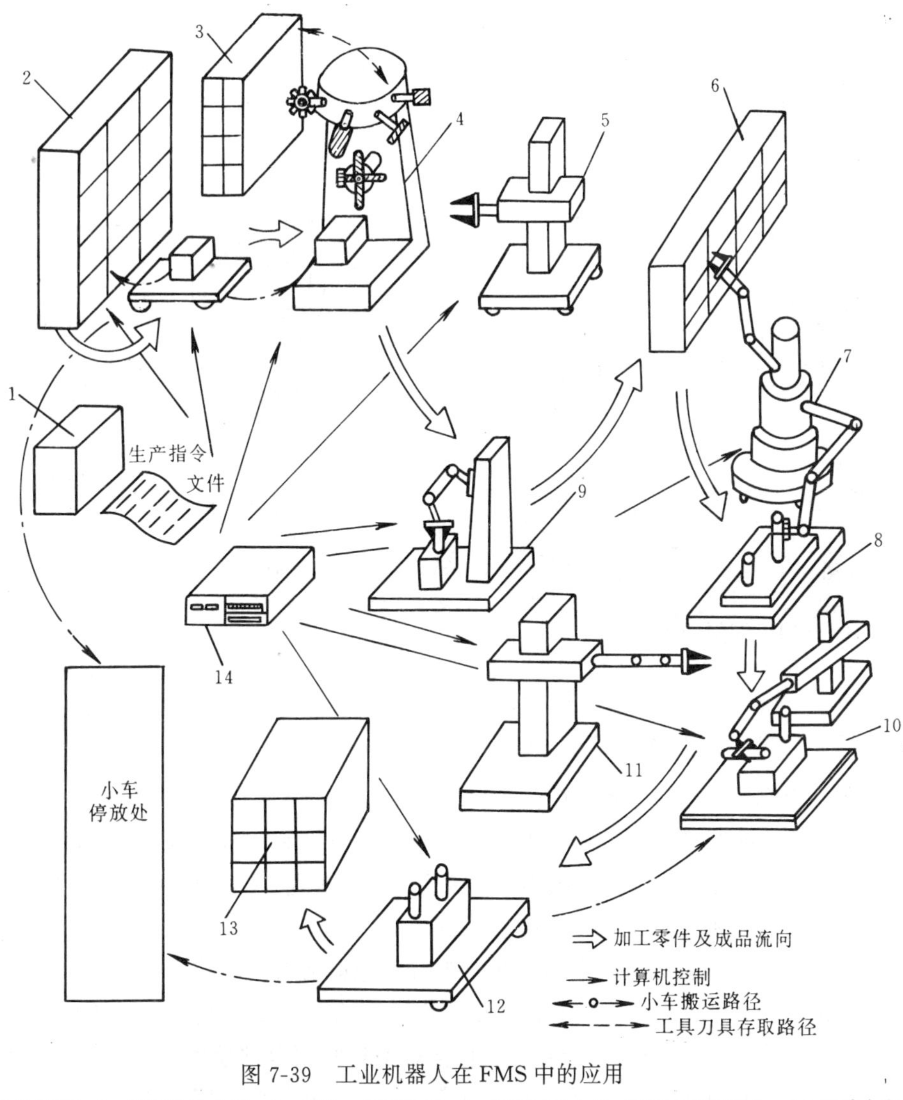

图 7-39　工业机器人在 FMS 中的应用

1—主计算机　2—材料自动仓库　3—工具、刀具仓库　4—加工中心　5—搬运工业机器人　6—零件仓库　7—装配工业机器人　8—装配工作台　9—零件检查机器人　10—成品检验机器人　11—搬运机器人　12—搬运小车　13—成品仓库　14—小型计算机

以及自动化仓库等组成。它可以通过软件调整等手段加工多种零件，可以灵活、迅速实现多品种，中、小批量生产。因此工业机器人在柔性制造系统中是极其重要和必不可少的。

五、工业机器人具有高度的动作准确性

工业机器人动作准确性高，可保证产品质量的稳定性。工业机器人的操作精度是由其本身组成的软、硬件所决定的，不会受精神和生理等因素的影响，更不会因紧张和疲劳而降低动作的准确性。一些高、精、尖产品，如大规模集成电路的装配等，是非工业机器人所莫及的。目前，精密装配机器人定位精度可达 0.02～0.05mm，装配深度为 30mm，配合间隙在 10μm 以下，若采用触觉反馈和柔性手腕，在轴心位置有较大偏离（5mm）时，也能自动补偿，准确装入零件。SCARA 是一种典型的装配机器人，共有 4 个自由度，其基本构造和运动情况如图 7-40 所示。两个水平回转臂（第一臂和第二臂）类似人的手臂，若在手部加一水平方向的力，θ_2 轴就会作微小转动，顺从地移位，这种位移对弹性变形力有吸收作业，利用这一特性，可以较方便地进行轴与孔的装配作业。

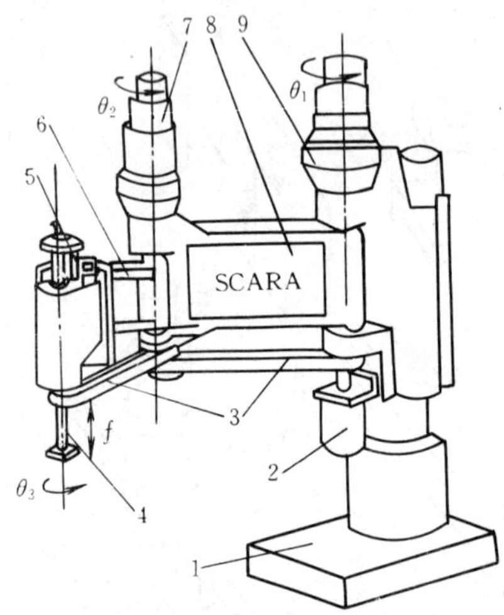

图 7-40 SCARA 装配机器人

1—机座 2—步进电动机 3—两级齿形带传动 4—手腕 5—气缸 6—第二臂 7—第二臂驱动电动机 8—第一臂 9—第一臂驱动电动机

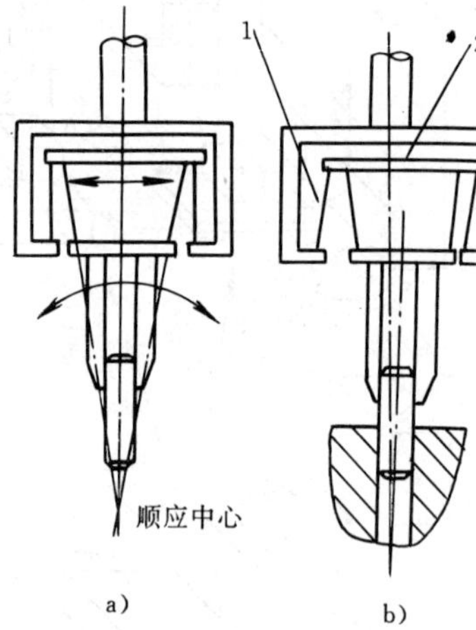

图 7-41 RCC 结构原理

a）无偏差 b）有偏差

1—杆簧 2—板簧

SCARA 装配机器人手腕上装有有名的动柔性腕——RCC（*Remote Center Compliance*），即顺应中心式手腕，如图 7-41 所示。采用这种手腕的手部机构，能根据装配时的位置和倾角偏差产生的附加力，使腕部产生一个微小弹性变形，从而实现自动纠正并减小位置与倾斜偏差，使工件能顺利地被插到相应的孔中去，装配间隙为 10μm。

六、采用工业机器人可以明显提高生产率和大幅度降低产品成本

例如某机械公司采用由 18 个工业机器人和数控加工单元组成的生产精密机床的自动化系统，30 天完成原人工操作的三个月生产任务，两年收回全部投资。

任何事物都是从低级向高级逐渐发展与完善的。目前所广泛应用的示教再现工业机器人还有不少技术问题需要解决，进一步提高工业机器人的运动速度、可靠性和稳定性还是今后的一个重要课题。智能工业机器人的开发研制是机器人技术的发展方向，而模块化组合式结

构是一般工业机器人通用化、系列化、标准化的典型结构。图 7-42 所示为一种模块化组合式工业机器人。

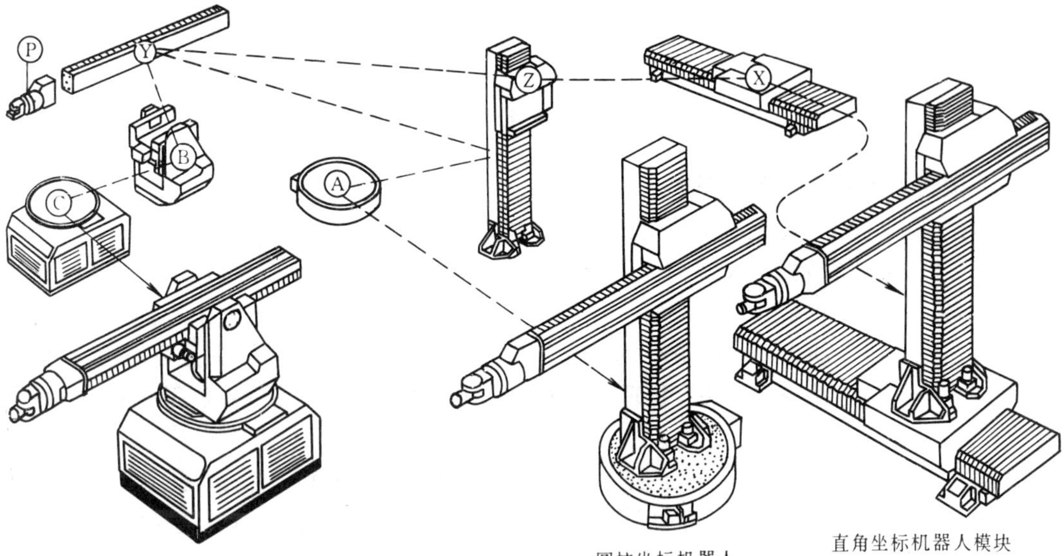

图 7-42　模块化组合式工业机器人

P—三自由度手腕　*Y*—手臂　*A*—回转台　*B*—俯仰架　*C*—液压回转基座　*Z*—垂直运动　*X*—水平直线运动

第八章　柔性制造系统（FMS）和计算机集成制造系统（CIMS）

第一节　柔性制造系统（FMS）

一、柔性制造系统的基本概念

1. 柔性制造系统的定义及适用范围

由于FMS还正在发展中，目前尚无统一定义，但综合一些有关文献可以认为：FMS是指可变的、自动化程度较高的制造系统，它主要包括若干台数控机床和加工中心（或其它直接参加产品零部件生产的自动化设备），用一套自动物料（包括工件和刀具）搬运系统连接起来，由分布式多级计算机系统进行综合管理与控制，以适应柔性的高效率零件加工（或零部件生产）。

系统的柔性通常主要指对产品的柔性，即系统为不同的产品和产品变化进行设置，以达到高的设备利用率、减少加工过程中零件的中间存储，对于顾客的需求具有快速响应的能力。

柔性可具体体现在以下几个方面：

1）机床的柔性　系统中的机床通过配置相应的刀具、夹具、NC程序等，即可加工给定零件族中的零件。

2）加工柔性　以多种流程加工一组类型、材料不同的零件。

3）产品的柔性　能够经济和迅速地转变生产产品。

4）零件流动路线柔性　系统在加工零件过程中出现局部故障时，能重新选择工件路径并继续加工。

5）产量柔性　运行系统适应不同产量并具有好的操作效益。

6）扩展的柔性　能够在需要时容易地、模块化地扩展系统。

7）操作柔性　能对每一种零件改变工序顺序。

8）生产柔性　FMS能生产各类零件。

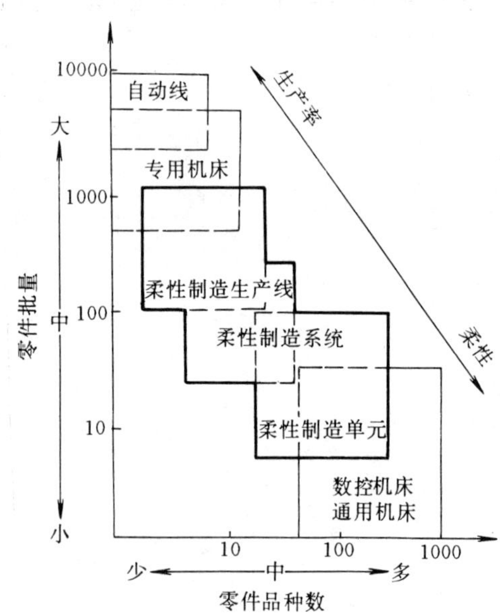

图8-1　柔性制造系统的适用范围

从图8-1中看出，柔性制造系统的适用范围很广，它既能解决单件、小批生产的自动化问题，也能适应大批量、多品种的自动化问题，它把高柔性、高质量、高效率结合和统一起来，在当前具有较强的生命力。

2. 柔性制造系统的功能

柔性制造系统应具有以下功能。

(1) 能自动完成多品种多工序零件的加工功能　这要依靠计算机控制的数控机床群来实现，其中包括自动更换刀具、自动安装（定位和夹紧）工件，切削液的自动供应和切屑的自动处理等。

(2) 自动输送和储料功能　这是由各种自动输送设备如环形输送托板、传输装置、无轨小车、工业机器人等和自动化储料仓库如毛坯仓库、中间仓库、零件仓库、夹具仓库、刀具仓库等来实现的。

(3) 自动诊断功能　自动诊断功能由系统工况监视功能和指令、恢复功能组成。监视功能又称为监控功能，它通过各种类型的传感器来测量零件的加工精度从而控制加工尺寸，监视刀具的磨损或破损以便及时换刀等，以保证加工的顺利进行。指令恢复功能就是计算机发出工作指令来补偿加工精度、更换磨损刀具的功能。

(4) 信息处理功能　对所需信息进行综合、控制，有以下几个方面：

1) 编制生产计划和生产管理程序，进行可变加工而又均衡生产。

2) 编制数控机床、输送装置、储料装置及其它设备的工作程序，从而实现自动加工。

3) 生产、工程信息的论证及其数据库的建立。

3. 柔性制造系统类型

柔性制造系统按机床台数和工序数可分为四种类型。

(1) 柔性制造单元（*Flexible Manufacturing Cell* 简称 FMC）　柔性制造单元（也称柔性制造模块 *Flexible Manufacturing Moulel* 简称 FMM）是由单台 CNC 机床或加工中心与工件自动装卸装置组成。它是实现单工序加工的可变加工单元，是最简单的柔性制造系统。

(2) 柔性制造系统（*Flexible Manufacturing System* 简称 FMS）　柔性制造系统在这里不是统称，而是指由两台或两台以上数控机床或加工中心所组成，配有工件自动上、下料装置，自动输送装置和自动化仓库，在柔性制造系统中加工的工件可以由一台机床完成，也可以由多台机床进行加工。

(3) 柔性制造生产线（*Flexible Manufacturing Line* 简称 FML）　柔性制造生产线一般是针对某种类型（族）零件、带有专业化生产或成组化生产的特点。它由多台数控机床或加工中心所组成，其中有些机床带有一定的专用性。全线机床是按工件的工艺过程布置的，可以有一定的生产节拍。但它本质上是柔性的，是可变加工生产线，在功能上与柔性制造系统相同，只是适用范围有一定的专业化。

(4) 柔性制造工厂（*Flexible Manufacturing Factory* 简称 FMF）　柔性制造工厂是由各种类型的数控机床或加工中心、柔性制造单元、柔性制造系统、柔性制造生产线等组成，完成工厂中全部机械加工工艺过程、装配、油漆、试验、包装等，具有更高的柔性。柔性制造工厂依靠中央主计算机和多台子计算机来实现全厂的全盘自动化，它是目前柔性制造系统的最高形式，即自动化工厂。

二、柔性制造系统的组成和结构

柔性制造系统的组成如图 8-2 所示，可以分为四个系统：加工系统、物料（流）系统、能量系统和信息（流）系统。

1. 加工系统

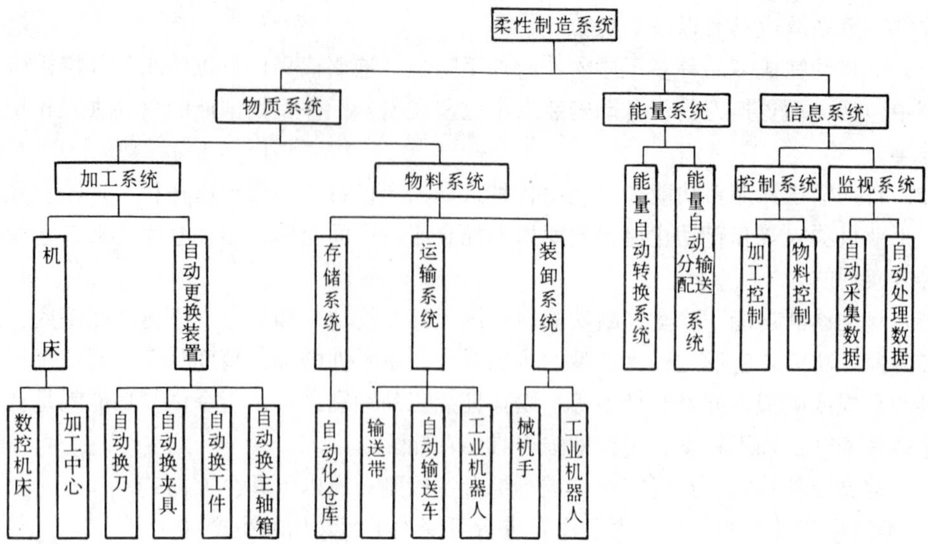

图 8-2 柔性制造系统的组成

加工系统的功能是以任意顺序自动完成各种工件的加工，自动更换刀具、工件和夹具等。因此加工系统是由数控机床、加工中心、工件的自动上下料装置、夹具自动更换装置、自动换刀装置等组成。机床是加工系统的主体，据不完全统计，目前世界上所使用的柔性制造系统，50%以上都采用了加工中心。有的全部采用铣削加工中心，有的配有数控车床，多半是车削中心（*Turning Center* 简称 TC），另外还有换主轴箱式专用机床和数控化改装机床。对于以机械加工为主的柔性制造系统，其加工设备多在 10 台以下，由 3～6 台组成加工系统占大多数。

2. 物料（流）系统

物料（流）系统由存储、输送和装卸三个子系统组成。存储子系统是能自动任意存取工件和夹具、刀具等。输送子系统是能自动化自由节拍式可变的完成各生产装置的连接。装卸子系统能自动实现输送装置和加工设备之间的连接。

柔性制造系统的输送子系统主要用于短距离搬运物品，例如将工件从一道工序送到另一道工序，从仓库搬送到 CNC 机床、从 CNC 机床搬送到检测、装配工序等。搬送方向有水平方向、垂直方向及其相互组合，主要根据生产设备的配置形式决定，搬运路线中设有岔路与合流路线。构成了单独输送、线性输送、环形输送、网络型输送等方式。

加工工件的输送无论是箱体类零件还是回转体类零件，多用托板式输送装置，托板上装有被加工工件所用的夹具，整个构成随行夹具。

柔性制造系统的输送装置常用的有输送带、输送车（有轨小车、无轨小车），工业机器人等。其具体特点见表 8-1，在一道工序内多使用工业机器人或自动转盘等完成二个工位间的物品传送，而在仓库与生产设备间多使用无人输送车、输送带等，输送装置用微机控制，以防止冲撞并取得路径的最佳选择。

3. 能量系统

能量系统又由能量自动分配及输送子系统和能量自动转换系统所组成。

4. 信息（流）系统

表 8-1 物料输送装置种类及特点

类型	装载特性	装载能力	速　度	路径柔性	费　用	使用广泛性
无轨小车（AGV）	离散	高	中	高	很高	高
有轨小车（RCV）	离散	高	高	低	高	低
输送设备（Conveyor）	连续	低～中	低～高	中	低～高	很高
机器人（Robot）	离散	低～中	中	低	中～高	中
龙门架（Ganlry）	离散	低～中	中	低	低～高	低
人力（Manual）	离散	低	低	很高	低	很高
升降机（Fork－lift）	离散	低～中	中	高	低	高

信息（流）系统由过程控制子系统和过程监视子系统所组成。前者是进行加工系统和物料流系统的自动控制，后者是进行在线状态数据采集和处理。

柔性制造系统中的控制系统有管理计算机、加工计算机及一些专用控制装置。图 8-3 表示了各控制装置之间的相互关系。

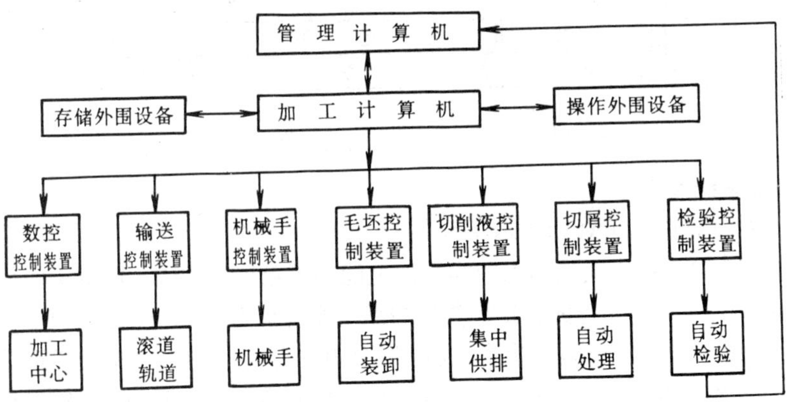

图 8-3　控制装置之间的关系

柔性制造系统的控制主要有以下几个方面：

1）加工零件的数控程序编制及储存。

2）将各零件程序分配给有关加工设备、处理好相应的后置处理程序。

3）生产控制。

4）输送控制和监视。

5）刀具控制和监视。包括刀具在系统中的位置计算和刀具寿命监视。

6）系统性能监视和报告。

柔性制造系统的软件与控制有密切关系，它一般应有四个方面的内容。

1）设计规划软件　其中包括物料输送系统的选择和系统设计方案的评价等，如布局、可靠性、逻辑等方面考虑和实际效果。

2）生产过程分析软件　它是对工件进行加工工艺设计、计算节拍、进行优化等，是设计规划的依据。

3）生产计划调度软件　由估计软件、分配软件和模拟软件所组成。估计软件用于审查系统的加工功能、安排作业计划。分配软件给管理人员提供生产能力、机床负荷、工夹具需要量等数据，以便制订生产计划。模拟软件用于观察物质系统负荷和输送情况。

4）管理和监视软件　是利用计算机对系统进行控制、运行监视、效果管理和状态显示。

图 8-4 表示了柔性制造系统基本组成部分相互之间关系。

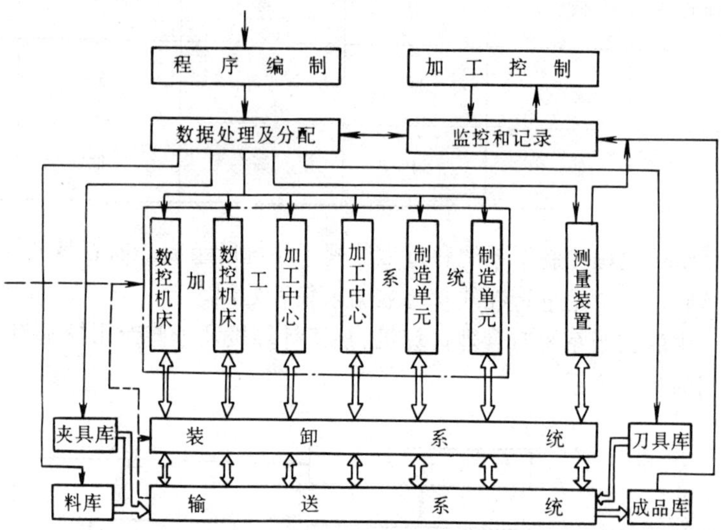

图 8-4　柔性制造系统基本组成部分关系图

三、柔性制造系统举例

1. 大隈铁工的 OKUMA FMS LMG 系统

OKUMA FMS LMG 系统既能加工轴类零件也能加工箱体类零件。适用于多品种小批量生产的 FMS 产品。它由具有完善的自动化外围技术（如自动工件装卸、自动测量、自动原点补偿、刀具寿命管理、加工监视等）功能的加工模块和采用无人搬运小车的搬运系统构成。

LMG 硬件配置如图 8-5 所示。该系统包括四个柔性制造模块（FMM）。第一个是由 4 轴同时控制的 LC20-2SC 型 CNC 机床、机器人和拖板站组合而成的车削 FMM。第二个是可以进行铣切加工的 4 轴同时控制的 LC40-2M2ST 型车削中心、机器人和拖板站组合而成的车削 FMM。第三个是由 MC-6H 型卧式加工中心（主轴转速 4000r/min）和双位自动托板交换装置（APC）构成的加工中心 FMM。第四个是由 GRE-2NF 型斜切入式 CNC 外圆磨床、机器人和拖板站构成的磨削 FMM。此外系统还包括线导式搬运小车、管理计算机 CAMPUS 系统、托板库、刀具站等主要构成设备。

采用先导纤维进行信号传送的 FMS 控制系统框图如图 8-6 所示。

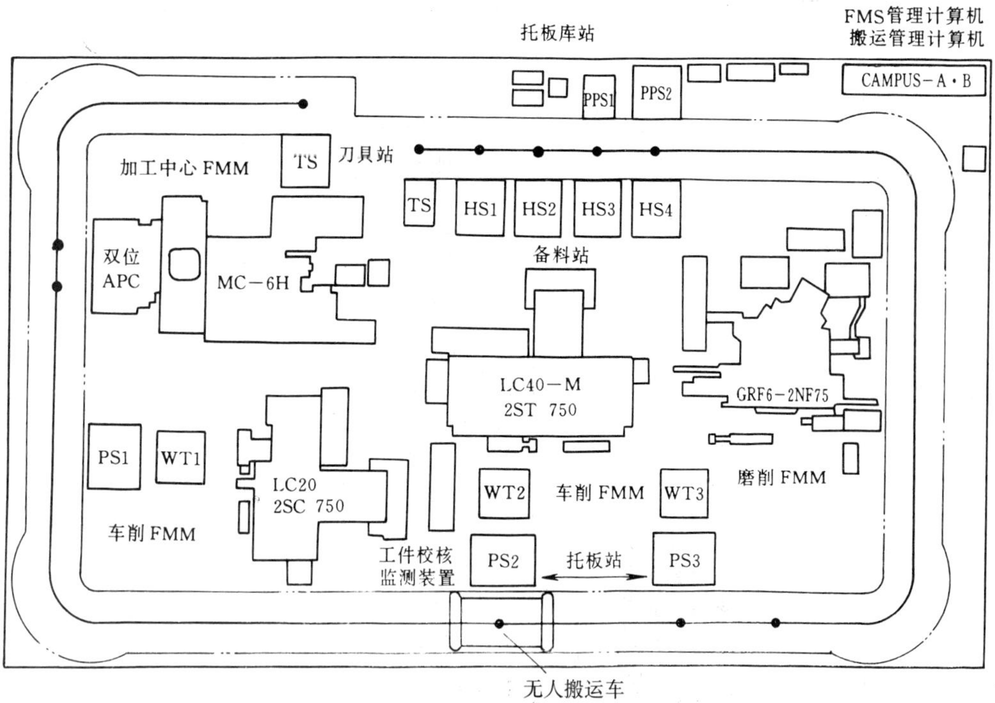

图 8-5　大隈铁工的 OKUMA FMS LMG 系统构成

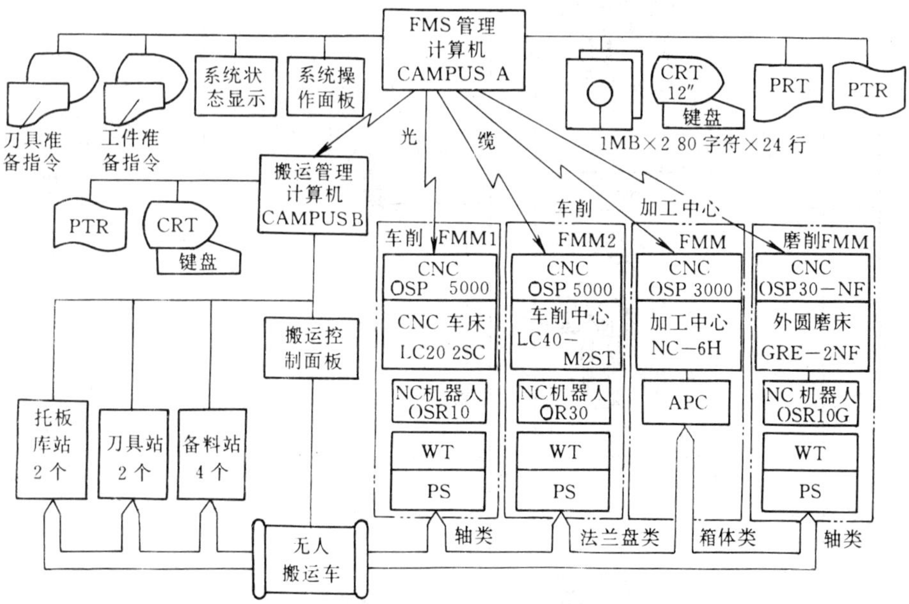

图 8-6　OKUMA FMS LMG 系统控制系统框图

2. 美国麦道公司的 FMS

如图 8-7 所示。

3. 德国大众汽车公司的 FMS

如图 8-8 所示。

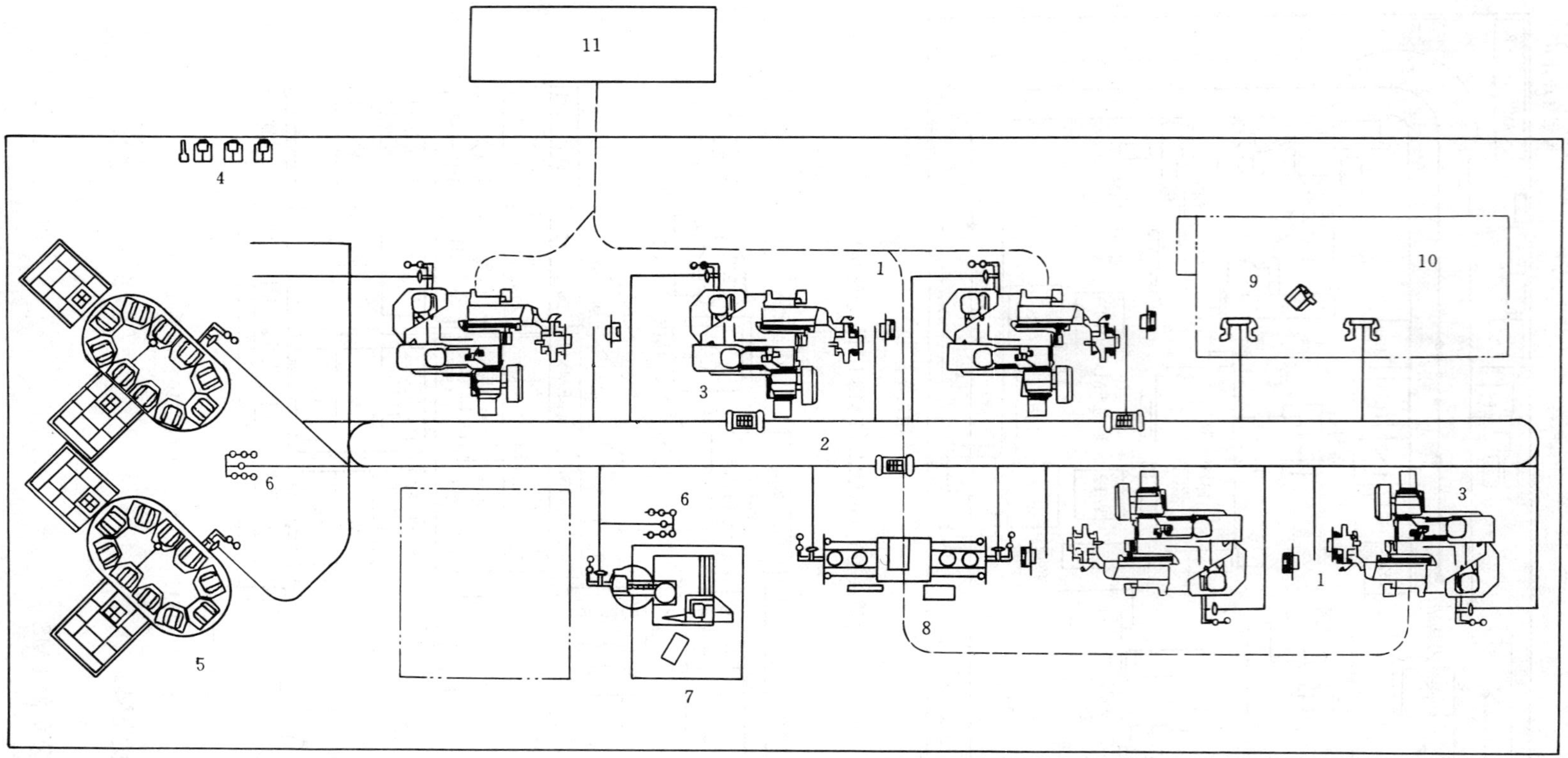

图 8-7　美国麦道公司 FMS

1—刀具交换站　2—无人导引小车　3—加工单元　4—小车维修站　5—工件装卸/缓冲站　6—物料检查站
7—测量站　8—清洗站　9—刀具装卸、刀具预调、测量　10—VAX8200　11—切屑收集和切削液再生系统

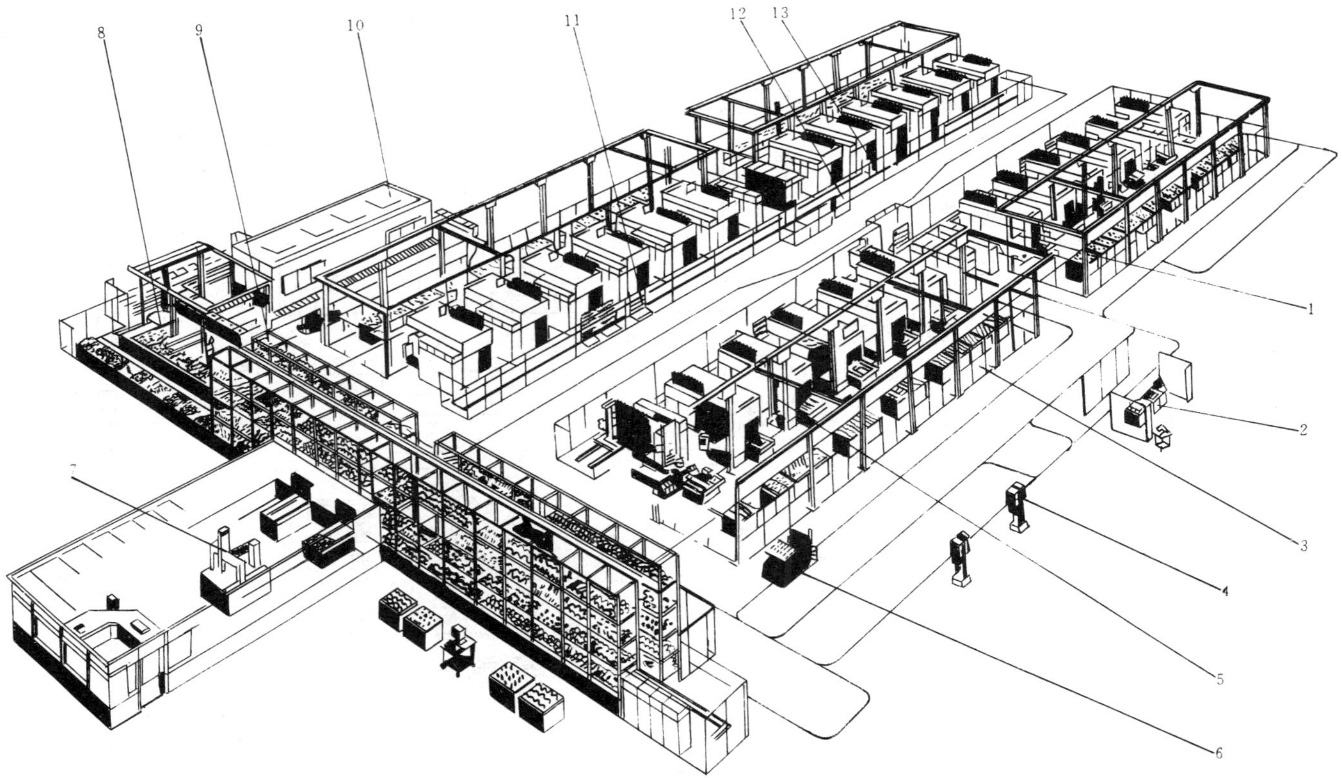

图 8-8　德国大众汽车公司 FMS

1—加工单元　2—计算机控制装置　3—缓冲站　4—监控站　5—工件装卸机器人　6—无人导引小车　7—测量站　8—装卸站　9—立体仓库　10—清洗站　11—中央刀库　12—刀具预调　13—换刀机器人

第二节　计算机集成制造系统

一、CIM 的涵义

计算机的产生、发展及其在工业中的广泛应用，使机械工业传统的生产方式孕育着一次新的技术革命。这次技术革命的主要特征是由局部自动化走向全局自动化，即由原来局限于产品制造过程的自动化发展到产品设计过程、生产过程和经营管理过程的自动化，由此即出现了计算机集成制造系统（*Computer Integrated Manufacturing Systems*，简称 CIMS）。

当今计算机集成制造（CIM）已成了生产自动化的热点。这一方面是由于单项技术的发展如数控加工中心、柔性生产单元、工业机器人、CAD/CAM、资源信息管理及生产调度技术等提供了可供集成为一个整体系统的技术基础；另一方面是由于世界市场竞争的日益激烈，为了在竞争中求生存、求发展，必须加快产品更新换代、提高质量、降低成本。生产过程本身是一个有机的整体，通过信息的集成能够带来更高的技术上和经济上的效益，因此产生了对 CIM 的巨大需求。

自从 1973 年美国的约瑟夫·哈林顿博士首次提出了 CIM 的概念以来，至今尚未有一个公认的定义。有的观点强调企业的全盘自动化，突出物流的集成；有的则强调信息集成，突出计算机技术的作用。一种共同的认识是 CIM 是一种改进整个生产过程、提高企业竞争力的战略技术手段，是一种新型生产模式。

因此 CIM 的概念可理解为："CIM 是运用系统工程的整体优化观点，在人的核心作用下将现代信息技术与生产技术结合起来，从信息技术和组织上将全生产过程的各项工作系统和信息系统连接起来，以便有效地提高企业对市场需求的响应能力和生产率，从而保持企业的生存和发展。

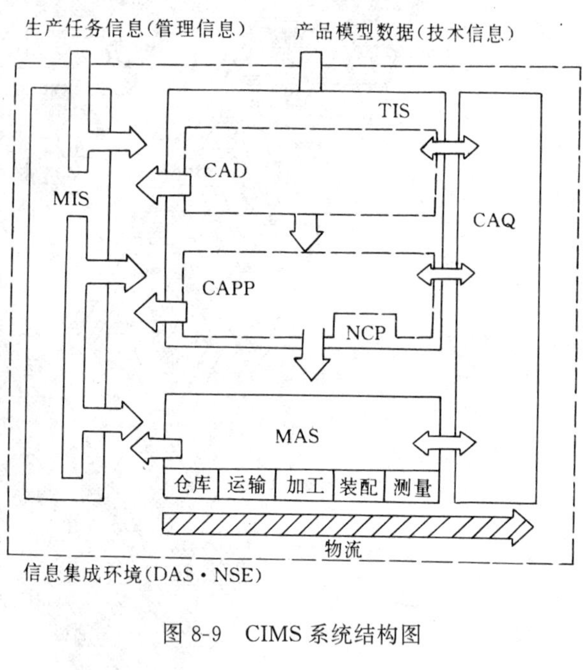

图 8-9　CIMS 系统结构图

CIM 更多地被理解为是一个全面应用信息技术的生产策略。它包括各项单元技术（如：MIS、CAD、CAPP、NCP、CAQ、FMS 和 CNC 等）和集成技术（如网络和工程数据管理等）。而 CIMS 通常是指 CIM 对一个企业的具体应用，将 CIM 的各项技术、组织和人员综合起来组成一个实现企业生产经营目标的具体生产系统。

二、CIMS 的构成

CIMS 包括工厂企业设计、生产及经营等全部活动。制造型企业的 CIMS 功能模型通常包括以下四个应用（功能）分系统（图 8-9）。

1. 管理信息分系统（MIS）

该系统支持生产计划和控制（PPC、MRP）、销售、采购、仓库、财会等功能，用以处理生产任务方面的信息。

2. 技术信息分系统（TIS）

该系统包括CAD、CAPP（计算机辅助工艺规程编制）和NCP（数控程序编制）等子系统，用以支持产品的设计和工艺准备等功能，处理有关产品结构方面的信息。

3. 制造自动化分系统（MAS）

该系统包括各种不同自动化程度的制造系统，如NC机床、DNC、FMC、FMS和其它制造单元等。用来实现信息流对物流的控制和完成物流的转换。它是信息流和物流的结合部，用来支持企业的制造功能。

4. 计算机辅助质量保证系统（CAQ）

该系统用来支持生产过程的质量管理和质量保证功能，它不仅处理管理信息、废品率和设备能力系数，也处理技术信息，如测量产品性能等。

为了支持上述应用分系统，还要设置两个支持分系统。即：

5. 数据管理分系统（DAS）

该系统用以管理整个CIMS的数据，实现数据的集成和共享。

6. 网络分系统（NSE）

该系统用以传递CIMS各个分系统内部和之间的信息，实现CIMS的数据传递和系统通信功能。

由上述定义和构成可见，CIMS可以说成是信息流、物料流和组织的集成。通过集成技术，打破了部门的界线，减少了重复多余的信息，加速了物料流和信息流的畅通，使企业的生产技术、生产管理和经营管理将发生彻底变革。

三、分级控制结构

CIMS的控制系统均采用模块式的分级结构。每一模块均接受上一级命令并将状况反馈至上一级，每一模块都具有独立的数据存取接口，通过这种分级式控制结构和模块化系统可将复杂的整体任务一级一级地分解成更细的具体任务来完成，现有的CIMS系统多采用3～6级控制结构。如德国的MTV公司的CIMS系统采用3级结构：计划级（工厂级）、管理级（部门级）和执行级（工作站/设备级）。计划级采用IBM公司生产的大型计算机，安装在工厂计算中心内。管理级安装了许多DEC-VAX过程机，并借助计算机网络连接在一起。在执行级，主要安装了DEC公司的终端和微处理机。管理级和执行级之间的连接由以太网总线来完成。

美国国家标准局自动化实验基地（*Automated Manufaeturing Research Facility* 简称AMRF）在对传统的制造管理系统进行深入分析的基础上采用了5级控制结构，即工厂级、车间级、单元级、工作站级、设备级。每一级又可进一步分解成子级式模块，可扩展成树状结构，如图8-10所示。

1. 工厂级控制系统

这是最高一级控制，履行“厂部”职能。它的规划时间范围（指任何控制级完成的时间长度）可以从几个月到几年。这一级按主要功能又分为三个子系统，即生产管理、信息管理和制造工程。

(1) 生产管理　它跟踪主要项目，制定长期生产计划，明确生产资源需求，确定所需的追加投资，算出剩余生产能力，汇总质量性数据。应用生产计划数据确定交给下一级的生产指令。

（2）信息管理　通过用户—数据接口实现必要的行政式经营管理功能。如成本估算、库存统计、用户定单处理、采购、人事管理及工资单处理等。

（3）制造工程　其功能一般都是通过用户—数据接口并在人的干预下实现的。CAD是其中的一个子系统、用于几何设计、结构分析和给出部件、零件、刀具和夹具的名细表。另一个子系统（工艺过程设计子系统）则用于编制每个零件从原材料到成品的全部工艺过程。

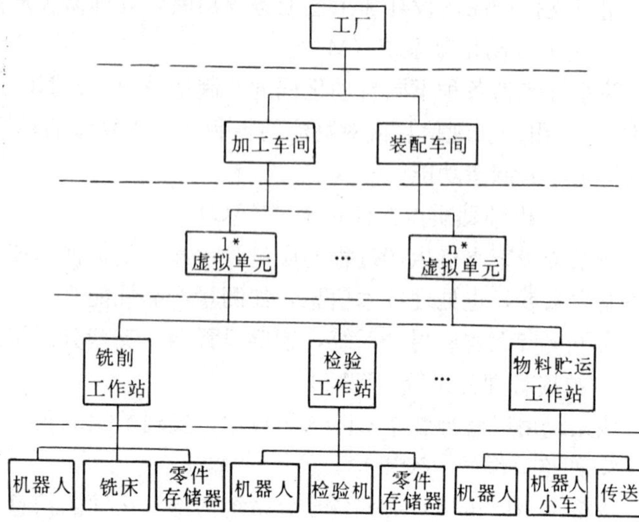

图 8-10　扩展的 AMRF 分级控制结构图

2. 车间级控制系统

这一级控制系统负责协调车间的生产和辅助性工作，以及上述工作的资源配置。其规划时间范围从几周到几个月。它设有两个主要模块：其一是任务管理模块，负责安排生产能力计划，对定单进行分批，把任务及资源分配给各单元、跟踪定单直到完成。安排所有切削刀具、夹具、机器人、机床及物料运输设备的预防性维修，以及其它辅助性工作。其二是资源分配模块，负责分配单元级进行各项具体加工时所需的工作站、托盘、刀具及材料等。

3. 单元级控制系统

这一级负责零件分批通过工作站的顺序和管理物料贮运、检验及其它有关辅助性工作。它的规划时间范围可以从几小时到几周。具体的工作内容是完成任务分解、资源需求分析、向车间级报告作业进展和系统状态、决定分批零件的动态加工路线、安排工作站的工序、给工作站分配任务，以及监控任务的进展情况等。单元控制系统设有三个模块。

（1）排队管理模块　它向上与操作命令模块接口，向下与调度模块接口。提出新的作业项目申请后，该模块就必须分析其可行性，通过调度模块向工作站发出适当命令，并向操作命令模块反馈情况。当需要处理一项新的命令时，该模块就应在单元作业排队中建立一个项目，确定为满足该申请而所需完成的任务，并把这些任务分配给适当的调度模块和报告已被系统接受的作业。该模块还不断接收来自下级模块有关工作站操作状况和作业完成情况的反馈。

（2）调度模块　每个工作站都配有一个调度模块，它向上与排队模块接口，向下与本单元的分配模块接口。调度模块负责管理各自的调度作业和监控该工作站任务的完成，选择下一个任务；向有关的分配模块发出适当命令处理该任务；清除所有被取消的和已完成任务的作业；适时修改新任务和进行中任务的状态等。

（3）分配模块　每个工作站都配有分配模块，它向上与调度模块接口，向下直接与有关工作站控制器接口。分配模块有两个基本功能：一是把经过选择的任务用适当的命令结构分配给工作站；二是通过工作站的反馈、监控该命令的执行情况，对工作站的反馈进行处理。调度模块利用经过这种处理的信息适时修改排队和工作站状态。

AMRF 单元级控制采用了一种新型的动态生产管理结构来提高生产的柔性，这种结构称为“虚拟”单元。它不同于过去的“实际”制造单元。即不再把制造单元看作车间内一组固定工作站或设备，而是采用与中央处理机（CPU）类似分时制的方法。即当一批工件投入 AMRF 单元加工时，可将该批工件需要使用 AMRF 单元中某些设备看作是一个临时组成的单元，由于这种单元并非真正要求设备重新布置，故称为虚拟单元。当几批工件要投入加工时，可以看成有相应几个虚拟单元要求使用 AMRF 单元中的设备，由单元级控制系统安排这些虚拟单元的先后加工或同时加工。

4. 工作站级控制系统

这一级控制系统负责指挥和协调车间中一个设备小组的活动。它的规划时间范围可以从几分钟到几小时。一个典型工作站通常由一台机器人、一台机床、一个物料贮运器和一台控制计算机组成。

5. 设备级控制系统

这一级是“前沿”系统，是各种设备如机器人、机床、坐标测量机、小车、传送装置等的控制器。规划时间从几毫秒到几分钟。采用上述设备控制装置，是为了扩大现役设备的功能，如运动误差的软件修正，刀具磨损检测等。这一级控制系统向上与工作站级控制系统用接口连接，向下与厂家供应设备控制接口连接。

四、实现 CIMS 的关键技术

CIMS 是自动化技术、信息技术、生产技术、网络技术、传感技术等多学科技术的相互渗透而产生的集成系统。由于 CIMS 的技术覆盖面太广，因此不可能由某一厂家成套供应 CIMS 技术与设备，而必然出现多厂家供应的局面。另外、现有的不同技术，如数据库、CAD、CAM 及 CAQ 等是按其应用领域相对地发展起来的。这就带来不同设备之间的非标准化问题。而标准化及相应接口技术对信息的集成是至关重要的。目前世界各国在解决软、硬件的兼容问题及各种编程语言的标准、协议标准、接口标准等方面进行大量工作，开发了如 MAP/TOP、IGES、PDES 等程序软件。

其次实现 CIMS 的关键技术在于数据模型、异构分布数据管理系统及网络通信问题。这是因为一个 CIMS 涉及数据类型是多种多样的，有图形数据、结构化数据（如关系数据）及非图形、非结构化数据（如 NC 代码）。如何保证数据的一致性及相互通信问题是一个至今没有很好解决的课题。现在人们探讨用一个全局数据类型，如产品模型来统一描述这些数据，这是未来 CIMS 的重要理论基础和技术基础。

第三个关键技术在于系统技术和管理技术。对这样复杂的系统如何描述、设计和控制，以便使系统在满意状态下运行，也是一个待研究的问题。CIMS 会引起管理体制的变革，所以生产规划，调度和集成管理方面的研究也是实现 CIMS 的关键技术之一。

五、我国 CIMS 的开发与应用

1. 863/CIMS 主题

863/CIMS 主题是我国 863 计划的重要主题之一。其战略目标是跟踪研究国际上 CIMS 高技术的发展，掌握 CIMS 的关键技术，在我国制造业中建立能获得综合效益的 CIMS 示范点，促进我国制造业工厂自动化高技术产业的形成，从而在制造技术上缩小同世界先进水平的差距，提高我国机械产品在国际市场上的应变能力和竞争能力。

863/CIMS 实验工程于 1992 年底在清华大学建成。该实验工程由信息系统和制造系统 2 个集成实验室和 7 个分系统组成，是一个在计算机网络及分布式数据库支持下实现零件产品从工程设计、生产调度与控制到加工制造集成的实验性集成制造系统。制造系统平面布置如图 8-11 所示。制造系统流程原理如图 8-12 所示。CIMS 实验工程系统结构如图 8-13 所示。

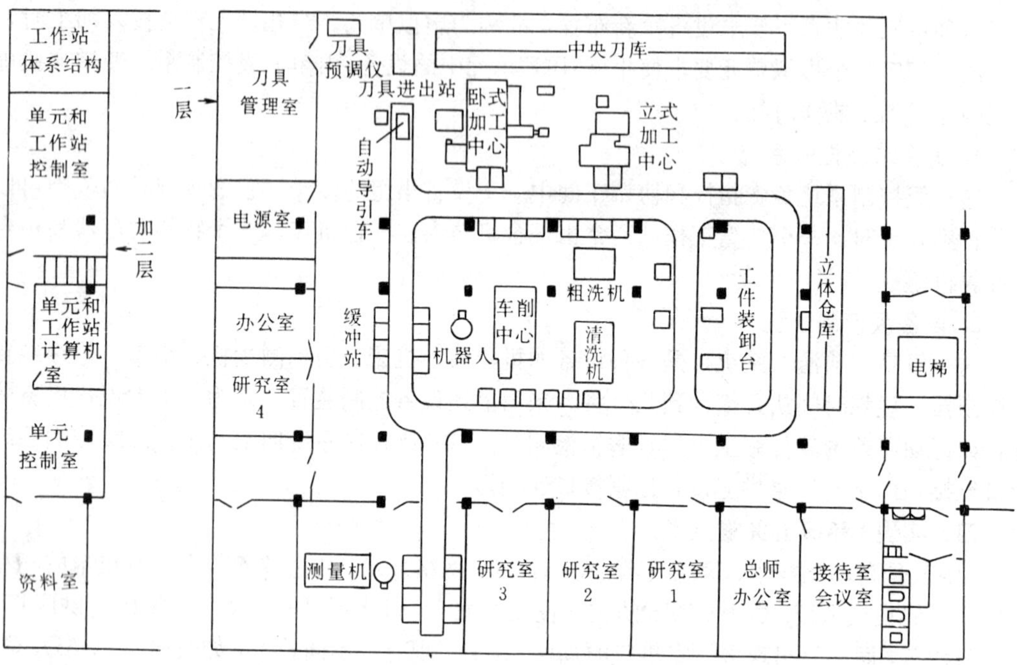

图 8-11 CIMS 实验工程制造系统平面布置图

2. 成都飞机工业公司 CIMS 应用工程

成都飞机工业公司 CIMS 工程的总目标是在 CIMS 思想的统一指导下，开发完成主体上覆盖全公司的集成管理信息和质量信息系统，充实完善贯通航空产品设计和制造过程的集成工程信息系统（CAD/CAM），在物流方面，先解决飞机制造的瓶颈，建立飞机结构件车间自动化系统(FA)，在成都飞机工业公司计算机网络和分布式数据库的支持下，有机地集成起来，形成成都飞机工业公司计算机辅助经营、设计、管理到制造的初步集成系统（CIMS)，满足该公司到 2000 年航空产品研制和多品种小批量生产的需要。

成都飞机工业公司工程体系由管理信息、质量信息、工程信息和车间自动化 4 个应用分系统以及计算机网络和数据库 2 个支持分系统组成，如图 8-14 所示。

(1) 管理信息分系统　管理信息分系统（MIS）包括经营管理（BM)、物料管理（MM)、生产管理（PM)、人员信息管理（LM)、财务管理（FM）等子系统。

(2) 质量信息分系统　质量信息分系统（QIS）包括制造过程、使用过程、无损检测、人员印章、器材器具、综合统计和标准化信息等质量信息管理子系统。

(3) 工程信息分系统（CAD/CAM)　包括计算机辅助设计（CAD)、计算机辅助工程分析（CAE)、成组编码（GT)、工艺计划（PPS)、飞机机加、钣金和装配工艺设计（CAPP)、

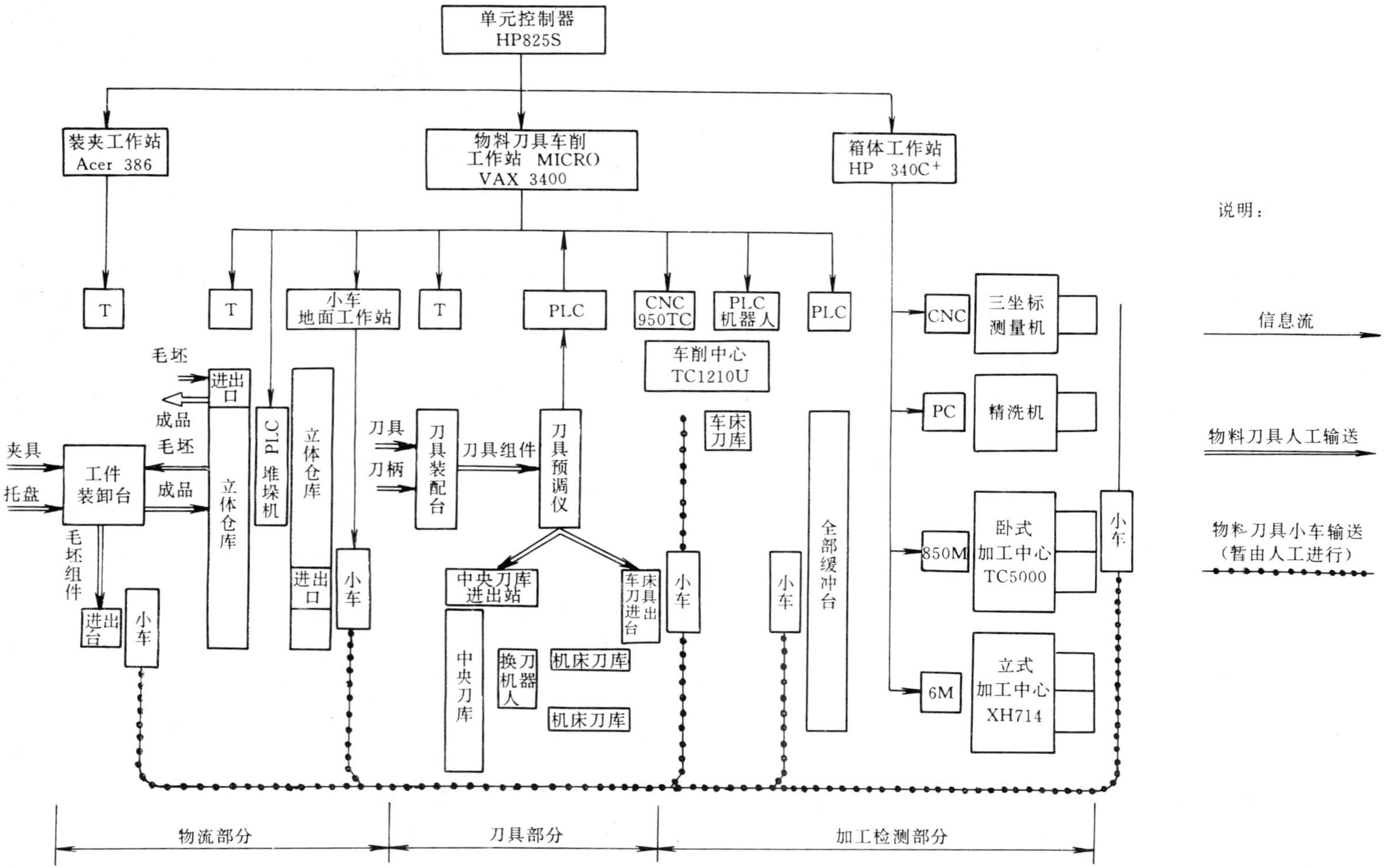

图 8-12　CIMS 实验工程制造系统流程原理图

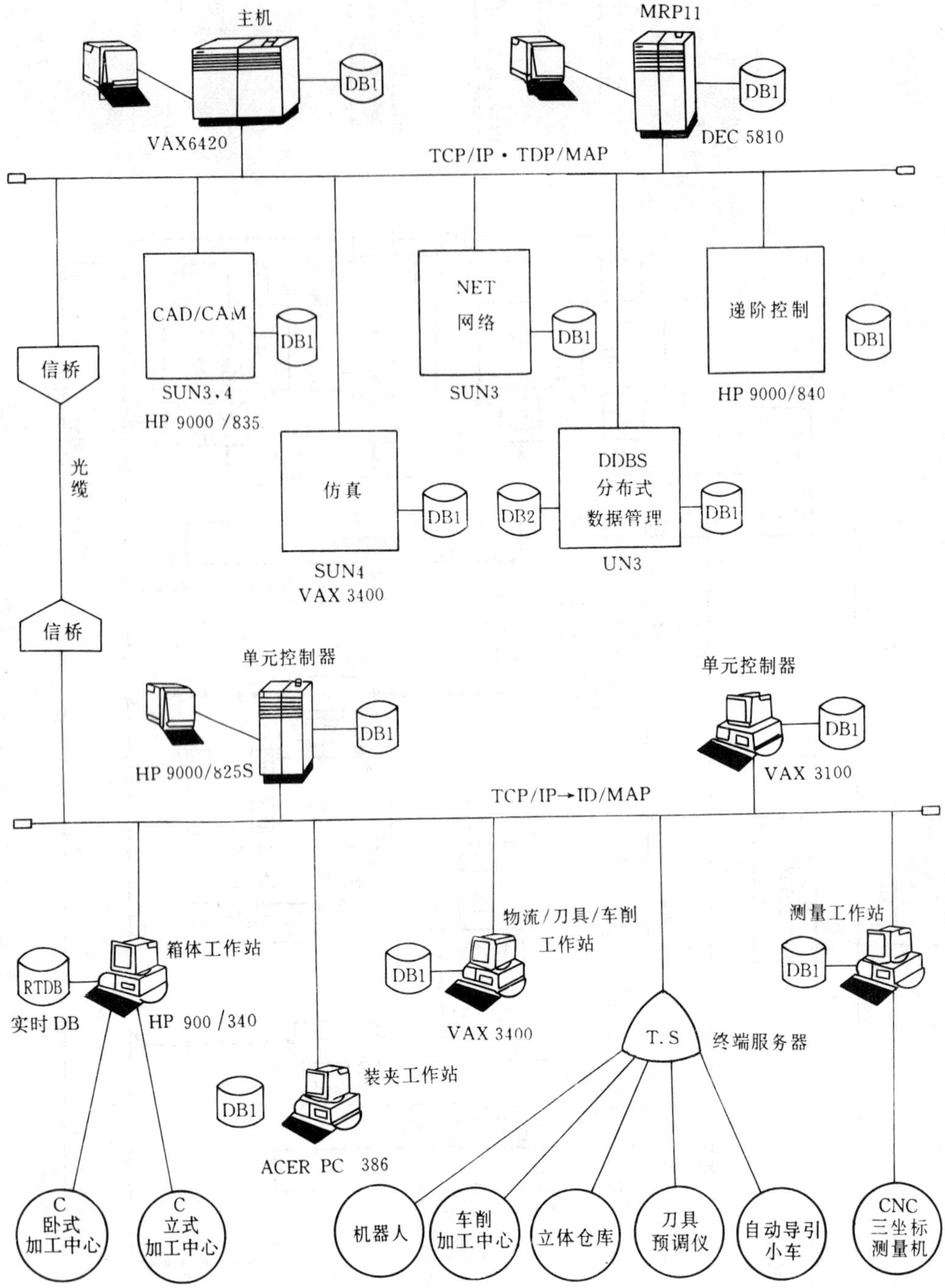

图 8-13　CIMS 实验工程系统结构图

机加和导管数控编程（CAM)、以及型架、夹具和冲裁、压延模具的设计与制造等子系统。

(4) 车间自动化分系统　车间自动化系统 (FA) 包括由 18 台数控机床组成的两条直接数控生产线（FDNC）和两条柔性制造生产线（FML)，具有车间控制、单元控制、工作站控制

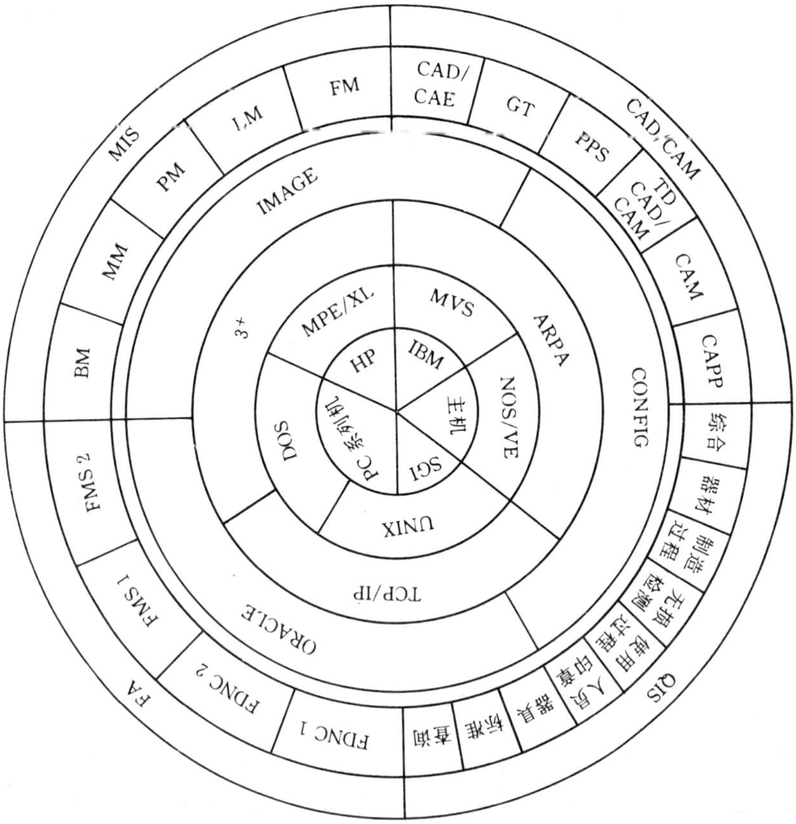

图 8-14　CAC CIMS 工程体系结构

以及设备控制四层递阶控制结构。

（5）计算机数据库支持分系统　该数据库支持分系统（DB）包括在各种主机、工作站和微机上配置的 ORACLE 关系数据库管理系统，并以 ORACLE 为主体建立成都飞机工业公司 CIMS 工程分布式数据管理系统。

（6）计算机网络支持分系统　计算机网络支持分系统（NET）由光缆主干、若干子网、子段组成。成都飞机工业公司实现联网的多厂商主机、服务器站点、通信服务器、普通站点、仿真终端和终端的数量约 700 台～800 台，分布在约 $4km^2$ 范围内的 70 个建筑物内，支持分布式数据库并实现管理信息（MIS）、质量信息（QIS）、工程信息（CAD/CAM）和车间自动化（FA）4 个应用分系统的计算机联网通信。

参 考 文 献

1 机电一体技术手册编委会编．机电一体化技术手册．北京：机械工业出版社，1994

2 周祖德，唐泳洪主编．机电一体化控制技术与系统．武汉：华中理工大学出版社，1993

3 黄筱调．赵松年编著．机电一体化技术基础及应用．北京：机械工业出版社，1995

4 徐志毅主编．机电一体化实用技术．上海：上海科学技术文献出版社，1995

5 张建民编著．机电一体化原理与应用．北京：国防工业出版社，1992

6 机电一体化技术应用实例编委会编．机电一体化技术应用实例。北京：机械工业出版社，1994

7 赵松年，张奇鹏主编．机电一体化机械系统设计．上海：同济大学出版社，1990

8 季维发等编著．机电一体化技术．北京：电子工业出版社，1995

9 高钟毓，王永梁编著．机电控制工程．北京：清华大学出版社，1994

10 骆涵秀等主编．机电控制．杭州：浙江大学出版社，1994

11 邓星钟，周祖德编．机电传动控制．武汉：华中理工大学出版社，1992

12 徐元昌编著，机械电子技术．上海：同济大学出版社，1995

13 徐灏主编．机械设计手册．第三卷．北京：机械工业出版社，1991

14 方文中编著．同步带传动．上海：上海科学普及出版社，1993

15 盛鸿亮等编著．精密机械与结构设计．北京：北京理工大学出版社，1993

16 王生洪等编．电子设备机械设计．西安：西安电子科技大学出版社，1994

17 实用数控机床技术手册编委会编．实用数控机床技术手册．北京：北京出版社，1993

18 黄真棠，许纪编著．机械控制工程．广州：华南理工大学出版社，1994

19 陈伯时主编．电力拖动自动控制系统．北京：机械工业出版社，1992

20 赵良炳编．现代电力电子技术．北京：清华大学出版社，1995

21 张晋格主编．计算机控制原理与应用．北京：电子工业出版社，1995

22 赖寿宏主编．微型计算机控制技术．北京：机械工业出版社，1996

23 张迎新编著．单片微型计算机原理、应用及接口技术．北京：国防工业出版社，1993

24 魏庆福等著．STD 总线工业控制机的设计与应用．北京：科学出版社，1991

25 周伯英编著．工业机器人设计．北京：机械工业出版社，1995

26 吴瑞祥编著．机器人技术及应用．北京：北京航空航天大学出版社，1994

27 周伯英编著．工业机器人设计．北京：机械工业出版社，1995

28 吴瑞祥编著．机器人技术及应用．北京：北京航空航天大学出版社，1994

29 航空制造工程手册总编委会主编．航空制造工程手册，计算机辅助制造工程分册．北京：航空工业出版社，1995

30 ULRICH REM BOLD 等著．计算机集成制造技术和系统．田雨华等译．北京：兵器工业出版社，1991

31 牟致忠主编．可靠性设计．北京：机械工业出版社，1993

32 傅光民编著．可靠性工程与管理实践，上海：上海科学技术出版社，1993

33 顾履平，冯锡曙等编著，实用可靠性技术．北京：机械工业出版社，1992

34 廖炯生主编．机器人的可靠性．维修性．安全性．北京．科学出版社，1994

35 赖祖武著．电磁干扰防护与电磁兼容．北京：原子能出版社，1993

36 陶时澍著．电子测量中的工频干扰及屏蔽．北京：中国计量出版社，1991